인권과 사회복지

나남
nanam

나남신서 1822

인권과 사회복지

2015년 9월 1일 발행
2021년 9월 5일 6쇄

기획	국가인권위원회
지은이	배화옥 · 심창학 · 김미옥 · 양영자
발행자	趙相浩
발행처	(주) 나남
주소	경기도 파주시 회동길 193
전화	(031) 955-4601 (代)
FAX	(031) 955-4555
등록	제 1-71호(1979.5.12)
홈페이지	http://www.nanam.net
전자우편	post@nanam.net

ISBN 978-89-300-8822-0
ISBN 978-89-300-8001-9 (세트)

국가인권위원회 기획

인권과 사회복지

배화옥 · 심창학 · 김미옥 · 양영자 지음

나남
nanam

Human Rights and Social Welfare

by

Hwa-ok Bae

Chang Hack SHIM

Mi ok Kim

Yeung Ja Yang

nanam

머리말

사회복지는 인권존중에 바탕을 두고 있으며 사회복지직은 인권직이라는 점에 대해선 누구나 공감하는 바이다. 그러나 사회복지와 인권의 양자관계를 이론적·실천적 측면에서 조망해 보고자 하는 노력은 상대적으로 부족했던 것 또한 사실이다. 이러한 현상은 예비 사회복지사를 키우고 있는 사회복지대학의 교육에서 특히 두드러지게 나타난다.

예비 사회복지사들은 학교를 떠나 사회복지실천현장으로 나가기 전 인권에 바탕을 둔 사고와 관점을 갖출 수 있도록 인권과 사회복지에 대한 충분한 이해와 학습을 선행해야 한다. 인권과 사회복지에 대한 교육은 학생들의 인권감수성 향상과 인권의식 강화를 도모하여 사회복지실천현장에서 인권적 관점의 사회복지를 실천할 수 있는 이론적 및 경험적 뒷받침이 될 수 있기 때문이다.

그러나 사회복지대학에서 인권과 사회복지에 대한 효과적인 교육을 실행하고자 해도 이러한 교육과정에 필수적인 기본 교재가 없는 실정이었다. 사회복지학과를 포함한 사회복지 관련 학과에서 개설된 과목들 가운데 몇몇 과목이 인권과 관련된 내용을 포함하고는 있으나, 인권에 대한 기본적 이해, 인권과 사회복지의 관련성, 사회복지실천현장에서 인권적 관점의 적용 등 인권과 사회복지를 총괄적으로 다루지는 않았다. 더욱이 사회복지실천현장에서 빈번하게 맞닥뜨릴 수 있는 사회복지 영역별 인권침해 사례에 대한 이해, 인권적 관점의 실천과 적용, 인권옹호 및 인권증진 방안 등 보다 더 실천적인 내용을 다루는 교재를 전혀 찾아볼 수 없었다.

이러한 점은 이 책을 집필하게 된 가장 큰 동인이 되었고, 이 책은 사회복지대학 교육의 강의 교재로 활용할 수 있도록 집필되었다. 인권과 사회복지에 관한 최초의 대학 강의 교재를 집필했다는 자부심이 있지만, 책의 형식이나 내용 면에서 부족한 점이 많은 것 또한 사실이다. 이는 전적으로 저자들의 능력 부족에 기인한 것으로 향후 지속적인 수정·보완 작업이 있을 것이다.

이 책이 나오기까지에는 여러 유관 기관과 많은 분들의 도움이 있었다. 특히 이 책의 발간을 기획한 국가인권위원회의 지속적인 관심과 지원이 없었더라면 발간 자체가 불가능했을 것이다. 그리고 사회복지실천현장에서 나타나는 인권침해 사례 발굴과 이에 대한 기초 집필을 작성해 준 현장 전문가들의 기여에 이 자리를 빌려 감사의 뜻을 표하고 싶다. 끝으로 나남출판사와 헌신적인 교정 작업을 해주신 이유진 선생님께 진심으로 감사드린다.

2015년 8월
저자 일동

나남신서 · 1822

인권과 사회복지

차 례

1부 이론편

서 론

사회복지실천현장에서 인권 문제가 발생할 수 있는 영역은 2가지로 나눌 수 있다. 첫째는 대상자이다. 사회복지실천현장의 주요 업무는 행정이나 사례관리와 같은 비대인 서비스(*non-personal services*)와 클라이언트를 대상으로 하는 대인 서비스(*personal services*)로 나눌 수 있는데, 대인 서비스를 제공하는 과정에서 대상자의 인권 문제가 발생할 소지가 많다. 대상자 가운데서도 대표적인 사회적 약자로 분류되는 노인, 장애인, 아동 등의 인권침해 사례가 종종 발생하며 언론매체에서도 이를 부각하고 있다.

사회복지실천현장에서 흔히 발생하면서도 간과되는 또 다른 인권 문제는 사회복지사를 포함한 사회복지전문인에 관한 것이다. 이들은 저임금, 과도한 업무부담, 기관 내 안전사고, 열악한 근로환경 등의 인권침해 상황을 겪는 데다 이용자 혹은 보호자로부터 언어폭력이나 신체적 폭력을 당하기도 한다. 심하게는 성희롱이나 성추행을 당하는 경우도 있다. 그 결과 스트레스성 우울증과 소진을 겪게 되고 이직률이 증가하며, 자살이라는 극단적인 방법을 선택하기도 한다.

따라서 사회복지사를 포함한 사회복지전문인들은 학교를 떠나 사회복지실천현장으로 나가기 전 인권에 바탕을 둔 사고와 관점을 갖출 수 있도록 인권과 사회복지에 대한 충분한 이해와 학습을 선행해야 한다. 인권과 사회복지에 대한 교육은 학생들의 인권감수성 향상과 인권의식 강화를 도모하여 사회복지실천현장에서 인권적 관점의 사회복지를 실천할 수 있는 이론적 및 경험적 뒷받침으로 작용할 것이다.

그러나 사회복지대학에서 인권과 사회복지에 대한 효과적인 교육을 실행하고자 해도 교육과정에 필수적인 기본 교재가 없는 실정이었다. 현행 사회복지학과에 개설된 과목들 가운데 다수가 인권 내용을 극히 부분적으로 포함하고는 있으나, 인권에 대한 기본적 이해, 인권과 사회복지의 관련성, 사회복지실천현장에서 인권적 관점의 적용 등 인권과 사회복지를 총괄적으로 다룬 교재를 찾아볼 수 없었다.

2014년 국가인권위원회 연구용역 결과보고서 "사회복지 분야 대학교 인권과목 개설을 위한 기초 연구"(2013)에서 사회복지 분야 대학교에 인권과목 개설의 필요성을 명백히 밝힌 바 있다. 이 연구의 연장선상에서, 장차 사회복지사로 일하게 될 사회복지학과 학생들을 주 대상으로 하여 인권과 사회복지 교육에 필수적인 인권과 사회복지 교재를 마련하고자 했다. 교재에는 인권과 사회복지에 대한 이론적 학습과 인권 관점에서의 사회복지실천이라는 2가지 큰 주제를 담았으며, 구체적으로 사회복지와 부합하는 인권 개념, 사회복지대상자와 사회복지전문직의 인권침해 사례와 실태, 사회복지현장에서 인권적 관점의 실천과 적용, 인권옹호 및 인권증진 방안 등을 주요 내용으로 하였다.

이 책은 인권과 사회복지 교육을 효과적으로 실시하는 데 필요한 기본서로 활용될 수 있을 것이다. 이 교재를 바탕으로 교과목 학습이 이루어지면 예비 사회복지사들은 인권과 사회복지의 지식과 기술을 습득하고 이를 바탕으로 사회복지실천현장에서 인권적 관점을 적용하여 인권 문제를 해결할 수 있게 되며, 인권감수성을 향상하고 인권의식을 강화하여 인권옹호자로 거듭날 수 있을 것으로 기대한다.

이 책은 크게 두 부분으로 이루어졌다. 먼저 이론적인 내용을 다루는 1부 '이론편'에서는 인권의 이해와 인권과 사회복지의 관련성을 다루었다. 1장에서는 인권의 개념 정의, 인권 발달의 역사, 인권 관련 국내외 법·제도와 인권기구 등 인권에 대한 기초적 이해를 도모했다. 2장에서는 인권이 내포하는 사회복지 가치와 윤리, 인권에 부합되는 사회복지 개념, 사회복지에 포함된 인권 개념 등을 학습하도록 하였다. 3장에서는 사회복지전문직의 역할과 위상을 알아보고 장차 인권옹호자로서 활동할 때를 대비하여 비전, 관점, 가치관을 갖추게 했으며, 인권감수성을 향상하고 인권의식을 강화할 수 있도록 했다. 또한 사회복지전문직들이 현장에서 경험하는 인권 문제를 짚어 보고 이에 대처하는 방법과 태도를 학습하도록 했다. 4장에서는 사회복지전문직으로서 사회복지실천현장에 적용할 수 있는 인권기반실천 모델, 실천 관점과 기술을 구체적으로 배우는 단계로 나아가도록 했다. 이는 다음 단계에 나오는 대상별 인권 기반 사회복지실천을 위한 이론적 뒷받침이 될 수 있다.

2부 '실천편'에서는 대상별 인권 기반 사회복지실천을 다루었다. 대상별 국내·외 인권 관련 규정, 인권 유형과 보장 내용, 인권침해 현황과 실태를 파악한 후 인권침해 혹은 차별 사례를 바탕으로 인권 기반 사회복지 개입 및 실천을 적용한 내용을 소개했다.

본격적인 교재 초안 작성 전 집필진 자체 회의에서 교재 목차와 집필 방향을 확정지었다. 이후 인권과 사회복지 관련 자료를 취합하고 사례를 수집하여 교재 초안을 마련하였다. 국내외 인권 관련 저서 및 보고서, 사회복지학과 교재 및 저서, 국가인권위원회를 포함한 정부 자료 및 통계, 관련 입법 자료, 그 외 학술지 논문 및 저서 등을 기초 자료로 활용했으며, 대상자별 인권침해 혹은 차별에 대하여 인권 기반 사회복지 개입 및 실천 사례를 발굴·수집·정리하여 활용하였다. 또한 인권전문가, 교육 전문가, 인권 관련 관계자 및 종사자, 인권위원회의 담당자 등 관련 전문가들을 초청하여 자문회의를 열고 다각적 의견을 수렴하여 완성도를 높였다. 특히 아동인권 분야의 송동호 서부경남아동보호전문기관 팀장, 노인인권 분야의 서수정 경남노인보호전문기관 팀장, 여성인권 분야의 강호선 경남여성긴급전화 상담실장, 이주민인권 분야의 김광호 경남이주민센터 팀장이 현장 전문가로 참여했다.

교재를 집필하며 참고한 선행연구 및 관련 연구는 다음과 같다. 먼저 국가인권위원회에서 발간한 다양한 인권 관련 연구보고서가 있다. 가장 결정적인 선행연구는 앞서 언급한 "사회복지 분야 대학교 인권과목 개설을 위한 기초 연구"(2013)이다. 이 교재 개발의 전 단계 연구과제로서, 서론에서 인권과 사회복지 관련 교재 개발의 필요성을 강조하였으며 이 책의 목차를 확정하고 집필하는 데 참고할 수 있는 풍부한 내용과 상세한 자료 목록을 담았다.

국가인권위원회가 발간한 교육자료 또한 이 교재의 개발을 위해 좋은 참고문헌이 되었다. 특히 국가위원회가 수년 동안 발간한 사회복지 분야별 인권교육 교재는 인권 대상별 사회복지실천 부분을 집필하는 데 결정적인 도움이 되었다. 그 외 인권 기반 사회복지실천기술을 습득하고자 할 때 보건복지부, 지방자치단체, 사회복지 시설이나 기관 등이 발간한 인권교육 매뉴얼, 사회복지시설 관련자 및 종사자를 대상으로 하는 인권교재 및 인권교육 자료도 다각도로 검토하였다.

또한, 사회복지학과 관련 교과목 교재들을 두루 연구하였으며, 인권과 사회복지를 명확하게 연계하여 집필한 저서나 번역서(박영란 외, 2004; 심창학·강수택, 2011; 이영환, 2009; 이혜원, 2005; 평택대학교 다문화가족센터, 2008), 특정 인권 대상에 대한 저서(김중섭, 2005), 인권과 사회복지의 연계성을 논한 논문이나 발표문(김형식, 2008; 이재호, 2008; 전제철, 2011), 사회복지실천현장에서의 실제적 인권 경험에 관한 논문(김미옥·김경희, 2011)도 종합적이고 다각도로 분석하여 집필의 마중물로 삼았다.

국내외 정부, 공공기관, 대학교, 연구원이 발간한 보고서, 인권 교재, 인권교육 자료, 인권교육 프로그램, 관련 논문, 해외 인권교육에 대한 국내 논문(나달숙, 2011; 오승호, 2011; 임재홍, 2008) 등도 참고하였다.

제 1 부

이론편

제1장

인권의 이해

1. 인권의 개념

1) 인권이란 무엇인가

인권(*human rights*)은 말 그대로 인간으로서의 권리로, 영어에서 'right' 는 원래 도덕적으로 올바른 것, 합리적인 것, 합법적인 것, 정당한 것 이라는 의미도 포함한다. 19세기 초반 일본에서는 'right'를 번역할 때 '권리'라는 말 대신에 '정직'(正直)이나 '염직'(廉直, 청렴하고 곧음)이라 는 용어로 옮겼으며, 19세기 후반이 되어서야 일본뿐만 아니라 중국에 서도 '권'(權), '권리'(權利)로 번역했다(최현, 2008). 'right'가 원래 '올 바름, 정당함'이라는 의미를 지닌다는 점은 인권을 이해하고자 할 때 매우 중요하다. 왜냐하면 이는 인권이 지향해야 할 방향 혹은 가치를 내포하기 때문이다. 즉, 인권은 인간으로서의 권리임과 동시에 정의로 움을 추구하는 것이어야 한다.

그러나 인권의 실체는 막연하게 다가오는 것 또한 사실이다. 즉, 정의로움을 추구하는 인간으로서의 권리가 바로 인권이라는 점에는 누구나 공감함에도 불구하고 인권의 실체, 즉 구체적 내용에 대해서는 공통된 단일 견해가 존재하지 않는 것 또한 사실이다. 이러한 현상이 나타나는 첫 번째 이유는 인권의 보편성 측면에서 4가지 상이한 입장이 존재하기 때문이다(오병선 외, 2011).

첫 번째 입장은 '급진적 보편주의'다. 이 관점에서 인권은 인간 모두에게 인정되는 보편적 권리로서, 인종, 국적, 장애, 연령, 성별, 직업을 떠나 인간이라면 누구나 인정받을 수 있고 주장할 수 있는 정당하고 옳은 자격이다. 이에 따르면 언제 어디서나 적용가능한 한 가지 형태의 인권만이 존재한다.

두 번째 입장은 첫 번째 입장의 대척점에 위치하는 것으로, '급진적 상대주의'로 불린다. 인권 역시 역사적·사회적 산물로, 인권의 인정 여부는 어디까지나 특정 사회의 문화에 달려 있다는 주장이다. 다시 말하면 문화만이 모든 가치의 궁극적인 기원이며, 이에 따라 인권 개념 자체가 약화되거나, 경우에 따라서는 부정되기도 한다.

세 번째 입장은 '강한 상대주의'이다. 원칙적으로는 문화와 다른 환경에 의해 인권의 존재 여부가 결정된다는 점에서 급진적 상대주의와 공통점이 있다. 하지만 보편적 인권의 존재 역시 부정하지는 않는다는 점에서 차이를 보인다. 그러나 문화적으로 특정 가치를 점검할 수 있을 때에야 보편적 인권이 그 의미가 있음을 강조한다는 점을 고려하면, 이 입장 역시 가치의 변화와 상대성에 무게를 두고 있음을 알 수 있다.

인권의 보편성 논쟁의 마지막 입장은 '약한 상대주의'이다. 보편적 인권을 전제한다는 점에서는 급진적 보편주의와 맥을 같이하지만, 문화에 따른 보편적 인권의 수정에 공감한다는 점에서 의미 있는 차이를

보인다.[1)]

한편, 앞에서 살펴본 학문적 차원의 인권에 대한 보편성 논쟁은 정치적 성격으로 전환되면서 논쟁의 성격이 본래 의미를 많이 상실하였다. 예컨대 라이허트(Reichert)는 급진적 보편주의는 약소국에 대한 강국의 식민주의 정책을 영속화, 정당화하는 도구로 사용되고 있음을 지적했다. 보편적 인권의 미명하에 아프리카 등 약소국의 고유문화를 부정하는 정책이 바로 그것이다. 한편, 인권의 상대성에 대한 지나친 강조는 해당 국가의 정권 유지를 위한 도구로 사용되는 점 또한 발견된다(Reichert, 2007). 이상 본 바와 같이 인권의 중요성에는 공감대가 형성되어 있지만, 인권의 정체성과 실체에 대해서는 다양한 견해가 공존한다.

인권의 실체에 대해 논의할 때 혼란을 가져오는 두 번째 이유는 인권의 법적 성격에 관한 다양한 견해의 공존과 관련이 있다. 이는 인권의 성격과 권리에 대한 개념 규정 간의 관계에서 비롯된다. 현재 통상적으로 인정되는 권리법력설에 따르면, 권리는 법률행위의 주체가 법익, 즉 법이 인정한 이익을 향유할 수 있도록 법이 부여한 힘을 의미한다. 예컨대 사회복지법상 권리라 함은 법의 적용의 받는 대상자들을 권리의 주체(즉, 법률행위의 주체)로 인정하고, 사회복지 급여 및 서비스에 대한 이익(법익)을 추구할 수 있는 힘을 법이 부여해 주었다는 것이다

---

1) 한편 네빌(Neville)은 보편주의는 자연권적 관점, 즉 인권을 보편적, 자연적이며 모든 인간에 내재된 것으로 보는 관점을 토대로 하고, 상대주의는 사회구성체적 관점에 바탕을 두는 것으로 파악한다. 여기서 상대주의적 관점은 인권 역시 특정 사회의 역사적 맥락의 산물일 뿐만 아니라 외래적임을 강조한다. 따라서 무엇이 인권이며 누가 이를 요구할 수 있는가는 정치 및 사회의 권력구조가 결정하며 이렇게 볼 때 인권 역시 정치적 문제라는 것이다(Neville, 2010).

(윤찬영, 2013).

여기서 인권의 법적 성격에 관한 첫 번째 입장이 도출된다. 즉, 인권역시 권리의 하나로서 인권이 보장되기 위해서는 이를 담보할 수 있는 실정법 제정이 필요하다는 입장이다. 달리 말하면, 법에 명시되어 있지 않는 인권보장은 유명무실하다는 것이다. 인권의 법적 성격을 가장 많이 강조하는 입장이다. 하지만 이는 인권 등장의 역사적 맥락을 무시하고 있을 뿐만 아니라 인권 관련 조항이 명시되어 있어야 할 법이 법체계 중 어디에 속하는 것인지에 대한 명확한 언급이 없다는 한계를 보인다. 예컨대 인권보장을 위해서는 헌법조항에 명시하는 것만으로 충분한지, 헌법뿐만 아니라 법률에도 관련 조항을 명시해야 하는지에 대해서는 명확한 입장 표명이 없다.

인권의 법적 성격에 대한 두 번째 입장은 인권은 법 이전의 개념임과 동시에 또한 법의 근거가 되는 개념이라는 입장이다. 이 입장은 인권개념 등장의 역사적 진화를 강조한다. 통상 인권에 관한 개념이 체계적으로 정립된 시기는 사회계약론과 계몽주의적 자연법론이 대두된 17, 18세기로 본다(오병선 외, 2011). 하지만 혹자는 고대 그리스의 자연권 사상 역시 인권을 반영하는 것으로 평가한다(조효제, 2007). 등장 시점에는 차이가 있으나 이 입장들의 공통점은 인권을 법적 개념으로만 보지는 않는다는 점이다. 인권은 역사의 소산임과 동시에 문명의 산물로서 도덕적 권리라 할 수 있다.

그런데 이 입장이 법의 중요성을 부정하지는 않음에 유의할 필요가 있다. 왜냐하면 법적 성격이 없거나 약한 상태에서는 인권의 존립 자체를 위협할 수 있는 2가지 현상이 나타날 수 있기 때문이다. 첫째, 인권의 공존가능성이 위협받을 수 있다. 다시 말해, 한 종류(혹은 한 사회 구성원)의 인권을 이행하기 위해서 다른 종류(혹은 다른 사회 구성원)의 인권을 침해하거나 무시하는 상황이 발생할 수도 있다. 이른바 인권의 충돌 현상이다. 예컨대 사회권과 자유권의 갈등관계를 들 수 있다. 사회권을 확대하는 과정은 국가 혹은 기관이 개인의 생활에 개입하는 과정인데, 이 과정에 자유권적 기본권과의 모순관계가 작동하게 된다. 사회권 보장을 위해서는 국가가 개인의 사생활에 개입하고 몇 가지 결정에 전문가(서비스 제공자)의 의견이 개입되는 현상이 목격된다(정원오 외, 2013, 21~22쪽). 이 과정에서 나타나는 사회권과 자유권의 긴장관계를 어떻게 봐야 하는지, 이의 해결방법은 무엇인지에 대한 고민이 필요하다.

둘째, 이러한 공존가능성의 문제는 이른바 인권 인플레이션 현상, 즉 인권의 개념이 확장되어 무분별하게 다양한 요구의 근거로 이용되는 현상까지 초래할 수 있다. 따라서 인간의 모든 인권을 법으로 구체화하는 것은 불가능하더라도 앞에서 언급한 인권의 기본 가치, 즉 정의로움 추구에 바탕을 둔 법의 제정을 통한 인권보장 노력은 필요하다.

이렇게 볼 때 인권은 정의로움 추구에 바탕을 두는 인간으로서의 권리로서, 법적 권리이기 이전에 포괄적인 도덕적 권리다. 그러나 인권보장을 담보하는 도구로서 법의 중요성 역시 간과되어서는 안 될 것이다.

2) 인권의 구성요소와 인권 목록

인권 이해의 두 번째 순서로 인권의 구성요소를 살펴보기로 한다. 인권을 생각할 때 가장 먼저 떠오르는 이미지는 '인권은 추상적'이라는 것이다. 하지만 인권은 단순히 법적 용어가 아니라 일상생활 용어라는 점에

〈표 1-1〉 권리의 구성요소와 인권

구성요소	내용	인권	인권의 권리적 성격
권리의 주체	누가 권리를 보유하는가	인간이라면 누구나 누림	보편적 권리
의무의 주체	권리 주체에 대해 의무를 부담하는 상대방은 누구인가	모든 사람	일반적 권리
권리 내용	무엇에 대한 권리인가	인간으로서의 삶에 매우 중요한 근본적 가치	근본적 권리
권리의 근거	권리 인정의 근거가 되는 것은 무엇인가	법체계의 승인과 상관없이 오로지 인간이기 때문에 가질 수 있음	도덕적 권리

유의해야 한다. 예컨대 특정 사업장에서 고용주가 외국인 근로자의 여권을 압수한다면 이와 관련된 법적 조항이 없다 하더라도 이는 바로 외국인 근로자에 대한 인권침해의 대표적 사례가 된다. 따라서 인권을 좀 더 정확하게 이해하기 위해서는 추상적인 수준의 인권을 구체화하는 작업이 필요하다.

　인권 역시 도덕적 권리이긴 하지만 권리 중의 하나임은 분명하다. 따라서 인권의 구성요소를 파악하기 위한 전 단계로서, 권리는 무엇으로 구성되어 있는지를 살펴보자. 김도균(2006)은 〈표 1-1〉에서처럼 권리는 4가지 요소로 구성된다고 강조한다(오병선 외, 2011, 58쪽에서 재인용).

　권리의 구성요소 차원에서 볼 때 인권은 〈표 1-1〉에서처럼 보편적 권리, 일반적 권리, 근본적 권리, 도덕적 권리의 성격을 띤다. 이 중 근본적 권리와 도덕적 권리가 인권의 구성요소 중 핵심에 있다고 할 수 있다. 왜냐하면 권리 및 의무의 주체는 이미 모든 사람을 전제하기 때문이다.

24

먼저 근본적 권리라 함은 인권은 승인하지 않을 수 없는 인간생존에 필요한 근본적이고 긴요한 욕구와 직결됨을 의미한다. 따라서 각 개인은 다른 모든 사람을 향해 제기할 수 있는 최소한의 합당한 청구권을 지니게 된다. 인권이 도덕적 권리라는 것은 실정법 이전의 권리, 즉 실정법의 인정과는 무관하게 인정되는 권리로서, 그 근거는 보편적인 도덕적 원리에서 찾을 수 있음을 의미한다. 따라서 인권을 구성하는 제요소, 즉 인권 목록을 확인하기 위해서는 국내법 못지않게 인권 문제를 다루는 국제법, 즉 국제인권법을 살펴보는 것이 바람직하다.

1948년 '세계인권선언'(Universal Declaration of Human Rights)이 공포된 이후, 유엔(UN)을 비롯한 국제기구는 인권보장을 위한 여러 가지 국제 규약 혹은 협약을 발표했다. 이를 토대로 인권 목록을 범주화하면 다음과 같다(조효제, 2007). 인권 목록의 첫 번째는 시민적·정치적 영역의 인권이다. 여기서의 시민적 권리는 일정한 생활영역을 국가나 타인의 간섭으로부터 보호받는 권리를 말한다. 이를 반대로 해석하면 국가 입장에서는 불간섭 부작위의 의무가 있음을 의미한다. 한편, 정치적 권리는 정치적 공동체의 구성원으로서 국가 업무에 참여하고 국가 업무를 통제하는 권리를 말한다. 이의 구체적인 인권 목록은 〈표 1-2〉와 같다.

〈표 1-2〉의 인권 목록 중 생명권, 인격적 존재로 대우받을 권리, 신체의 자유, 거주·이전의 자유 등이 시민적 권리에 속한다면, 정치활동을 할 권리와 사상과 표현, 집회와 결사의 자유 등은 정치적 권리의 대표적 인권 목록이라 할 수 있다. 이 중 몇 가지 쟁점 혹은 고려가 필요한 사항에는 우선 외국인에 대한 시민적·정치적 인권보장 범위가 있다. 예컨대 외국인의 정치활동 허용 여부 및 그 정도, 미등록 외국인

〈표 1-2〉 시민적 · 정치적 영역의 인권 목록

종 류	내 용
생명권	인간의 생존본능에 바탕을 둔 자연법적 권리 자신의 의사에 반해 생명을 강제로 박탈당하지 않을 권리
인격적 존재로 대우받을 권리	인간의 존엄성과 가치
평등권	법 앞에서의 평등, 법 내용의 평등
신체의 자유	신체의 생리적 기능과 생물학적 유형
거주 · 이전의 자유	적극적/소극적 의미
사상과 표현, 집회와 결사의 자유	인간은 정신활동을 통해 인격을 발현하는 존재임을 전제로 함
사생활 및 가족생활을 존중받을 권리	개인정보 보호, 프라이버시 침해 금지
정치활동을 할 권리	소속 공동체에 관한 관심은 인간의 본성임을 전제로 함
권리를 구제받을 권리	권리침해의 경우
재산권	절대적 권리는 아님

근로자의 거주 · 이전의 자유의 용인 등이 바로 그것이다.

재산권의 보장 역시 쟁점 중 하나이다. 특정 사회의 구성원이 누릴 수 있는 총합적 재산이 한정되어 있음을 가정할 때 한 개인의 재산권 보장은 다른 사람의 재산권을 침해할 수도 있을 것이다(인권의 충돌). 뿐만 아니라 재산권은 인권 목록에 포함되지만 절대적 권리는 아니며 이것의 행사는 제한받을 수 있고 심지어는 박탈도 가능한 것으로 본다.

인권 목록의 두 번째 영역은 경제적 · 사회적 · 문화적 영역이다. 이는 사회정의와 실질적 평등의 이념에서 도출된 것으로, 국가가 적극적으로 실현해 줄 것을 요구하는 성격이 더 강하다. 본래는 사법적 구제가 곤란한 상태에서 국가의 적극적 · 긍정적 대응이 인권보장의 관건으로 간주되었으나, 1980년 이후에는 인권에 대한 국가의 삼중의무2)에 관한 관심 고조와 함께 경제적·사회적·문화적 인권에 대한 국가의 이행 책임이 상당히 강조되고 있다. 〈표 1-3〉은 경제적·사회적·문화적 영역의 인권 목록을 제시한 것이다.

시민적·정치적 권리에 비해 경제적·사회적·문화적 영역의 인권 보장은 국가의 적극적 개입 없이는 실현될 수 없는 성격을 지닌다. 이를 구체화하기 위해서는 해당 국가의 능력 (*affordability*) 이 관건으로 작

〈표 1-3〉 경제적·사회적·문화적 영역의 인권 목록

세부영역	종류	내용
경제적	적절한 생활수준을 영위할 권리	의식주의 충족 기아의 공포로부터 해방 국제협력의 본질적 중요성
경제적	근로권	근로의 권리, 근로조건에 대한 권리
경제적	노동조합에 대한 권리	단결권과 파업권
사회적	사회보장과 사회보험에 관한 권리	국민이 인간적 생존의 최소한을 확보하는 데 필요한 재화를 국가에 요구할 수 있는 권리
사회적	가정의 보호 및 지원에 관한 권리	가정 구성의 권리, 임신과 출산의 권리 근로여성의 모성보호,
사회적	아동보호에 관한 권리	아동의 양육과 보호 건강과 교육, 여가와 문화적 활동을 위한 지원 경제적·사회적 착취로부터의 보호 반사회적인 아동노동 근절
사회적	가능한 최상의 신체 및 정신건강을 영위할 권리	건강권
문화적	교육받을 권리	초등교육 부모의 학교 선택 자유
문화적	문화에 대한 권리	문화생활 참여 권리(향유, 창조, 보존)
문화적	소수자 권리	소수자(소수집단) 문화 존중 및 보호

---

2) 인권의 존중 (*respect*), 보호 (*protection*) 및 실현 (*fulfillment*) 에 대한 국가의무를 통칭하는 용어이다. 자세한 내용은 3장 참조.

용되는 것 또한 이 영역이다. 이 영역의 인권 목록이 인권의 보편성 논쟁의 핵심에 자리 잡은 것은 바로 이러한 특성에 기인한 것이다. 하지만 인권보장에서 경제적·사회적·문화적 영역의 인권이 지닌 중요성과 국가의 삼중의무의 중요성을 고려할 때, 이 영역이 지니는 의의를 과소평가해서는 안 될 것이다.

〈표 1-3〉에 예시된 인권 목록 중 고려되어야 할 점들을 정리하면 다음과 같다. 첫째, 근로권은 근로의 권리뿐만 아니라 근로조건의 권리까지 포함한다. 여기서 근로의 권리란 근로관계 형성 및 유지의 권리임과 동시에 국가에 대한 근로기회 제공 요구의 권리를 의미한다. 이는 원론적으로 말하면 국가는 근로를 원하는 사람에게 일자리를 제공할 의무가 있으며, 그러지 못한 경우 국가의 삼중의무에 따라 이 역시 인권침해라는 것이다. 근로의 권리 못지않게 중요한 것이 근로조건에 대한 권리이다. 최저임금 보장, 임금의 공정성, 안전하고 건강한 근로환경 제공, 공정한 승진기회 보장, 휴식권 보장이 이에 포함된다.

둘째, 가정의 보호 및 지원에 관한 권리는 가정에 대한 인식의 전환에 바탕을 둔 것이다. 즉, 가정은 사회의 자연적·기초적 단위로서 더 이상 사적 영역에 머무르지 않는 공적 지원과 배려의 대상이라는 것이다. 이의 연장선상에서 임신과 출산은 여성의 자연적 권리이며 모성보호는 가장 중요한 인권적 요청이다(오병선 외, 2011). 특히 근로여성의 모성보호가 실현되기 위해서는 육아휴직 보장뿐만 아니라 임신과 출산으로 인해 고용, 임금, 해고 등의 영역에서 여성들이 불이익을 당해서는 안 될 것이다.

셋째, 흔히 아동권리로 불리는 아동의 보호에 대한 권리 역시 아동에 대한 기본 인식의 전환에 근거한다. 아동은 부모의 부속물이 아니라 그 자체로 독립된 인격체다. 이의 연장선상에서 아동의 양육과 보호 역시 일차적으로는 부모의 권리이자 의무이지만 국가와 사회의 의무이기도 한 것이다.[3] 아동의 건강과 교육, 여가와 문화적 활동을 위한 지원, 그리고 경제적·사회적 착취로부터의 보호, 반사회적인 아동노동 근절에 관한 관심이 필요하다.

넷째, 문화적 권리는 문화상대주의에 대한 강조로 인해 인권 논의에서 제외되는 경향이 있었다. 하지만 국제인권법은 이미 오래전부터 문화에 대한 권리를 인권 목록에 포함시키고 있음에 주목할 필요가 있다. 세계인권선언 제27조 제1항은 "모든 사람은 공동체의 문화생활에 자유롭게 참여하며 예술을 즐기며 과학의 진보와 그 혜택을 나누어 가질 권리가 있다"고 천명한다. 한편, 문화에 대한 권리를 자세하게 규정한 국제인권법은 1966년에 채택된 '경제적·사회적·문화적 권리에 관한 국제 규약'(일명 '사회권 규약'이라고도 함)으로서, 동 규약 제15조 제1항은 문화생활에 참여할 권리, 지적재산권 향유의 권리, 과학의 진보 및 응용으로부터 이익을 향유할 권리 등을 명시하였다.

여기서 유의할 점은 문화에 대한 권리가 단순히 문화향유의 권리만을 의미하는 것은 아니라는 점이다. 새로운 문화의 창조, 기존 지배문화에 대한 대항문화의 창조에 대한 권리도 포함된다. 흔히 문화권의 실현방법으로 문화의 민주화와 문화 민주주의의 2가지 방법이 제시된다. 문화의 민주화 개념은 기본적으로 엘리트 중심의 고급문화를 대중에게 확산하는 것을 지향하는데, 여기서 대중은 문화향유의 수동적 대상에 지나지 않는다. 반면, 문화 민주주의 개념은 문화의 다양성 존중 관점

---

3) 프랑스에는 "아이가 태어나면 반은 부모의 자식, 나머지 반은 사회의 자식"이라는 말이 있다.

〈표 1-4〉 연대적 · 집단적 영역의 인권 목록 (예시)

연구자	내 용
바삭 (Vassak, 1977)	발전권/건강하고 생태적으로 균형 잡힌 환경권/평화권/ 인류공동유산에 대한 소유권
유네스코 (UNESCO, 1980)	발전권/환경권/평화권/인류공동유산에 대한 소유권/ 의사소통권/서로 다를 수 있는 권리/ 인도주의적 도움을 요구할 권리
마크스 (Marks, 2005)	발전권/환경권/평화권/문화유산에 대한 소유권/ 의사소통권/인도적 원조를 요구할 수 있는 권리
웨스턴 (Weston, 2006)	정치적 · 경제적 · 사회적 · 문화적 자결을 향유할 권리/ 경제적 · 사회적 발전을 향유할 권리/ 인류의 공동유산으로부터 이익을 얻고 그에 참가할 수 있는 권리/평화를 향유할 권리/ 건강한 환경을 향유할 권리/인도적 구조를 받을 권리

Vasak(1977), 조효제(2007), 오병선 외(2011)의 관련 내용을 정리.

에서 일반 국민의 다양한 문화창조 활동을 강조한다(심창학, 2013a).
이렇게 볼 때 사회권 규약이 제시하는 문화에 대한 권리는 문화의 민주
화뿐만 아니라 문화 민주주의도 포함함을 알 수 있다.

　인권 목록의 세 번째 영역은 연대적 · 집단적 영역의 인권이다. 연대
적 · 집단적 인권은 인권 목록 중 최근에 등장한 것이다. 이는 국가들
간의 양극화, 빈부격차, 과도한 군비경쟁, 핵전쟁, 환경파괴로 인한
생태위기 등 새로운 위기상황에 대한 인권 관점의 개입의 필요성에 따
라, 최근 많은 관심의 대상이 되고 있다. 앞의 2가지 영역 유형에 비해
국제협력과 국가 간 연대가 많이 강조된다. 따라서 실행을 위한 구속력
이 약한 것 또한 사실이다. 뿐만 아니라 이론적으로는 미완성 상태이며
〈표 1-4〉처럼 학자 혹은 국제기구에 따라 인권 목록에 일정한 차이가
있다.

　지금까지 살펴본 바와 같이 인권은 구성요소의 차원에서 보편적 권

30

리(권리의 주체), 일반적 권리(의무의 주체), 근본적 권리(내용) 그리고 도덕적 권리(근거)의 성격을 띤다. 근본적, 도덕적 권리로서의 인권(*a human right*)은 시민적·정치적 인권들(*human rights*)과 경제적·사회적·문화적 영역의 인권들로 이루어지며, 최근 들어 환경권을 비롯하여 연대적·집단적 영역의 인권들이 포함되는 양상을 띤다.

3) 인권에 대한 국가의 삼중의무

앞서 언급한 바와 같이 인권에 대한 현대적 이해의 특징 중 하나는 인권 보장을 위한 국가의 의무를 강조한다는 것이다. 우리는 이를 통칭하여 '국가의 삼중의무'라 부른다. 1980년대의 국가의무에 기초한 접근법에 바탕을 두고 정립된 국가의 삼중의무는 인권의 존중(*respect*), 보호(*protection*) 및 실현(*fulfillment*)에 대한 국가의무를 지칭하는 용어이다. 인권 목록의 영역 중 바로 경제적·사회적·문화적 영역이 국가의 삼중의무에 대한 관심을 증폭시키는 토대가 되었다고 할 수 있다. 인권에 대한 국가의 삼중의무의 핵심요소를 정리하면 다음과 같다(이성훈 외, 2003, 14~15쪽).

첫째, 존중의 의무이다. 이는 국가가 개인의 권리와 자유의 향유를 침해하지 않을 의무를 말한다. 이 의무는 인권 목록 영역 중 시민적·정치적 영역(특히 시민적 영역)에 적용되어 온 국가의 불간섭 부작위 의무와 유사하다. 이 의무의 핵심은 국민 개개인이 자신의 문제에 대한 해결책을 스스로 찾을 수 있도록 국가가 개인의 자유와 권리를 보호하는 것이다. 예컨대 적법절차에 따르지 않은 구금이나 고문을 하지 않을 의무가 여기에 해당한다.

둘째, 보호의 의무는 제3자가 개인의 권리와 자유를 침해하지 못하도록 국가가 입법 혹은 다른 방식의 조치를 취할 의무를 말한다. 예컨대 기업의 부당노동행위와 노동착취, 가정에서의 아동학대와 가정폭력으로부터의 개인보호에 대한 국가의무가 이에 해당한다. 보호의 의무는 모두 개인의 자유와 권리를 보호한다는 측면에서 존중의 의무와 공통점을 지니고 있는 반면, 제3자에 대한 국가의 관여 및 개입을 전제한다는 점에서 개인과 국가 양자관계에 바탕을 두는 존중의 의무와 일정한 차이를 보인다.

셋째, 실현의 의무는 개인의 권리와 자유가 효과적으로 실현될 수 있는 조건 마련과 관련된 국가 조성의 의무를 말한다. 따라서 이 의무는 국가가 보다 광범위한 조치를 취할 것을 요구한다. 실현의 의무에 따르면 실업, 장애, 노령의 경우처럼 국민 개개인에게 기본적 욕구를 충족할 다른 대안적 방법이 없을 때 국가가 식량, 주거, 건강, 교육을 제공할 의무를 지닌다. 구체적으로 기초적인 사회보장제도를 수립하고 공공주거를 제공하는 등 기초적인 인권이 실현될 수 있도록 국가가 적절한 법률, 행정, 예산, 사법상 조치를 취할 의무가 실현의 의무에 포함된다.

이상 3가지 요소로 구성되는 국가의 삼중의무는 다음과 같은 특징을 지닌다. 첫째, 3가지 요소 혹은 이행의무 중 국가가 한 가지라도 이행하지 않으면 이는 인권침해로 간주된다는 것이다. 이는 국가의 삼중의무가 상호의존적이며 불가분적 속성을 지닌다는 것을 의미한다. 둘째, 국가의 삼중의무는 모든 개별 인권에 적용가능하다. 예컨대 주거권에 대한 국가의 삼중의무는 〈표 1-5〉와 같이 예시될 수 있다. 인권 이해에서 국가의 삼중의무가 중요한 까닭은 인권보장과 관련된 기존의 이

<표 1-5> 주거권에 대한 국가의 삼중의무 (예시)

요 소	내 용
존중의 의무	강제철거나 퇴거를 시행하지 않을 의무
보호의 의무	제3자(지주, 집주인, 부동산 개발업자)의 전횡으로부터 개인의 주거권이 침해되지 않도록 하는 국가의무
실현의 의무	공공지출, 토지 및 부동산시장 규제, 공공주택 공급, 전세 및 임대료 감독 등 주거권 실현을 위한 여건 마련에 대한 국가의무

분법이 지니는 한계를 극복할 수 있기 때문이다. 구체적으로 기존 견해는 적극적인 국가의무 이행을 기준으로 시민·정치적 영역의 권리와 경제적·사회적·문화적 영역의 권리를 구분 짓는 이분법적 사고에 바탕을 둔다. 이는 시민·정치적 영역의 권리 역시 국가의무 이행을 전제로 함을 무시한다는 한계를 노정한다. 이에 반해 국가의 삼중의무는 이분법적 사고에서 벗어나 <표 1-5>에서처럼 개별 인권이 부과하는 국가의무를 구체화함으로써, 인권의 효과적인 보장에 기여한다는 장점을 지닌다(이성훈 외, 2003, 15쪽).

4) 인권의 속성과 기본 가치

지금까지 우리는 인권의 개념과 구성요소 그리고 국가의 삼중의무에 대해서 살펴보았다. 이제 인권 개념의 마지막 단계로 인권의 속성과 기본 가치에 대해서 살펴보기로 한다. 이 부분이 중요한 이유는 인권과 관련된 오해를 불식시킬 수 있는 단초를 제공해 주기 때문이다. 예컨대 인권 목록에서처럼 인권(a human right)은 여러 가지 인권들(human rights)로 구성된다. 여기서 특정 영역의 인권만 보장되면 다른 영역의 인권은 무시하더라도 인권보장은 이루어지고 있는 것이 아닌가 하는 질문이 제기될 수 있다. 예컨대 빈곤집단의 사회보장 및 사회보험에 대한 권리는 보장되는 반면 정치활동 참여권리는 상대적으로 무시되는 경우가 있다. 이 경우, 빈곤집단은 당연히 인권침해를 당하는 것으로 보아야 할 것이다. 왜냐하면 인권은 다음과 같은 속성을 지니기 때문이다.[4]

첫째, 인권은 보편적이며 양도불가능한 속성을 지닌다(*universal and inalienable*). 인권의 보편성에 대한 논쟁에도 불구하고 보편주의 원칙은 국제인권법의 초석으로 간주된다. 1948년의 세계인권선언 이후 인권의 보편성은 협약, 선언, 결의안 등 여러 국제인권법을 통해 지속적으로 강조된다. 인권은 인간이라면 누구나 향유할 수 있는 권리로서, 만약 특정 개인이나 집단만이 향유할 수 있는 권리가 있다면 이는 인권이 아닌 것이다. 이의 연장선상에서 인권은 다른 사람이 대신 누리거나 다른 사람에게 양도할 수 없는 성격을 지닌다(불가양도). 이는 자연법 사상에서 강조되는 자연권과 인권의 만남이 발견되는 대목이다.

둘째, 인권은 상호의존적이며 불가분한 속성을 지닌다(*interdependent and indivisible*). 인권 목록에 언급된 사례들은 마치 독립적인 것처럼 보이지만 실상은 그렇지 않다. 예컨대 건강에 대한 권리나 교육에 대한 권리는 사회보장 및 사회보험에 대한 권리가 보장되지 않으면 유명무실에 가깝다. 소득보장이 제대로 되지 않은 상황에서 학교선택권이 무슨 의미가 있겠는가. 이처럼 한 가지 인권의 박탈은 다른 인권에 부정적인 영향을 줄 수 있다. 반면, 한 인권의 개선이 다른 인권의 증진을 가져올 수 있는 것 또한 인권의 속성이다. 예컨대 아동보호에 대한

---

4) 이는 인권에 대한 유엔의 관점이기도 하다. 인권최고대표사무소 홈페이지 참조 (www.ohchr.org/EN/Issues/Pages/WhatareHumanRights.aspx).

권리개선은 가정의 보호 및 지원에 관한 권리증진과 선순환 관계에 있다. 이와 같이 인권에는 상호의존적인 속성이 내재되어 있는 것이다.[5]

또한 인권은 불가분의 성격을 지닌다. 이는 인권 목록은 전체가 하나를 이루고 있으며, 각 부분들을 따로 떼어내서는 안 된다는 것을 의미한다. 그렇다면 왜 애당초 인권 목록을 통한 인권 구분을 시도하면서 불필요한 혼란을 주는 것일까. 이에 대해 조효제(2007)는 스코트의 견해를 인용하여 인권이 국제인권법을 통해 성문화되는 과정에서 법정권리와 그렇지 않은 권리로 구분할 필요성이 제기되면서 인권 목록이 등장하게 되었다고 보았다. 그런데 인권보장의 관점에서 보면 인권 목록이 인권의 내용을 더욱 더 견고하게 하는 역할을 하고 있음에 주목할 필요가 있다. 다시 말하면 한 인간에 대한 명실상부한 인권보장은 인권 목록에 언급된 것들이 제대로 이루어졌을 때 가능하다는 것을 보여 준다.

셋째, 인권은 평등하며 비차별적인 속성을 지닌다(*equal and non-discriminatory*). 평등은 인간의 존엄성, 자유, 박애와 함께 인권의 기본 가치이기도 하다. 여기서의 평등은 모든 것을 동일하게 대우하는 것을 의미하는 것이 아니라, 같은 것은 같게(즉, 동등하게), 다른 것은 다르게 대우하는 것을 의미한다. 예컨대 동일한 업종에서 동일한 일을 하면서도 내국인 근로자에 비해 외국인 근로자가 낮은 임금을 받는다면 이는 차별대우로써 평등에 위배되는 것이다. 또한 기회 및 조건의 평등 역시 중요하다. 이러한 관점에서 여성 혹은 장애인 차별에 대한 적극적 조치의 실행은 매우 중요하다. 평등 혹은 비차별은 어느 국제인권법을 막론하고 강조되는 중요한 인권 속성이다.

---

5) 이와 같이 서로 도움을 받아야 다 같이 존재할 수 있는 권리를 유기체적인 권리 (*organic rights*)라 부르기도 한다.

2. 인권 발달의 역사

1) 인권 발달 역사의 구분 사례: 제1·2 인권혁명과 인권세대

인권의 개념을 살펴본 앞 절에 이어 이 절에서는 인권 발달의 역사를 고찰해 보고자 한다. 이에 앞서 2가지 점에 대한 고려가 필요하다. 첫째, 인권 용어의 등장과 인권 탄생 간의 시기적 차이에 대한 것이다. 인권사상사에서 인권이라는 용어가 본격적으로 사용된 것은 토마스 페인 (Thomas Paine, 1737~1809)에 의해서다. 그는 18세기 말, 당시 사상가인 에드먼드 버크가 비판했던 프랑스혁명의 당위성을 옹호하기 위해 1791년과 1792년에 시리즈 형태로 책을 저술했는데, 그 책의 제목이 바로 《인간의 권리》(*Right of Man*, 1791, 1792)였다. 프랑스혁명을 옹호하는 책의 제목이 《인간의 권리》라는 점은 양자의 상호관련성을 여실히 보여 주는 대목이라 할 수 있다. 그렇다고 해서 인권이 18세기의 산물인가에 대해서는 재고가 필요하다. 왜냐하면 단지 인권이라는 용어를 쓰지 않았을 뿐 인권에 대한 관심은 고대 그리스로까지 거슬러 올라가기 때문이다. 한 예로 고대 자연법사상과 고전적 시민권 역시 기본적으로는 자유롭고 평등한 인간관에 기초한다(최현, 2008, 24~41 참조). 인권의 역사는 곧 인간의 역사라는 말이 전혀 과장이 아니다.

둘째, 인권발달사의 구분에 관한 것이다. 이와 관련하여 가장 일반적으로 언급되는 구분법은 인권발달사를 제1차 인권혁명과 제2차 인권혁명의 2가지로 구분하는 것이다. 18세기 말 미국과 프랑스에서의 혁명을 통해서 나타난 인권 요구로서 주로 자연권에 바탕을 둔 것이 제1차 인권혁명이라면, 제2차 인권혁명은 제2차 세계대전 이후 지금까지 진행 중인 인권 요구를 말한다. 제2차 인권혁명에서는 세계인권선언을 주창한 유엔 등의 국제기구가 인권 요구 주체의 핵심에 자리한다. 이상의 구분은 인권 흐름의 큰 틀을 보여 준다는 장점이 있는 반면, 틀 내의 변화에 대해서는 침묵한다는 한계가 있다.

인권발달사의 두 번째 구분 사례는 바삭(Vasak)의 접근방법이다. 주지하다시피 그는 세대(*generation*) 용어를 통해 인권의 역사를 재조명하였다. 구체적으로 제1인권세대에 시민적·정치적 영역의 인권이 등장했다면 제2인권세대는 경제·사회·문화적 영역에서의 인권보장에 많은 관심을 두었다. 마지막으로 제3인권세대는 앞의 인권세대와는 달리 인권보장을 위한 국가 간 연대와 국제공조를 강조하며, 이는 연대권·집단적 권리라고도 불린다(Vasak, 1977). 이러한 구분은 새로운 흐름, 예컨대 문화상대주의에 대해서는 설명할 수 없다는 한계가 있다.

이에 여기서는 기존 구분법의 장점을 보여 줌과 동시에, 이것의 한계를 극복하는 제3의 접근방법으로서 저명한 인권·평화학자인 요한 갈퉁(Galtung)의 견해를 소개하고자 한다(Galtung, 1994). 그는 컬러코드를 사용하여 인권 발전의 역사를 정리하였다. 갈퉁의 통찰력과 상상력을 알아보면서, 20여 년 전의 연구임에도 불구하고 현재적 시사점을 얻을 수 있을 것이다.

2) 청색 인권부터 녹색 인권까지 : 갈퉁의 역사 구분

(1) 청색 인권

청색 인권(The Blue)이란 18세기를 중심으로 나타난 인권 요구를 지칭하는 용어다. 미국의 독립혁명, 프랑스대혁명 등이 청색 인권을 대변하는 역사적 사례다. 6) 청색이라는 용어는 당시 인권 요구를 주도했던 사람들이 부르주아임에 기인한 것이다. 예컨대 프랑스대혁명은 소수 귀족이 지배층을 형성했던 앙시앵레짐에 대한 부르주아 중심의 시민혁명이다. 인권발달사의 관점에서 청색 인권이 지니는 의미를 정리하면 다음과 같다.

첫째, 자연권에 바탕을 둔 인권사상의 확립을 들 수 있다. 흔히 미국의 독립선언은 로크의 영향을 많이 받았고, 프랑스대혁명은 루소의 지대한 영향을 받았다고 평가된다. 공교롭게도 이 두 사람은 홉스와 함께 당시 대표적인 자연법사상가들이다. 그럼 어떤 맥락에서 자연권이 청색 인권의 사상적 토대가 되었을까. 우선, 자연법사상의 정치적 순기능을 들 수 있다. 어떤 사회운동이나 혁명이 성공하기 위해서는 이를 대변할 수 있는 사상이나 이념이 필요하다. 뿐만 아니라 이러한 사상이나 이념은 기존 실정법에 대항할 수 있을 만큼 이론적으로 견고해야 할 것이다. 이는 입법권에도 대항할 수 있어야 함을 의미하는데, 당시 자연법사상은 이와 관련된 논리적 체계성을 갖추고 있었던 것이다.

둘째, 자연법사상의 주요 명제가 지니는 인권적 속성이다. 예컨대 로크는 자연상태에서 인간이 가지는 권리를 자연권으로 묘사하면서,

---

6) 당시의 핵심적 문건으로는 미국 독립혁명의 산물인 '미국독립선언'(1776), '미국연합헌법'(1789), 미국의 권리장전이라 불리는 '미국연방헌법 수정조항 1~10조'(1791), 그리고 프랑스의 '인간과 시민의 권리 선언'(1789)을 들 수 있다. 한편 영국의 인권선언은 이보다 훨씬 더 거슬러 올라간다. 권리보장의 시초라 불리는 '마그나카르타'(1215)에서 시작하여 '권리청원'(1628), '인민협정'(1647), '인신보호법'(1679)을 거쳐, 1689년의 '권리장전' 제정을 통해 여러 인권보장제도가 구체화되었다. 그런데도 영국의 인권선언이 미국이나 프랑스에 비해 주목을 덜 받는 이유는 인권보장의 제한성 때문이다. 예컨대 당시의 인권은 입법권에는 대항할 수 없는 성격이 내재해 있었다.

이를 생명권, 자유권, 재산권으로 구분하고, 3불가론, 즉 불가분 권리, 불가양도 권리, 불가침 권리를 주창한 바 있다. 또한 이러한 권리에 대한 국가권력의 개입에는 반대 입장을 표방하였다. 왜냐하면 자연권이 보장될 때 인간은 자유롭고 평등한 상태가 유지될 수 있다고 보았기 때문이다. 한편, 루소의 자연상태는 사람들 간의 교류가 없는 외로운 상태이다. 따라서 국가의 건설을 위해서는 주권양도가 필요하며, 이에 대한 반대급부로 국가는 사회 구성원의 생활 전반을 보호해야 할 이른바 보장의 의무를 지닌다. 자연상태에 대한 개념 정의, 국가관에 대한 차이에도 불구하고 로크와 루소의 사상에 공통적으로 내재된 것이 있으니, 인간 그리고 인간권리의 강조가 바로 그것이다. "인간은 자유롭고 평등하게 태어나 존재할 권리를 가진다"는 '프랑스 인간과 시민의 권리선언'(1789) 의 제1조는 바로 이러한 자연권사상을 반영한 것이다. 흔히 인권을 실정법에 우선적인 권리 혹은 자연권이라고 부르는 것 또한 청색 인권의 역사적 소산이라 할 수 있다.

그러나 청색 인권은 여러 가지 한계를 노정하고 있었다. 이 중 인간의 정의에 대한 것이 대표적이다. 당시 부르주아는 사회 구성원 전체가 아니라 교양과 재산을 지닌 성인 남성을 지칭하는 것으로 이해되었다. 그리고 청색 인권은 "○○로부터의 자유"라는 소극적 인권 개념을 지향한다. 이는 절대왕정으로부터의 해방이 바로 인권보장이라는 역사적 교훈에서 비롯된 것이다. 반면 이는 국가에 대한 요구에 관해서는 침묵하는 결과를 초래했다.

(2) 적색 인권

적색 인권(The Red)은 인권 요구의 주체와 요구 영역에서 청색 인권과 일정 부분 차이가 있다. 먼저 적색 인권의 요구 주체는 주로 노동자, 농민, 무산계급이다. 그리고 인권 요구의 영역은 주로 경제적·사회적 권리에 치중되어 있다. 시기적으로는 19세기 중반부터 제2차 세계대전을 거쳐 현재에도 진행 중인 흐름이라 할 수 있다. 청색 인권이 제1차 인권혁명에 해당된다면 적색 인권은 녹색 인권과 함께 제2차 인권혁명에 포함된다.

적색 인권의 대표적 사례로는 프랑스의 2월 혁명(1848)과 파리코뮌 (1870), 영국의 차티스트운동(1832~1848)을 들 수 있고, 간접적으로는 국제노동기구(ILO)의 창설(1919)과 유엔의 세계인권선언(1948) 또한 적색 인권에 대한 국제사회의 반응이라 할 수 있다.[7]

인권발달사 관점에서 적색 인권이 지니는 의의를 정리하면 다음과 같다. 첫째, 적색 인권은 경제적·사회적 권리 측면을 강조하지만 시민적·정치적 측면도 내재한다. 대표적인 것이 인권 목록 중 정치참여에 대한 권리이다. 청색 인권에서 본 바와 같이 정치참여에 대한 권리는 매우 제한적인 성격을 띠었다. 즉, 오랜 기간 유럽의 어느 국가를 막론하고 남성 노동자 계급과 여성은 정치참여에 대한 권리 인정에서 배제된 대표적 집단들이었다. 이러한 관점에서 볼 때 1848년에 실현된 프랑스 남성 노동자 참정권운동, 20세기 초에 그 결실을 보게 된 영국의 차티스트운동 등은 중요한 적색 인권 사례이다.

둘째, 적색 인권은 인권의 보편화에 대한 관심을 촉발시키는 계기가

---

7) 세계인권선언의 탄생에 대해서는 《인권이란 무엇인가: 유네스코와 세계인권선언의 발전과 역사》(유네스코 한국위원회 엮음, 1995)를 참조.

되었다. 여기서의 보편화는 2가지 의미를 지닌다. 첫째, 적용대상의 보편화이다. 청색 인권에서처럼 특정 집단 혹은 계층에 국한되는 것이 아니라 노동자, 농민을 포함하여 전체 사회 구성원이 인권보장의 대상임을 각인시키는 계기가 만들어진 것이다. 둘째, 영역의 보편화이다. 시민적·정치적 권리를 초월하여 경제적·사회적 권리까지 인권의 범위가 확장되었다. 이러한 관점에서 노동자 계급과 부르주아의 타협에 의해 만들어진 독일의 바이마르공화국 헌법(1919)은 청색 인권과 적색 인권의 합작품이라 할 수 있다.

셋째, 적색 인권에 대한 관심 고조는 결국 인권에 대한 국제기구의 관심으로 귀결되었다. 대표적으로 국제노동기구의 창설(1919)과 유엔의 세계인권선언(1948)을 들 수 있다. 출범 초기 근로환경의 개선(인권 목록으로는 근로권)을 위한 입법활동에 주력했던 국제노동기구는 1944년 필라델피아선언과 같은 해 채택된 권고 67호와 69호를 통해 사회보장 및 사회보험에 관한 권리 영역에까지 관심을 확대하였다(심창학, 2011). 1970년대에는 외국인 근로자의 인권, 최근에는 SPF-I(Social Protection Floor-Initiative, 사회적 보호층-국제협력체계)를 통해 사회 구성원 전체를 포괄하는 사회보호제도의 구축에 관심이 모이고 있다.

한편, 유엔 역시 인권에 대한 관심이 높은 대표적인 국제기구이다. 특히 1948년 유엔이 채택한 세계인권선언은 비록 법적 구속력이 있는 조약은 아니지만 인권에 관한 기본문서로서 조문을 어기는 각국 정부에 대해 외교적·윤리적 제재를 가하는 데 강력한 도구적 역할을 하는 것으로 평가받는다(나종일, 2012).[8]

---

8) 나종일(2012)은 인권선언과 관련하여 국제적으로 대표적인 역사적 문서 52편을 선정하고 원문과 번역문, 그리고 선언문의 내용을 상술한 책을 냈다. 이는

인권발달사 관점에서 세계인권선언이 지니는 의의는 2가지로, 우선 자연권 대신 인권이라는 용어가 인간의 권리를 대변하는 공식용어로 채택되었음이 강조되어야 한다. 청색 인권에서처럼 인권과 자연권을 동일시하는 현상은 많은 오해를 유발해 온 것이 사실이다. 이에 유엔은 인권을 공식용어로 채택함으로써 이에 관련된 철학적 논란을 불식하고자 했던 것으로 보인다(오병선 외, 2011, 28쪽).

둘째, 인권을 공식용어로 채택한 연장선상에서 인권의 보편적 성격을 국제적으로 천명했다는 점이 중요하다. 이는 "모든 인간"(*all human beings*, 제1조), "모든 사람"(*everyone*, 제2조 이하 대부분의 조항), "남성과 여성"(*men and women*, 제16조) 등 선언에 사용된 용어에서도 확연히 드러난다. 청색 인권과 적색 인권의 총합적 결과가 바로 세계인권선언이라 할 수 있다. 이와 같이 청색 인권으로 시작된 인권 흐름은 적색 인권과의 만남을 통해 외적 포괄성과 내적 공고화를 겪게 되었다.

(3) 녹색 인권

녹색 인권(The Green)은 여성·아동·소수자·이주민·원주민 등이 요구한 권리와 발전권, 환경권, 평화권 등 1980년대 이후에 등장한 인권 목록에 대한 권리를 지칭하는 용어이다. 등장배경으로는 첫째, 인권보편주의에도 불구하고 사회 구성원 중에는 여전히 인권의 사각지대에 있는 집단이 상존함에 대한 반성이다. 둘째, 인권 패러다임의 확장이다. 기존의 인권은 시민적·정치적 권리와 경제적·사회적·문화적 권리 등 주로 국가적인 차원에 초점을 두고 있었다. 하지만 제3세계

인권 연구에 매우 소중한 역작이다.

국가의 경제발전을 가로막는 구조적 장애물, 예컨대 오랜 식민지배와 착취 등이 바로 이러한 국가 차원의 인권보장을 가로막는 요인으로 인식되기 시작했다. 이에 유엔은 인권의 보편화를 위해서는 사회부정과 불공정한 국제질서의 개선이 중요함을 인식하고 인권 목록의 확장을 시도했고, 이것이 발전권(The right to development)이라는 용어로 개념 정립되었다. 같은 맥락에서 인간 복지에 필수적인 요소의 하나로서 환경권 역시 중요하다는 것이 공감을 얻으면서, 현재 이와 관련된 국제인권법 제정을 위한 작업이 진행되고 있다.

이와 같이 녹색 인권은 청색 인권과 적색 인권에 비해 여러 가지 인권이 포함되어 있는 혼합적 성격을 지닌다. 뿐만 아니라 앞의 2가지 인권에 비해서는 구속력이 약한 인권 목록도 포함되어 있음이 사실이다(예: 발전권, 환경권). 이러한 점을 염두에 두고 녹색 인권의 전개 과정 및 특징을 정리하면 다음과 같다.

첫째, 녹색 인권은 인권의 보편화에도 불구하고 인권보장에서 상대적으로 소외된 사회 구성원에 관심을 가진다. 그 예로 여성을 들 수 있다. 청색 인권과 적색 인권의 전개 과정에서 여성은 철저히 배제되었다고 말할 수 있을 정도로 여성의 인권보장은 소홀했다. 청색 인권에서 말하는 인권보장의 주체가 주로 부르주아 남성인 점은 이미 언급한 바와 같다.[9] 예컨대 정치참여에 관한 대표적인 권리인 참정권의 경우, 남녀 동시부여 국가인 핀란드(1906)를 제외하고는 여성의 참정권이 남성에 비해 짧게는 10년, 길게는 100년 가까이 시차를 두고 인정되었

---

9) 청색 인권의 대표적인 법전인 나폴레옹 법전(1804)은 아내를 무능력자로 간주하고 남편에 대한 아내의 복종을 의무조항의 하나로 두기도 했다(오병선 외, 2011, 26쪽).

다.[10] 뿐만 아니라 경제 및 사회 영역에서 여성들이 경험하는 성차별이 매우 심각했음은 주지의 사실이다. 이와 관련하여 1970년대 말 다이애나 퍼스(D. Pearce)가 처음 사용한 후, 1995년의 베이징 여성대회 이후 성차별의 코드로 간주되는 '여성의 빈곤화'(*feminization of poverty*)는 인권보장의 사각지대에 놓여 있는 여성의 현주소를 극명하게 대변했다. 이에 대한 국제적 관심의 결정판이 바로 1979년에 채택된 '여성에 대한 모든 형태의 차별 철폐에 관한 협약'(CEDAW: Convention on the Elimination of All Forms of Discrimination against Women)이다. 전문(*preamble*)과 6부 30조로 구성된 이 협약은 모든 영역에서의 여성차별 금지와, 이를 위한 특별 조치로서 한국에서도 시행 중인 적극적 조치(*affirmative actions*)의 실시를 규정하였다.

둘째, 외국인 이주민 역시 인권보장의 사각지대에 놓인 대표적 집단으로서, 녹색 인권은 이에 대한 관심의 끈을 놓지 않고 있다. 특히 외국인 근로자의 인권보장 사각지대는 그 범위가 광범위하다. 예컨대, 사회권 보장(사회보장과 사회보험에 대한 권리)에 대한 한 비교 연구는 외국인 근로자가 내국인에 비해 특히 연금 분야에서 그 상황이 매우 열악함을 보여 준다. 레짐별로는 사민주의 복지레짐의 외국인 이주민 빈곤율이 가장 낮은 반면, 자유주의 복지레짐이 상대적으로 높은 것으로 나타난다(Sainsbury, 2006). 한편, 내국인과 달리 외국인 이주민들은 시민적·정치적 영역에서 인권보장이 제대로 되지 않음에 주목할 필요가 있다. 특히 한국 등 일부 국가의 외국인 근로자들은 직업선택 및 거주·이전의 자유가 보장되어 있지 않다. 이러한 상황에 직면하여 유엔

---

10) 한 예로, 프랑스에서 남성에게 참정권이 부여된 시기는 1848년인데, 여성의 참정권은 1944년에 인정되었다.

<표 1-6> 외국인 근로자 인권보장을 위한 국제인권법의 공통 주요 항목

구분	주요국제법	주 내용
균등대우의 원칙	UN 이주노동자 권리협약 ILO 이주노동자 협약	개별적 근로관계 임금, 근로시간
근로 3권의 인정	ILO 이주노동자 협약	노동조합결성권, 가입권 단체교섭이익 향유권 합법체류 근로자
	ILO 이주노동자 보충협약(1975)	노동조합 권리 전반
	UN 이주노동자 권리협약	노조활동 참가권리(모든 이주노동자) 노조결성권(합법체류 근로자)
직업선택의 자유	ILO 이주노동자 협약	거주 5년 미만 외국인 근로자의 사업장 이동 제한
	ILO 이주노동자 보충협약(1975)	거주 2년으로 완화
	UN 이주노동자 권리협약	5년 미만 거주 합법체류 외국인 근로자와 가족의 직업선택 자유 제한
	UN 모든 형태의 인종차별 철폐에 관한 국제협약(1965)	거주 · 이전의 자유 직업선택의 자유
가족결합의 권리	ILO 이주노동자 보충협약(1975)	가족*결합에 필요한 조치 마련 (합법체류 근로자)
	UN 이주노동자 권리협약	합법체류 외국인 근로자에 한함

* '가족'은 배우자, 부양자녀, 부모를 의미함.

과 국제노동기구(ILO)는 외국인 근로자의 인권보장을 위한 가이드라인을 제시했는데, 〈표 1-6〉은 이를 정리한 것이다.

셋째, 발전권과 환경권 등은 선언(declaration) 등의 연성법(soft law)의 형태로 공포되었거나 이론적으로 미완성 상태이기 때문에 법적 구속력은 약하다고 할 수 있다.[11] 하지만 현재 그리고 미래의 인권 관심

---

11) 국제인권법은 구속력에 따라 경성법(hard law)와 연성법(soft law)으로 구분된다. 경성법은 체결 당사국에 대한 구속력이 효력을 발생하는 것으로, 주로 조약(treaty), 협약(convention), 규약(covenant)의 형태를 띤다. 반면, 구속력

을 정향(orientation) 하는 데 중요한 요소가 될 것임은 분명하다. 예컨대 발전권은 1986년에 채택된 '발전에 관한 권리선언'(Declaration on the Right to Development) 을 통해 이미 체계화되었다고 할 수 있다. 12)

이 선언에서 흥미로운 점은 크게 2가지이다. 첫째, 발전을 결과 혹은 산출뿐만 아니라 과정으로 파악한다. 즉, 경제, 사회, 문화, 정치의 제 영역에 대한 자유롭고 적극적이며 의미 있는 참여의 기초 위에서만 진정한 발전이 있다고 파악하였다. 이는 발전에 관한 권리선언이 구성원의 자기결정권의 표상으로 불리는 이유이기도 하다. 둘째, 불가양도한 인권으로서 발전권(제1조) 의 실현을 위해서 국제사회에 대한 국가의 의무 및 국제공조를 강조한다. 이러한 맥락에서 인종차별 및 식민주의, 침략 등의 범죄를 제거하기 위한 조치의 마련, 국내·국제적 수준에서의 정책 마련과 입법 요구 등은 이 선언이 강조하는 중요한 실행 조치다.

이상의 녹색 인권의 등장은 우리에게 중요한 시사점을 제공한다. 첫째, 인권은 누구나 누릴 수 있는 보편적·도덕적 권리이지만 사회적 약자에 대해서는 각별한 관심이 필요하다는 점이다. 둘째, 인권은 국내 차원은 물론이거니와 국가 간, 국제적인 수준에서 실행될 때 본래의 가치가 더 빛을 발할 수 있다는 점이다. 경제 영역뿐만 아니라 정치 영역의 세계화가 대세인 최근의 흐름을 생각할 때 인권의 국제적 성격은 앞으로 더 부각될 것이다. 13)

이 없거나 약한 연성법은 선언(declaration), 권고(recommendation) 의 형태로 공포된다.

12) 이외에도 1981년에 채택된 아프리카의 인권헌장 역시 부와 천연자원의 자유로운 처분권, 발전권, 평화 및 안전권, 환경권 등을 강조했다.

3. 인권 관련 법과 기구

지금까지 인권 이해를 목적으로 인권의 개념, 구성요소 및 인권 목록, 국가의 삼중의무, 인권의 속성과 기본 가치 등에 이어서 인권 발달의 역사에 관한 3가지 접근방법의 공통점과 차이점을 살펴보았다. 여기서는 인권 이해의 마지막 순서로서 인권과 관련된 법과 제도 및 기구를 개관하고자 한다. 인권이 근본적·도덕적 권리임에도 불구하고 효과적인 인권실행(*human rights practices*)을 위해서는 법, 제도, 기구의 중요성이 강조된다. 이와 관련하여 인권은 그 포괄적인(*transverse*) 성격, 즉 특정 국가와 국제적 차원을 아우르고 있음에 유의할 필요가 있다. 따라서 인권 관련 법과 기구에 대한 포괄적인 이해를 위해서는 국가 차원과 국제 차원에서의 확인이 필요하다.

1) 인권 관련 법

(1) 국제사회 : 유엔의 국제인권조약과 ILO의 8개 핵심 협약

인권에 대한 국제적인 관심과 노력은 국제인권법을 통해 나타난다. 특히 유엔은 국제 인권보장의 중심지로서 국제인권법의 산파 역할을 하고 있다. 주목할 부분은 1948년에 채택된 세계인권선언을 제외한 대부분의 국제인권법은 규약 혹은 협약 등 경성법의 형태를 띤다는 점이다. 1948년에 채택된 세계인권선언은 그 역사적 의의에도 불구하고 선

---

13) 한편 갈퉁은 네 번째 인권 조류로서 갈색 인권(The Colored)에도 주목할 필요가 있음을 강조하였다. 비서구권 제3세계를 중심으로 등장한 갈색 인권은 문화상대주의에 바탕을 두기 때문에 보편인권을 부정한다는 비판을 받기도 한다.

언이라는 연성법이 지니는 현실적 한계를 벗어날 수 없었다. 이러한 문제점이 제기되자 유엔에서는 이 선언에 일정한 규범적 구속력을 부여하기 위해 〈표 1-7〉처럼 구체적인 인권 영역을 다루는 다양한 국제조약을 채택하게 된다(문진영, 2013, 88쪽).

통상 국제인권조약은 채택된 이후 일정 수의 국가가 비준을 하면 발효, 즉 효력이 발생한다. 그리고 채택연도와 발효연도가 차이가 많이 날 수도 있는데, 이는 조약의 성격뿐만 아니라 해당 국가의 상황에 기인한다. 한편, 조약의 한국 발효시점은 조약 자체의 발효연도에 비해 일반적으로 늦는 경향을 보인다.

이상의 점을 고려하면서 〈표 1-7〉에 언급된 국제인권조약을 정리하면 다음과 같다. 첫째, 조약 채택시점을 기준으로 할 때 인권 문제에 대한 유엔의 본격적인 관심은 1960년대부터 시작되었다고 할 수 있다. 그리고 이러한 관심은 '장애인권리협약'(2006년 채택)처럼 최근까지 지속되고 있다.

둘째, 1960년대에 채택된 국제인권조약이 포괄적 성격을 띤다면, 후에 나타난 조약들은 영역이나 대상 측면에서 개별화·구체화되는 양상을 보인다. 예컨대, 단일 형태로 채택하고자 했던 본래의 의도와는 달리 A규약(사회권 규약)과 B규약(자유권 규약)으로 나누어진 국제규약(1966)은 각각 경제·사회·문화적 영역과 시민·정치적 영역에서의 인권 이슈를 포괄적으로 담고 있다. 한편, '여성차별철폐조약'을 비롯하여 1970년대 이후 등장한 국제인권조약은 특정 이슈에 초점을 두는 경향을 보인다.

한편, 다양한 인권 영역을 포괄하는 유엔과 달리 국제노동기구(ILO)는 주로 경제적·사회적·문화적 영역에서의 인권, 그중에서도 근로

<표 1-7> 유엔 국제 인권조약과 한국

명칭	채택연도 (약칭)	발효 연도	한국 비준연도
모든 형태의 인종차별 철폐에 관한 국제협약(ICERD)	1965 (인종차별철폐협약)	1969	1979. 1. 4.
경제적 · 사회적 · 문화적 권리에 관한 국제규약(ICESCR)	1966 (사회권 규약, A규약)	1976	1990. 7. 10.
시민적 · 정치적 권리에 관한 국제규약(ICCPR)	1966 (자유권 규약, B규약)	1976	1990. 7. 10. (선택의정서*)
여성에 대한 모든 형태의 차별 철폐에 관한 협약 (CEDAW)	1979 (여성차별철폐협약)	1981	1985. 1. 26.**
고문 및 그 밖의 잔혹한 · 비인도적인 · 굴욕적인 대우나 처벌의 방지에 관한 협약(CAT)	1984 (고문방지협약)	1987	1995. 2. 8.***
아동의 권리에 관한 협약 (CRC)	1989 (아동권리협약)	1990	1991. 12. 20.
모든 이주노동자와 그 가족의 권리보호에 관한 국제협약(ICRMW)	1990 (국제이주노동자 권리협약)	2003	미가입
장애인의 권리에 관한 협약 (CRPD)	2006 (장애인권리협약)	2008	2009. 1. 10.

* 선택의정서란 새로운 현안 추가 혹은 협약의 실효성을 보장하기 위한 국제인권법이다.
   제2선택의정서는 미가입(사형제 폐지 내용 포함).
** 선택의정서 2007. 1. 18. 가입.
*** 선택의정서 미가입.

권, 노동조합에 대한 권리, 사회보장과 사회보험에 관한 권리에 많은 관심을 보인다. 이 중 '강제노동금지협약'(협약 제29호), '결사의 자유 및 단결권 보호협약'(협약 제87호)은 나머지 6개 협약14)과 함께 '8개 핵

---

14) ① 단결권 및 단체교섭 협약(협약 제98호), ② 동일가치노동에 대한 남녀근로자의 동일보수에 관한 협약(협약 제100호), ③ 강제노동철폐협약(협약 제105호), ④ 고용 및 직업상의 차별에 관한 협약(협약 제111호), ⑤ 취업 최저연령

심 협약'이라 부르기도 한다.

(2) 우리나라 : 헌법과 실정법

특정 국가의 인권 관련 법 및 제도는 헌법과 실정법을 통해 확인할 수 있다. 헌법은 최상위의 법규범으로, 한 국가의 법의 정신 및 철학을 반영할 뿐만 아니라 하위 법규범을 구속한다. 헌법조항 중 인권을 확인하려면 헌법에 명시된 기본권이 살펴보는 것이 중요하다. 왜냐하면 헌법상 기본권은 인권 중에서도 헌법이 인정하는 인간의 기본적 권리이기 때문이다. 뿐만 아니라 기본권은 매우 중요한 인권이기 때문에 보편적으로 인정되어야 하는 권리이며, 불가침의 권리이기도 하다. 따라서 기본권은 헌법이 개정된다 하더라도 국가권력에 의해 훼손될 수 없는 권리인 것이다(윤찬영, 2013). 〈표 1-8〉은 한국 헌법에 명시된 기본권과 인권 목록의 상호관련성을 정리한 것이다.

한편, 실정법은 헌법조항의 추상성을 구체화하는 역할을 한다. 인권 보장을 위한 구체적 실행 또한 실정법을 통해서 이루어짐은 물론이다. 인권의 포괄적(*transverse*) 성격을 고려할 때 가장 효과적인 인권실행을 위해서는 먼저 실정법을 구속하고 지도하는 기본법이 제정되어야 할 것이다.[15] 하지만 한국은 물론이거니와 국제적으로도 이러한 사례는 찾아보기 어렵다.[16] 따라서 실정법 중에서 인권 관련법을 확인해야 하

에 관한 협약(협약 제 138호), ⑥ 가혹한 형태의 아동노동 금지와 근절을 위한 즉각적인 조치에 관한 협약(협약 제 182호)을 말한다.

[15] 일명 '인권기본법' 혹은 '인권에 관한 기본법'.

[16] 드문 사례로 영국에는 1998년에 제정되고 2000년부터 시행된 인권법(Human rights Act)이 있다.

<표 1-8> 한국 헌법상 기본권의 유형과 인권 목록 영역의 상관성

기본권의 유형	구체적 내용	인권 목록 영역
포괄적 기본권	인간의 존엄성과 가치, 행복추구권	전체 영역
평등권	법 앞에서의 평등	시민적 · 정치적 영역
자유권적 기본권	인신의 자유권(생명권, 신체의 자유) 사생활 자유권(사생활의 비밀과 자유, 거주 · 이전의 자유, 통신의 자유) 정신적 자유권(양심의 자유, 종교의 자유, 언론 · 출판 · 집회 · 결사의 자유, 학문과 예술의 자유)	시민적 · 정치적 영역
경제적 기본권	재산권, 직업선택의 자유, 소비자의 권리	시민적 · 정치적 영역
정치적 기본권	정치적 자유, 참정권	시민적 · 정치적 영역
청구권적 기본권	청원권, 재판청구권, 국가배상청구권, 국가보상청구권,	시민적 · 정치적 영역
사회권적 기본권	인간다운 생활권, 근로권, 근로 3권, 교육받을 권리, 환경권, 건강권	경제적 · 사회적 · 문화적 영역 연대적 · 집단적 영역

윤찬영(2013), 304쪽의 표를 바탕으로 재정리.

며, 이를 위해서는 법의 정신, 법조문의 제목, 법 조항의 내용에 관한 조사가 필요하다. 한국 실정법 중에서 인권과 관련된 대표적인 법 영역으로는 민법과 경제법, 노동법, 사회보장법이 해당되며, 녹색 인권과 직결되는 것으로 여성발전기본법과 남녀고용평등법 등을 들 수 있다.

2) 인권 관련 기구

(1) 국제사회 : 유엔의 헌장기구와 조약기구

유엔에서 가장 핵심적인 인권기구는 헌장기구와 조약기구이다. 첫째, 인권과 관련된 '헌장기구'로는 총회와 제 3위원회가 있다. 총회는 강제조치를 결정할 수는 없으나 인권 상황에 대해 권고할 수 있는 권한

이 있다. 제 3위원회는 총회 산하 5개 분과위원회 중의 하나로서 인권 관련 의제를 담당한다.

이사회의 권한 또한 무시할 수 없다. 유엔에는 현재 3개 이사회가 있는데, 그중 하나가 바로 인권이사회(Human Rights Council)이다. 인권이사회는 기존에 경제사회이사회의 산하기구였던 인권위원회(Commission on Human Rights)의 후신으로, 전 세계적으로 테러, 집단학살, 이주노동, 인신매매 등 인권 문제가 쏟아져 나오고, 관련 NGO의 활동도 활발해지면서 2006년에 현재의 기구로 격상되었다(정진성 외, 2011). 인권이사회는 지역균형에 따라 선출된 47개국으로 구성되며, 연 3회 정기회의와 수시 특별회의를 통해 세계 모든 국가의 인권 문제를 다룬다. 인권이사회의 가장 중요한 기능 중의 하나로 보편적 정례검토(Universal Periodical Review, UPR) 제도를 들 수 있다. 이는 매년 유엔 회원국의 4분의 1을 대상으로 이루어지는 인권 상황 점검을 의미한다. UPR의 최종결과보고서의 내용에 따라 해당 국가들은 권고사항을 이행할 1차적 책임을 지게 된다.[17] 한편, 인권이사회 운영에서 비정부기구의 역할은 매우 지대한 것으로 알려져 있다.

또 하나의 헌장기구로는 인권최고대표사무소(OHCHR)이 있다. '인권고등판무관실'로 더 잘 알려진 이 기구는 유엔 사무국 산하기구로서 유엔의 인권 관련 업무를 총괄한다.[18]

둘째, '조약기구'는 특정 조약이 채택되고 그 조약에 가입한 국가(체약국)들을 대상으로 조약의 이행여부에 대한 정기적인 검토 임무를 맡

---

17) 한국은 2008년과 2012년에 두 차례 UPR이 실시되었다.
18) 2장 2절에서 살펴보게 될 권리 기반 빈곤감소 전략도 인권최고대표사무소의 활동 결과 도출된 것이다.

은 위원회를 말한다. 따라서 앞에서 언급한 유엔 8대 인권조약에 따라 8개의 위원회가 구성·운영 중이다.[19] 체약국은 협약 이행이라는 부담을 지게 되는데, 예컨대 해당 조약이 지정한 대로 최초보고서와 2~5년에 한 번씩 정례검토보고서를 제출해야 한다. 한편, 정부보고서 제출 시 시민단체들도 별도의 보고서를 제출하도록 되어 있다는 점에 주목할 필요가 있다.

요컨대 유엔에서는 헌장기구로서 인권이사회와 인권최고대표사무소, 조약기구로서 8개 위원회가 중심이 되어 인권 문제를 다루고 있다.

(2) 우리나라 : 국가인권위원회

① 성격 및 의의

한국의 국가인권위원회는 국가인권기구(National Human Rights Institutions)로서 2001년 제정된 국가인권위원회법(이하 '위원회법')에 따라 출범한 기구이다. 여기서의 국가인권기구란 헌법 또는 법률에 의거하여 인권의 보호와 증진을 위해 국가 수준에서 활동하는 독립적이고 자율적인 국가기관을 말하는 것으로, 이에 대한 필요성은 유엔 출범 시기부터 제기된 바 있다. 이후 국가인권기구 설립의 결정적인 계기가 된 것은 '국가인권기구의 지위에 관한 원칙'의 제정이다(1991, '파리원칙').[20] 이 원칙에 따라 한국의 국가인권위원회는 4가지 성격을 표방하

---

19) 자유권규약위원회(HRC), 사회권규약위원회(CESCR), 인종차별철폐협약위원회(CERD) 등 8개 위원회를 말한다.
20) 이 원칙은 국가인권기구의 권한과 책임, 구성과 독립성 및 다원성의 보장, 활동방식, 준 사법적 권한을 갖는 위원회의 지위에 관한 추가원칙들을 명시하였다.

는데, 종합적인 인권전담기구, 준 사법기구, 독립기구, 준 국제기구가 바로 그것이다. 4가지 성격을 정리하면 다음과 같다(이성훈 외, 2003, 51~53쪽).

첫째, 국가인권위원회는 인권전담기구이다. 인권전담기구라 함은 한국사회의 인권 전반, 즉 인권 관련 법령, 제도, 정책, 관행 등 인권의 보호와 증진에 관한 모든 측면을 포괄적으로 다루는 기구임을 의미한다. 이는 국가인권위원회가 특정 분야나 성격의 인권 문제를 다루던 기존의 제한적 혹은 한시적 기구와는 본질적으로 다름을 시사한다. 이른바 '인권주류화'의 중심기구로서, 국가 차원의 법과 제도의 개선과 더불어 인권교육의 확산을 통한 인권감수성 증대와 인권문화 발전에 주도적인 역할을 수행한다. 이런 의미에서 국가인권위원회는 인권의 보호와 증진을 위한 제도적 틀, 즉 '인권 전담 국가기구'라 할 수 있다.

둘째, 국가인권위원회는 준 사법기구로서 인권옹호자의 역할을 수행한다. 즉, 국가의 공권력에 의한 인권침해뿐만 아니라 국가기관, 공·사 기업 또는 사인(私人) 간에 발생하는 인권침해, 특히 온갖 종류의 평등권을 침해하는 차별행위에 대한 조사 및 구제 역할을 수행한다. 더 나아가서 국가인권위원회는 기존의 실정법에 근거한 국내 사법제도가 아닌 보편적인 국제인권규범에 입각해 인권침해 문제를 다루고 있음에 주목할 필요가 있다. 이는 앞에서 언급한 바와 같이 인권이 지니는 보편적, 일반적, 근본적, 도덕적 권리로서의 성격에 기인한다. 특히 국가인권위원회는 사회적 약자에 대해 상대적으로 간편한 인권침해 구제 절차를 제공함으로써 실효성 있는 인권보장제도의 역할을 수행하기도 한다.

셋째, 국가인권위원회는 독립기구를 표방한다. 이는 파리원칙이 특히 강조하는 부분으로, 여기서 독립성은 정부뿐만 아니라 대법원 등 다른 주요 헌법기관으로부터 지휘감독을 받지 않고 주어진 권한을 독립적으로 수행해야 한다는 것을 의미한다. 형식적으로는 국가기관이면서 인권의 관점에서 여타 국가기관의 권력행사를 감시하고 견제하는 소임을 부여받은 것이다. 입법·사법·행정의 세 권력이 절충과 타협에 의해 남용되는 것이 아니라 인권의 가치와 원칙에 따라 권력행사가 이루어지고 있는지를 감시하는 역할을 한다는 점에서 국가인권위원회는 민주주의 정치제도의 구조적 문제점을 보완하는 역할을 한다.

넷째, 마지막으로 국가인권위원회는 준 국제기구이다. 이는 2가지 의미를 지니고 있는바, 국가인권위원회가 국가의 인권정책을 시행하는 단순한 기구가 아니라, 국제인권규범의 국내적 실행을 담당하는 기구임을 내포한다. 형식적으로는 국가기관이면서도 내용적으로는 유엔을 비롯하여 국제사회에서 발전해 온 국제인권법과 규범의 틀 내에서 국내 인권 관련 법령, 제도, 정책, 관행을 평가하고 개선하는 역할을 수행한다.

② 기능 및 권한

위원회법에 명시된 국가인권위원회의 주요 기능은 정책 기능, 교육 및 홍보 기능, 조사 및 구제 기능과 국내외 협력 기능 등 4가지로 구분된다(이성훈 외, 2003, 53~54쪽).

첫째, 정책 기능은 주로 정책권고 기능을 말하는 것으로, 인권 관련 법령, 제도, 정책, 관행 개선권고 또는 의견표명이 바로 그것이다. 구체적으로 위원회법 제19조에 규정된 인권에 관한 법령·제도·정책·관행의 조사와 연구 및 그 개선이 필요한 사항에 관한 권고 또는 의견의 표명(동조 제1호), 인권 상황에 대한 실태조사(동조 제4호), 인권침해의 유형·판단 기준 및 그 예방조치 등에 관한 지침의 제시 및 권고(동조 제6호), 국제인권조약 가입 및 그 조약의 이행에 관한 연구와 권고 또는 의견표명(동조 제7호) 등이 여기에 해당한다.

한편, 이상의 정책 기능을 원만히 수행하기 위해 위원회법은 몇 가지 조항을 별도로 두었는데, 국가기관, 지방자치단체, 그 밖의 공사(公私) 단체와의 협의(제20조), 국제인권규약에 따른 정부보고서 작성 시 위원회 의견 청취(제21조), 자료제출 및 사실조회(제22조), 청문회 운영(제23조), 시설의 방문조사(제24조), 정책과 관행의 개선 또는 시정 권고(제25조) 및 법원 및 헌법재판소에 대한 의견제출(제28조) 등이 바로 그것이다. 통계에 따르면 출범 이후 10년간 국가인권위원회의 정책권고 수용률은 87% 정도로 집계되었다(오병선 외, 2011, 295쪽).

두 번째 기능인 인권 교육 및 홍보 기능은 위원회법 제19조 제5호와 제26조에 바탕을 둔다. 구체적으로, 제19조 제5호에 명시된 인권에 관한 교육 및 홍보를 위해 제26조에서 다양한 방법을 제시한다. 예컨대, 국가위원회는 교육부장관과의 협의를 통해 학교 교육과정에 인권에 관한 내용 포함(제26조 제2항), 인권교육과 인권에 관한 연구의 발전을 위하여 필요한 사항을 고등교육법 제2조에 따라 설립된 학교[21]의 장과 협의(제26조 제3항), 공무원 채용시험, 승진시험, 연수 및 교육훈련 과정에 인권에 관한 내용을 포함시키기 위하여 국가기관 및 지방자치단체의 장과 협의(제26조 제4항), 정부출연연구기관 등의 설립

---

21) 여기에서 '학교'란 ① 대학, ② 산업대학, ③ 교육대학, ④ 전문대학, ⑤ 방송대학·통신대학·방송통신대학 및 사이버대학(이하 "원격대학"이라 한다), ⑥ 기술대학, ⑦ 각종 학교를 말한다(고등교육법 제2조 참고).

〈표 1-9〉 국가인권위원회 상담내용 처리 결과(2012. 07~2013. 06)

구분	상담종결	타 기관 안내	진정 예정	재상담 예정	진정 접수	기타	합계
사례 수	19,622	2,415	3,580	2,275	3,271	1,414	32,577
백분율	60.2%	7.4%	11.0%	7.0%	10.0%	4.3%	100%

기획조정관실・인권상담센터(2013), 4~5쪽의 관련 표에서 발췌 및 재정리.

・운영 및 육성에 관한 법률 제8조 및 제18조와, 과학기술 분야 정부출연연구기관 등의 설립・운영 및 육성에 관한 법률 제8조 및 제18조에 따라 설립된 연구기관 또는 연구회의 장과 협의하여 인권에 관한 연구 요청 혹은 공동연구(제26조 제5항), 평생교육법 제2조 제2호에 따른 평생교육기관의 장에 대하여 그 교육 내용에 인권 관련 사항을 포함하도록 권고(제26조 제6항) 할 수 있다.

셋째, 조사 및 구제 기능과 관련하여 위원회법은 인권침해행위와 차별행위에 초점을 둔다(위원회법 제19조 제2호 및 제3호). 구체적으로, 위원회법 제30조는 조사대상에 '인권침해'와 '차별'을 포함하는데, 국가기관, 지방자치단체, 각급 학교, 공공기관 및 유관단체, 구금・보호시설의 업무수행과 관련하여 헌법 제10조부터 제22조까지의 규정에서 보장된 인권을 침해당하거나 차별행위를 당한 경우 위원회에 진정할 수 있도록 했다. 차별행위의 경우 법인, 단체, 또는 사인(私人)으로부터 차별을 당한 경우를 포함한다. 또한 위원회는 진정이 없는 경우에도 인권침해가 있다고 믿을 만한 상당한 근거가 있고, 그 내용이 중대하다고 인정될 때 직권으로 조사할 수 있다. 아울러 일정한 경우 긴급구제조치를 권고할 수 있으며, 소위원회는 진정에 대하여 인권침해가 있다고 인정하고 법 제40조에 의한 합의가 이루어지지 않은 경우에 당사자의 신청 또는 직권에 의하여 진정을 조사위원회에 회부하여 조정 절차를 시작할 수 있다.

이러한 인권위의 조사 및 구제 기능과 직결되는 인권위의 주요 활동으로는 인권상담을 들 수 있다. 〈표 1-9〉에서 볼 수 있듯 인권위 인권상담 사례 중 진정 예정 혹은 진정 접수로 연결되는 비율은 20%를 넘는다.

넷째, 마지막으로 국내외 협력 기능을 들 수 있다(위원회법 제19조 제8, 9호). 이를 위해 인권위원회는 인권의 옹호와 신장을 위하여 활동하는 단체 및 개인과의 협력과, 인권 관련 국제기구 및 외국 인권기구와의 교류 및 협력을 시도하고 있다.

이처럼 국가인권위원회는 한국의 인권개선을 위한 국가인권기구로서 그동안의 활동 결과 의미 있는 성과를 거둔 것으로 판단된다. 하지만 좀더 바람직한 기구로 거듭나기 위해서는 독립성과 자율성의 측면에서 좀더 많은 개선이 이루어져야 할 것이다.

토론거리

1. 인권의 구성요소에는 무엇이 있는지, 인권의 속성과 기본 가치는 무엇 인지 정리해 봅시다.

2. A의 인권보장이 B의 인권침해를 가져오는 경우, 즉 인권이 충돌하는 경우, 이에 대한 인권 기반적 해법은 무엇일까요? 예컨대 시설 입소 자의 인권보장이 종사자의 인권침해를 가져오는 경우, 어떻게 해야 할까요?

3. 한때 국가의 삼중의무는 사회권에만 적용가능한 것으로 인식되었습니 다. 하지만 인권 관점에서 이는 시민권, 정치권 영역의 인권보장에도 중요한 것으로 간주됩니다. 인권보장과 관련되어 제기되는 국가의 삼 중의무 중요성에 대해 논의해 봅시다.

4. 인권 발달의 역사를 다양하고 포괄적으로 이해하기 위해 바삭의 인권 세대 개념과 갈퉁의 구분법(청색 · 적색 · 녹색 인권 등)의 상호 검토 를 통해 두 구분 사례의 공통점 및 차이점에 대해 정리해 봅시다. 동시 에, 한국의 인권 발달 역사를 2가지 구분 사례를 통해 검증해 봅시다.

제 2 장

인권과 사회복지

2장에서는 인권에 대한 앞에서의 논의를 바탕으로 인권과 사회복지의 관계를 살펴보기로 한다. 흔히 사회복지는 인권이며 사회복지직은 인권전문직이라고 한다. 뿐만 아니라 오늘날 사회복지전문직 활동의 상당 부분은 사회복지대상자의 인권보장 혹은 인권침해 예방과 직결된다.[1] 그런데도 그동안 인권에 대한 사회복지교육계의 관심은 상대적으로 적었다고 할 수 있다. 이는 총 461개에 달하는 사회복지교육기관에 개설된 교과목 중 인권 교과목이 차지하는 비중은 1%도 채 되지 않는다는 사실을 통해서도 여실히 증명된다(심창학 외, 2013). 이에 이 장에서는 인권 기반 사회복지(*human rights based on social welfare*)[2]의

---

1) 하지만 역사적으로는 인권과 사회복지가 모순적 긴장관계를 보였던 적도 있었으니 구빈법 시기가 대표적이다. 이 시기의 사회복지제도 및 활동(예: 구빈원과 작업장)은 사회통제 목적하에 대상자들을 억압, 구속하는 형태를 유지했다. '사회복지시설'임에도 불구하고 인권 관점에서 보면 '비인권적 시설'이었다.

2) 이 용어는 유엔과 짐 아이프(Ife)가 사용한 권리 기반 접근방법(*rights based approach*)에서 아이디어를 얻어서 만든 것으로(심창학, 2011; 2013b), 인권 관점 사회복지와 동일한 의미를 지닌다.

정체성 확인을 통해 인권과 사회복지의 만남의 당위성 및 사회복지에의 기대효과를 생각해 보기로 한다.

1. 인권과 사회복지의 만남

원론적으로 인권과 사회복지의 만남 혹은 연계의 방법으로서 2가지 접근방법을 생각할 수 있을 것이다. 먼저 사회복지적 인권, 즉 사회복지 관점의 인권이다. 이는 사회복지에 바탕을 둔 인권실행 혹은 그 결과로서의 인권보장을 의미한다. 여기서는 사회복지가 인권보장의 도구일 뿐만 아니라 인권보장 여부의 기준(barometer) 기능을 수행하게 된다. 인권과 사회복지의 만남을 보여 줄 수 있다는 점에서는 나름대로 의미가 있지만 이는 오히려 인권 영역을 축소시키는 문제점을 안고 있다. 이미 살펴본 바와 같이 인권 영역은 매우 다양하다. 반면 사회복지는 인권 목록 영역 중에서는 사회적 영역에만 국한되는 모습을 보이고 있다. 따라서 사회복지가 인권보장 여부의 기준이 된다면 이는 여타 영역의 인권에는 상대적으로 소홀하게 되는 결과를 초래할 것이다. 이론적으로는 가능할 수도 있겠으나 사회복지가 확대되지 않는 한 현실적으로는 바람직하지 못한 접근방법이다.

따라서 이 장에서는 두 번째 접근방법인 인권적 사회복지, 즉 인권기반 사회복지에 초점을 두고자 한다. 이는 주로 사회권에 바탕을 두는 기존의 사회복지에서 한 걸음 더 나아가 인권의 속성과 기본 가치에 바탕을 둔 사회복지를 말한다. 여기서 인권의 속성은 보편성과 불가양도성, 상호의존성과 불가분성, 평등과 비차별성을 의미하며, 인간의 존엄성, 자유, 평등, 박애 등이 인권의 기본 가치이다. 후술하겠지만 이러한 접근방법은 기존 사회복지의 문제점을 해결하는 데 유용하다는 점에서 현실적 장점을 지닌다. 뿐만 아니라 이는 사회복지 종사자나 이용자들에게 사회복지실천현장에서 일어나는 사례에 대한 사고방식의 전환과 사고 폭의 확장을 유도한다는 점에서도 유용하다. 무엇보다 인권 기반 사회복지가 지니는 가장 중요한 장점은 시너지 효과이다. 구체적인 현실, 즉 사회복지와의 접목을 통해 인권이 추상적 수준의 개념이 아니라는 인식을 심어 주는 데 효과가 있다. 또한 인권 관점을 통해서 기존 사회복지의 문제점이 해결되거나 제도적 보완이 가능하다면 이는 결국 사회복지의 개선과 발전을 가져오는 결과로 이어질 것이다. 즉, 인권과 사회복지가 공히 시너지 효과를 경험하게 될 것임을 의미한다.

2. 인권 기반 사회복지의 정체성

1) 인권 기반 사회복지의 개념과 원칙

앞에서 언급한 바와 같이 인권 기반 사회복지는 인권의 속성 및 기본 가치에 바탕을 둔 국가와 사회의 노력 및 그 결과로서의 사회복지를 의미한다. 인권 기반 사회복지가 가장 극명하게 드러나는 곳은 아마도 사회복지실천현장일 것이다. 왜냐하면 사회복지실천현장은 인권보장을 위한 사회복지종사자들의 활동의 장이면서도 인권침해가 상존하는 곳이기 때문이다. 그렇다고 해서 인권 기반 사회복지가 사회복지실천현장에 국한되는 것은 아님에 유의해야 한다. 왜냐하면 인권 기반 사회복지의 장점 중 하나인 특정 사건(*event*)에 대한 인권에 바탕을 둔 사고방식으로의 전환만 하더라도 사회복지실천 영역에만 한정된 것은 아니기 때문이다. 한 학자의 견해와 같이 인권 관점은 사회복지정책 결정 과정에 참여하는 사람들에게 역시 이미 실행되고 있는 것과, 실행될 것에 대한 대안적 사고방식을 제공한다(Neville, 2010b).

한편, 이러한 인권 기반 사회복지를 이해하기 위해서는 먼저 그 원칙이 제시되어야 할 것이다. 다시 한 번 강조하건대, 이 원칙들은 기존의 사회복지 원칙과 비교했을 때 전혀 새로운 것도 아님은 물론이고, 기존의 원칙을 부정하는 것도 아니다. 다만, 전통적인 사회복지가 상대적으로 혹은 현실적으로 관심을 덜 가지는 부분을 강조한다는 점에서 인권 기반 사회복지 원칙이 지니는 의미를 도출할 수 있을 것이다. 이러한 점을 고려하면서 인권 기반 사회복지 원칙을 제시하면 다음과 같다.

첫째, 특정 정책 및 제도를 입안하고 시행함에 있어서 인권 관점은 적용대상의 포괄성에 바탕을 둔다. 주지하다시피 인권 관점은 자연권적 관점과 사회구성체적 관점의 2가지로 구분된다. 인권은 자연적 · 보편적인 것이며 모든 인간에 내재적인 것이라는 자연권적 관점과 달리, 사회구성체적 관점에서는 모든 권리는 특정 사회의 역사적 맥락의 산물이며, 인권 역시 특정 사회의 가치, 가치의 위계구조, 권력의 산물로 보았다(Neville, 2010a). 이러한 사회구성체적 관점은 인권의 현실을 파악하는 데 유용한 관점임은 분명하다. 하지만 특정 정책과 제도의 입안 및 시행 과정에서의 사회구성체적 관점의 개입은 인권 기반 사회복지의 정체성을 약화시키는 요인으로 작용할 것이다. 예컨대, 사회권에 대한 모호한 정의와 마찬가지로 인권 개념의 실행 역시 특정 국가의 상황에 매몰되는 결과를 초래할 것이다. 이렇게 볼 때 특정 정책과 제도의 입안 및 시행에 필요한 인권 관점은 자연권적 관점이 되어야 할 것이다. 이렇게 될 때 비로소 사각지대의 문제 등 사회권 기반 사회복지가 노정하는 문제의 해결을 위한 구체적인 대안이 제시될 것이다.

둘째, 인권 기반 사회복지는 이용자의 참여를 강조한다. '권익 표출이 동반되지 않는 참여는 무의미하다'(No participation without representation)는 말처럼 정책결정 과정에서 이용자의 권익표출을 위한 참여는 중요한 사안이다. 그럼에도 불구하고 특정 사회문제의 확인 및 대응 과정을 살펴보면 이용자의 견해가 제대로 반영된 사례는 거의 없다. 예컨대, 빈곤 문제의 경우 이에 대한 정책적 혹은 학문적 관심은 통계수치 개념을 통한 빈곤율 혹은 빈곤의 심도에 초점이 맞추어져 있다. 여기에 무엇이 빈곤인가 하는 빈곤의 본질적 문제는 관심의 대상에서 소외되어 있었다. 이는 '빈곤하기 때문에 빈민이 아니라, 빈민으로 간주되기 때문에 빈곤하다'는 역설적인 결과를 초래하였다. 이용자의 참여를 강조하는 인권 관점(Fredman, 2009; Ife, 2006; Dean, 2007)이 중요한 이유는 바로 여기에 있다. 이처럼 당사자의 목소리 경청을 통한 빈곤 문제의 본질적 접근을 시도하는 사례는 프랑스와 세계은행 등 국제적으로 이미 가시화되고 있다.[3]

셋째, 인권 기반 사회복지는 사회문제 해결을 위한 다양하면서도 포괄적인 접근방법을 강조하며, 이는 사고방식의 전환과 직결된다. 예컨대, 빈곤 문제의 경우 단순한 소득보장이 아니라 빈곤집단의 역량강화

---

3) 구체적으로 프랑스는 지자체마다 '사회적 배제 극복을 위한 포용위원회'가 구성되어 있는데, 이용자의 참여를 일정 비율 이상으로 보장한다. 그리고 세계은행 역시 2만여 명에 가까운 빈곤집단의 참여하에 빈곤에 대한 새로운 접근을 시도하고 있다(Narayan et al., 2000).

에 초점을 두는데, 이에 대해서는 후술하기로 한다.

2) 인권 기반 사회복지의 유용성 : 사례 분석[4]

(1) 사회복지정책 : 유엔 인권최고대표사무소(OHCHR)의
    인권 기반 빈곤감소 전략

현행 사회복지와의 비교 관점에서 인권 기반 사회복지의 차별성이 가장 분명하게 드러나는 부분이 빈곤에 대한 접근방법이다. 빈곤은 사회복지학의 전통적인 사회문제임과 동시에 현재진행형의 문제이다. 과도단순(*over-simplification*)의 위험에도 불구하고 빈곤감소를 위한 접근방법은 다음 3가지로 구분될 수 있는데, 이는 빈곤의 개념 정의 및 빈곤감소 전략의 차이에 기인한 것이다.

첫째, 빈곤에 대한 전통적 접근방법이다. 여기서는 생활수준의 관점에서 빈곤을 정의한다(Spicker, 2007). 구체적으로 생활수준이 일정 수준 이하이거나(절대적 빈곤), 여타 집단보다 낮은 경우(상대적 빈곤)에 빈곤한 것으로 간주된다. 생활수준의 척도로서 빈곤에 대한 경제적 정의, 즉 소득, 소비 혹은 부(富)가 사용된다. 여기서는 빈곤집단의 탈빈곤을 위한 소득보장이 빈곤감소 전략의 핵심에 있다. 빈곤율, 빈곤 갭 등의 개념이 정책적 시사점을 가지는 것 역시 바로 이에 기인한다. 빈곤집단을 대상으로 하는 이러한 소득보장 전략은 한국뿐만 아니라 국제적으로도 일반화되어 있다.

둘째, 사회적 배제 개념에 바탕을 둔 접근방법을 들 수 있다. 프랑스

---

4) 이 부분은 심창학(2011; 2013b), 심창학 외(2013)의 관련 내용을 최근의 연구 경향을 반영하고 대학 교재에 맞추어 수정·보완한 것임.

를 비롯하여 유럽 국가들은 빈곤에 대한 다차원적·동태적 성격에 초점을 둔다. 교육, 주거, 노동시장 등 다양한 측면에서의 사회적 배제가 빈곤을 가져오는 주요인으로 판단한다. 따라서 빈곤 문제의 해결은 단순한 소득보장이 아니라 빈곤을 가져오는 사회적 배제 현상의 예방 및 해소에 있음을 인지한다(심창학, 2001; 2003). 이 접근방법의 다차원적·동태적 성격은 일차원적·정태적 성격을 지니는 첫 번째 접근방법과 분명한 차이를 보인다. 하지만 이 방법 역시 빈곤 자체를 정의할 때 경제직 성격에 바탕을 둔다는 점에서는 첫 번째 방법과 유사하다는 것에 유의할 필요가 있다.

셋째, 인권 기반 빈곤감소 전략이다. 현재 유엔 등 국제기구에서 주목하는 접근방법으로, 빈곤의 정의 및 감소 전략 등의 측면에서 기존의 빈곤 접근방법과는 대조적인 모습을 보인다. 일례로, 유엔 산하 사무국 중 인권최고대표사무소(이하 OHCHR)의 공문서에서 나타나는 인권 기반 빈곤감소 전략의 특징을 정리하면 다음과 같다(OHCHR, 2002; 2004; 2006(2008); 2008].

첫째, 빈곤에 대한 인권기반 실천방법은 빈곤을 정의할 때 본질적인 문제에 천착한다. 즉, 인권의 관점에서 적절한 영양을 섭취하고, 건강하게 살며, 공동체의 의사결정 과정과 문화생활에 참여할 수 있는 역량처럼 기본적인 역량을 누릴 수 있는 개인의 권리가 부정된 것이 바로 빈곤이라는 것이다. 여기서 우리는 몇 가지 중요한 함의를 찾을 수 있다. 우선, 기존 접근방법과 달리 빈곤은 단순한 물질적 재화의 부족이 아니라 다차원적 성격을 지닌 것임을 강조하였다. 다음으로, 역량(*capability*) 개념과 빈곤을 연결하였다. 역량 개념의 강조는 센(Sen)의 역량 접근방법에 바탕을 둔 것으로, 인간이 수용가능한 최소한의 삶의 수준에 도달하는 데 바탕이 되는 기본적인 역량의 결핍이 바로 빈곤인 것이다. 마지막으로, 빈곤과 권리를 연결한다. 빈곤은 단순한 재화의 부족이 아니라 식량과 건강, 정치참여 등의 권리와 같이 다양한 유형의 인권이 보장받지 못하는 상태이다. "빈곤감소와 인권은 상호독립적인 두 개의 프로젝트가 아니라 동일 프로젝트를 위해 서로 도움을 주는 접근방법이다"라는 OHCHR의 주장은 바로 이에 바탕을 둔 것이다(OHCHR, 2004, 3쪽). 즉, 빈곤은 인권보장을 통해 감소될 수 있으며 인권의 실행은 빈곤감소를 통해 이루어질 수 있는 것이다.

둘째, OHCHR은 빈곤집단의 규모를 확인하기 전 단계로서 빈곤의 속성 확인이 중요함을 강조하였다. 이는 앞에서 언급한 바 있는 기존의 빈곤 접근방법의 한계, 즉 빈곤에 대한 본질적인 문제는 경시한 채 빈곤집단의 규모에만 관심을 가지는 경향에 대한 하나의 경종이라 할 수 있다. 한편, '기본적 역량, 그리고 이와 관련되는 권리의 불완전성 혹은 역량 결핍'이 바로 빈곤의 속성임을 강조하는 OHCHR의 견해(OHCHR, 2006, 19쪽) 는 빈곤집단에 대한 경험적 연구를 통해 상호 관련되는 제 측면5) 에서의 무권력 상태(*powerlessness*) 에 초점을 둔 세계은행 산하 빈곤팀의 관점과 맥을 같이한다(Narayan, 2000).

셋째, 이상의 빈곤 개념을 바탕으로 하여 OHCHR은 빈곤감소 전략(Poverty Reduction Strategies, PRS) 과 관련된 원칙과 지침을 제시하였다(〈표 2-1〉 참조). 기존의 빈곤 접근방법과 달리 PRS는 당사자의 참여 보장을 통한 임파워먼트(*empowerment*, 권한부여 혹은 역량강화)를 강조한다. 사실 임파워먼트는 사회복지실천현장에서 중요한 개념으로

---

5) 제 측면이라 함은 물질적 부족, 신체적 문제, 열악한 사회관계, 불안정, 좌절 및 분노를 말한다.

서, 전혀 낯선 개념이 아니다. 그럼에도 불구하고 이에 주목이 필요한 이유는 OHCHR의 임파워먼트는 인권규범의 틀(human rights normative framework) 하에서의 실행이 강조되기 때문이다. 보편성, 비차별과 평등, 참여적 의사결정 원칙, 책무성 원칙, 권리의 상호인정으로 구성되는 인권규범의 틀은 빈곤집단의 효과적인 임파워먼트에 기여할 수 있는 요소로 간주된다. 이런 점은 임파워먼트의 효과적인 실행을 위한 조건적 요인에 대해서는 관심이 덜한 상태에서 임파워먼트를 단지 사회복지 실천가와 이용자 간의 관계로 축소시키는 경향이 있는 사회복지가 주목해야 할 부분이다. 특히 OHCHR뿐만 아니라 여러 학자가 강조하는 권리 개념의 도입을 통한 당사자의 참여는 인권 기반 사회복지에의 관심을 통해서 얻을 수 있는 소중한 성과라고 할 수 있다.

넷째, OHCHR이 규정하는 빈곤 개념의 다차원성은 빈곤감소 전략의 다차원성으로 귀결된다(〈표 2-1〉참조). 구체적으로 OHCHR(2006)은 영역별 인권보장 기준을 고려하면서 지침을 통해 빈곤감소 전략의 구체적인 내용을 제시하고 있는데, 노동권, 적절한 음식의 섭취권, 적절한 주거권, 건강권, 교육권, 안전과 개인 권리에 관한 권리, 사법평등권, 정치적 권리 및 자유가 예시적으로 제시된 인권 영역이다. 예컨대 노동권의 경우, 적절하면서도 생산적인 근로에의 접근은 빈곤감소의 직접적인 역할과 관련된 권리이다. 또한 노동권의 보장은 빈곤감소와 관련된 음식, 건강 및 주거와 같은 여타 영역의 권리를 보장할 수 있는 도구적 성격의 권리이기도 하다. 뿐만 아니라 빈곤 문제의 해결에서 간과하기 쉬운 정치적 권리 및 자유 역시 고려되고 있음에 유의할 필요가 있다. 왜냐하면 OHCHR이 강조하듯 정치적 권리 및 자유의 결여는 빈곤의 원인임과 동시에 결과이기 때문이다.

<표 2-1> 인권 기반 빈곤감소 전략

구분	지침	내용	
입안, 시행, 점검 과정	지침 1	빈곤층 식별	
	지침 2	국가 및 국제 인권 구조	
	지침 3	평등 및 차별금지	
	지침 4	목표설정, 벤치마크, 우선순위 결정	
	지침 5	참여	
	지침 6	점검 및 책임성	
	지침 7	국제 원조 및 협력	
내용	지침 8	특정 인권 기준 통합	노동권
			적절한 음식을 섭취할 권리
			적절한 주거권
			건강권
			교육권
			개인의 안전과 사생활에 대한 권리
			사법평등권
			정치적 권리 및 자유

이처럼 빈곤에 대한 인권 기반 실천방법 혹은 인권 기반 빈곤감소 전략은 단순한 소득보장만으로는 빈곤이 해결될 수 없다는 점에서 전통적인 빈곤 접근방법과 중요한 차이를 보인다. 한편, 다차원성의 특징은 일정 부분 사회적 배제 관점을 통한 빈곤 접근방법과 맥을 같이한다. 그러나 사회적 배제 극복 전략은 권리 차원보다는 분야별 지표 개선에 초점을 둔다는 점에서 일정한 차이가 존재한다.

OHCHR의 인권기반 실천방법은 국제기구가 제시하고 있는 빈곤전략의 한 사례로서 개별 국가에 미치는 영향은 매우 제한적이다. 그럼에도 불구하고 빈곤 문제의 해결과 관련된 새로운 관점을 제시한다는 점, 특히 인권의 관점에서 빈곤을 바라볼 때 어떤 접근이 가능한지를 보여 준다는 점과, 마지막으로 인권 기반 사회복지를 이해하는 데 중요한 단초를 제공한다는 점에서 의의를 찾을 수 있을 것이다.

(2) 사회복지실천 : 짐 아이프의 권리 기반 접근방법

사회복지실천현장은 인권과 사회복지가 서로 만나는 장임을 고려할 때 인권 기반 사회복지의 적용가능성은 훨씬 높다고 할 수 있다. 여기서는 사회복지실천기법과 관련하여 국내에서도 많이 알려진 짐 아이프 (J. Ife)의 권리 기반 접근방법에 대한 소개를 통해 인권 기반 사회복지가 사회복지실천현장에서 어떻게 적용될 수 있는지, 기존 접근방법과의 차이점은 무엇인지 살펴보고자 한다.

짐 아이프는 이용자에 대한 새로운 접근방법, 즉 권리 기반 접근방법을 제시하면서 기존의 전통적인 접근방법을 욕구 기반 접근방법(*needs-based approach*)이라 칭한다(Ife, 2001; 2006). 주지하다시피 욕구는 사회복지의 핵심 개념임과 동시에 수급자격 여부를 결정짓는 기준으로 간주된다. 짐 아이프가 욕구 기반 접근방법에서 제기하고자 하는 문제는 욕구 그 자체보다는 이를 누가 규정하고 있는가에 관한 것이다. 구체적으로 그는 욕구 여부 및 정도의 확인, 그리고 이에 따른 서비스 제공에서 사회복지실천가의 역할이 과도하게 나타남에 주목하였다. 이는 2가지 측면에서 문제를 노정한다. 첫째, 사회복지 이용자의 자기결정권이 훼손될 가능성이 많다. 이미 언급한 바와 같이 자기결정권은 사회복지 이용자의 인권존중과 관련된 핵심 개념 중 하나이다. 그럼에도 불구하고 현실적으로는 서비스 선택 및 집행과 관련된 모든 결정이 사회복지실천가에게 부여되어 있다. 둘째, 욕구 기반 접근방법은 결국 사회복지실천가의 가치에 따라 욕구의 확인 및 서비스 처방이 달라진다는 것을 보여 준다. 이와 관련하여 짐 아이프는 다음 사례를 제시하였다.

> 욕구 판단은 결국 특정 상황에서 무엇이 필요한가에 대한 상이한 다른 판단을 가능하게 하는 가치·이데올로기 판단임과 동시에 전문가적 식견이 반영되어 있는 판단이다. 예를 들어, 전통적인 가족주의를 억압적인 것으로 보는 사회복지사와 보수적인 가부장적 '가족 가치'를 가진 사회복지사가 있다면, 가정폭력 문제에 대해서 이들은 서로 다른 욕구 정의를 내릴 것이고, 이 두 사회복지사는 가정폭력의 피해자, 가해자, 가족의 욕구에 대해 쉽게 합의하지 못할 것이며, 이러한 욕구는 사실에 대한 진술이 아닌 것이다(Ife, 2001, 136쪽).

이의 대안으로 짐 아이프가 제시하는 권리 기반 접근방법(*rights-based approach*)의 핵심 개념을 정리하면 다음과 같다. 첫째, 권리 존중이다. 서비스 제공의 근거 역시 욕구 사정이 아닌 권리에 바탕을 두어야 한다. 그리고 권리의 인정 여부 역시 사회복지실천가가 아니라 인권 관련 협약, 조약, 법제, 더 나아가서 인권 전통 등 다른 원천에 바탕을 두어야 한다. 둘째, 사회복지실천 접근에서 인권 관점의 강조이다. 짐 아이프는 인간이 지니고 있는 문제보다는 본질적 인간성의 관점에 바탕을 둔 사회복지실천접근을 강조한다. 따라서 본질적인 문제는 이용자가 지니고 있는 문제가 아니라, 이용자의 권리에 제대로 부응하지 못하는 체계의 문제인 것이다. 셋째, 권리의 집단적 성격이다. 이와 관련하여 짐 아이프는 장애아동의 권리와 가족 구성원의 권리 간의 충돌가능성을 지적하면서 사례를 통해 구체적인 해법을 제시하였다.

욕구와 권리 간 상호대칭의 적절성, 사회복지실천현장에서의 적용

<표 2-2> 장애아동에 대한 권리 기반 접근방법

① 장애아동의 권리(예: 아동권리협약 기준)와
  이에 상응하는 부모, 형제, 가족의 책임 확인
② 가족의 권리(예: 부모의 근로할 권리, 의미) 확인
③ ①와 ②를 바탕으로 제공이 필요한 서비스 계획·마련, 권리의 적정화
④ 협력적 관계, 개인적 비난 및 이기주의 기피

Ife(2006), 39쪽의 관련 내용에서 발췌.

가능성 등의 측면에서 권리 기반 접근방법에 대한 비판이 적지 않은 것
또한 사실이다.[6] 그러나 권리 기반 접근방법은 서비스이용자의 권리
인정 여부가 외부에 의해 결정되는 것이 아니라 내재적인 요소에 의한
것이라는 점, 서비스 계획단계에서 이용자의 참여 보장 및 협력적 관계
를 강조한다는 점에서 욕구 기반 접근방법과는 일정한 차이가 있음에
주목할 필요가 있다. 뿐만 아니라 짐 아이프가 강조하는 바와 같이 사
회복지실천에서 인권이 중요한 이유는 인권 관점은 사회복지실천가가
지금 하고 있는 일에 대해서 스스로 다르게 생각할 수 있는 단초를 제공
한다는 것이다(Ife, 2006, 32쪽). 권리 기반 접근방법은 기존의 사회복
지실천가의 일과는 전혀 다른 새로운 일의 실행을 요구하지 않는다. 대
신 다르게 생각하는 것이 중요하며, 여기에 바로 인권의 중요성이 있는
것이다.

---

6) 보다 자세한 내용은 김미옥·김경희(2011), 32~33쪽을 참조.

3. 사회복지실천에 대한 인권의 영향

앞서 살펴본 바와 같이 인권 기반 사회복지는 정책 영역과 실천 영역 공히 실행가능성과 유용성을 지닌다. 특히 사회복지실천과 인권은 매우 밀접한 관련성을 지니는바, 이에 대해 좀더 자세히 살펴보고자 한다.

1) 인권직으로서의 사회복지직의 정체성 강화

사회복지직의 정체성 강화는 인권침해가 발생하는 영역과 깊은 관련성을 지닌다. 구체적으로 인권침해는 공적 영역뿐만 아니라 사적 영역, 더 나아가 가정 내 영역에서도 많이 발생한다. 이 중 관련법이나 제도 등을 통해서 공적 영역의 인권보호나 인권침해 예방이 이루어지고 있다면, 사회복지실천을 가장 많이 필요로 하는 영역은 바로 사적 영역이라 할 수 있다. 나아가, 인간 존재의 가치와 도덕성에 바탕을 두는 사회복지실천의 기본 이념은 바로 인권의 속성 및 기본 가치와 맞닿아 있기도 하다. 이렇게 볼 때 사회복지실천은 인권과 분리될 수 없는 것이며 사회복지실천현장에서의 업무, 즉 사회복지 직무는 바로 인권에 바탕을 두어야 하는 것이다.

인권에 기초한 사회복지직의 성격은 국·내외 사회복지사 윤리강령이나 선언을 통해 많이 강조되고 있다. 몇 가지만 소개하면 첫째, 우리나라의 '사회복지사 윤리강령' 전문은 사회복지직의 소명 자체가 인권보장임을 강조한다.

사회복지사는 인본주의·평등주의 사상에 기초하여 모든 인간의 존엄성과 가치를 존중하고 천부의 자유권과 생존권의 보장활동에 헌신한다.

비록 전문에서 '인권'이라는 용어를 사용하지는 않지만 '천부의 자유권과 생존권'이라는 인권의 하위범주 용어를 명확히 사용하고 있음에 주목할 필요가 있다. 둘째, 13만 2천여 명에 달하는 사회복지전문직으로 구성된 미국 전국사회사업가협회(The National Association of Social Workers, NASW)는 "대량학살, 인종청소, 전쟁과 같은 끔찍한 일들이 만연한 곳에서나, 차별과 사회적 배제, 성 불평등, 구타, 강간, 성매매, 노동착취, 아동노동, 노예, 인권의 억압 등이 만연한 곳에서 인권을 위한 투쟁이야말로 21세기 사회복지사들의 주요한 소명"임을 강조한다(허준수, 2013). 즉, 인권이 사회복지업무의 기반이 됨을 역설하는 것이다. 셋째, 국제사회복지사협회(IFSW)는 더 나아가서 인권 실현을 위한 사회복지실천과 관련된 서비스를 제공함에 있어 지켜야 할 원칙을 다음과 같이 제시했다(IFSW, 2002; 심창학 외, 2013에서 재인용).

국제사회복지사협회의 "사회복지실천에서 준수해야 할 인권 원칙"
- 모든 사람은 고유의 가치를 가지고 있으며 그것은 그 사람을 위한 도덕적 배려로 정당화된다.
- 모든 개인은 자립(self-fulfillment)의 권리를 가지고 있으며, 다른 사람의 동등한 권리를 침해하지 않는 범위에서 최대화되어야 한다. 또한 모든 개인은 사회의 안녕에 기여할 의무를 가지고 있다.
- 어떠한 형태의 사회이든지 모든 사회는 그 구성원에게 최대의 이익을 제공하기 위한 기능을 해야 한다.
- 사회복지사는 사회정의의 원칙에 대한 소신을 가져야 한다.
- 사회복지사는 개인과 집단, 지역사회와 사회의 발전을 도모하고 개인-

사회적 갈등을 해결하기 위한 객관적이고 훈련된 지식과 기술에 헌신할 책임을 지니고 있다.

• 사회복지사는 성, 연령, 장애, 인종, 사회계층, 종교, 언어, 정치적 신념, 성적 취향에 기초한 어떠한 차별 없이 가장 최선의 가능한 지원을 제공하여야 한다.

이와 같이 사회복지전문직은 인권전문직이어야 하며, 사회복지전문가는 인권을 증진하고 보호하며 기본적인 사회욕구를 충족시키는 일에 확실하고도 충분하게 관여해야 한다. 이상 본 바와 같이 인권은 사회복지실천의 토대인 동시에 지향점이 된다. 인권 관점에 바탕을 둔 사회복지실천의 접근방법과 기법의 개발 및 연구가 필요한 것도 바로 이에 기인한 것이다. [7]

2) 사회복지실천현장에서 인권의 현주소 확인을 위한 준거 틀

구체적으로 인권 관점은 사회복지실천현장에서의 인권의 주체 및 대상, 인권의 내용 등에 대한 통찰력과 시사점을 제공해 줌으로써 효과적인 인권실행에 기여할 것이다. 사회복지실천현장에서의 인권 주체 및 대상은 두 집단으로 구분될 수 있다.

첫째, 이용자의 인권보장이다. 이에 대한 관심은 이미 '사회복지사 윤리기준'에서 구체화되어 있다. 먼저 11개 항목으로 구성된 사회복지사의 클라이언트(이용자)에 대한 윤리기준은 전부 클라이언트의 인권

---

7) 한편, 허준수(2013)는 사회복지 개입방식으로 억압에 맞서기, 권한부여, 강점 시각의 도입, 인종적으로 민감한 실천, 페미니스트 실천, 문화적 역량 등을 제시하였다.

에 관한 내용이다. 예컨대, 권익옹호(제1항), 존엄성, 자기결정권 존중(제3항), 사생활 보호 등을 들 수 있다. 이어서 명시된 사회에 대한 사회복지사의 윤리기준 역시 사회적 약자 옹호, 사회환경 개선, 사회정의 실현을 위한 내용 등이 담겨 있다. 한편, 이러한 사회복지실천현장에서 나타나는 서비스이용자 인권에 대한 실질적인 관심은 연구결과를 통해 나타나기도 한다. 예컨대 김미옥·김경희(2011)에 따르면 장애인 거주시설의 종사자들은 장애인의 자기결정권과 선택권을 매우 중요하게 생각하는 것으로 나타난다.

둘째, 이용자의 인권 못지않게 중요한 화두는 사회복지실천 종사자의 인권이다. 처우 문제만 하더라도 2006년 기준 근로자 월평균 임금은 254만 원인 데 비해 사회복지 종사자는 135~143만 원으로, 이는 도시근로자 월평균 소득 369만 원의 절반에도 미치지 못한다(노동부 자료, 황소진, 2008, 24쪽에서 재인용). 이후의 개선에도 불구하고 최근 조사에 따르면 사회복지실무자의 평균 연봉은 1,900여만 원에 불과하며(한국사회복지사협회, 2011), 이러한 저임금은 가장 높은 수준의 이직률로 연결된다. 이외에도 사회복지종사자에 대한 이용자의 폭력, 기관 내 안전사고, 최근 과도한 업무 부담으로 인한 사회복지 전담 공무원의 자살 등 많은 관련 이슈가 제기되는 실정이다.

이와 같이 사회복지실천현장에서의 인권에 대한 관심은 매우 크다. 그런데도 이러한 관심은 접근방법에서 일정한 한계를 노정한다. 예컨대 이용자와의 관계에서 나타나는 종사자의 인권 문제를 논할 때, 양자 간의 감정조절 부족 혹은 소통부재의 문제로 접근하는 경향은 많은 반면, 종사자의 인권을 보장할 수 있는 안전장치의 결여 등 물리적 환경의 제한, 기관장의 무관심과 부정적인 사회적 인식에 대한 고려는 논의에서 빠져 있다(김미옥·김경희, 2011). 인권 주체 및 영역에서의 인권 충돌, 그리고 인권실행에서 나타날 수 있는 윤리적 딜레마에 대한 고민과 해법이 필요한 시점이다.

3) 사회복지실천현장과 인권실행 : 인권지표

사회복지실천과 인권의 만남이 실질적인 의미를 가지려면 단순히 인권 전문직으로서의 사회복지직 정체성 강화나 인권의 현주소 확인을 위한 준거 틀 제시에만 머물러서는 안 될 것이다. 사회복지실천현장에서 인권실행(*human rights practice*)을 하는 데 인권 관점이 실질적으로 도움이 되어야 한다. 현재 유엔 등의 국제기구는 효과적인 인권실행을 위해 현장 조사와 주기적인 보고서의 제출 요청 및 이에 대한 평가를 실시하고 있다. 그 보고서의 내용에서 빠지지 않는 부분이 바로 인권지표(*human rights indicators*)이다.

지표가 특정 분야의 현주소를 확인함과 동시에 추구해야 할 지향점을 제시하는 데 중요한 기능을 수행한다는 것은 주지의 사실이다(Witkin, 1998). 이와 관련하여 현재 우리나라에서 실시되는 사회복지시설 평가제도의 평가항목에 인권지표가 반영되어 있다는 점은 의의가 매우 크다. 이를 좀더 자세히 살펴보기 위해 〈표 2-3〉는 사회복지시설평가 해당기관에 공통적으로 적용되는 평가지표를 제시하였다.

평가 해당기관의 성격에 따라 일정 부분 차이도 존재하지만 평가지표의 대부분은 크게 5~6개의 평가 영역으로 구성되어 있다. 이 중 공통적인 평가 영역은 시설 및 환경, 재정 및 조직운영, 인적자원관리, 이용자(혹은 생활인)의 권리, 지역사회관계 등 5개 영역이다. 평가지표

〈표 2-3〉 2014년 사회복지시설 평가 해당기관* 공통지표

평가 영역		평가 항목
시설 및 환경	A1	편의시설의 적절성
	A2	위생상태의 적절성
	A3	안전관리
재정 및 조직운영	B1	경상보조금 대비 운영법인의 자부담(전입금) 비율
	B2	경상보조금 결산액 대비 사업비 비율
	B3	경상보조금 결산액 대비 후원금 비율
	B4	기관의 미션과 비전
	B5	사업(운영)계획의 수립 및 실행
	B6	운영위원회 구성 및 활동
	B7	회계의 투명성
인적자원 관리	C1	법정 직원 수 대비 직원 충원율
	C2	전체직원 대비 자격증 소지 직원 비율
	C3	직원의 이(퇴)직률
	C4	직원의 외부 교육 참여
	C5	직원 교육활동비
	C6	직원 채용의 공정성
	C7	시설장의 전문성
	C8	최고중간관리자(사무국장)의 전문성
	C9	업무분장의 적절성
	C10	직원 인사평가
	C11	직원 교육
	C12	신입직원 교육
	C13	직원의 고충 처리
	C14	직원 복지
	C15	직원 대상 슈퍼비전
이용자의 권리	E1	이용자의 비밀 보장
	E2	이용자의 고충 처리
	E3	이용자의 인권보장 노력

〈표 2-3〉(계속)

평가 영역		평가 항목
지역사회관계	F1	자원봉사자의 활용
	F2	외부자원개발
	F3	자원봉사자 관리
	F4	후원금(품) 사용 및 관리
	F5	홍보
	F6	실습 교육

* 장애인복지관, 사회복귀시설, 정신요양시설, 노숙인 복지시설.
** 진하게 표시된 부분은 이 책의 저자가 강조한 것임.
출처: 보건복지부·한국사회복지협의회 사회복지시설평가원(2013).

중 인권지표가 반영된 대표적인 영역이 바로 이용자(혹은 생활인)의 권리 영역(E)이다. 구체적으로 이용자의 비밀 보장, 이용자의 고충처리, 인권교육의 실시 등을 통한 이용자의 인권보장 노력 등이 여기에 포함된다. 이러한 점들은 물론 개선의 여지가 많기는 하지만 사회복지실천 현장에서의 인권실행에 인권 관점이 구체적으로 어떻게 기여할 수 있는지를 여실히 보여 준다.

토론거리

1. 역사적으로 인권과 사회복지는 항상 양립관계를 보였을까요? 이에 대한 역사적 고찰을 통해 관계의 역사 및 현재적 특징을 이해해 봅시다.

2. 인권 기반 사회복지의 사례를 발굴하여 토의해 봅시다. 또한 인권 기반 사회복지의 정책적 사례, 실천 영역에서 나타나는 인권 기반 사회복지의 사례를 찾아봅시다. 더 나아가서 기존 제도 및 정책을 인권 관점에서 재조명하고 평가해 보는 작업도 의미 있을 것입니다.

3. 구체적인 사례를 통해 짐 아이프의 권리 기반 접근방법의 장단점을 생각해 봅시다.

제 3 장

인권과 사회복지전문직

사회복지전문직은 지금까지 주로 2세대 인권을 보호하고 옹호하는 데 집중했다. 그러나 오늘날에는 2세대 인권뿐만 아니라 1세대 인권과 3세대 인권까지도 포괄하는 인권을 보호·옹호할 책임이 있는 것으로 정체성을 구축해 가고 있다. 즉, 사회복지전문직은 인간의 존엄성과 인권을 존중하는 인권전문직으로서 자리매김하고 있는 것이다.

이에 3장에서는 인권전문직으로서의 사회복지전문직이 어떠한 위상과 역할을 정립했는지 고찰하고, 인권전문직으로서의 사회복지전문직에 요구되는 윤리강령과 인권의식은 어떠한지 살펴보며, 인권의 보호와 옹호 활동에 종사하는 인권전문직임에도 불구하고 사회복지전문직이 안고 있는 인권 문제로는 어떠한 것들이 있는지 고찰한다. 그리고 마지막으로 사회복지전문직 유지에 가장 근간이 되는 노동권 침해의 사례를 인권적 관점에서 논의하고 기타 사회복지사의 인권침해 사례를 소개하고자 한다.

1. 사회복지전문직의 위상과 역할

1) 사회복지전문직의 위상

국제사회복지사협회와 국제사회복지교육협의회(IFSW & IASSW, 2004)[1]의 정의에 의하면, 사회복지는 사회 변화와 발전을 촉진시키고, 인간관계로 인한 문제를 해결하도록 지원하며, 삶의 질을 향상시키도록 인간의 역량을 강화시키고, 억압으로부터 해방되도록 촉진시키는 전문직 활동이다. 또한 인간행동과 사회체계와 관련된 이론들을 활용하여 인간과 환경이 상호작용하는 접점에서 개입하고, 인권과 사회정의를 실천의 중심적인 가치로 삼는 전문직 활동이다.

이처럼 사회복지의 전문직화가 시작된 것은 체계적인 훈련과 교육과정을 개발하고 적용하기에 이른 20세기 전후였고, 자격제도까지 마련하여 전문직의 요건을 충족시켜 전문직으로서의 위상을 갖추게 된 것은 1950년대부터였다. 일찍이 플렉스너(Flexner, 1915)와 그린우드 (Greenwood, 1957)는 사회복지전문직의 속성(*traits*)을 제시하였는데, 플렉스너는 개인의 책임성이 보장되는 지적 활동, 과학적 지식에 기반을 둔 이론, 실제적이고 명확한 목적, 교육적 전달방식, 자발적 조직, 이타주의적 동기 등을 사회복지전문직의 속성이라고 하였다. 이후 그린우드는 기본적인 지식과 체계적인 이론, 클라이언트와의 관계 속에서 부여되는 전문적인 권위와 신뢰, 전문가 집단의 힘과 특권, 사회적

---

1) 국제사회복지사협회는 'International Federation of Social Workers'(IFSW) 로, 국제사회복지교육협의회는 'International Association of Schools of Social Work'(IASSW)로 표기한다.

승인, 명시적이고 체계적인 윤리강령, 전문직 문화 등을 그 속성이라고 하였다(홍선미, 2006, 31~32쪽). 물론 이러한 전문직의 속성과 관련하여 사회복지학 내에 일치된 견해가 존재하는 것은 아니다. 그러나 사회복지가 오늘날 사회적으로 승인받은 사회복지사에 의해 수행되는 하나의 전문직(*profession*)으로 자리매김했다는 데에는 이론의 여지가 없다.

이와 같은 사회복지전문직은 인간다운 삶과 인간의 삶의 질 향상을 궁극적인 목적으로 하여 발전해 온 것으로, 인권이라는 개념이 사회복지학 분야에서 학문적으로 논의되기 이전부터 인권의 보호나 옹호에 상당한 관심을 갖고 적극적인 대응을 해왔다. 그러나 이러한 사회복지의 목적이나 전문화 과정에서 논의된 전문직의 속성에서 드러나듯, 사회복지전문직은 인권의 관점에서 볼 때 자신의 정체성과 관련하여 대략 다음과 같은 도전에 직면해 있다.

첫째, 사회복지전문직이 기반을 두는 사회복지학은 하나의 단독 학문이라기보다는 여러 인접 학문들이 결합된 다학제적 학문으로 존재하며, 그러한 다학제적 정체성으로 인해 개인과 사회, 행위와 사회구조, 미시와 거시 등의 이분법을 극복하지 못한 채 이론과 실제가 발전했다. 이에 따라 사회복지전문직도 이러한 이분법을 통합하지 못한 채 분화되고 있다(Staub-Bernasconi, 2008).

둘째, 사회복지전문직의 주요 속성 중 일부는 전문적인 권위, 전문가 집단의 힘과 특권 등에서 보듯 엘리트적이고 지배적이며 통제적인 전문가주의(*professionalism*)의 측면을 내포한다(Ife 2001; 2008).

셋째, 사회복지전문직은 클라이언트의 욕구를 사정하여 충족시키는 욕구 패러다임(*needs paradigm*)에 기초한 전문직으로 발전해 옴에 따라, 권리를 인정하고 보호하는 데에는 상대적으로 제한적인 기능만을 수행해 왔다(Ife, 2001; 2008).

그러나 사회복지전문직은 최근에 인권전문직으로 자리매김하고 있으며 그 근거는 다음과 같다. 첫째, 사회복지실천은 인간의 행복과 자기실현을 도모하는 데 기여함을 목적으로 하고, 이러한 활동에 종사하는 사회복지사는 인권을 보호하고 옹호하는 것을 사명으로 하기 때문이다. 둘째, 욕구를 충족시키는 것과 더불어 권리(클라이언트의 자기결정권, 사생활을 보호받을 권리, 비밀보장에 대한 권리, 알 권리 등)를 보장하는 것을 사회복지실천의 주요 과제 중 하나로 상정하기 때문이다.

따라서 사회복지전문직은 이상에서 논의한 도전에 다음과 같이 대응해 나갈 때에 인권전문직으로서의 위상을 보다 확고히 정립할 수 있겠다. 첫째, 사회복지학의 정체성을 정립할 때 나타나는 다학제적 특성을 이분법을 초래하는 위기적 요인보다는 이분법을 극복하는 기회적 요인으로 활용할 필요가 있다. 지금까지 사회복지전문직은 개인이나 가족, 집단의 치료와 지역사회를 보호하고 개발하는 활동에 집중했는데, 개인 또는 사회의 어느 한쪽만을 변화시키는 양자택일의 성향을 보였다. 그러나 이러한 양자택일의 전문직 활동은 어느 한쪽을 등한시함에 따라 인권을 침해할 위험성을 내포한다. 따라서 개인과 사회, 미시와 거시의 접점(*point of intersection*)을 찾아 개입하는(Staub-Bernasconi, 2008, 2쪽) 양자 모두의 전문직 활동으로 전환시킬 필요가 있겠다.

특히, 오늘날의 지구화 시대에서는 이러한 통합적 활동을 일국의 경계를 넘어 국제사회의 공간으로 확장시킬 때 인권을 보호하고 옹호하는 기능을 제대로 수행한다고 볼 수 있다. 즉, 인권전문직으로서의 사회복지전문직은 개인과 사회가 통합적으로 변화되도록 해야 하며, 여기에서 더 나아가 일국적 차원의 지역적인(*local*) 것을 국제적 차원의 전 지구적인(*global*) 것과 변증법적으로(*dialectical*) 통합시켜 글로컬(*glocal*) 수준에서 규명하는 활동을 펼쳐 나가야 한다(Ife, 2001; 2008; Staub-Bernasconi, 2008).

둘째, 클라이언트 당사자가 변화 창출의 주체로 자리매김할 수 있도록 클라이언트와 사회복지사 간의 관계를 평등한 관계로 전환시켜야 한다. 사회복지전문직에 내포된 권위, 힘, 특권 등은 변화 창출의 주체가 클라이언트 당사자가 아니라 사회복지사라는 전문가주의가 전제되어 있다. 따라서 이러한 양자 간에는 불평등한 관계가 형성되어 있는 바, 이러한 관계를 평등한 동지적 관계로 전환시켜야 한다(Ife, 2001; 2008).

셋째, 기존의 욕구 패러다임보다는 권리 패러다임(*rights paradigm*)에 따른 실천을 지향해야 한다(Ife, 2001, 133~153쪽; 2008, 89~103쪽; Staub-Bernasconi, 2008). 욕구 패러다임에 따른 사회복지실천에서는 사회복지사가 클라이언트의 욕구를 정의하는 활동이 주를 이루었고, 이에 따라 사회복지사도 자신의 정체성을 개인과 가족, 집단, 지역사회의 욕구를 사정하는 전문가로서 확립해 공고화하였다. 그러나 욕구에 대한 정의는 객관적으로 측정된 중립적인 사실에 기초하기보다는 사회복지사의 가치나 이데올로기에 영향을 받아 이루어진 측면이 강했다. 따라서 클라이언트의 욕구를 충족시키는 데에는 한계를 노정할 수밖에 없었던바, 욕구에 대한 사정은 사회복지전문가보다는 욕구를 갖는 당사자 스스로에 의해 이루어질 필요가 있다. 그리고 이때 인권전문가로서의 사회복지사는 욕구의 이면에 자리한 당사자들의 권리를 확인하여, 이러한 권리와 욕구가 어떠한 관련성을 갖고 있는지 성찰하고 분석할 수 있어야 한다.

아울러 클라이언트의 권리를 살필 때, 3세대 인권 중 어느 특정 세대의 인권을 우위에 두는 것이 아니라, 3세대 인권 모두를 통합한 총체적인 관점(Ife, 2001; 2008; UNCHR, IFSW & IASSW, 1994)에서 접근하여 파악하고 보장·옹호하도록 해야 한다. 즉, 1세대 인권인 시민권과 정치권은 물론 2세대 인권인 경제적·사회적·문화적 권리, 그리고 3세대 인권인 지역사회와 전체 사회, 국가 차원의 집단적 권리까지도 보장·옹호하도록 해야 한다.

이상에서 보듯 사회복지전문직은 인권전문직으로 도약해야 할 상황에 직면해 있지만, 여전히 과도기적 단계로부터 탈피하지 못하고 있다. 따라서 사회복지전문직이 인권전문직으로서의 위상을 구체적으로 어떻게 정립해야 하며, 또 정립할 수 있는지는 과제로 남아 있다 하겠다.

2) 사회복지전문직의 역할

앞서 언급한 바와 같이 사회복지전문직은 인권전문직으로서의 위상을 아직 채 정립하지 못한 상황이기 때문에, 이러한 과도기에 처한 사회복지전문직에게는 특히 다음과 같은 3가지의 역할이 요구된다.

첫째, 재해석자(*reinterpreter*)의 역할이다. '클라이언트'(*client*)나 '개입'(*intervention*) 등과 같은 개념은 전문가로서의 사회복지사를 전제로 하여 발전해 옴에 따라, 클라이언트를 적극성과 자발성이 결여된 수동적인 객체로, 혹은 변화하도록 지원받는 객체로 대상화하는 측면이 있다. 또한 '슈퍼비전'(*supervision*)이라는 개념도 관리·감독·지도하는 슈퍼바이저(*supervisor*)를 전제로 하여 발전했기 때문에 슈퍼비전의 관계가 불평등하게 형성된 측면 또한 무시할 수 없다(Ife, 2001; 2008; Staub-Bernasconi, 2008). 따라서 클라이언트는 적극성과 자발성, 선택권의 의미가 내포된 본래적인 개념으로 재해석될 필요가 있고,[2] 개입도 전문가로서 "내가 무엇을 할 수 있는가?"(*What can i do?*, Ife, 2001, 279쪽; 2008, 191쪽)가 아닌, 변화 과정의 적극적인 참여자로서 다른 사람이나 시민과 더불어 "우리가 무엇을 할 수 있는가?"(*What can we do together?*, Ife, 2001, 279쪽; 2008, 191쪽) 라는 문제의식으로부터 출발하여 바람직한 변화를 창출하는 의미로 재해석되어야 한다. 또한 슈퍼비전도 위계적인 권력관계로부터 탈피하여 평등한 관계 속에서 슈퍼바이지(*supervisee*)의 역량이 최대로 강화될 수 있도록 재해석될 필요가 있다.

둘째, 옹호자(*advocate*)의 역할이다. 여러 인권 관련 논자들(Ife, 2001; 2008; Staub-Bernasconi, 2008; Reichert, 2011)은 비인간적이고 비민주적인 억압과 불리의 구조가 지역적 차원에서만 발견되는 문제가 아니라 전 지구적 차원으로 재편되는 양상을 띤다는 점에 주목하여, 이러한 다차원적인 억압과 불리의 구조를 제대로 이해하지 못한 채 사회복지실천에 임하게 되면 미처 파악되지 못한 또 다른 차원의 억압적 구조를 강화시킬 위험성이 있다고 환기하였다. 따라서 이는 인권전문직으로서의 사회복지전문직이 억압과 불리의 구조를 다차원적으로 다룸으로써, 억압과 불리를 경험하는 약자를 옹호할 수 있어야 함을 시사한

---

2) 아이프는 클라이언트 대신 '사람들'(*people*)이라는 개념을 제시하였는데(Ife, 2001; 2008), 톰슨(Thomson, 2005, 124쪽; 김기덕, 2008, 66~67쪽 재인용)도 '사람들'이나 '시민'(*citizens*) 혹은 '시민성'(*citizenship*)이라는 개념을 사용할 것을 제안하였다.

다. 그리고 이때 약자란 계급, 인종, 성, 연령, 국적, 장애, 문화 등에 의해 억압과 불리를 당하는 사람들이라고 할 수 있는데, 아이프는 이러한 약자를 개별적인 접근을 통해 이해하고 실천활동에 임한다면 한계에 직면할 수밖에 없다고 주장하였다. 즉, 억압과 불리를 확대·재생산하는 지역적 및 전 지구적 차원의 구조를 다룸으로써 이들이 경험하는 억압과 불리를 이해하고 실천활동에 임할 때에, 이들의 인권도 보호·옹호될 수 있다는 것이다.

셋째, 역량강화자(empowering professional)의 역할이다. 역량강화는 능력이 결여된 클라이언트를 이끌기보다는, 클라이언트 스스로가 자신의 권리를 발견하고 정의하여 실현하도록 능력을 고취시키는 활동이다. 그러나 아이프는 이러한 역량강화자의 역할과 관련해서도 클라이언트를 '무언가(역량)가 부족한 존재'로 보는 것이 아니라 '무언가(권리)를 갖고 있는 존재'로 보고 접근하는 인권 관점을 접목할 필요성이 매우 요구된다고 지적하였다. 따라서 그는 대화적 실제(dialogical praxis)3)라는 개념이 이러한 역할을 수행하는 데 매우 유용하게 활용될 수 있다고 제안하였다(Ife, 2001, 236~237쪽; 2008, 251~255쪽). 이러한 대화적 실제의 핵심은 상호 대화를 통해서 개인적인 것과 정치적인 것이 서로 연결되어 있다는 자각에 이르도록 클라이언트의 의식을 고양시키는 것이다. 즉, 억압과 불리를 확대·재생산하는 구조나 담론을 자각하도록 함으로써, 이에 대항하도록 그 가능성을 열어 주는 것이 대화적 실제의 핵심인 것이다. 따라서 이러한 대화적 실제에서는

---

3) '대화적 실제'는 프레이레(Freire, 1972; 1985; 1996)와 맥라렌과 레오나드 (McLaren & Leonard, 1993), 맥라렌과 랭크시어(McLaren & Lankshear, 1994)에 의해 정립된 개념이다(Ife, 2008, 171쪽 재인용).

전문가의 견해가 클라이언트의 견해보다 우월하다는 입장이 아니라, 양자의 견해가 동등하다는 입장하에 대화를 통해 궁극적으로는 지식을 공유하고 상호 학습을 통해 인권을 향상시키는 데 기여하는 것을 목표로 한다.

2. 사회복지전문직의 윤리강령과 인권의식

1) 사회복지전문직의 윤리강령

윤리강령(*code of ethics*)은 전문직의 주요 대표단체가 자신의 전문직과 관련된 핵심적인 가치관을 명문화한 것으로, 정체성과 책임, 행동 등에 관해 제시한 지침이다. 사회복지전문직의 윤리강령은 사회복지사들이 다음의 사항들을 점검하게 함으로써 전문가적 역량을 강화하도록 하는 준거 틀이 된다(Reamer, 1995; 김상균, 2002, 26~27쪽; 김성천, 2005, 106쪽 재인용).

첫째, 사회복지전문가 자신과 다른 사람들, 가령 한 개인, 가족, 집단 구성원, 지역주민, 동료, 직장상사 등이 갖고 있는 가치관들 간에 존재하는 공통점과 차이점을 확인함으로써 자신을 객관화할 수 있는 기준이 된다. 둘째, 윤리적 딜레마에 대해 보다 명확하게 이해하고, 이에 대처할 수 있는 능력을 기르는 근거가 된다. 셋째, 여러 다양한 가치들 간의 관계를 정립하거나 위계를 설정하는 기준이 된다. 넷째, 변화하는 시대에 맞게 새롭게 정립된 가치들이 정당한지를 판단하도록 하는 근거가 된다. 다섯째, 사회복지실천의 방법을 개발하거나 전문가로서의 경력과 역량을 발전시키는 기준이 된다.

따라서 사회복지전문직의 윤리강령은 국제적 차원에서뿐만 아니라 국내적 차원에서도 제시되는데, 그 구체적인 내용은 다음과 같다.

(1) 국제 사회복지전문직 윤리강령 : '사회복지윤리, 원칙의 성명'

국제적 차원의 사회복지전문직 윤리강령으로는 '사회복지윤리, 원칙의 성명'(Ethics in Social Work, Statement of Principles, IFSW & IASSW, 2004)이 있다. 이는 국제사회복지사협회와 국제사회복지교육협의회가 2004년 10월 오스트레일리아 애들레이드에서 개최된 회원총회에서 발표한 것이다. '사회복지윤리, 원칙의 성명'은 다음과 같이 전문을 포함한 총 5장으로 구성된다.

국제 사회복지사 윤리강령 구성
1장 전문(*Preface*)
2장 사회복지의 정의(*Definition of Social Work*)
3장 국제협약(*International Conventions*)
4장 원칙(*Principles*)
5장 전문적 행동(*Professional Conduct*)

'사회복지윤리, 원칙의 성명'의 주요 내용을 정리하면 다음과 같다. 첫째, 사회복지윤리의 중요성과 관련한 내용(전문)이다. 윤리의식은 모든 사회복지사들이 수행하는 전문적인 실천활동의 기본이 되며, 윤리적으로 행동하는 능력과 의무는 사회복지업무의 질을 가늠하는 척도가 된다. 그리고 사회복지사들이 직면하는 여러 가지 딜레마와 도전 상황에서 성찰의 근거가 되고, 윤리적 결정을 내리는 데에도 중요한 기준이 된다.

둘째, 인권 관점에서 정의한 사회복지의 개념에 대한 내용(2장)이다. 앞서 언급했듯, 사회복지는 사회 변화와 발전을 촉진시키고, 인간 관계로 인한 문제를 해결하도록 지원하며, 삶의 질을 향상시키도록 인간의 역량을 강화하고, 억압으로부터 해방되도록 촉진시키는 전문직 활동이다. 또한 인간행동과 사회체계와 관련된 이론들을 활용하여 인간과 환경이 상호작용하는 접점에서 개입하고, 인권과 사회정의를 실천의 중심적인 가치로 삼는 전문직 활동이다.

셋째, 인권전문직으로서의 사회복지직이 추구해야 할 원칙과 관련한 내용(4장)이다. ① '인권과 인간의 존엄성'(1절)은 인권전문직인 사회복지직이 추구해야 할 중요한 원칙이다. 인권과 인간의 존엄성은 각 개인의 신체적, 심리적, 정서적, 영적 통합과 안녕을 위해 사회복지직이 지향해야 할 원칙이다. 그리고 이러한 원칙을 지키는 전문적 활동이란 구체적으로는 자기결정권(*right to self-determination*)과 참여권(*right to participation*)을 존중하고, 전체적인 인간관(*person as a whole*)에 기초하여 각 개인의 강점을 인식하고 개발(*identifying and developing strengths*)해야 하는 것을 의미한다. ② '사회정의'(2절)는 사회복지사가 사회 전체 및 자신이 관여하는 사람들을 위해 그리고 그들과 함께 부정적인 차별(*negative discrimination*)에 맞서야 하고, 다양성을 인정해야(*recognizing diversity*) 하며, 자원을 정당하게 분배(*distributing resources equitably*)하는 데 관여해야 하고, 불공정한 정치와 관행에 도전해야(*challenging unjust policies and practices*) 하며, 연대활동(*working in solidarity*)을 펼쳐 나가야 하는 책임이 있음을 촉구하는 원칙이다.

넷째, 인권전문직으로서의 사회복지직이 추구해야 할 행동과 관련한 내용(5장)이다. '사회복지윤리, 원칙의 성명'은 사회복지사의 '전문적 행동'(*Professional Conduct*)으로 다음과 같은 지침들을 제시했다.

- 사회복지실천 기술과 능력을 개발하고 유지할 것
- 고문이나 테러와 같은 비인간적인 목적을 위해 자신의 기술을 사용하지 않을 것
- 진솔하게 행동할 것
- 공감하고 돌보는 행동을 할 것
- 타인의 욕구나 관심을 자신의 욕구나 관심에 종속시키지 않을 것
- 사회복지사 자신의 직업적인 필요뿐만 아니라 사적인 필요도 충족시킴으로써, 사회복지사 스스로가 적절한 서비스를 제공할 수 있는 여건에 있다는 것을 확신할 수 있도록 할 것
- 서비스를 이용하는 사람들과 관련된 정보에 대해 신뢰감을 유지할 것
- 서비스를 이용하는 사람들, 공동 작업을 하는 사람들, 동료, 고용주, 전문직 단체, 법에 대한 사회복지사 자신의 행동에 책임을 져야 하고, 이때 이러한 책임들이 상호 모순을 띨 수도 있다는 것을 인식해야 할 것
- 학생들이 실제적 교육과 현장감 있는 지식을 습득할 수 있도록 사회복지교육기관과 협력할 것
- 윤리적 쟁점을 동료 및 고용주와 더불어 논의하고 윤리에 입각한 결정을 내릴 것
- 윤리적 숙고에 기초하여 자신이 결정한 근거를 피력하고 그 결정과 행동에 책임을 질 것
- 국제 윤리원칙과 자국의 윤리강령을 토의하고 평가하며 유지할 수 있는 근무 여건을 조성할 것 등

이와 같이 국제적 차원의 사회복지전문직 윤리강령은 사회복지전문직이 인간의 존엄성과 인권을 존중하는 인권전문직이라는 점을 명확히

제시하고, 사회복지전문직이 이러한 인권전문직으로서 무엇을 어떻게 추구해야 할 것인지 그 행동지침을 명백히 표명한다.

(2) 국내 사회복지전문직 윤리강령 : '사회복지사 윤리강령'

한국의 사회복지전문직 윤리강령으로는 1988년 한국사회복지사협회에 의해 제정된 이후, 1992년과 2001년에 걸쳐 각각 개정되어 오늘에 이른 '사회복지사 윤리강령'이 있다(한국사회복지사협회 홈페이지 참고). 사회복지사 윤리강령은 〈표 3-1〉과 같이 전문과 5장의 윤리기준, 그리고 1장의 사회복지윤리위원회의 구성과 운영 등으로 구성된다.

사회복지사 윤리강령의 주요 내용은 전문에 제시되어 있으며, 대략 다음과 같다. 첫째, 사회복지사가 추구해야 할 사상은 인본주의와 평등주의다. 그리고 이러한 사상에 기초하여 수행해야 할 사명은 인간의 존엄성과 가치를 존중하고 천부의 자유권과 생존권의 보장에 헌신하며, 사회적·경제적 약자들의 편에 서서 사회정의와 평등, 자유와 민주주의의 가치를 실현하는 데 앞장서는 것이다. 또한 도움을 필요로 하는 사람들의 사회적 지위와 기능을 향상시키기 위해 이들과 함께 일하며, 사회제도 개선과 관련된 제반 활동에 주도적으로 참여한다. 아울러 개인의 주체성과 자기결정권을 보장하는 데 최선을 다하고, 어떠한 여건에서도 개인이 부당하게 희생되는 일이 없도록 한다.

둘째, 위의 사명을 실천하기 위해 사회복지사에게는 전문성 향상을 위한 노력이 요구된다. 사회복지사는 전문적인 지식과 기술을 개발하고, 사회적 가치를 실현하는 전문가로서의 능력과 품위를 유지하도록 노력해야 한다.

그리고 이러한 사명들을 수행하기 위해 사회복지사가 준수해야 할

<표 3-1> 사회복지사 윤리강령 구성

구분	주요 내용
전문	전문
윤리기준	1. 사회복지사의 기본적 윤리기준
	2. 사회복지사의 클라이언트에 대한 윤리기준
	3. 사회복지사의 동료에 대한 윤리기준
	4. 사회복지사의 사회에 대한 윤리기준
	5. 사회복지사의 기관에 대한 윤리기준
윤리위원회	6. 사회복지윤리위원회의 구성과 운영

윤리기준을 요약하면 다음과 같다. 첫째, 사회복지사가 전문가로서 취해야 할 자세(1장 1절)이다. 사회복지사는 차별대우를 하지 않고, 부당한 압력에도 타협하지 않으며, 사회정의와 복지증진에 헌신하고, 이러한 환경을 국가와 사회가 조성하도록 요구하며, 기관 내외로부터 부당한 간섭이나 압력을 받지 않도록 하고, 전문가단체 활동에 적극 참여하여 사회정의를 실현하고 사회복지사의 권익옹호에도 노력해야 한다.

둘째, 전문성 개발을 위해 노력해야 할 점(1장 2절)이다. 사회복지사는 지식과 기술을 개발·전파하는 데 최선을 다해야 하고, 자발적이고 고지된 동의를 받아 활동해야 하며, 비밀보장의 원칙을 지키고, 제반 교육에 적극적으로 참여해야 한다.

셋째, 경제적 이득에 대해 취해야 할 태도(1장 3절)이다. 사회복지사는 클라이언트의 지불능력에 상관없이 서비스를 제공해야 하고, 이용료를 책정해야 할 경우에는 공정하고 합리적으로 부과해야 하며, 정당하지 않은 방법으로 경제적 이득을 취해서는 안 된다.

넷째, 클라이언트와 관계를 형성할 때의 윤리기준(2장 1절)이다. 사회복지사는 클라이언트의 권익옹호를 최우선 가치로 삼고 행동해야 하고, 인간으로서의 존엄성과 자기결정권을 최대한 존중하며, 클라이언트의 이익을 최대한 대변해야 하고, 사생활을 존중·보호하며, 비밀을 철저히 보장하고, 알권리를 존중하며, 성적 관계를 가져서는 안 되고, 동반자적 관계 속에서 사회복지를 증진시킬 환경을 조성해야 한다.

다섯째, 동료의 클라이언트와 관계를 형성할 때의 윤리기준(2장 2절)이다. 사회복지사는 적법하고도 적절한 논의 없이 동료나 다른 기관의 클라이언트와 전문적인 관계를 맺어서는 안 되고, 긴급한 사정으로 동료의 클라이언트를 맡게 된 경우에는 자신의 클라이언트처럼 관심을 갖고 서비스를 제공해야 한다.

여섯째, 동료를 대할 때의 윤리기준(3장 1절)이다. 사회복지사는 신뢰를 바탕으로 신중하게 동료를 대해야 하고, 동료와의 협력적인 관계 속에서 사회복지전문직의 이익과 권익을 증진시켜야 하며, 동료의 윤리적이고 전문적인 행위를 촉진시켜야 하고, 동료의 판단과 실천이 문제를 초래했을 경우에는 적절한 조치를 취하여 클라이언트의 이익을 보호해야 하며, 전문직 내 다른 구성원의 비윤리적 행위에 대해서도 적절한 조치를 취해야 하고, 동료 및 타 전문직 동료와 민주적인 직무관계를 이루도록 노력해야 한다.

일곱째, 슈퍼바이저가 취해야 할 윤리기준 및 슈퍼바이저를 대할 때의 윤리기준이다(3장 2절). 슈퍼바이저는 개인적인 이익을 취득해서는 안 되고, 자신의 지위를 이용해서는 안 되며, 공정하게 책임을 수행하고 사회복지사의 전문적인 업무수행을 도와야 하며, 사회복지사와 수련생, 실습생에 대한 평가를 함께 공유해야 하고, 이들에 대해 인격적 및 성적 수치심을 유발하는 행위를 해서는 안 된다. 그리고 사회복지사는 슈퍼바이저의 전문적 지도와 조언을 존중해야 한다.

여덟째, 사회에 대한 윤리기준(4장)이다. 사회복지사는 인권존중과 인간평등을 위해 헌신하고, 사회적 약자를 옹호하고 대변하는 일을 주도해야 하며, 사회서비스를 개발하기 위해 사회정책의 수립·발전·입법·집행에 적극적으로 참여해야 하고, 사회환경을 개선하고 사회정의를 증진시키기 위해 사회정책의 수립·발전·입법·집행을 요구하고 옹호해야 하며, 지역사회 문제를 이해하고 해결하는 데 적극적으로 참여해야 한다.

아홉째, 기관에 대한 윤리기준(5장)이다. 사회복지사는 기관의 정책과 사업목표 달성 및 서비스의 효율성과 효과성 증진을 위해 노력함으로써 클라이언트에게 이익이 되도록 해야 하며, 기관의 부당한 정책이나 요구에 대해서는 전문직의 가치와 지식에 근거하여 대응하고, 이를 즉시 사회복지윤리위원회에 보고해야 하며, 소속된 기관의 활동에 적극적으로 참여함으로써 기관의 성장과 발전을 위해 노력해야 한다.

마지막으로, 위에서 논의한 사회복지윤리를 실천할 때 질적인 향상이 이루어지도록 하기 위해 사회복지사에게 요구되는 지침(6장)이다. 한국사회복지사협회는 사회복지윤리위원회를 구성하여 사회복지윤리의 실천이 질적으로 향상되도록 도모해야 하고, 윤리강령을 위배하거나 침해하는 일이 발생할 때에는 공식적인 절차를 통해 대응해야 하며, 사회복지사는 한국사회복지사협회의 윤리적 권고와 결정을 존중해야 한다.

이상에서 보듯, 한국의 사회복지전문직 윤리강령도 국제적 차원의 사회복지전문직 윤리강령과 마찬가지로 사회복지전문직이 인간의 존엄성과 인권을 존중하는 인권전문직이라는 점을 확고히 제시한다. 그리고 양 윤리강령이 표현에서는 다소 차이를 보이지만, 대체로 인권전문직으로서의 사회복지전문직이 개인과 사회, 동료, 슈퍼바이저, 기관 등에 대해 취해야 할 자세 등을 명백히 표명한다. 그러나 양 윤리강령 모두 여전히 일국적 차원의 인권보호와 옹호에 치우친 측면이 있는바, 일국적 경계를 뛰어넘어 국제적 차원으로까지 확대된 글로컬 수준의 인권보호와 옹호에 기여할 수 있도록 보완될 필요가 있다 하겠다.

2) 사회복지전문직의 인권의식

1세대 인권을 보호하고 옹호하는 주요 전문가 집단은 변호사와 시민운동가였다. 그러나 2세대 인권을 보호하고 옹호하는 주요 전문가 집단은 사회복지사였다고 할 만큼, 사회복지전문직은 변호사와 시민운동가와 더불어 주요 인권전문직 집단에 속한다.

그런데 인권전문직으로서의 사회복지전문직은 이제 2세대뿐만 아니라 1세대와 3세대의 인권까지도 포괄하는 인권을 통합적인 관점에서 접근하여 보호·옹호할 책임이 있는 것으로 자신의 정체성을 새롭게 재구성하였다(UNCHR, IFSW & IASSW, 1994; Ife, 2001; 2008). 또한 이러한 사회복지전문직은 생명, 독립과 자유, 평등, 정의, 연대, 사회적 책임의식, 진화와 평화 및 비폭력, 인류와 자연 간의 관계 등을 인권전문직의 가치로 상정하여 활동하고 있다(UNCHR, IFSW & IASSW, 1994).

이에, 이러한 사회복지전문직 인권의식의 발달 과정을 3세대 인권의 발달 과정과 관련시켜 살펴보고, 이러한 인권의 발달 과정을 거치면서 정립된 사회복지전문직이 추구하는 인권 관련 가치를 논의하면 다음과 같다.

(1) 인권의 발달 과정에 따른 사회복지전문직 인권의식의 변화

미국의 독립선언(1776)과 프랑스의 인권선언(1789)에 뿌리를 둔 인권은 18세기에 이르러 시민권과 정치권(1세대 인권)으로부터 시작하여 경제적·사회적·문화적 권리(2세대 인권)로 확대되었고, 이후 평화와 개발, 환경에 대한 권리와 같은 집단적 권리(3세대 인권)까지 포괄하는 개념으로 발전해 왔다(UNCHR, IFSW & IASSW, 1994; Ife, 2001; 2008). 그런데 이러한 인권은 역사적으로 볼 때 1세대 권리에 집중된 보호와 옹호가 주를 이루는 방식으로 발전했다. 그러나 인권의 보편적이고(universal) 불가분한(indivisible) 특성상 1, 2, 3세대 권리를 모두를 통합한 개념으로 인권을 이해하는 것이 바람직하다(Ife, 2001; 2008).

따라서 인권전문직으로서의 사회복지전문직은 자유권을 침해받은 사회적 약자의 권익을 보장하고 옹호하는 활동을 넘어 사회적 약자를 포함한 전체 사회 구성원의 복지를 향상시켜야 하고, 나아가 지역사회와 전체 사회, 그리고 국제적 차원에서의 연대를 위해 조직화하는 활동에도 적극 나서야 한다. 그중에서도 아직 가장 발달되지 않은 국제적 차원의 인권활동은 2000년을 전후로 한 10년 동안에 빈곤 때문에 생명을 잃은 사람들이 제2차 세계대전 전 기간에 걸쳐 희생된 사람들보다 더 많다(UNCHR, IFSW & IASSW, 1994)는 사실에 주목해 볼 때, 그 필요성과 시급성이 매우 크다 하겠다.

(2) 인권의 철학적 가치

이와 같은 인권의 발달 과정을 거치면서 논의된 사회복지전문직의 인권 관련 가치에 대한 철학적 이념으로는 다음과 같은 것들이 있다

(UNCHR, IFSW & IASSW, 1994).

첫째, 생명(life)이다. 생명은 인권의 영역에서 이루어지는 모든 활동에 필수불가결한 전제가 되는 가치로, 세계인권선언 3조에 제시되어 있다. 그리고 생명의 가치는 생명을 부정하는 것에 대한 저항만을 의미하는 것이 아니라, 생명을 긍정하고 구성하는 활동에 임해야 한다는 적극적인 의미를 갖는다. 따라서 생명의 가치에 입각한 사회복지전문직은 인권을 침해하는 것에 대응하는 활동뿐만 아니라, 생명을 촉진하고 유익하게 하는 활동에도 적극적으로 임해야 한다. 신체적 건강은 가치로서 경험되는 생명과 삶의 질의 한 주요 측면이다. 환경파괴, 물 부족 및 수질오염, 건강 관련 프로그램의 저개발 등은 생명을 위협하는 주요 요인들이다. 따라서 수많은 나라의 사회복지사들은 피임, 낙태, 불치병과 같은 문제로 고통받는 사람들을 위해 부단한 노력을 기울이고 있다.

둘째, 독립(independence)과 자유(freedom)이다. 인간은 자신이 영위하고자 하는 삶을 자유롭게 선택하여 살 권리가 있다. 자유는 세계인권선언 1조와 2조에 제시된 가치로, 생명과 더불어 가장 값진 인간의 가치이고 인간의 품위와 밀접하게 관련된 가치이다. 그러나 자유는 다른 사람의 자유를 침해하지 않는 범위 안에서만 향유될 수 있다. 이러한 자유를 위해 가장 최전선에서 싸우는 전문가 집단이 바로 사회복지사들이다. 따라서 자유를 박탈당한 일부 국가에서는 자유를 되찾고 유지하기 위해 고문과 억압을 대가로 지불하는 사회복지사들도 존재하게 되는 것이다.

셋째, 평등(equality)이다. 평등의 원칙은 세계인권선언 1조에 제시된 가치로, 다양한 형태의 인간관계를 맺고 유지하는 데 중요한 의미를 갖는다. 이러한 평등의 가치는 실제의 삶 속에서는 불완전한 수준으로만 실현되고 있다. 그러나 평등은 사회복지사들의 개인적인 가치관과 전문적인 직업관을 형성하는 데 중심적인 위치를 차지하는 가치이고, 나아가 정의의 주춧돌이 되는 원칙이다. 그러므로 평등은 개개인의 생물학적 요인과 심리적·사회적·문화적·영적 욕구 및 주변 사람들을 위한 자신의 행위와 관련하여 무엇이 정의롭고 무엇이 부정의 혹은 불평등한지 진지하게 모색할 것을 요구한다. 평등의 가치는 사회복지사에게 인종, 성, 언어, 종교, 정치관, 출신계층 등으로 차별받는 사람들을 위해 맞서 대항해야 할 책임을 부여한다.

넷째, 정의(justice)이다. 인간으로서의 품위를 유지하고 안전하게 생활하도록 하기 위해서는 한 사회의 토대를 형성하는 법적·사회적·경제적 차원 등을 복합적으로 고려할 필요가 있다. 유엔은 이와 관련하여 세계인권선언을 통해 자유를 박탈당하지 않고 사생활을 침해받지 않도록 하며, 필요한 법적 보호를 제공할 책임이 있다는 것을 천명했다. 사회적 정의를 이룬다는 것은 인간의 기본적인 욕구를 충족시킨다는 것이고, 물질적 자원을 평등하게 배분한다는 것을 의미한다. 따라서 사회적 정의는 건강과 교육 영역의 기본적인 서비스를 보편적으로 향유하도록 하는 것과 기회의 평등을 보장하고 사회적 약자와 집단을 보호하는 것을 목표로 한다.

다섯째, 연대(solidarity)이다. 연대란 인간의 고통과 위기를 이해하고 공감하는 것만이 아니라, 고통을 당하는 사람들 및 그들의 관심사를 명확히 파악하고 그들의 편에 서서 함께 싸우는 것까지를 포괄하는 가치이다. 따라서 사회복지사들은 위기에 처한 사람들을 위해 행동하는 것만이 아니라, 어떠한 형태로든 정치적·시민적·사회적·경제적·문화적 혹은 영적 권리를 박탈당한 사람들이 있는 경우에는 그들과 연대하고 있다는 것을 언행을 통해 증명할 수 있어야 한다. 그리고 이러한 연대감을 개인뿐만 아니라 가족, 집단, 전통적인 공동체, 인구집단, 소수종족 등을 위해서도 발휘할 수 있어야 한다.

여섯째, 사회적 책임의식(*social responsibility*)이다. 사회적 책임의식은 고통받는 사람들과 희생자들을 위해 그들이 직면한 상황에서 스스로 힘을 기르도록 하며, 그들의 옆에서 지지하는 것을 의미하는 가치로, 연대의 실제적 결과라 일컫기도 한다. 그리고 이러한 사회적 책임의식은 사회복지전문직이 존재하는 근거가 사회적 약자를 위해 활동하는 것에 있기 때문에, 사회복지전문직의 주요 원칙 중의 하나가 된다.

일곱째, 진화(*evolution*), 평화(*peace*), 비폭력(*nonviolence*)이다. 이 3가지는 인권의식과 관련된 기본적인 가치에 그치는 것이 아니라 인간관계의 질을 결정하는 요인들이기도 하다. 평화는 단순히 갈등이 부재함을 의미하는 것이 아니라, 개인이 자기 자신, 다른 사람들과의 관계, 그리고 주변 환경과의 관계에서 조화를 이루며 이를 개발·쟁취할 수 있도록 지원해야 하는 가치이다. 갈등은 인간관계를 유지하고자 할 때 피할 수 없고, 그 해결방법 또한 평화롭거나 폭력적일 수 있으며, 구성적이거나 파괴적일 수 있는 선택가능성을 내포한다. 인간은 수세기 동안 '모든 것을 무너뜨리고 새롭게 구축한다'는 혁명적인 방법에 열광하기도 하였으나, 그로 인해 헤아릴 수 없이 많은 고통을 당하기도 하였다. 이에 반해 진화적 방법을 사용하게 되면, 진행이 보다 더디고 결실도 작게 맺는 경우가 많았으나, 그 결과는 현실에 적용가능하고 보다 더 효과적인 때도 많았다. 그렇기 때문에 사회복지사들이 개인과 집단 간 갈등을 해결할 때 자주 사용한 방법도 이 진화적 방법이었다. 따라서 사회복지사들은 증오가 또 다른 증오를 낳고 보복이 또 다른 보복을 낳는 반면, 인내하는 저항이나 비폭력적 압력은 지속가능한 결과를 낳는다는 점을 되새기며 실천활동에 임할 필요가 있다.

여덟째, 인류와 자연과의 관계이다. 20세기가 끝나갈 무렵부터 사람들은 인간이 아닌 생물체도 존중하게 되었고, 자연과 조화를 이루려는 노력도 기울이고 있다. 환경파괴를 더 이상 무시해서는 안 될 만큼 심각한 문제로 인식했기 때문이다. 그리고 지구를 위험에 빠뜨린 주요 원인으로 세계경제질서와 개발모델, 불평등한 자원분배, 핵과 산업 등으로 인한 환경오염, 산업국가와 발전국가에서의 소비활동 등을 꼽는다. 만족을 모르는 소비와 극단적인 빈곤은 탐욕과 불확실성을 낳으며, 생존의 위기에 방어력이 없는 인간집단뿐만 아니라 자연까지도 위협한다. 환경이 파괴되지 않도록 하고, 환경이 파괴된 경우에는 가능한 한 다시 회복되도록 광범위한 정치적 절차가 필요하다. 이외에도 환경과 관련된 공식적 및 비공식적 교육 프로그램, 환경정치에 대한 관심을 불러일으키는 캠페인도 필요하다. 사회복지사의 역할은 이때 이러한 다양한 활동과 관련된 여러 집단들을 한데 묶어서 환경의 보호와 회복을 위해 정치적 접점을 찾도록 하는 데 있다. 사회복지사는 인류와 인류의 생활공간이 심각한 위험에 처했다는 사실로부터 출발하여 실천활동에 임해야 한다.

특히, 양극화가 전 지구적으로 재편되고 있는 현 글로벌 사회에서는 국제적 차원의 억압과 불리의 구조에 맞서는 투쟁이 인권전문직으로서의 사회복지전문직에 매우 요구된다.

3. 사회복지전문직의 인권 문제

1) 사회복지사의 인권 및 인권 문제

사회복지사의 인권은 클라이언트의 인권과 불가분하고 상호보완적인 관계에 있다. 즉, 사회복지사의 인권 수준은 클라이언트의 인권 수준을 결정짓는 주요 요인으로, 클라이언트의 인권과 상호배타적인 관계를 형성하는 것이 아니다(김종해, 2014). 이러한 맥락에서 '사회복지윤리, 원칙의 성명'(IFSW & IASSW, 2004) 및 '사회복지사 윤리강령'(한국사회복지사협회, 2001)도 사회복지전문직의 권익옹호가 클라이언트의 권익보장을 위한 행동과 함께 동시적으로 추진되어야 할 중요한 과제임을 강조한다.

국제사회복지사협회와 국제사회복지교육협의회가 제정한 '사회복지윤리, 원칙의 성명'은 사회복지사가 자신의 직업적인 필요뿐만 아니라 사적인 필요도 충족시킴으로써, 스스로 적절한 서비스를 제공할 수 있는 여건에 있다는 것을 확신할 수 있도록 해야 한다(5장 6절)고 촉구한다. 그리고 한국사회복지사협회가 제정한 '사회복지사 윤리강령'도 "사회복지사는 한국사회복지사협회 등 전문가단체 활동에 적극 참여하여, 사회정의 실현과 사회복지사의 권익옹호를 위해 노력해야 한다"(1장 1절 7항)고 역설하였다. 또한 '사회복지사 등의 처우 및 지위 향상을 위한 법률' 제3조에서는 사회복지사 등의 처우개선과 신분보장을 위해 국가와 지방자치단체는 적극적으로 노력하여야 한다고 명시하였다. 그러나 이러한 국내외 윤리 및 법률적 규정은 다분히 선언적인 성격이 강하여 사회복지사의 인권을 실질적으로 개선하는 데는 큰 영향력을 행사하지는 못하고 있다.

따라서 한국의 사회복지사들은 인권전문가로서 활동하면서도 정작 자신들은 인권의 사각지대에 놓여 있는 실정인데(김성이, 2007; 최옥채, 2007; 김종진, 2013; 김종해 외, 2013; 김종해, 2014), 이러한 역설적인 인권 상황으로 논의되는 근거로는 대략 다음과 같은 점들이 제시된다(김종진, 2013; 김종해 외, 2013; 김종해, 2014).

첫째, 저임금, 초과근무, 과도한 업무량 등으로 특징되는 열악한 노동조건 및 기간제와 시간제 등의 비정규직 증가, 둘째, 전문성 향상을 위한 자격제도 및 교육훈련 시스템의 미흡, 셋째, 사회복지시설 운영의 비민주성과 비전문성, 넷째, 사회복지시설의 민간위탁 문제 및 이와 결부된 재정구조의 취약성, 다섯째, 반노조적 기관과 사용자의 태도 등이다.

이외에도 지방분권화와 전자바우처 방식의 사회서비스 도입으로 사회복지사들의 역할이 중개적 관리자로 변화되고 있고, 클라이언트와의 관계도 시장적인 관계로 변화되며, 이를 통해 통제적 기능이 강화되고 영리화 기제로 인해 자율권이 축소되고 있는 점(김인숙, 2010) 및 폭언과 폭행, 성희롱 등이 빈번하게 발생하는 점 등도 사회복지사의 인권침해를 뒷받침하는 근거들로서 논의된다.

2) 사회복지사의 인권 실태

이상에서 논의한 바와 같이 인권의 사각지대에 놓인 사회복지사들은 대략 다음과 같은 유형의 인권 문제를 경험하는 것으로 조사되었다(김종진, 2013; 김종해 외, 2013; 김종해, 2014).[4]

첫째, 평등권의 침해이다. 이에 해당되는 차별 경험은 고용형태 (9.6%), 연령(9%), 학력(6.2%), 성(6%), 출신학교(5.8%), 종교 (5.7%) 등의 순이다. 이러한 차별은 특히 학교사회복지사와 사회복지 공무원 집단에 의해 높게 경험되는데, 학교사회복지사의 경우에는 그 중에서도 고용형태에 의한 차별 경험[5]이 무려 62.4%를, 연령에 의한 차별 경험이 22.4%를 차지한다. 사회복지공무원의 경우에는 지역과 연령, 성에 의한 차별 경험이 각각 29.6%, 24.6%, 18.5%로, 학교사 회복지사에 비해서는 상대적으로 낮지만 역시 매우 높은 수준이다. 평 등권의 침해에 해당되는 또 다른 경험으로서 부당한 처우에 대한 경험 은 동료에 대한 부당한 처우를 요구받은 경우(19.3%)와 직장 내 종교활 동에 참여하도록 강요받은 경우(14.7%), 부정직한 실적보고를 요구받 은 경우(10.8%), 부적절한 금전 사용을 요구받은 경우(10.1%) 등의 순이다.

둘째, 노동과 관련된 권리의 침해이다. 사회복지사들은 휴식 및 여 가를 누릴 권리(20.7%), 노동시간의 합리적 제한(18.3%), 의견과 표 현의 자유를 누릴 권리(16.3%), 동등한 노동에 대하여 동등한 보수를

---

4) 다음의 인권 문제 유형과 관련된 내용은 김종해를 비롯한 연구팀에 의해 분석된 연구결과에 근거하였다(김종해 외, 2013). 김종해 외(2013)는 이러한 연구결 과를 1,057개 사회복지기관과 시설의 2,605명의 사회복지사가 응답한 내용에 기초하여 제시하였다.

5) 학교사회복지사들이 경험하는 고용형태와 관련된 높은 수준의 차별은 사회복지 직의 비정규직화 현상이며, 특히 학교사회복지사 집단에서 가장 심각한 수준으 로 나타나는 고용불안 상황과 맞물려 있는 것으로 분석된다. 2013년의 경우 전 체 사회복지사의 정규직 비율은 86.7%였는데, 학교사회복지사의 정규직 비율 은 1.6%에 그쳤고 무기 계약직 비율은 60.2%로, 이들의 고용불안은 비교대상 을 찾을 수 없을 만큼 심각한 것으로 조사되었다.

받을 권리(15.5%), 공정하고 유리한 노동조건을 확보받을 권리 (15.1%) 등의 순으로 노동조건과 관련된 권리를 침해받았다.

셋째, 자유권의 침해이다. 사회복지사들은 의견과 표현의 자유를 누릴 권리(16.3%), 사상·양심·종교의 자유를 누릴 권리(9.9%), 자유 및 신체의 안전에 대한 권리(7.9%) 등의 순으로 자유권의 침해를 경험했다.

이러한 인권침해의 문제는 다음과 같이 3가지 차원에서 발생하고 있는 것으로 논의된다(김종해 외, 2013; 김종해, 2014). 첫째, 제도적 차원이다. 저임금, 초과근무, 과도한 업무량 등 열악한 노동조건은 제도적인 지침과 보조금 지원이 미흡한 것과 관련이 있다.

둘째, 클라이언트 차원이다. 사회복지사의 인권이 클라이언트에 의해 침해당하고 있는데, 이는 양자의 인권이 상호보완적인 관계라는 점이 제대로 인식되지 않은 채, 클라이언트의 인권보호에 우위적 가치를 두는 상호배타적인 관계로 이해되는 현실과 깊은 관련이 있다.

셋째, 사회복지시설의 차원이다. 사회복지시설은 대부분 정부의 위탁과 보조금 혹은 바우처 방식의 재원에 의해 운영된다. 따라서 사회복지법인이나 관리자들은 사회복지사들을 정부와 연결하는 역할이 아니라, 오히려 사회복지사들의 인권을 침해하는 역할을 하는 경우도 있다. 이러한 문제점은 사회복지시설의 규정이 부적절하고, 법인이나 관리자, 사회복지사 간의 의사소통 구조가 경직되어 있으며, 사회복지사들의 당사자 인권에 대한 인식이 결여되고, 인권이 침해당하였을 경우 이에 대응할 수 있는 기구가 미약한 현실 등과 밀접한 관련이 있다.

이러한 사회복지사의 인권침해 상황을 개선하기 위한 대안들로는 다음과 같은 점들이 제시된다(김종해 외, 2013; 김종해, 2014).

첫째, 사회복지사의 노동권 문제를 해결하기 위해서는 제도적 지침을 보완해야 하고 보조금도 확대해야 한다. 둘째, 클라이언트의 인권과 사회복지사의 인권이 불가분적이고 상호보완적인 관계를 형성한다는 인식이 정착되어야 한다. 사회복지사의 인권이 클라이언트에 의해 침해당할 경우에는 이에 대처할 수 있도록 실질적인 대응기제 마련 또한 요구된다. 셋째, 사회복지사들이 의사결정에 참여할 수 있도록 사회복지시설 내 의사소통 구조가 개선되어야 한다.

3) 사례개입과 적용

사회복지사의 인권 중 사회복지직 유지에 가장 근간이 되는 유형은 노동권이다. 이에 한 사회복지사의 보수에 관한 미시사 사례6)를 통해 쟁점이 되는 노동권에 대해 논의하고, 이어 사회복지사들이 직면한 구체적인 인권 상황을 파악할 수 있도록 주요 인권침해 사례를 소개하고자 한다.

---

6) 위의 사례개요는 최옥채(2007)가 발표한 논문 "사회복지사의 급여에 관한 미시사 연구" 중 '급여 관련 미시사' 부분(77~78쪽)을 그대로 옮겨 적은 것이다. 원문을 그대로 옮긴 것은 이 논문이 최옥채가 한 사회복지사의 실제사례를 심층면접을 통해 수집한 자료에 기초하여 분석한 미시사인바, 이러한 미시사 왜곡을 최소화하기 위한 전략에서 비롯된 것이다. 따라서 사례개요에서는 보수와 관련된 용어도 원 저자의 의도를 존중하여 '급여'라는 용어를 사용한다.

(1) 사례개요 및 인권 관점의 논의

① 사례개요

애초 정부가 온전하지 않은 정책을 펼치는 사회복지현장에 뛰어들었다. 중앙정부나 지방정부는 일선 사회복지사의 급여체계를 마치 누더기 깁듯 복잡하게 얽어 볼품없게 만들어 놓았다. 특히 지방정부는 사회복지사의 신분보장 이외에도 매년 1, 2월에는 제때 급여를 지급하지 않음으로써 매우 부적절하게 임했다. 입장을 바꾸어 담당 공무원들이 이렇게 처우 받았다면 이들은 과연 어떻게 반응했을까. 자신들이 감당할 수 없는 일이라면 사회복지사들에게도 짐을 지워서는 안 될 터인데도 이들은 당연시 했다. 여기에 한술 더 떠 운영법인은 최선을 다하는 모습을 보여 주지 않았다. 운영법인 측은 정부로부터 보조금을 받아야 해서 담당 공무원들에게 적절히 대응하지 못했다. 이에 덧붙여 사회는 사회복지사가 마치 천사나 되는 것처럼 박봉에 시달리든, 근무여건이 열악하든 상관하지 않고 오직 '좋은 일을 하는 좋은 사람'으로만 이해함으로써 사회복지사의 급여가 열악한 처지에 놓임을 공조했다.

적극적이지 못한 태도로 살아왔다. 복지관에 취업할 때도 근무여건을 따지지 않고 선배가 권유하여 선뜻 결정했다. 심지어 급여가 얼마인지도 첫 급여를 받고 나서야 알았다. 나만의 이득을 따지는 데는 '천연기념물'처럼 무뎠다. 주면 준 대로 받아 기본 경비를 제하고 저축했다. 다른 직에 근무하는 친구가 매월 70여만 원을 저축할 때 20~30만 원을 저축하는데도 빠듯했다. 주변에서 사회복지사의 급여가 좋아질 것이라고 할 때, 대통령 선거에서 사회복지사 급여를 공무원 수준으로 올린다는 공약을 들었을 때는 솔깃하기도 했다. 결혼 전까지는 홀어머니와 함께 살며 크게 어려운 줄은 몰랐다. 결혼하고 나서야 집안의 대소사에 동참하고 첫아이를 낳아 기르면서 쪼들린다는 느낌을 많이 받았다. 이때서야 급여 수준이 터무니없이 낮다는 것을 깨달았다. 어려울 때마다 어머니께 신세를 졌고, 더러 장모의 도움도 받았으며, 이도저도 안 되면 마이너스 통장을 만들어 해결했다.

동료들에 뒤질 수 없어 대학원에 진학하고 나니 경제적으로 받는 압박은 더욱 가중했다. 친구가 많지 않아 어울리는 일도 흔치 않은데 나가는 돈은 점점 많아지니 맞벌이를 해도 별로 좋아진 것이 없다는 생각이 든다. 처음부터 낮게 시작한 급여 수준은 미진하기만 하다. 일반 회사에 근무하는 친구의 수입은 호박 구르듯 하고, 내 것은 좁쌀 구르듯 한다. 남들은 외국어를 공부한다, 뭘 한다 하며 자기계발에 열을 올리는데, 여가를 활용할 엄두도 내지 못하고 있다. 그러니 처질 수밖에 없다. IMF 이후에 중산층이 무너진다고 하더니 아예 서민층에 박혀 떠돌고 있을 뿐이다. 사회복지사의 연봉이 차상위수급자를 선정하는 기준에도 미치지 못한다는 기사가 났을 때는 동네사람 보기가 민망했고, 가끔 친구의 급여와 비교하면서 부러워했던 어머니께 면목이 없었다. 이제는 건강을 위해 운동을 하려해도 시간을 제대로 낼 수 없고, 오히려 부족하다는 느낌이 든다.

복지관을 그만두려 해도 옮기는 것이 쉽지 않다. 내 직급에 맞춰 나오는 자리가 없어 예전과 달리 갈수록 자리 이동이 어렵다. 한국고용정보원은 도대체 뭘 안다고 사회복지 분야가 앞으로 떠오르는 직종이라고 할까. 이렇게 헛바람만 들어 그런지 한 해에 쏟아져 나오는 사회복지사 수가 2만여 명에 달한다고 한다. 이제는 이럴 수도 저럴 수도 없이 주변 눈치만 보고 지내야 할 형편이다. 복지관의 재정은 한정되어 오래

근무한 사람은 동료의 눈치를 보지 않을 수 없다. 나도 신참 때 고참에게 눈치 줬을까? 신입 초기에는 그래도 '널널'했던 복지관 분위기가 언제부턴가 '빡빡'해졌다. 이럭저럭 지내다 복지관을 떠나야 한다고 생각하니 '고려장' 이야기가 떠오른다. 복지관의 조직 자체에 한계가 있어 더 이상 승진을 확신할 수도 없다. 또 한 후배가 고액의 연봉을 받는 데로 전직했다고 한다. 기분이 막막하다. 내가 10년간 근무해도 다 벌 수 없는 돈을 1년 안에 번다고 옮겼다는 것이다. 벌써 다섯 번째 '선수'가 그 길로 들어섰다.

중간관리자가 되어 가끔 위세도 부려 보지만 그것은 잠시이고 새로운 고민거리들이 생겨났다. 전보다 책임은 더 커지고, 입장이 서로 다른 윗분들과 아랫분들 사이에서 샌드위치가 되어야 하고, 복지관 전체 살림에 신경을 써야 한다. 그러니 시간과 돈은 줄고, 씀씀이와 스트레스는 늘고 있다. 여기에서 살아남기 위해 나름대로 터득한 것이 있다. 이제 더 이상 밀려 살 수는 없다. 단념할 것은 빨리 접고, 나를 더욱 신뢰하고, 허리띠를 더욱 졸라매며 철저히 계획에 따라 살아야겠다. 곧 둘째 아이가 태어나면 식구도 늘어날 것이고, 집 장만도 코앞에 닥쳤으니 더욱 절약하며 좀더 고생을 각오해야겠다. 그리고 기회가 되면 작은 시설을 운영할 수 있었으면 좋겠다.

② 인권 관점의 논의

A씨의 미시사 사례에서는 노동권에 대한 침해가 쟁점이 된다. 이에, 보수를 둘러싼 노동권을 중심으로 사회복지사의 인권에 시사하는 점을 논의하면 다음과 같다.

첫째, 사회복지사의 낮은 보수 문제이다. 사회복지사의 보수 수준은

타 직종에 비해 현저히 낮다. 2013년의 경우 사회복지사의 보수는 전체 임금노동자의 월평균 보수를 100으로 할 때 78.7에 불과했다(김종해 외, 2013, 48쪽). 또한 동종의 사회복지직이라 해도 사회복지기관의 사회복지사와 사회복지 전담 공무원의 보수 수준도 현저한 차이를 보였다. 2013년의 경우 사회복지기관의 사회복지사 임금은 158만 5,200원으로, 사회복지 전담 공무원의 임금 223만 7,300원과는 매우 큰 차이가 있었다(김종해 외, 2013, 48쪽). 따라서 사회복지사의 보수는 동일 가치 노동 동일 임금 관점에 따라 직종 간 격차가 해소되는 수준으로 향상되어야 하는데, 특히 동종의 사회복지직 간 보수 격차 해소는 이러한 보수 문제를 해결하는 첫걸음이 된다 하겠다.

둘째, 사회복지사의 낮은 보수에 대한 사회 구성원들의 무관심 및 사회복지법인의 운영방식과 태도 등이다. 사회복지직이 한국사회에 전문직으로 정착된 지 반세기를 넘겼음에도 불구하고, 사회복지사에 대한 사회 구성원들의 인식은 여전히 '좋은 일을 하는 좋은 사람'이라는 '자선적 패러다임'(김영종, 2002)에 머물러 있다. 그런데 이러한 자선적 패러다임의 잔재는 사회복지사의 낮은 보수를 정당화하고 고착화하는 기제로 작동한다(최옥채, 2007, 78쪽). 따라서 사회 구성원들의 사회복지직에 대한 인식을 제고하는 것도 사회복지사의 낮은 보수 수준을 향상시키는 한 방안이 될 수 있다. 또한 사회복지법인은 대부분 정부의 보조금이나 바우처 등으로 운영되는데, 이러한 운영구조 속에서 사회복지법인은 정부에 대하여 사회복지사의 보수 인상 등과 같은 권리의 향상을 위한 역할을 수행하는 데 소극적인 경우가 많다. 따라서 사회복지사의 보수 문제로 대변되는 인권 문제가 해결되기 위해서는 정부에 대한 사회복지법인의 태도가 중간자적으로 변화될 필요성이 상당히 크다 하겠다.

셋째, 사회복지사의 낮은 보수 문제에 대한 A씨의 미온적 태도이다 (최옥채, 2007, 78쪽). A씨는 사회복지기관에 취업할 때 보수나 노동환경 등의 노동조건을 꼼꼼히 체크하지 않았고, 이득을 따지는 데에도 줄곧 '천연기념물'처럼 무뎠으며, 기본 경비를 제하고는 성실하게 저축하는 생활을 해왔다. 그러나 생활은 '착하고 성실하게' 해온 반면, 자신이 속한 사회복지기관이나 정부에 대해 사회복지사의 권리를 주장하고 옹호하는 목소리를 내는 데에는 매우 소극적인 태도를 취하였다. 그런데 이러한 낮은 보수 문제 등으로 대변되는 사회복지사 당사자의 권리에 대한 미온적인 태도는 사회복지직에 대한 사회의 잔여적 인식과 마찬가지로, 사회복지사의 낮은 처우와 인권보장 수준을 정당화하고 고착화하는 기제로 작동하고 있다. 따라서 사회복지직에 대한 사회복지사 당사자의 의식을 고취시키는 것도 사회복지사의 인권을 강화시키는 또다른 방안이 된다 하겠다. 즉, 사회복지사의 인권 수준이 클라이언트의 인권 수준을 결정짓는 주요 요인이라는 것을 사회복지사 스스로가 명확히 인식하고, 사회복지사 당사자의 인권 향상을 위해서도 적극적으로 행동에 나서는 노력이 매우 요구된다는 것이다.

(2) 주요 인권침해 사례

사회복지사들이 직면한 구체적인 인권 상황을 파악할 수 있도록, 주요 인권침해 사례를 소개한다. 국가인권위원회의 권고를 받은 (예비) 사회복지사의 학력차별에 의한 평등권의 침해와 관련된 사례, 《사회복지사 인권 상황 실태조사》(김종해 외, 2013)에서 드러난 사회복지실천현장의 다양한 인권침해 사례 등을 살펴보겠다. 문맥을 고려하여 자구를 수정한 것 이외에는 《국가인권위원회 결정례집 제6집》과 김종해 외(2013)의 해당 내용을 그대로 옮겨 적었다.

① 사회복지사의 학력차별에 의한 평등권의 침해와 관련된 사례

(ㄱ) 진정요지

진정인은 사회복지사 1급 시험 준비자인데, 피진정인은 '사회복지사업법' 시행령 별표 3에 의거, 사회복지사 1급 시험 응시자격을 부여함에 있어, 4년제 대학 졸업자와 동일하게 사회복지 관련 교과목을 이수하였음에도 전문대학 졸업자에게 1년 이상의 실무경력을 요구하는바, 이는 학력을 이유로 한 차별이므로 시정하여 주기 바람.

(ㄴ) 결정요지

4년제 대학 졸업자와 전문대학 졸업자 간에 사회복지사 1급 시험 응시자격을 달리 정한 것은 4년제 대학 학위만을 정상으로 인정하는 사회 분위기를 조장할 수 있고, 학력에 상관없이 그 사람이 가진 능력을 검증받을 수 있는 기회를 박탈하는 결과를 초래하며, 4년제 대학 졸업자의 경우 전공이 해당 직무 분야와 무관하더라도 일정 수준 이상 전문지식과 기술을 갖추었으리라고 보면서, 전문대학 졸업자에게는 일정 기간의 실무경력을 추가로 요구하는 데 합리적인 이유를 찾기 어려운바, 차별행위에 해당된다고 판단함.

(ㄷ) 결정사항

보건복지부장관에게 사회복지사 1급 시험의 응시자격 부여에 학력

을 이유로 응시자격 요건을 달리하지 않도록 관계 법령규정의 개정을
권고함.

② 사회복지실천현장의 인권침해 사례

사회복지사는 고용불안이나 과도한 업무량에 시달리는가 하면, 부당
한 감정노등으로 고통받고 있으며, 직장 내 성차별 및 클라이언트에 의
한 폭언이나 폭행 등의 복합적인 인권침해 상황에 노출되어 있음을 알
수 있다.

(ㄱ) 노동권

㉠ 낮은 급여로 인한 부당한 처우

총괄보조금 제도하에서 사회복지사의 처우를 개선하기는 어렵다.
인건비를 별도로 책정해서 지원해 주었으면 한다. 보건복지부에서는
인건비 기준을 정해서 내려 주지만 지자체의 보조금만으로는 그 인건
비 기준을 따르며 운영하기가 힘들다. 일원화시켜야 한다. 복지예산은
분권교부세에서 제외시키고, 중앙정부에서 일괄적으로 관리할 필요가
있다.

㉡ 위탁제도, 종교 강제, 낮은 보수로 인한 고용불안

"저는, 문제는 위탁제도가 바뀌어야 한다고 생각을 하고요. 법적으
로 사회복지사의 지위와 고용이 안전해야 한다고 생각합니다. 위탁제
도에 있어서도, 사실 구 보조로 운영하는 대부분의 복지관에서는 법인
의 권한이 너무 강해요. 법인이 기독교인지, 불교인지, 천주교인지,
종교 법인이 너무 많고. 사실 종교를 가지지 않은 저 같은 사람은 농담

116

식으로 다종교라고 얘기해요. 종교에 의한 차별을 금지했다고 하지만, 거기에서 오는 불이익을 감수하고서라도 사회복지 법인은 종교를 내세우는 법인들이 많으니까요. 그런 부분에 있어서는 사회복지사들이 그런 감정노동에 의한 소진이라던가, 클라이언트가 우선이라는 데서 오는 스트레스, 이런 거를 보상해 줄 수 있는 거는 사회복지사의 지위, 고용적인 부분들, 그런 거라고 생각을 하거든요. 그게 우선이 돼야 자기 스스로 자부심을 가지고 할 수 있고, 안정적으로 할 수 있고. 전 그렇게 생각하거든요. 이게 법으로는 해고할 수 없다고 하지만 그 방법들은 현장에서 보면 너무나도 많은 것 같아요. 법적인 그런 거를 보장하지 않으면 안 될 것 같아요. 현실적인 보수도 필요하고요."

(ㄴ) 평등권
㉠ 면접 과정에서의 성차별

"(남자 지원자가) 전혀 없었습니다. 남자는 없죠. 그렇다면 그거는 정말 또 차별일 수도 있는 거고. 전혀 없죠, 면접 볼 때 없었어요. 근데 여자들은 그런 질문 받았다는 애기 많이 들었던 것 같아요. 뭐, 결혼 계획이 있는지, 아이는 언제 낳을 건지."

㉡ 육아휴직 관련 성차별

"1년 정도 근무하고 나서 사실 (육아휴직을) 갔거든요. 그러니까 입사(근무)는 1년 하고 육아휴직을 뭐, 1년 이상 한다, 막 이러면서 주변에서는 굉장히 눈치를 많이 줬던 것 같아요. 그게 상사가 뭐라고 하는 부분보다 동료들이. 동료들이 그러니까 미혼의 동료들이 되게 많았는데, 어, 막 굉장히 정말 비난하는, 그런 여론들 많이 형성이 됐어요."

ⓒ 특정 종교활동 강요

"이번에는 거의 해고였어요. 작년 12월, 작년 말에 (종교단체 등록을) 어떻게 할 건지 나한테 물어봤어요. 기관장이 어떻게 할 건지 물어봤어요. 물어봐서, 종교를 지금 다 등록해야 되는데, 말은 이렇게 하죠, 하면 좋겠다, 해서 같이 가면 좋겠다. 그 말인즉슨 안 하면은 나가라는 얘기였어요."

(ㄷ) 자유권
ⓐ 폭언, 폭행

"제 친구가 있는 데는 그렇게 술 드신 분들이 찾아오신대요. 어떤 날은 그냥 앉아만 있다 가시기도 하고, 어떤 날은 괜히 시비를 걸다 가시기도 하고, 어떤 날은 정말 심각하게 막 욕을 하시고 가고. 어떤 날은 정말 폭행도 일으키고 막, 계속 날마다 그런 일이 있다고 들었거든요. 근데 그냥 참는대요, 다른 방법이 없어서. 그분들도 어떻게 보면 복지관에서 서비스를 받으시는 분들이고 그러다 보니까 정말 가만히 있다가 가시면 감사한 거고. 시비 거는 거는 그냥 너그럽게 아무렇지도 않은 거고. 폭언 이런 거는 좀 약간 기분 나쁘고 스트레스 받긴 하지만, 그래도 그것도 어떻게 할 방법이 없으니까 짧게 하시면 고맙고, 그렇다고 하더라고요. 그냥 많이 참는 거 같아요. 심각한 폭행이 아니고서는. 어쩔 수 없는 거죠."

ⓑ 폭언

"사람들한테는 사회복지사가 사람이 아니라 그냥 '사회복지사'라는 생각이 되게 많이 들어요. 일반적으로 사회복지사라고 하면 착하고 좋은 일 한다고 생각을 하잖아요. 회원들도 그렇게 생각을 하더라고요. 사회복지사는 무조건 본인이 하는 거에 대해서 참아야 되고, 그리고 본인들을 도와줘야 되고, 본인들이 원하는 걸 해줘야 한다고 생각을 하세요. 직원이 더 챙겨 줘야 되고, 이런 거는 당연시 생각하고. 심하게 들었던 얘기는 '니네들 내 돈으로 하는 거다', 실제로 그분이 뭐 내는 걸 우리가 받거나 하는 건 아닌데, '니네들 우리 잘 보라고(돌보라고) 하는 건데 이딴 식으로 할 거면 니네들 내가 다 짤라버리겠다' 이런 식으로 얘기를 하시고."

토론거리

1. 인권전문직으로서의 사회복지전문직에 요구되는 권리 패러다임에 따른 사회복지실천은 무엇을 의미하는지 기존의 욕구 패러다임에 따른 사회복지실천과 관련시켜 토의해 봅시다.

2. 사회복지전문직의 인권이 침해된 구체적인 사례를 논의해 보고, 사회복지전문직의 인권 향상에 걸림돌로 작용하는 것은 무엇이 있는지 논의해 봅시다.

3. 교재에 소개된 여러 윤리강령 중 자신의 신념을 가장 잘 드러내는 윤리강령이 있는지 살펴보고, 강령 간의 공통점과 차이점을 정리해 봅시다.

제4장

인권 관점에 기반한 사회복지실천

1. 인권 관점에 기반한 사회복지실천[1]의 배경

사회복지는 인간의 존엄성이 최대한 실현될 수 있는 상태를 이루기 위해 개인에서부터 거시 사회에 이르는 다양한 문제에 전문적·제도적으로 개입한다. 인간의 존엄성 보장은 사회복지가 지향하는 궁극적인 목적이자 사회복지의 출발점이라고 할 수 있다. 이러한 측면에서 인간의 존엄성을 보장하기 위한 하나의 과정으로서의 사회복지실천은 인권의 문제를 전문적이고 제도적으로 다루는 것과 다르지 않다. 따라서 한 인간으로서의 권리를 존중하고 이를 지키고자 하는 인권 관점은 사회복지의 가장 기본적인 가치이자 철학으로서 사회복지실천과정에 오랫동

---

1) 제4장은 김미옥 외(2006; 2007; 2011)의 일부 자료를 발췌하여 수정·보완한 것임을 밝혀 둔다. 이 연구들에서 저자는 인권 관점에 기반한 사회복지실천 (*human rights-based social welfare practice*)을 인권 관점에 근거한 사회복지실천, 인권기반실천, 인권기반접근법 등으로 혼용하여 사용하였으나, 이 장에서는 가능한 한 '인권 관점에 기반한 사회복지실천'과 이의 줄임으로 '인권기반실천'이라는 용어를 사용하고자 했다.

안 내재해 왔다.

인권보장은 사회복지실천과정을 통해 보다 잘 구현될 수 있으며, 사회복지실천과정에서 인권의 원칙 및 인권감수성과 실천기술들이 접목될 때 보다 잘 실천될 수 있다(Ife, 2000). 이에 인권 관련 지식은 사회복지전문직이 원조 전문직으로서의 역할을 더 잘 이해할 수 있도록 돕는다. 사회복지사가 인권에 관하여 보다 더 많이 알고, 더 깊이 이해할수록 사회복지 서비스를 필요로 하는 사람들의 복지를 위한 전문적인 활동과 개입을 더 활발히 할 수 있는 배경이 된다(유엔인권센터, 2005, 20쪽; Reichert, 2003, 4쪽).

그동안 사회복지실천에서는 다양한 실천모델들이 활용되었다. 대표적으로 문제해결 모델, 욕구 기반 모델, 인지행동 모델 등이 있으며, 이용자의 권리가 보다 강조된 임파워먼트 모델, 사회정의 모델, 시민권 기반 모델 역시 사회복지실천의 중요한 추진력 중 하나였다. 따라서 인권에 기반을 두고 이용자의 인권을 보장하고 향상시키고자 하는 사회복지적 개입은 새로운 것이 아니다. 오히려 사회복지실천의 역사 안에서 오랫동안 강조되고 내재화된 가장 기본적인 접근이자 관점 중 하나라고 할 수 있다.

다만, 최근에 이러한 인권 관점에 기반한 사회복지실천(이하 인권기반실천) 모델들이 강조되는 것은 개인의 권리를 강조하는 사회적 동향과 무관하지 않다. 모든 인간의 평등권과 시민권의 강조는 전 세계적으로 강조되는 추세이며, 이러한 흐름에서 사회복지 관련 법과 제도 역시 과거 수혜 중심으로부터 권리 중심으로 이동하는 형태로 나타나고 있다. 현재 우리나라의 여러 복지 영역에서 실물 급여 대신 바우처 시스템에 의한 복지 서비스들이 출현한 것이 대표적이다. 이러한 서비스들은 과거의 복지수혜 관점에서 권리 관점으로 이용자 및 사회복지실천을 조명하는 데 매우 중요한 기제가 되었다.

　사회복지정책이나 실천 모두에서 이용자의 권리가 강조되면서 과연 인권 관점은 무엇이고, 인권기반실천은 무엇인가에 대한 관심이 증대되었다. 그 일환으로 최근의 사회복지 연구 동향을 살펴보면, 인권 관점에 근거한 실천모델, 권리 기반 모델, 인권 관점에 기반한 사회복지 실천 모델 등 다양한 용어들이 혼용되어 사용됨을 알 수 있다. 이러한 용어들은 학자 혹은 분야에 따라 다소 차이가 있으나, 공통적으로 이용자의 권리를 보장하고 향상시키고자 하는 일련의 개입이라고 볼 수 있겠다. 따라서 이 모델들은 기존의 모델들을 폐기하거나 배타하는 것이 아니며, 오히려 기존 모델들을 확장하고 맥락화하는 것으로 이해할 수 있다(Skegg, 2005, 669쪽). 또 인권 관점을 사회복지실천에 접목하는 것은 사회복지실천을 강화하고 사회복지실천의 정당성에 강한 기초를 제공해 준다(Ife, 2001, 1쪽). 인권기반실천은 풀뿌리 단위의 사람들에게 정부나 자선기관에 의해 제공되는 애매모호한 자선이 아니라, 그들이 갖고 있는 안전과 존엄, 경제적 기회의 권리를 제시하기 때문이다(Robson, 1997). 보다 구체적으로 인권 관점이 사회복지실천에 주는 장점은 다음과 같다(Skegg, 2005, 671쪽).

　첫째, 인권에 대한 논의는 국내외적으로 모두 중요하게 적용할 수 있다. 이는 인권의 특성 중 하나인 보편성에 기인한다. 물론 인권은 시대나 문화 등에 따라 그 속성이 변화하는 역동성을 지닌다. 그러나 그에 못지않게 인권은 모든 시대와 문화, 국가에 이르기까지 공통적으로 적용되는 인간으로서의 존엄성 보장이라는 보편성을 내포한다. 따라서 인권에 대한 논의와 이에 기초한 개입은 인간이라는 공통점에서 출발하므로, 국내외적으로 동일한 중요성을 가지고 적용할 수 있다는 강점이 있다.

둘째, 인권 관점은 사회복지에 내재된 욕구 기반 모델의 약점, 즉 가부장적이며 자선적인 시각과, 사회정의 기반 모델의 약점, 즉 강제적 재분배의 암시 등에 대한 비판을 보완한다. 오랫동안 사회복지실천의 주요한 기반으로 작용해 온 클라이언트 욕구 중심 모델은 여전히 실천 현장에서 중요하게 간주되고 활용되는 접근 중 하나이다. 이러한 접근은 클라이언트 혹은 이용자의 관점에서 그들의 욕구에 기반을 둔다는 강점이 있으나, 한편으로는 욕구 자체가 이용자의 경험과 환경이라는 맥락 안에서 출현함을 고려할 때, 욕구도 이용자의 환경에 따른 제한적인 표현 혹은 표출로 이해될 수 있다. 이러한 상황에서 인권기반실천은 이용자의 욕구를 존중하되, 이용자의 경험과 환경에 따른 제약을 넘어서서 이용자에게 필요한 것이 무엇인가를 성찰하고, 이를 이용자의 하나의 권리로서 접근하고자 하는 것이다. 다른 한편으로는 서비스를 권리로 보기 때문에 욕구 중심 모델에서 나타나는 수혜적 관점이 배제되는 강점이 있다.

이는 사회정의 기반 모델에서 불평등으로부터 형평성을 추구하는 개입과도 구별되는 것이다. 사회정의 기반 모델의 형평성 추구는 인권 관점의 가치 중 하나인 평등 실현이라는 측면에서는 강점이 있으나, 재분배적 시각이 자율성을 침해하는 듯한 오해의 소지가 있다. 반면 인권기반실천은 모든 사람의 평등과 권리를 아울러 강조하므로, 상호보완적 측면에서 균등한 배분을 추구하는 경향이 있다.

셋째, 인권기반실천은 자선(charity) 보다는 자격(entitlement) 을 강조하며 사회복지대상자의 권한을 증진시킨다(empowering). 또한 사회복지실천현장에서 흔히 발생하는, 그러나 사회복지사들이 해결하기 어려운 윤리적 딜레마 상황에서 도덕적 합리화와 의사결정이 이루어질 수 있도록 하는 틀을 제시해 준다(Ife, 2008). 이는 인권기반실천이 실천과정에서 윤리적 딜레마를 감소하거나 발생하지 않도록 함을 의미하는 것은 아니다. 오히려 인권 관점에 기반을 두다 보면, 이용자의 권리를 어디까지 보장해야 하는가와 관련하여 더 많은 갈등과 딜레마에 직면할 수 있다. 다만, 이러한 딜레마가 발생하여도 인권보장이라는 명확한 목표가 있기 때문에 딜레마에 대한 해결지점을 모색하는 데 유용한 가이드라인을 가질 수 있다는 점이다.

현시점에서 인권기반실천이 완전한 사회복지실천기법으로서 이론적 공고화나 경험적 토대가 완전히 구축되었다고 하기는 어려울 것이다. 다만, 인권기반실천은 사회복지실천에서 인권이 어떠한 방식으로 존중될 수 있을 것인가에 대한 몇 가지 원칙 및 방법론적 측면에서의 시각을 제시한다. 예를 들어, 장애인복지실천에서의 인권기반실천은 장애인들이 비록 자격에서 거부되는 일이 있더라도 다른 시민들과 같이 동등한 권리가 있음을 인식하는 것을 의미한다. 즉, 장애인의 필요와 욕구는 다른 사람들의 그것과 다르지 않다는 인식이다. 장애인 역시 기본적 욕구(음식, 깨끗한 물, 거주지, 건강보호, 교육, 수입)와 심리사회적 욕구(친구, 다양한 관계, 서비스에 대한 동등한 접근, 지역사회와 통합 등), 정치적 욕구(조직화, 자유로운 연대, 법률적 권리, 투표권)를 가지며, 장애인 역시 의사소통과 이동에 대한 기본적인 욕구를 가진다는 인식을 바탕으로 한다(Harris, 2003, 28쪽).

인권기반실천은 이념적 가치관 및 사회복지실천에서 다음과 같은 기본적 전제를 바탕으로 한다(Ife, 2008, 140~165쪽).

첫째, 인권기반실천은 포스트모더니즘적 세계관에 근거하여 현대사회를 혼동되고 무질서하며 비합리적인 구조로 본다. 이러한 세계관은 합리적이고 질서 있는, 예측가능한 세계를 가정하는 모더니즘적 세계관을 허구로 간주하는 것이며, 따라서 사회복지실천이 서비스 계획이나 전략수립 등을 통해 일정 형태의 질서와 예측가능성을 시도하고자 하는 것을 통제와 질서를 강요하는 고전적인 계몽주의나 가부장적 모더니즘 해결방식이라 비판한다.

둘째, 인권기반실천은 일종의 집합주의로서의 이데올로기적 함의와 참여민주주의를 강조한다. 사회복지실천에서 보장되어야 하는 것은 '시민권'으로, 사회복지사나 사회복지대상자 모두 하나의 동등한 시민으로서의 자격을 바탕으로 실천이 이루어져야 함을 전제한다. 따라서 권력과 통제의 대상으로서 '이용자'나 '슈퍼비전'과 같은 사회복지실천에서의 용어 사용에 대해 심도 있게 재검토할 것을 요구한다. 또한 사회복지사 개인에 의한 개별적 접근보다는 지역사회 차원에서의 개입을 더 중요시하며, 사회복지실천의 전 과정을 통한 사회복지사와 사회복지이용자의 끊임없는 대화와 참여를 강조한다.

셋째, 인권기반실천은 사회복지실천의 결과보다는 과정에 관심을 둔다. 사회복지실천을 통해 인권을 실천하고자 하는 목표가 있다면, 실천과정 자체에서 인권 원칙이 지켜지고 타인의 인권을 침해하지 않는 방식으로 행해져야 하며, 이 원칙은 사회복지대상자를 비롯하여 사회복지사가 상호작용하는 모든 사람, 즉 동료, 경영자, 지역사회 구성원, 학생, 기타 전문가들에게 적용되어야 함을 의미한다.

2. 인권 관점에 기반한 사회복지실천의 과정

인권기반실천은 과정을 중요시하며 강조한다. 인권기반실천은 사회복지대상자가 최대한의 자기결정과 통제를 발휘할 수 있도록 함으로써 그들의 권리를 존중하게 하고, 면접과 서비스 계획, 프로그램 참여 등 모든 사회복지실천과정에서 사회복지대상자의 참여를 중요시한다. 한편, 보다 이해하기 용이한 인권과 사회복지전문직 사이의 연계를 바탕으로 한 주요 사회복지 개입방법으로는 임파워먼트(*empowerment*), 강점 관점(*strength perspective*), 인종·민족 민감성 실천, 여성주의 실천, 문화적 능력 등이 있다(Reichert, 2003, 228쪽).

1) 사회복지실천 용어의 재정의

인권과 사회복지실천에 대한 인권기반실천의 위와 같은 기본전제를 통해 볼 때, 전통적으로 사용된 사회복지 용어상의 제 문제가 비판적으로 제기된다. 인권기반실천에서 용어의 문제를 지적하는 것은 그 용어가 사용되는 사회복지실천에서의 맥락과 필요성이 문제시되기 때문이 아니라, '용어' 자체가 원래 함축하는 의미에 담긴 세계관, 즉, 인권에 반하는 세계관이 무의식적으로 강화될 수 있기 때문이다. 예컨대, 사회복지실천현장에서 일반적으로 사용되는 '전략', '표적집단', '철회', '계약', '이탈', '동맹' 등과 같은 용어는 군대식 표현으로, 이는 폭력적이기까지 하다는 비판을 받는다. 따라서 이러한 용어가 인권전문직으로서의 사회복지 영역에서 사용되는 것에 대해 의문을 던져 볼 필요가 있다.

(1) 클라이언트

원래 '클라이언트'라는 말은 전문가의 서비스에 자발적으로 참여한 사람을 일컫는 것으로, 클라이언트는 자신에게 제공되는 서비스의 종류나 정도를 통제할 수 있다. 그러나 실제 사회복지실천현장에서 클라이언트는 담당 사회복지사, 서비스의 종류, 급여의 한도 등에 대한 선택권을 제한받는다. 즉, 원래 클라이언트라는 용어와 실제 사회복지실천현장에서 사용되는 맥락에는 상당한 간극이 있다.

인권기반실천에서 클라이언트라는 명칭을 부정적으로 보는 이유는 첫째, 클라이언트는 의존적이거나 상대적으로 권력이 없는 위치를 의미하고, 둘째, 클라이언트라는 용어는 지혜와 전문지식이 하향식으로 가는 접근법을 내포하기 때문이다. 즉, 전문가의 상대적인 우월적 지식과 기술을 가정하기 때문에, 사회복지대상자의 지혜와 가치를 소홀히 하여 인권에 대항하는 결과를 낳을 우려가 있다는 것이다. 인권 관점에서 사회복지실천의 목표가 시민권의 보장이라면, 클라이언트라는 용어보다는 '이용자'(user), '시민' 등의 용어 사용이 바람직하다.

(2) 개입

'개입'이라는 용어는 1970년대 이후 체계이론이 사회복지 영역에서 그 대중성을 확보하면서 널리 사용된 것으로, 개인·가족·기관·지역사회 등은 모두 체계로 분석될 수 있고 사회복지사는 이 체계들의 변화를 위해 '개입'한다고 인식되었다. 그러나 인권기반실천은 '개입'이라는 개념을 2가지 이유에서 비판한다. 먼저 사회복지사가 개입이 일어나야 하는 체계 밖에 존재하기 때문에 적극적이고 참여적인 행동이 쉽지 않고, 다음으로, 개입 주체를 사회복지사로 봄으로써 모든 행동이 사회복지사가 주도하는 것으로 여겨진다는 점에서 비판받고 있다. 한편, 인권기반실천은 사회복지사와 사회복지대상자를 '사회복지실천과정의 파트너'로 보아야 하며, 따라서 사회복지사와 이용자가 모든 실천과정에서 '함께' 일해야 함을 강조한다.

(3) 슈퍼비전

슈퍼비전 역시 사회복지에서는 전문성 개발과 유능한 실천을 위한 필수적 요소로 간주한다. 인권기반실천에서는 슈퍼비전을 받음으로써 슈퍼바이지가 성장하는 것을 목표로 삼아야 하며, 여기에 감시와 통제의 의미는 없어야 함을 주장한다. 그러나 현재 사회복지실천현장에서 사용되는 '슈퍼바이저'라는 용어는 보다 높은 권력을 가진 위치에서 모든 업무가 어떻게 이루어지고 있는지, 어떻게 이루어져야 하는지에 대해 슈퍼바이지보다 더 잘 알고 있으며, 그에게 모든 업무에 대한 방법을 말해 주고 관리하며 감독하는 사람이라는 의미를 내포한다. 인권기반실천에서는 이러한 통제와 감시의 요소를 포함하는 '슈퍼비전'이라는 용어를 다른 용어로 대체해야 함을 주장한다.

2) 인권기반실천과정에서 강조되는 방법과 기술들

인권기반실천이 사회복지실천과정과 실천기술에 대해 모든 구체적인 방법과 기술을 제시하고 있지는 않다. 다만 사회복지실천과정에서 가장 많은 비중을 차지하는 면접, 집단, 지역사회, 계획, 기관운영, 슈퍼비전 영역에서 인권 원칙을 반영한 접근법을 소개하고자 한다.

(1) 면접

면접은 사회복지 업무 중 일부분에 해당하나 그 중요성은 매우 크다. 통상 면접은 사회복지사가 통제력을 가지고 실시하는 것으로, 만약 사회복지사가 통제력을 상실하면 사회복지사의 역량이 부족한 것으로 보고, 사회복지이용자가 통제력을 잃는다면 그 자체를 해결해야 할 문제로 여긴다. 이에 대해 인권기반실천은 일반적으로 사용되는 불평등한 용어인 '면접'에 대해 비판한다. 인권기반실천은 면접의 주인공은 사회복지이용자이므로, 사회복지이용자의 욕구와 그의 이익에 초점을 맞추어야 함을 강조한다. 또한 '면접'이라는 용어를 사용하는 대신에 '사회복지사가 단지 관련된 사람과 함께 이야기한다/대화한다'고 말할 수 있어야 하며, 이는 사회복지이용자 중심의 대화가 되어야 한다고 주장한다.

(2) 집단

사회복지에서의 집단활동, 즉 그룹워크(group work)는 사회복지사가 사회복지이용자 혹은 지역사회 구성원으로 이루어지는 팀 회합, 행동집단, 사례협의회 등 여러 종류의 집단 속에서 촉진자(facilitator) 역할을 하며 일함을 말한다. 인권 관점에서 보면 사회복지사가 한 집단 전체를 통제하는 것이 아니라, 팀원 개개인이 집단을 통제하며 자유에 대한 권리와 자기결정권 등을 확대하는 것이다. 따라서 인권기반실천은 사회복지사가 타인에 대한 존중, 모든 구성원에게 말할 기회를 부여하는 등의 실천원칙을 이행해야 할 것을 강조한다.

(3) 지역사회복지

인권기반실천에 의하면 지역사회복지 내지 지역사회과정은 사람들이 자신의 인권을 행사함과 동시에 타인의 권리를 존중할 수 있도록 적절한 기회를 제공하는 실천이다. 지역사회복지는 비폭력적 방법, 합의적 의사결정, 능력 상승을 다룬다. 인권 관점에서 지역사회 지도자는 모든 결정이 한 사람에 의해 내려지고 명령으로 하달되는 것이 아니라 충분한 자문과 합의 후 민주적 과정을 통해 이루어지도록 보장하는 역할을 해야 한다. 이러한 결정은 집단 전체에 의해 내려지고 소유되는 것이다.

(4) 계획

인권기반실천에서는 사회복지실천에서의 '계획'을 매우 비판적으로 본다. 즉, 사회복지사들이 전략적 계획, 실행 계획, 사업계획, 목적설정과 목표의 구체화, 사정활동 등 수많은 시간을 계획을 세우는 데 소비한다고 보고, 비합리적이고 예측 불가능한 현실에서 완벽한 계획수립에 집착하는 것은 허구이며 시간낭비가 될 수 있다는 것이다. 또한 계획에 집착하는 것은 그것이 변화의 힘이 있는 인권의 가능성을 앗아갈 수 있다는 점에서 우려를 표한다. 왜냐하면 계획은 대부분 외부의 프로그램에 대한 재정 지원을 받아야 할 경우에 요구되는 것으로, 이에 지나치게 매몰되면 정작 사회복지이용자나 지역사회와 만나 사전에 문제에 대해 지속적으로 대화하기가 어려워지기 때문이다. 즉, 서비스가 이용자의 욕구와 상관없이 미리 정해진, 즉 미리 계획된 방식으로 일방적으로 전달될 것을 우려하는 것이다. 계획을 세운다 하더라도 그 '과정'에서 사회복지이용자 혹은 지역사회 주민들과 프로그램에 대해 고민

하고, 그들의 자기결정을 존중해야 함을 강조한다.

(5) 기관운영과 슈퍼비전

인권기반실천에 따르면 사회복지실천과정에서 기관운영은 인권을 존중하고 강화하는 실천이 되어야 하며, 기관운영직에 있는 사람들이 인권의 목적을 향상시킬 수 있는 방법을 검토해야 한다. 기관의 운영과정에서는 참여적이고 대화적인 구조와 절차를 갖추고, 다양한 참여기회를 만들며, 불평등한 권력을 행사하지 않도록 해야 한다. 특히 조직 내 모든 고용인들의 인권보장을 지향하는 운영자의 운영을 강조한다.

슈퍼비전 역시 용어에 문제가 있다 하더라도 이를 통해 얻을 수 있는 중요한 이점이 있기 때문에, 보다 인권을 지지하고 대화적인 방식으로 이루어질 수 있는 방법의 모색이 필요하다. 이에 인권기반실천에서는 첫째, 전통적으로 개별적 방식으로 이루어지던 슈퍼비전에 집단을 통한 상호작용을 허용하고, 더 많은 시각이 표현되고 더 많은 지혜가 공유되도록 하는 방식으로 전환되어야 함을 요구한다.

둘째, 사회복지사가 슈퍼바이저를 선택할 수 있는 선택권을 부여하여 개인이 가진 이념적 입장, 연령, 성 등 외부요인들이 슈퍼비전의 관계 속으로 들어올 수 있게 하여, 신뢰를 바탕으로 한 대화를 통해 발전해 나갈 수 있도록 해야 한다. 단, 이러한 과정에서 슈퍼바이지가 적어도 동등한 통제력을 갖고 그 과정에 적극적으로 기여해야 하며 슈퍼바이저 또한 배움의 자세로 대화에 참여해야 함을 강조한다.

3. 인권 관점에 기반한 사회복지실천 모델

인권기반실천의 모델은 다양하다. 그중에서 이 장에서는 사회복지실천현장에 유용성이 높은 임파워먼트 모델, 사회정의 모델, 이용자 참여 모델을 소개하고자 한다.

1) 임파워먼트 모델

'임파워먼트'라는 용어는 '역량강화', '권한부여', '능력고취' 등 우리나라에서 여러 가지로 번역되어 사용된다. 이 장에서는 '힘(*power*)을 부여한다(*em-*)'는 의미를 살릴 수 있는 '임파워먼트'라는 용어를 사용하여 이 모델을 설명하고자 한다.

임파워먼트는 사회적·조직적 환경에 대한 이용자의 통제력을 증가시키고자 하는 임상 및 실제의 과정·개입·기술을 의미한다(Browne, 1995). 그 용어가 상대적으로 새로운 것이긴 하지만, 이용자에게 권한을 부여하려는 목적은 사실 사회복지의 오랜 전통이다. 자선조직협회와 인보관운동의 2궤도 접근을 통하여 발전을 거듭한 사회복지는 전문사회복지(*specialist*) 접근과 일반사회복지(*generalist*) 접근을 양대 축으로 발전해 왔다. 특히 일반사회복지 발달의 근간이 된 인보관운동은 임파워먼트 모델의 뿌리가 되었다.

이용자를 임파워먼트하는 과정은 크게 3가지 차원, 즉 개인적, 대인관계적, 구조적 차원에서 가능하다. 이 세 차원은 서로 복잡하게 얽혀 있어서 한 영역에서 자원을 찾으면, 다른 영역의 자원개발에도 기여한다고 본다(Miley & O'Melia, DuBois, 1995).

〈표 4-1〉 임파워먼트 과정의 단계

단계	활동	전략	과업들
대화 (Dialogue)	공유하기 (sharing)	이용자가 기존에 가지고 있는 것으로 알고 있는 역량 및 자원 구체화하기	1. 상호협력적인 관계 확립하기 2. 기존 지식 명확화하기(이미 명백한) 　- 이용자의 인지(도전과 강점) 　- 사회복지사의 인지 　(이러한 이용자 체계에서의 역할) 3. 당신이 가지고 있다고 아는 것 다루기 4. 초기방향 정하기 5. 관계를 위한 계약하기 및 사정에 동의하기
발견 (Discovery)	찾기 (searching)	이용자가 그들이 가지고 있다는 것을 모르는 자원 탐색하기	1. 쉽게 드러나지 않는 당신이 가지고 있는 것 확인하기 2. 부가적인 정보와 사실에 대한 경험과 사고 연결하기 3. 감정을 사정, 확인, 표현하기 4. 대인 상호적인 정보 연결하기 　- 이용자 체계로부터 　- 다른 사람으로부터 5. 자원체계 탐색하기 6. 그밖에 이용자체계의 욕구 결정하기(목표설정) 7. 해결로 이끌어 주는 계획 개발하기 8. 변화를 위한 계약하기
발달 (Development)	강화하기 (strengthening)	이용자 체계가 아직 활용하지 않은 부가적인 자원·역량 사정·확립하기	1. 이용자 욕구 구체화하기 2. 이용자가 사용하지 않으나 존재하는 자원 사정하기 　- 개인적/대인상호관계적 　- 조직적/지역사회/사회적 3. 새로운 자원과 기회 만들기 4. 결론을 위한 계약으로 이끌어 가기

출처: Miley & O'Melia, DuBois(1995), *Generalist Social Work Practice : An Empowering Approach*; 양옥경 외(2005), 88쪽에서 재인용.

(1) 개인적 차원

개인적 차원의 임파워먼트는 개인의 역량감, 지배감, 강점, 변화능력을 포함한다. 라파포트(Rappaport, 1985)는 개인적 차원의 임파워먼트를 인성, 인지, 동기에서 자신의 삶에 대한 통제감이라고 보며, 그 자체가 자기 가치에 대한 생각이나 느낌의 수준, 외부세계와 자신을 차별화할 수 있는 수준, 보다 영적인 것을 추구하게 하는 수준까지도 나타낸다고 본다.

(2) 대인관계적 차원

대인관계 차원의 임파워먼트란 한마디로 다른 사람에 대한 영향력이다. 즉, 대인관계에서 어느 일방에 의하는 것이 아니라 상호 주고받는 평형관계를 형성하는 것을 의미한다. 따라서 대인관계 차원에서 임파워먼트한다는 것은 다른 사람과의 관계에서 효율적으로 상호작용한다는 것이다.

(3) 구조적 차원

구조적 차원에서의 임파워먼트는 사회구조와의 관계를 의미하는데, 사람들은 자기 자신을 변화시킴으로써 힘을 얻기도 하지만, 정치적·사회적 상황과 같은 사회구조를 바꿈으로써 보다 힘을 얻고 새로운 기회를 창출할 수도 있다. 사회적 수준에서의 자원의 창출은 그 사회의 모든 개인에게 힘을 부여한다.

임파워먼트 모델은 완전히 새로운 것이 아니라 일반사회복지에 오랫동안 존재했던 강점 중심 개입의 재부상이라고 할 수 있다. 즉, 이용자를 문제 중심으로 보는 것이 아니라 강점 중심으로 봄으로써, 이용자의 잠재 역량(*potential competence*) 및 자원을 인정하고 이용자 내외에 탄력성(*resiliency*)이 있음을 전제하여, 이용자가 삶을 결정할 수 있도록 권한 혹은 힘을 부여하고자 하는 것이다(Sheafor, Horejsi & Horejsi, 1988; Solomon, 1976). 그러므로 이 모델에서 이용자와 사회복지사는 협력적인 파트너십(*collaborative partnership*)을 가진 파트너로서 문제해결 과정에 함께 참여하게 된다.

2) 인권과 사회정의 모델

인권과 사회정의 모델(*an advanced generalist model and whole population approaches to human rights and social justice*)은 인권을 사회정의의 기초로 정의하는, 원조(*helping*) 및 건강 관련 전문직을 위한 일반실천모델이다(Joseph, 2008). 이 모델은 전 인구에 대한 접근을 전제하면서, 개입의 수준을 5가지로 구분한다. 널리 알려진 매크로(*macro*)-메조(*mezzo*)-마이크로(*micro*)의 3가지 개입 수준에 메타-마이크로(*meta-micro*)와 메타-매크로(*meta-macro*)를 추가하였다. 매크로는 모든 인구층을 대상으로 한 기본적인 개입이며, 메조는 위험집단을 대상으로 한 2차적 개입, 마이크로는 증상이 나타난 인구층에 대한 3차적 개입으로, 임상적 개입이다. 또한 메타-매크로는 글로벌한 접근으로, 세계화 및 인간 욕구 및 본성에 근거한 이슈들에 관심을 가지며, 메타-마이크로는 전문가주의에 근거한 것으로 모든 일상생활에서 치료의 힘을 인정하는 것이다. 이를 도식화하면 〈그림 4-1〉과 같다.

이 모델은 사회정의는 하나의 투쟁이라는 시각으로 사회정의 달성을 통해 인권 이슈가 해결될 수 있다고 본다. 인권과 사회정의는 상호 불

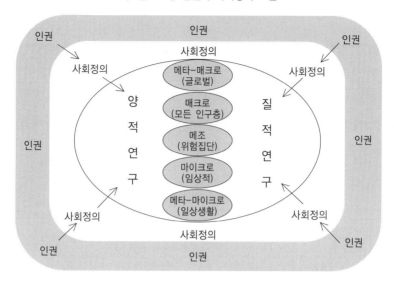

〈그림 4-1〉 인권과 사회정의 모델

가분의 관계이며, 사회정의를 달성하기 위해서는 메타-매크로부터 메타-마이크로에 이르는 다양한 수준의 개입과 함께, 이러한 개입의 효과성을 평가하고 반영하는 연구의 중요성도 동시에 강조한다. 이 모델은 널리 알려진 생태체계 접근의 3가지 수준을 더 세분화할 뿐 아니라 사회정의 및 인권 관점을 통해 원조 전문직이 장기적으로 글로벌한 이슈인 메타-매크로 영역에도 함께 개입해야 함을 제시한다. 또한 연구 영역을 다른 개입 수준과 동일선상에서 상호작용하는 것으로 규정함으로써 학계와 실천현장의 긴밀한 상호협력의 중요성을 강조한다.

3) 이용자 참여 모델[2]

이용자 참여 모델은 전문가와 서비스이용자의 불평등한 관계 개선을 기본 전제로 한다. 이용자 참여의 유형은 크게 개별적 참여와 집단적 참여로 나뉘며, 이용자 참여의 활성화를 위해서는 전문가 교육과 직원훈련이 중요하다. 동시에 조사연구에서 이용자 참여방안 모색이 필요하다. 이를 도식화하면 〈표 4-2〉와 같다.

〈표 4-2〉 이용자 참여의 영역과 지원요소

대분류		중분류	소분류
기본전제		전문가와 서비스이용자의 불평등한 관계	
참여 영역	개별적 참여	서비스 실무의 가정이나 행동	자립에 대한 지원보다는 손상 강조 전문적 가정들 문화적 둔감성 사람에 대한 부정적(선택 능력 부재) 가정 이용자의 선택에 대한 전문가의 이견 실무자와 이용자의 제한된 의사소통 이용자 권리에 대한 실무의 오해
		서비스 조직화 방식	보건과 복지의 분리/공공, 민간 자원의 분리 서비스이용자 구분 방식 재정구조 조직의 관행(오래된 서비스 제공 방식) 제공가능한 도움의 범위 실무자에 대한 외부압력
		선택의 어려움	선택 시 필요한 지원의 부족 선택 시 필요한 정보의 부족 이용자들이 선택할 수 없다고 느낌 이용자들이 불만을 제기할 수 없다고 느낌

---

[2] 김미옥·김용득(2006)이 제14회 RI Korea 재활대회에서 주제 발표한 "이용자 참여의 이론과 전망"의 원고 일부분을 요약한 것이다. 자세한 내용은 이 논문을 참고.

〈표 4-2〉(계속)

대분류		중분류	소분류
참여 영역	개별적 참여	선택의 어려움	강제적 서비스(선택가능성 배제) 지역사회의 편견 선택을 방해하는 빈곤
	집단적 참여	참여 방해 요소	이용하는 서비스별로 집단을 구분하기 서비스이용자들보다는 보호자들과 의논하기 능력에 대한 인식과 의사소통 문화와 언어 주변화된 집단 의제를 제기하는 자 대표성과 책임성
		참여 활성화 요소	접근성 참여와 임파워먼트를 위한 자원 장애인단체에 대한 지원 케어워커들의 경험
		포괄적 참여	서비스 및 평가, 기관운영 등 포괄적 참여
		이용자 주도 서비스	이용자 통제조직에 의한 이용자 주도 서비스
지원 요소	교육	전문적 교육과 훈련	반억압적 · 반차별적 교육 강조 기술 습득만이 아닌 기본 교육 강화
		직원 계발	직원 임파워먼트
		조사연구	이용자와 함께 어젠다 형성, 연구, 정책 논의

Lindow & Morris(1995). Service user involvement : synthesis of findings and experience in the field of community care. A report for the Joseph Rowntree Foundation. 필자가 재구성하여 작성.

(1) 이용자 참여를 위한 기본전제

일반적으로 '서비스이용자'라는 용어는 지역사회에서 살아가기 위해서 일정한 지원을 필요로 하는 사람들을 지칭하는 용어이다. 그리고 '이용자 참여'는 그들이 어떤 서비스를 어느 정도 받아야 하는가에 영향을 미치는 결정에 직접 관여함을 의미한다. 가족, 친구, 이웃 등은 그들 자신이 서비스제공자이면서 동시에 서비스이용자이므로 이용자 참여의 주체에 포함될 수 있다. 이러한 이용자 참여의 기본적인 전제는 바로 전문가와 이용자 간의 불평등한 관계의 개선이다.

(2) 이용자 참여의 영역

이용자 참여는 크게 2가지 유형으로 나뉜다(Lindow & Morris, 1995). 첫 번째는 자신들의 개인적인 생활에 영향을 미치는 결정에 대한 개별적 참여이다. 두 번째는 서비스이용자 집단에 영향을 미치는 결정에 대한 개인들의 참여이다. 역사적으로 개인 차원에서의 참여보다는 서비스이용자 집단에게 영향을 미치는 집단 차원의 참여가 더 큰 주목을 받아 왔다.

① 개별적 참여

이용자 참여는 그 자체가 목적이 아니라 이용자 자신이 일상생활에서 선택을 할 수 있도록 하고, 스스로 삶에 대한 통제력을 가지게 하는 하나의 방법이다. 이러한 이용자의 개별적 참여가 보장되기 위해서는 서비스 실무자의 가정이나 행동에 대한 점검이 요청되며, 서비스 조직화 방식에 대한 고려, 이용자가 선택할 수 있는 환경적 여건이 조성되어야 한다.

② 집단적 참여

이용자 참여를 정책으로 실행하는 데는 많은 어려움이 있다. 이용자 참여의 초기 실행 과정에서는 다음과 같은 다양한 패턴의 어려움이 발견된다. 첫째, 기존 네트워크와의 관계를 어떻게 설정하고 강화할 것인가의 이슈, 둘째, 서비스이용자, 보호제공자, 자원봉사자의 혼합체계로 구성된 의사소통 및 계획을 위해 전반적인 틀 구성을 새롭게 시도해야 한다는 이슈, 셋째, 자원봉사위원회를 통하여 서비스이용자와 보호제공자의 직접적 투입을 최소화해야 하는 이슈, 넷째, 서비스이용자와 보호제공자가 함께 계획을 확립해야 하는 이슈 등이 그것이다 (Means & Lart, 1994, 232쪽). 또한 사회복지의 전통적인 가정과 실천들은 이용자의 집단적 참여에 많은 장벽이 되는데, 이러한 차원에서 참여를 방해하는 요소와 활성화하는 요소를 구체적으로 고려해야 한다.

이용자 참여를 활성화하기 위한 중요한 요소는 이용자 주도 서비스 (*user-controlled service*) 로의 전환이다. 이를 위해서는 이용자가 주도하는 조직(*user-controlled organization*) 으로의 전환과 이용자 주도 서비스에 대한 논의가 필요하다. 이용자 주도 서비스는 기관에 따라 매우 다양하지만, 다음과 같은 공통점을 정리할 수 있다(Morris, 1994).

- 이용자 참여 조직들은 종종 급진적 변화에 대한 바람과 저항의 결과로 나타난다.
- 이용자 주도 조직에 참여하는 사람들은 서로 일체감과 동일시의 감정을 갖고, 이것을 통해 강점을 얻는다. 그들이 누군가를 고용할 때, 서비스를 계획하고 전달하기 위해서 그것을 활용하기를 좋아하는 사람들을 선발한다.
- 이용자 주도 서비스는 장애에 대한 의료적 모델에 저항하는 장애운동과 관련이 있다. 이 서비스는 이념지향적인 사회적 모델을 대신하여 실제 이용자에게 제공해야 하는 서비스의 핵심과 실체를 알 수 있게 해준다.
- 이용자 주도 서비스는 특별한 시간에 특별한 욕구들을 반영한다. 서비스들은 사람들이 그들의 삶에서 필요한 것이 무엇인지에 대한 자기 확인으로부터 도출되며, 융통성 있고, 이용자 욕구에 반응하는 것을 목

표로 한다.

- 이용자 주도 서비스는 사람들의 삶에 대한 선택과 통제력을 증가시키고자 한다.
- 이용자 주도 서비스는 어떠한 서비스가 전달되는지에 관한 결정에 서비스를 이용하는 사람들을 참여시키는 데 목적을 둔다.
- 이용자 주도 서비스는 서비스를 계획하고 제공하는 데 참여하는 모든 사람들이 그것을 이용하는 사람들에 대한 책임성을 가질 것을 주장한다.

(3) 이용자 참여 활성화를 위한 지원요소

① 전문가 교육과 직원개발

이용자 참여 서비스와 조직을 형성하기 위해서는 전문가 교육과 훈련이 체계적으로 이루어져야 한다. 이는 학교 교육에도 반영되어 기술 습득에 치우친 교육이 아니라, 보다 기본적인 사회복지사의 태도·가치·철학·윤리 등의 이슈에 대한 심도 있는 교육이 이루어져야 한다. 직원개발의 또 다른 중요한 부분은 변화에 대한 저항을 다루는 것이다. 변화에 대한 저항의 다른 형태는 변화가 필요하다는 것에 대한 부인이다. 그러나 이러한 실무자들에게 임파워먼트 접근을 통해 진정한 동기가 부여된다면 이 저항이 오히려 강점으로 작용할 수도 있다.

② 조사연구에서의 이용자 참여

이용자 참여에 관한 연구들에서 제기되는 이슈 중 하나는 조사연구에서 이용자의 참여를 어떻게 보장할 것인가와 관련된 것이다. 이는 예컨대 장애연구에서 이용자가 제외된 채 비장애인 연구자에 의해 어젠다가 형성되고 연구가 수행되며, 정책형성 논쟁에도 장애인이 포함되지 않는 일련의 조사연구 과정에 대한 비판이다(Morris, 1992; Oliver, 1992). 장애연구에서 참여적 및 해방적 접근은 이러한 전통적인 실증주의적·구성주의적 연구에 대한 비판으로부터 제기되었다. 참여적 접근(*participatory approach*)은 장애인을 연구에 포함시키는 의미 있는 하나의 방법이다. 그러나 참여적 방법에서도 여전히 장애인이 연구의 주체라기보다는 객체라는 비판이 제기되면서, 최근에는 사회적 모델의 강조와 함께 해방적 접근(*emancipatory approach*)이 논의되고 있다. 해방적 접근은 연구 생산에서의 사회적·물질적 관계를 바꿈으로써 전체 연구 과정을 장애인이 통제할 수 있도록 하는 연구수행 방법을 말한다(Oliver, 1992; Zarb, 1992). 따라서 조사연구에서도 이용자의 참여를 어떻게 증진할 것인가와 관련된 열린 논의가 필요하며, 이와 관련하여 연구의 참여적 및 해방적 접근 도입을 검토할 필요가 있다.

4. 인권 관점에 기반한 사회복지실천의 유용성

인권기반실천은 앞에서 제기한 바와 같이 사회복지실천에 오랫동안 내재되었던 것으로 새로운 것이라기보다는 재강조 혹은 재부상이라는 표현이 정확할 것이다. 다만, 사회복지학 내에서 내용과 범위 등 그 실체에 대해서는 충분히 규명하지 못한 측면이 있다. 이는 사회복지학 내의 인권 관련 연구들이 주로 거시적 차원에서 개념적이고 규범적으로 다루어진 경향성과 무관하지 않다.

장애인 분야이긴 하지만 김미옥 외(2011)의 연구에서는 인권기반실천이 서비스 과정에서 이용자의 참여를 증진시키며, 사회복지사의 인권 민감성이 향상되어 이용자의 자기결정권과 선택권을 중요시하게 하는 것으로 나타났다. 이에 인권기반실천은 이용자, 직원 및 기관 조직문화의 다양한 변화를 야기하지만, 여전히 그 실천과정에서 나타나는 새로운 딜레마로 인해 또 다른 고민과 대안을 끊임없이 모색하는 역동적 과정을 보여 준다.

이를 바탕으로 인권기반실천의 유용성을 제시하면 다음과 같다. 첫째, 인권기반실천은 이용자와의 협력적인 관계를 강조한다. 이는 사회복지사와 이용자가 서비스 전 과정에서 함께 계획하고, 실행하고, 평가하는 것을 의미한다. 이를 통해 서비스 과정에 대한 이용자의 책임성을 향상시킬 뿐 아니라 참여 자체를 향상시킴으로써 보다 목표지향적 성과를 창출할 가능성이 높다.

둘째, 인권기반실천은 미시와 거시를 넘나드는 목표설정 및 실천을 하게 함으로써, 이용자의 삶의 문제를 보다 다차원에서 해결할 수 있도록 돕는다. 인권 혹은 권리는 단순히 이념적으로만 존재하는 것이 아니라 이용자의 특성에 따라 법적·제도적으로 구현되는 개념이기도 하다. 따라서 이용자의 인권침해 상황이 발생된 사례에 대해서는 단순히 상담이나 기타 실천적 개입뿐 아니라 법적·제도적 개입까지를 지향하도록 한다. 이는 보다 다차원적으로 이용자의 문제에 대응하게 함으로써 이용자의 삶의 질을 개선하는 데 보다 효과적일 수 있다.

토론거리

1. 기존의 다른 접근들과 인권 관점에 기반한 사회복지실천이 갖는 공통
   점 및 차이점은 무엇인지 토론해 봅시다.

2. 인권 관점에 기반한 사회복지실천을 하기 위해서 사회복지사에게 강
   조되어야 할 태도와 가치는 무엇일지 논의해 봅시다.

제 2 부
 ∽ ∾

실천편

제 5 장

아동 · 청소년과 인권

1. 국내 · 외 관련 규정

1) 국제사회의 관련 규정

(1) 아동인권 발달 역사

아동인권[3]은 아동의 자격으로서 승인되는 아동 고유의 권리와 인간의 자격으로서 승인되는 일반 인권으로 구성된다. 아동권리는 아동의 욕구와 관심을 인정하고 충족해 주고자 하는 사회적 의지의 표명이다.

---

[3] 국가인권위원회를 위시한 인권 분야에서는 '아동인권'이라는 용어를 명기한 반면, 아동복지 분야에서는 유엔아동권리협약에서 비롯된 '아동권리'라는 어휘를 보편적으로 사용하며, 일각에서는 '아동권'이라는 어휘를 쓰기도 한다. 아동복지에서는 아동을 성인과 구별되는 권리를 가진 인격체로 바라보기 때문이다. 그러나 '아동권리'와 '아동인권'은 개념과 속성에는 차이가 없는 것으로 간주할 수 있다. 다른 대상의 인권 논의와 통일하기 위하여 원칙적으로 '아동인권'을 준용하되, 유엔아동권리협약과 법 · 제도가 명기한 '아동권리'라는 고유 어휘는 그대로 사용하기로 한다.

따라서 아동권리란 아동이 가진 정신적·신체적 요구를 법적으로 승인하는 것으로, 아동인권을 전면적으로 발전시키는 것을 목적으로 하여 생존을 확보하는 것을 원칙적 내용으로 한다(문영희, 2014).

근대사회에 이르기까지 아동은 권리의 주체로서 인식되지 못하였고, 20세기에 들어 아동권리 사상이 대두되면서부터 아동을 온전한 인격적 존엄성과 권리를 지닌 존재로 보기 시작하였다. 다시 말하면 아동권리 사상은 아동이 수동적인 보호의 대상이 아닌 능동적인 권리 주체라는 사상이며, 아동권리는 아동복지의 이념과 실천의 기초로서 강조된다(오정수·정익중, 2008).

아동권리 사상이 대두된 사회적 배경으로는 아동기의 발견, 가족구조의 변화, 가족 내 아동의 지위향상, 자녀 수 감소, 아동의 기대치 변화, 과학과 의학의 발전, 의무교육을 비롯한 교육의 보편화 등을 꼽을 수 있다. 그러나 아동권리는 부모 및 국가의 책임과 지원이 있어야만 가능하며 사회 전체의 공감대가 형성되고 법제도가 확립되어야만 획득될 수 있다(배화옥, 2010).

아동권리는 1989년 유엔에서 '아동권리에 관한 국제협약', 즉 '유엔 아동권리협약'(United Nations Convention on the Rights of the Child, CRC)의 제정으로 법제도적 결실을 맺었다고 할 수 있다. 아동권리협약의 효시가 된 것은 1924년 국제연맹에 의하여 제네바에서 채택된 '아동권리선언'(Geneva Declaration of the Rights of the Child)이다. 이는 총 5개 조항으로 구성되었으며 아동의 생존권, 선별주의 아동보호, 아동구호 우선원칙, 독립성 보장, 노동으로부터의 착취 방지가 명시되어 있다. 1948년 국제연맹은 무차별 권리, 안정된 가정환경의 2개 조항을 첨가하여 제네바선언을 보완하였다.

1959년 유엔은 '유엔아동권리선언'(United Nations Declaration of the Rights of the Child)을 채택한다. 유엔아동권리선언은 아동은 신체적·정신적으로 미숙하기 때문에, 법적 보호를 포함하는 특별한 보호와 돌봄이 필요함을 천명하였다. 아동의 차별금지, 건전한 성장과 보호, 이름과 국적, 사회보장 혜택, 장애아동의 교육과 보호, 가족분리 금지와 국가의 이차적 책임, 의무교육, 학대와 착취로부터의 보호 등 총 10개 조항으로 구성되었다. 그러나 제네바선언과 유엔선언은 실천적 의미보다 선언적 의미의 아동권리를 촉구하는 것으로, 법적 효력이나 제재가 불가능하였다.

1989년 유엔은 아동권리선언 30주년과 '세계 아동의 해' 10주년을 기념하고자 아동권리협약을 제정하였다. 아동권리협약은 54개 조항으로 구성된 국제협약으로, 1989년 유엔총회에서 채택되고 1990년 서명되었으며, 세계 여러 국가에 의해 인준되었다. 4) 인준은 헌법에 의해 체결된 조약으로 국내법과 동일한 효력을 가짐을 의미한다.

아동권리협약이 제정된 이후 계속하여 아동권리 증진을 위한 '아동을 위한 세계정상회담'(World Summit for Children)이 1990년 유엔에서 개최되었다. 주요 목표는 세계적 차원에서 아동의 권익보호와 복지향상에 대한 성과 평가, 교훈 및 미래를 위한 제언이었다. 2002년 제27차 유엔아동특별총회에서는 1990년 회담에서 채택된 '선언 및 행동계획'(Declaration and Plan of Action)의 성과를 검토하고 향후 10년간 새로운 목표 및 행동계획을 설정하였으며, 성취해야 할 중점과제를 담은 '아동에게 적합한 세상'(A World Fit for Children)이라는 문서를 채택하

---

4) 2015년 현재까지 우리나라를 포함한 193개국이 비준하였으며, 미국과 소말리아만이 인준하지 않은 국가로 남아 있다.

였다. 문서에는 아동권리를 증진하기 위한 국제적인 기준이 마련되어 있으며 4가지 주요 목표와 21개 성취 목표가 포함되었다.

2002년 5월 유엔은 '아동권리협약의 아동매매, 성매매 및 아동음란물에 관한 선택의정서'(Optional Protocol to the Convention on the Rights of the Child on the Sale of Children, Child Prostitution and Child Pornography)와 '아동무력분쟁 참여에 관한 선택의정서'(Optional Protocol to the Convention on the Rights of the Child on the Involvement of Children in Armed Conflicts)라는 2개의 의정서를 채택하였다.

아동권리에 비해 청소년권리에 대한 국제사회의 논의는 활발하게 이루어지지 않았다. 청소년권리 혹은 청소년인권만을 따로 규정한 국제협약이 없을뿐더러, 아동을 18세 미만으로 정의할 때 청소년이 대부분 포함되어 청소년권리보장은 아동권리협약의 틀 속에 머물러 있었다. 1985년 '세계 청소년의 해'를 계기로 비로소 청소년권리에 대한 논의가 시작되면서 인식을 환기하였다(이용교 외, 2004).

청소년인권이 핵심의제로 다루어진 것은 1993년 세계인권회의였다. 제2분과에서 아동과 청소년의 인권을 심도 있게 논의면서, 아동과 청소년 인권침해 방지대책 마련과 아동과 청소년에 대한 학교 인권교육의 실시 등을 포함하였다. 세계 청소년의 해 10주년인 1995년에 유엔은 청소년권리에 대한 국제사회의 책임을 지기 위하여 '2000년을 넘어 세계청소년행동계획'(World Programme of Action for Youth to the Year and Beyond)을 도출하였다. 여기에서는 청소년들을 동반자로 인식하면서 교육, 고용, 기아와 빈곤, 건강, 환경, 약물 의존, 일탈행위, 여가활동, 소녀와 젊은 여성, 참여 등 10개 우선 영역에서 청소년의 상황을 개선하고 복지를 증진시키기 위한 청사진을 제시했다. 2003년 유엔에서 발간한 〈세계청소년보고서〉에서는 세계 청소년 현황을 개관하고 행동계획의 10개 우선 영역 외에 세계화, 정보화, HIV/AIDS, 갈등과 폭력, 세대 간 관계의 5가지 쟁점을 담았다(국가인권위원회, 2004, 아동 인권정책 기본계획수립방안, 이용교 교수).

(2) 유엔아동권리협약

① 기본 원리

유엔아동권리협약(이하 아동권리협약)에는 아동권리를 보장하기 위한 3개의 기본 원리가 들어 있다. 아동권리를 보장하기 위하여 아동의 욕구 충족에 필요한 자원의 제공, 유해한 환경과 착취 및 학대로부터의 보호, 자신의 삶에 능동적인 참여가 바로 그것이다. 이를 '제공', '보호', '참여'라는 '3P'로 지칭한다(배화옥, 2010).

- 제공(*Provision*)
  아동이 필요로 하는 욕구의 충족, 인적·물적 자원의 제공과 이를 사용할 권리이다. 일반 아동에 대한 시민적 권리와 자유의 제공, 건전한 가정환경, 기초보건과 복지 등 모든 제공을 말한다.

- 보호(*Protection*)
  무력분쟁을 포함하여 법적 분쟁이나 착취 상황, 자유의 박탈, 법적으로 금지된 노동 등으로부터 아동에 대한 보호와 지원이 이루어져야 하며, 아동이 모든 형태의 착취와 학대로부터 보호받아야 할 권리를 의미한다.

▪ 참여(*Participation*)

아동이 자신의 삶에 중요한 영향을 미치는 결정에 대하여 알고 능동적으로 참여할 수 있는 권리이다. 아동의 동의가 필요한 의사결정, 친권상실, 이혼, 입양 등에 아동의 의사가 존중되어야 한다.

② 기본 원칙

아동권리협약은 아동권리 보장을 위하여 차별금지의 원칙, 아동이익 최우선의 원칙, 아동의 생명·생존 및 발달 원칙, 아동 의사표현의 원칙 4가지를 표방하였고(Hodgkin & Newell, 1998) 이는 〈그림 5-1〉과 같이 도식화할 수 있다.

하나, 차별금지의 원칙이다(제 2조). 아동은 아동 및 부모 혹은 보호자의 인종, 피부색, 성, 언어, 종교, 정치적 견해, 민족적·인종적·사회적 태생, 재산, 장애, 출생, 신분에 관계없이 어떠한 형태의 차별로부터도 보호되어야 하며, 또한 아동의 부모, 보호자, 가족 구성원의 신분, 활동, 의사표현, 신념을 근거로 차별 또는 처벌받아서는 안 된다.

둘, 아동이익 최우선 원칙이다(제 3조). 공공 또는 민간 사회복지기관, 법원, 행정당국, 입법기관 등에 의하여 실시되는 아동에 관한 모든 활동에서 아동의 최선의 이익이 최우선적으로 고려되어야 한다.

셋, 아동의 생명과 생존 및 발달의 권리이다(제 6조). 모든 아동은 생명에 관한 고유의 권리를 가진다. 국가는 이를 위하여 가능한 최대한도로 아동의 생존과 발달을 보장하여야 한다. 이와 더불어 협약 제 23조는 독립적 인격체로서의 장애아동에 대한 특별한 관심과 권리를 보장할 것과 장애아동의 생존·성장·발달을 강조한다.

넷, 아동 의사표현의 권리이다(제 12조). 국가는 아동이 자신에게 영

〈그림 5-1〉 유엔아동권리협약 4대 원칙

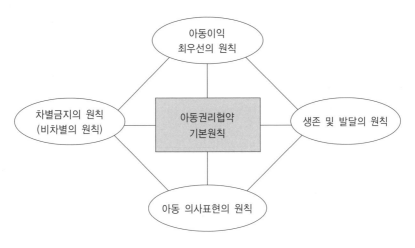

향을 미치는 모든 문제에 대해 자신의 견해를 자유롭게 표현할 권리를 보장하며, 아동의 견해에 대하여 연령과 성숙도에 따라 적절한 비중을 두어야 한다. 이를 위하여 아동에게 영향을 미치는 사법 및 행정절차 과정에서 아동이 직접 또는 대표자나 적절한 기관을 통하여 진술할 기회가 주어져야 한다.

③ 구성

아동권리협약은 전문과 본문으로 구성되며, 본문의 조항은 총 54개다. 전문은 협약의 핵심적 목적인 세계시민의 기본 인권과 인간의 존엄성 및 가치에 대한 신념을 확인하고, 아동은 세계시민이 되기 위하여 특별한 보호와 지원을 받을 권리가 있음을 인정하는 것이다. 아동은 한 인격체로서 인류의 평화와 인간의 존엄성을 지키는 성인으로 성장할 수 있다는 내용을 담고 있으며, 특히 위험한 상황이나 착취를 경험하는 아동에 대한 국가의 책임, 가정의 중요성, 전 세계인의 인식을 진작시키고 각각의 역할을 담당하도록 촉구하였다. 본문은 크게 시민적 권리와 자유, 가정환경 및 대안양육, 기초보건 및 복지, 교육, 여가 및 문화적 활동, 그리고 특별조치로 구성된다(Hodgkin & Newell, 1998).

- 시민적 권리와 자유

  이름과 국적(제 7조), 신분의 유지(제 8조), 표현의 자유(제 13조), 사상, 양심 및 종교의 자유(제 14조), 결사 및 집회의 자유(제 15조), 사생활의 보호(제 16조), 정보접근권(제 17조), 고문 및 기타 비인도적 취급을 받지 않을 권리(제 37조 1항)

- 가정환경 및 대안양육

  부모의 지도와 책임(제 5조, 제 18조 1·2항), 부모로부터의 분리(제 9조), 가족의 재결합(제 10조), 아동을 위한 양육비 회수(제 27조 4항), 가정의 보호를 받지 못하는 아동(제 20조), 입양(제 21조), 불법 해외이송 및 미귀환(제 11조), 아동학대, 유기 및 신체적·심리적 회복과 사회복귀(제 9조, 제 39조), 양육 및 보호기관에 대한 심사(제 25조)

- 기초보건 및 복지

  생존 및 발달(제 6조 2항), 장애아동(제 23조), 보건 서비스(제 24조), 사회보장 및 아동보호시설(제 26조, 제 18조 3항), 생활수준(제 27조 1~3항)

- 교육, 여가 및 문화적 활동

  교육에의 권리(제 28조), 교육의 목표(제 29조), 여가, 오락 활동 및 문화적 활동(제 31조)

• 특별조치

법적 분쟁상의 아동과 관련된 내용으로 난민아동(제22조), 무력분쟁하의 아동(제38조), 소년사법(제40조), 자유가 박탈된 아동(제37조 2·4항), 아동에 대한 사형 및 종신형 금지(제37조 1항), 사회복귀지원(제29조), 착취 상황하의 아동과 관련된 내용으로 경제적 착취(제32조), 마약(제33조), 성적 착취 및 성적 학대(제34조), 기타 형태의 착취(제36조)

2) 우리나라의 관련 규정

(1) 아동인권 발달 역사

국제사회에서 아동권리에 대한 관심이 시작된 것과 비슷한 시기에 우리나라에서도 아동권리운동이 시작되었다. 역사적 시발점은 방정환의 아동권리옹호운동이다. 방정환은 독립운동의 일환으로 아동권리운동을 전개하였는데, 아동이 중심이 되어야 한다는 아동중심사회를 주장하였다. 나아가 아동의 권리를 구체화하고 사회적 지지를 얻기 위하여 어린이날을 제정하였다. 최초의 어린이날은 1922년 5월 1일이었는데, 노동절 행사와 겹치면서 일제의 탄압을 받게 되자 매년 5월 첫째 일요일로 변경하게 되었다가 1946년 이후 5월 5일로 확정하였다. 1975년 정부는 어린이날을 법정 공휴일로 지정하였다.

1923년 어린이날에는 '어린이 권리공약' 3장이 선포되었는데, 이는 우리나라 최초의 '아동권리선언'이다. 내용으로 아동의 인격적 권리, 경제적 압박과 노동으로부터의 자유, 놀이와 학습의 권리를 표방하였다.

1957년 5월 5일에는 '대한민국 어린이헌장'이 공포되었다. 어린이헌장은 1988년 전면 개정되었으며, 전문과 11개 항으로 구성되었다. 어린이헌장은 법률적인 효력은 없으나, 아동의 천부적인 인권을 존중하기 위한 지침으로서 아동이 차별을 받지 않고 인권을 보장받으며 건강하게 성장하는 데 필요한 요건을 명시하였다.

1989년 아동권리협약이 제정됨에 따라 1990년 우리나라는 이에 서명하였고, 협약 내용 중 국내법과 모순되는 일부 조항을 유보하면서5) 1991년 인준하고 비준서를 제출한 결과, 1991년 12월 20일부터 협약 당사국이 되었다. 협약 당사국으로서 우리나라는 아동권리를 증진하는 국내법과 제도를 만들어야 하며, 실행에 대한 보고서를 유엔에 정기적으로 제출할 책임과 의무가 발생하게 되었다. 이에 따라 1994년 1차 국가보고서를, 1999년 2차 국가보고서를, 2008년 3·4차 국가보고서를 유엔아동권리위원회에 제출하였다.

2006년 보건복지부는 2008년 12월까지 아동권리협약의 국내 이행 상황을 모니터링하고 홍보를 강화하기 위해 최초로 교육·법조·의료 등 사회 각 분야의 전문가 16명을 옴부즈퍼슨(ombuds persons)으로, 12~17세 아동 9명을 옴부즈키드(ombuds kids)로 위촉하였다. 특히 옴부즈퍼슨은 국내 아동정책에 대한 모니터링과 아동권리 홍보, 아동권리 침해 사례 조사 및 정책제언 등의 활동을 수행하게 된다. 이어 보건복지부는 2010년 6월부터 2012년 12월까지 10명의 옴부즈퍼슨과 10명의 옴부즈키드를 선발하였다.

---

5) 1991년 비준 시 아동의 부모면접교섭권, 아동입양허가제 도입, 군사법원법에 의한 아동의 상소권 규정을 유보하였다. 2008년 민법 개정이 추진되어 부모면접교섭권을 보장하고 있으며, 2008년 친양자제도가 도입됨으로써 입양은 허가제가 되었다. 우리나라가 처한 특수한 군사적 상황에서 군사법원법 제534조의 개정은 현재 고려하지 않고 있다.

(2) 아동복지법

'아동복지법'은 1961년 '아동복리법'이 그 전신으로, 1981년 아동복지법으로 제정되면서 내용이 대폭적으로 개정되었다. 아동복지법 제1조(목적)는 "아동이 건강하게 출생하여 행복하고 안전하게 자랄 수 있도록 아동의 복지를 보장하는 것을 목적"으로 한다고 명시하였다. 특히 제2조(기본이념)는 무차별과 평등, 안정된 가정에서 조화로운 인격 발달, 아동 최우선적 이익 고려, 아동의 권리보장과 복지증진의 조항을 채택하여, 유엔아동권리협약의 이념과 맥을 같이한다.

아동인권과 관련하여 아동복지법 조항을 계속해서 살펴보면 제4조와 제5조는 아동권리협약에서 규정한 아동의 권리 및 복지의 증진을 위하여 담당해야 할 국가와 지방자치단체, 보호자의 책무를 규정하고 있다. 제15조(보호조치)는 보호대상아동과 관련하여 상담지도, 대리양육, 가정위탁, 시설보호, 특수치료와 요양 등의 보호조치를 취할 때, 아동의 최상의 이익을 위하도록 하였다. 제17조(금지행위)는 아동을 상대로 한 매매, 음란행위, 성적·신체적·정서적 학대, 방임, 구걸 강요, 금품에 의한 양육 알선 등을 금지행위로 명시하였다. 제18조(친권상실 선고의 청구 등)와 제19조(아동의 후견인의 선임 청구 등)에서는 법원이 친권행사의 제한 또는 상실의 선고를 청구할 때와 후견인의 선임을 청구할 때, 아동의 의견을 존중하여야 한다고 밝혀 두었다. 또한 제29조(피해아동 및 그 가족 등에 대한 지원)는 학대 피해아동 및 가족에게 필요한 지원을 제공할 때 아동의 이익을 최우선으로 고려하여야 함을 규정하였다.

아동복지법은 심각한 사회적 문제인 아동학대에 초점을 두고 2000년 대폭 개정되었다. 개정된 내용에는 아동보호전문기관의 설치, 아동학대 신고의무, 현장조사 후의 보호처분, 학대가해자 친권 제한 및 상실 등과 같이 아동인권보호를 강화한 규정이 포함되었다. 그러나 최근 아동학대가 다시 큰 사회적 관심을 불러일으키자 '아동학대범죄의 처벌 등에 관한 특례법'을 따로 제정하여 아동학대를 방지하고 아동인권을 보장하고자 하였다. 아동학대특례법은 2014년 9월 말 시행되었다.

아동복지법이 아동인권에 관한 모든 조항을 담고 있는 것은 아니다. 현재 아동복지법은 아동학대에 지나치게 편중된 규정으로 탈북아동, 난민아동, 재해를 당한 아동, 이혼한 부부의 자녀, 아동의 이름, 소수민족 및 외국인 아동, 법률에 저촉된 아동, 약물에 노출된 아동, 노동으로부터 착취당하는 아동 등에 대한 규정이 없다(박창남 외, 2002).

아동복지법 외에 아동인권과 직간접적으로 관련된 법은 20여 가지가 넘는다. 법 일반으로 헌법과 민법이 있으며, 가족 관련법으로 '가정폭력방지 및 피해자보호 등에 관한 법률', '건강가정기본법', '한부모가족지원법', '다문화가족지원법'이 있고, 청소년 관련법으로 '청소년기본법', '청소년보호법', '청소년활동진흥법', '청소년복지지원법', '청소년의 성보호에 관한 법률'이 있다. 교육 및 보육 관련법으로 '영유아보육법', '유아교육법', '초중등교육법'이 있으며, 장애아동과 관련하여 '장애인복지법', '장애인차별금지 및 권리구제 등에 관한 법률', '장애인 등에 대한 특수교육법' 외에 '장애아동복지지원법'이 있다. 성과 관련하여 '성매매방지 및 피해자보호 등에 관한 법률', '성폭력방지 및 피해자보호 등에 관한 법률'이 있으며, 폭력과 관련하여서는 '학교폭력 예방 및 대책에 관한 법률'이 있고, 학대와 관련하여 '아동학대범죄의 처벌 등에 관한 특례법'이 가장 최근 제정되었다. 이 밖에 '입양촉진 및 절차에 관한 특례법'이 있다.

2. 인권의 유형과 보장 내용

우리나라 헌법은 아동에게만 적용되는 특수한 권리를 규정하고 있지 않으나, 아동인권을 인정한다고 보는 것이 타당하다. 헌법이 인정하는 아동권리는 참정권을 제외한 인간의 존엄 및 행복추구권, 자유권, 평등권, 사회권으로 구성되어 있다. 한편, '국제인권협약'은 아동의 권리를 경제·사회·문화적 권리(점진적 권리)와 시민·정치적 권리(즉각적 권리)로 분류하였다. 그러나 보편적으로 받아들여지는 아동인권의 유형은 국제아동구호연맹(International Save the Children Alliance, ISCA, 1993)에 의한 분류로, 생존권·보호권·발달권·참여권이다(박창남 외, 2002, 18~19쪽). 이 4가지 유형의 권리는 유엔아동권리협약이 명시하는 4가지 기본 원칙과 일치한다. 이하에서는 국제아동구호연맹이 구분한 4가지 권리를 하나씩 살펴보도록 한다.

1) 생존권

생존권은 아동이 생명을 유지할 수 있도록 최상의 건강과 의료급여, 사회보장을 받을 권리를 말한다. 생존권은 다시 보건의료의 권리, 양육지정의 권리, 사회보장의 권리, 생활수준의 권리로 분류할 수 있다(국가인권위원회, 2006). 아동권리협약 제 6조 2항은 "국가는 가능한 한 최대한 아동의 생존과 발전을 보장해야 함"을 명시하였다. 아동의 생존권을 보장하기 위한 조치로는 기대수명의 연장, 영아사망률 감소, 질병퇴치, 보건수준 개선, 적절한 영양공급과 의료혜택 등이 있다. 또한 아동의 생명을 안전하게 보호하려는 조치도 포함되며, 안전사고를 방지하기 위한 대책, 아동유괴나 실종 방지책도 마련하여야 한다.

생존권이 침해될 수 있는 아동은 빈곤아동, 소외계층아동, 농어촌아동, 결식아동, 사고로 인한 상해아동, 장애아동이 있다. 부모의 이혼·사망·가출 등으로 적절한 양육을 받지 못하는 가정환경상실아동, 입양아동과 위탁아동, 시설보호아동도 여기에 해당되며, 기아와 미아, 가출청소년도 생존권을 위협받는다.

2) 보호권

보호권은 차별, 폭력, 착취로부터 보호받을 권리를 의미한다. 아동은 자유와 존엄성을 보장받으며 건강하고 정상적으로 발달할 수 있도록 보호를 받을 권리를 갖는다. 아동은 모든 형태의 차별적 관행으로부터 보호되어야 하며 모든 상황에서 우선적으로 보호받아야 한다. 따라서 아동은 학대, 방임, 차별, 폭력, 착취, 부당한 처벌과 체벌, 유해 노동, 성폭력 등 모든 형태의 유해한 상황으로부터 보호받아야 한다. 또한 적절한 연령에 도달하기 전에는 고용이 금지되어야 한다.

보호권은 모든 일반아동을 대상으로 하지만, 피학대아동, 다문화아동, 탈북아동, 장애아동 등 특별한 보호가 필요한 아동이 있다. 보호권 침해가 일어날 수 있는 아동은 앞서 생존권을 침해당하는 아동과 중복될 수 있다. 피학대아동, 소수자·이주민 아동, 장애아동 외에 입양아동, 위탁아동, 시설보호아동이 있고, 아르바이트 청소년, 성폭력 및 성매매 청소년 또한 여기에 해당된다.

3) 발달권

발달권은 아동의 잠재적인 능력을 발휘하는 것과 관련된 권리이다. 아동이 모든 종류의 교육을 받고, 신체적·정서적·사회적으로 성장하는 데 필요한 평균 수준의 생활을 누릴 권리를 의미한다. 발달권은 다시 가정환경에서의 권리, 교육의 권리, 휴식과 놀이의 권리, 문화적 및 예술적 생활의 권리로 나뉜다. 아동은 전인적 발달을 위해 가급적 가정에서 부모에 의해 양육되어야 하며, 사회는 가정이 없는 아동에 대해 특별한 보호조치를 제공할 의무를 갖는다. 아동은 적어도 의무교육을 받을 권리를 가지며, 정규적·비정규적 교육을 포함한 모든 종류의 교육을 받을 권리가 있다. 또한 아동의 교육과 지도는 아동의 최상의 이익에 근거하여 이루어져야 한다. 이와 더불어 장애아동에게는 특별한 교육과 보호가 제공되어야 한다. 또한 아동에게 교육뿐 아니라 놀이와 여가도 제공되어야 하며, 사회는 이러한 권리를 증진시키기 위해 노력하여야 한다.

대표적으로 장애아동, 다문화아동, 탈북아동은 발달권을 침해받을 수 있는 아동이다. 가정환경 상실로 인하여 발달권이 침해될 수 있는 아동은 입양아동, 위탁아동, 시설보호아동이 있다. 또한 학업 중단과 가출청소년도 이에 해당한다. 현재 우리 사회에서 만연한 입시와 경쟁 위주의 교육, 가족의 경제력에 의존하는 교육의 기회나 질의 차이 등도 아동 및 청소년의 발달권을 침해하는 요건이 되고 있다.

4) 참여권

참여권은 아동이 관련된 일에 대해 자신의 의사를 자유롭게 표현할 권리를 의미한다. 아동권리협약 제 12조는 "아동은 본인에게 영향을 미치는 모든 문제에서 자신의 견해를 자유스럽게 표시할 권리를 보장받아야 함"을 명시하였다. 이어 아동의 견해는 연령이나 성숙도에 따라 비중 있게 다루어져야 하며, 특히 아동에게 영향을 미치는 사법적·행정적 절차에 대해 아동이 직접 또는 대표자나 적절한 기관을 통하여 진술할 기회가 적절한 방법으로 주어져야 함을 천명하였다.

아동의 참여권은 사회참여 영역과 생활참여 영역으로 대별된다. 사회참여는 정보접근권, 결사·집회의 자유, 사상·양심·종교의 자유, 표현·정보의 자유를 의미하며, 생활참여는 의견표명 권리, 사생활·통신·명예의 존중이 뒤따라야 한다.

우리나라는 아동과 청소년이 관련된 각종 정부정책 수립에서 아동과 청소년의 의견을 청취하거나 참여를 보장하는 절차 등이 미비하여 이들의 의견이 잘 반영되지 못하고 있다. 특히 학생의 교육 및 생활과 밀접한 사안에 대한 학생의 참여가 보장되지 못하는 실정이다.

이상에서 살펴본 바와 같이 아동의 생존권, 보호권, 발달권, 참여권은 완전히 따로 분리된 것이 아니라 아동인권의 네 축을 형성하고 있기 때문에, 어느 하나라도 부족하면 아동인권이 온전히 보장되지 못하고, 그 결과 아동의 전인적 성장발달이 제대로 이루어지지 않는다. 더욱이 한 가지 권리만 침해당하는 것이 아니라 빈곤아동이나 장애아동과 같이 생존권, 보호권, 발달권 등 여러 영역에서 권리를 위협받는 아동도 있어 이에 대한 특별한 관심이 요구된다. 아동의 성장발달 단계에 따라

<표 5-1> 아동 성장발달 단계별 인권침해 요인

	영유아기	학령기	청소년기
생존권	출생, 낙태 미혼모 출생아의 위탁가정 입양	빈곤 및 저소득 결식, 의료 서비스 부족, 안전사고, 건강	영양과 보건, 사망과 자살, 신체 및 정신건강, 가출, 소년소녀가정, 조손가정
보호권	다문화 빈곤 및 저소득	신체학대, 성학대, 성추행, 방임, 안전사고	성매매 · 성폭력, 약물 오남용, 가출, 노동 · 아르바이트, 범죄 노출, 유해 환경
발달권	빈곤과 저소득, 다문화, 장애, 보육 서비스 부족	장애, 학교 부적응, 부모 이혼, 농어촌 · 다문화가정	학업 중단, 사생활 침해 통신의 자유 제한, 성차별 문화, 농어촌 · 다문화가정
참여권	의사표현 미흡	부모 이혼 시 선택 의견 무시	학교운영위원회 · 청소년위원회 참여 저조

국가인권위원회(2006), 사회복지 분야 (아동) 인권감수성 향상 과정.

아동인권을 침해할 수 있는 원인과 조건이 다를 수 있는데, 아동의 성장발달 단계별로 인권침해를 유발할 수 있는 요인을 정리하면 〈표 5-1〉과 같다.

3. 인권침해 현황과 실태

1) 아동빈곤

아동빈곤은 전 세계적으로 만연해 있으며 이를 '빈곤의 아동화'라고 부른다(Bianchi, 1999, 137쪽). 빈곤은 아동의 인권 유형 가운데 일차적으로 생존권을 위협할 수 있으며 보호권과 발달권을 침해할 수 있는 요인이다. 우선 빈곤은 아동의 출생과 사망, 수명, 건강 및 의료, 안전

등 생존권 지표와 매우 관련이 깊은 요인이다. 그 결과 빈곤아동은 비빈곤아동에 비해 신체발달, 정서발달, 인지발달 측면에서 낮은 성취도를 나타낸다.

또한 빈곤은 아동으로부터 공평한 교육의 기회를 박탈하여 아동의 발달권을 위협할 수 있다. 빈곤은 아동의 인지발달 및 정서발달에 부정적인 영향을 미친다. 실제로 빈곤아동은 학업성취도 저하, 학교부적응, 일탈행위 등의 모습을 보이며 발달권을 상당히 저해받는 것으로 확인되었다(구인회 외, 2006; Brooks-Gunn & Duncan, 1997). 빈곤은 아동학대의 직접적인 원인이 되고 있으며, 근로빈곤층 혹은 저소득층 가정의 아동은 일하는 부모의 부재로 방임되거나 사회적으로 방치된 상태에서 성장하게 될 위험성이 크다. 이는 아동의 보호권을 침해하는 것이다. 따라서 아동빈곤에 적절하게 대처하지 못하면 아동의 생존권, 발달권, 보호권을 저해할 뿐만 아니라, 아동이 성인이 된 후 평생 사회에 의존적이 되어 한 사회가 짊어져야 할 부담이 커지게 된다.

아동빈곤은 아동이 있는 가구의 빈곤을 의미하며, 아동빈곤의 규모는 아동가구의 소득을 기준으로 절대빈곤율과 상대빈곤율을 이용하여 측정된다. 절대빈곤율은 매년 정부가 발표하는 최저생계비 이하 가구의 비율을 의미하며, 따라서 절대아동빈곤율은 최저생계비 이하의 아동가구의 비율을 뜻한다. 상대빈곤율은 일반적으로 가처분소득의 중위소득 50%를 기준선으로 하여 그 이하에 해당하는 가구의 비율을 의미함에 따라, 상대아동빈곤율은 중위소득 50% 이하의 아동가구의 비율로 정의된다. 2005년 26개 OECD 국가 가운데 중위소득의 50% 이하에 있는 아동빈곤율은 평균 11.6%로 산정되었다(UNICEF Innocenti Research Center, 2005). 현재까지 우리나라는 아동빈곤에 대한 공식

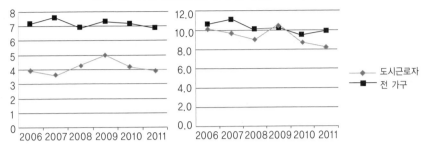

〈그림 5-2〉 절대아동빈곤율(좌)과 상대아동빈곤율(우) 추이

자료 : 통계청

적인 국가통계를 OECD에 제출하지 못하고 있는 실정이다.

우리나라 아동빈곤율을 살펴보면 도시근로자가구의 절대아동빈곤율
은 2009년까지 증가하면서 정점을 찍은 후 감소하였으며, 2011년 현재
3.9%까지 낮아진 상태이다. 절대아동빈곤율은 2007년부터 계속해서
조금씩 감소하는 추세이며 2011년 현재 6.9% 수준이다. 도시근로자
가구의 빈곤율에 비해 전 가구의 빈곤율이 3% 정도 높은 것은 도시지
역보다 농어촌지역에서의 아동빈곤율이 더 높은 것을 의미한다. 상대
아동빈곤율의 경우 도시근로자가구의 빈곤율은 변동의 폭이 크고 증감
이 빈번하나, 전 가구의 빈곤율은 2007년을 기점으로 감소한 것으로 나
타났다. 또한 절대아동빈곤율과 달리 상대아동빈곤율은 도시근로자가
구와 전가구의 격차가 크지 않다.

2) 아동학대

아동복지법 제3조(정의) 7항에 의하면 아동학대란 "보호자를 포함한
성인이 아동의 건강 또는 복지를 해치거나 정상적 발달을 저해할 수 있

는 신체적·정신적·성적 폭력이나 가혹행위를 하는 것과 아동의 보호자가 아동을 유기하거나 방임하는 것"을 말한다. 동법 제 17조는 아동의 성적 학대, 신체적 학대, 정서적 학대, 방임을 금지행위로 규정한다.

신체학대는 보호자를 포함한 성인이 아동의 건강·복지를 해치거나 정상적 발달을 저해할 수 있는 신체적 폭력 또는 가혹행위를 행사하는 것이다. 손, 발 또는 도구로 때림, 물건을 던짐, 꼬집거나 물어뜯음, 신체 일부를 강압적으로 압박하거나 아동을 던지는 행위 등이 포함된다.

정서학대는 보호자를 포함한 성인에 의하여 아동의 건강·복지를 해치거나 정상적 발달을 저해할 수 있는 정신적 폭력 또는 가혹행위를 말하며, 소리 지름, 무시 또는 모욕, 가정폭력에 노출, 아동에 대한 비현실적인 기대 또는 강요하는 행위 등이 포함된다.

성학대는 보호자를 포함한 성인에 의하여 아동의 건강·복지를 해치거나 정상적 발달을 저해할 수 있는 성적 폭력 또는 가혹행위로서, 아동을 대상으로 하는 모든 성적 행위를 의미한다. 성기 노출, 신체 및 성기 추행, 성기 삽입, 음란물을 보여 주는 행위, 성매매를 시키거나 성매매를 매개하는 행위 등이 포함된다.

방임은 아동의 보호자가 아동을 방임하는 행위로, 기본적인 의식주를 제공하지 않거나 불결한 환경에 아동을 방치하는 행위, 아동에게 필요한 의료 처리를 하지 않거나 학교에 보내지 않는 행위, 아동을 보호하지 않고 버리는 행위 등이 포함된다(보건복지부·중앙아동보호전문기관, 2013).

아동학대는 가장 비인권적인 행위이며, 아동인권 유형 가운데 보호권을 가장 심각하게 침해하는 것이라고 할 수 있다. 아동학대는 아동의 신체발달, 정서발달, 심리발달 측면에 매우 부정적인 영향을 미친다.

아동학대는 아동에게 일차적으로 신체적 상해를 입힐 뿐만 아니라 아동의 심리와 정서에 손상을 입히며, 심한 경우 아동을 사망에 이르게 한다. 학대를 경험한 아동은 자존감 저하, 불안, 우울, 분노와 같은 심리·정서적 후유증을 나타내며, 공격성이나 폭력성을 드러내기도 한다. 아동학대는 아동의 교육적 측면에도 악영향을 미쳐서, 학업성취도 저하, 학교부적응, 또래폭력, 일탈과 비행, 가출의 주요 원인이 된다. 특히 성인이 된 후 데이트폭력, 가정폭력, 자녀학대와 같은 폭력의 대물림을 유발하기도 한다. 특히 지속적이고 반복적으로 학대를 경험한 아동은 일회성 혹은 간헐적으로 학대를 경험한 아동에 비해 후유증이 더 심각하다는 결과도 있다(배화옥, 2010).

아동학대의 심각성은 해마다 늘어나는 신고 건수에서 알 수 있다.

〈그림 5-3〉 연도별 아동보호전문기관 신고 접수현황

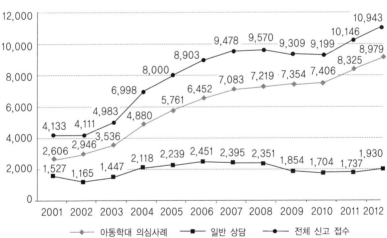

* 2008년도 전체 신고 건수 9,570에는 중복신고 77건이 포함되지 않음.
출처: 중앙아동보호전문기관(2013).

<표 5-2> 연도별 피해아동 보호율

단위 : 만 명, 건, ‰

연도	추계아동인구*	아동학대사례	피해아동보호율
2001	1,187	2,105	0.18
2002	1,167	2,478	0.21
2003	1,148	2,921	0.25
2004	1,130	3,891	0.34
2005	1,111	4,633	0.42
2006	1,090	5,202	0.48
2007	1,070	5,581	0.52
2008	1,049	5,578	0.53
2009	1,025	5,685	0.55
2010	998	5,657	0.57
2011	969	6,028	0.63
2012	958	6,403	0.67

* 만 0~17세.
출처 : 중앙아동보호전문기관(2013).

2001년부터 2012년까지 전국 소재 아동보호전문기관의 신고 접수현황을 살펴보면 증감을 반복하면서도 전반적으로 증가하는 추세를 보인다. 특히 신고 건수 가운데 아동학대 의심사례 비율이 해마다 증가하여 2012년도에는 80% 이상을 차지하였으며, 이는 2001년도 2,606건에 비해 4배 가까이 증가한 것이다.

추계 아동인구(만 0~17세)를 기준으로 인구 1천 명당 아동학대사례 비율을 산출하여 연도별로 비교한 결과, 2001년부터 2012년까지 추계 아동인구는 지속적으로 감소하는 추세인 반면, 인구 대비 피해아동보호율은 꾸준하게 증가하였다. 이는 아동학대 예방사업의 효과성을 입증하는 것이기도 하지만, 학대를 경험하는 아동이 그만큼 증가하였다는 것을 나타낸다고 보아야 할 것이다.

학대 유형을 살펴보면 신체학대 25.0%, 정서학대 37.1%, 성학대 7.1%, 방임 30.8%로 구성되었다. 재학대 신고사례는 2010년 503건, 2011년 563건이었으나, 2012년 914건으로 증가하였으며, 826명의 아동이 재학대에 노출된 것으로 집계되었다. 또한 재학대 사례의 발생 시기는 30% 이상이 사례 종결 후 3년이 지난 시점에 다시 신고접수되었다. 더욱이 2001년부터 2012년까지 총 97명의 아동이 학대로 사망한 것으로 집계되어 아동학대의 심각성을 보여 준다(중앙아동보호전문기관, 2013).

3) 장애아동

아동의 발달권을 가장 많이 보장해 줄 수 있는 사회적 장치는 교육이다. 교육은 태어난 아동이면 누구나 누려야 할 당연한 권리로서, 아동이 성, 인종, 장애로 인한 차별 없이 보장받아야 할 권리이다. 2013년 제정된 '장애아동복지지원법' 제1조(목적)는 장애아동이 특별한 복지적 욕구를 가진 아동임을 명시했고, 제4조(장애아동의 권리)는 장애아동에게 보장되어야 할 권리로서 안정된 가정환경, 최상의 건강상태와 행복한 일상생활, 놀이와 문화예술활동 참여기회 제공 외에, 장애아동의 인성 및 정신적·신체적 능력을 최대한 계발하기 위하여 적절한 교육을 제공해야 하며, 의사소통 능력, 자기결정 능력 및 자기권리 옹호 능력을 향상시키기 위한 교육과 훈련이 제공되어야 함을 명시하였다.

그러나 우리 사회에는 여전히 장애아동이 교육의 기회로부터 거부되거나 박탈되는 경우가 종종 발생하여 아동의 발달권이 침해당하는 사례가 되고 있다. 단순한 보호와 배려의 차원을 넘어 지역사회에 통합된 생활을 할 수 있도록 그에 맞는 교육환경을 조성할 때만이 장애아동이 사람답게 살 권리, 즉 인권이 보장된다(박진영, 2002).

2013년 개정된 '장애인 등에 대한 특수교육법' 제2조(정의)는 장애아동의 통합교육을 '특수교육 대상자가 일반학교에서 장애 유형·장애 정도에 따라 차별을 받지 아니하고 또래와 함께 개개인의 교육적 요구에 적합한 교육을 받는 것'으로 정의하며, 특수교육 대상자는 시각장애, 청각장애, 정신지체, 지체장애, 정서·행동장애, 자폐성장애, 의사소통장애, 학습장애, 건강장애, 발달지체를 가진 아동이다. 또한 특수교육 관련 서비스는 특수교육 대상자의 교육을 효율적으로 실시하기 위하여 필요한 인적·물적 자원을 제공하는 서비스로서 상담 지원, 가족 지원, 치료 지원, 보조인력 지원, 보조공학기기 지원, 학습보조기기 지원, 통학 지원 및 정보접근 지원 등을 의미한다.

특수교육법은 교육기본법 제18조에 따라 국가 및 지방자치단체가 장애인 및 특별한 교육적 요구가 있는 사람에게 통합된 교육환경을 제공하고, 생애주기에 따라 장애 유형·정도의 특성을 고려한 교육을 실시하여 이들이 자아실현과 사회통합을 하는 데 기여하는 것을 목적으로 한다. 따라서 장애아동 통합교육의 목적은 장애인의 복지이념인 정상화와 사회통합과 일치한다. 즉, 분리에서 점진적인 통합을 거쳐 완전통합을 지향하는 것이다.

〈표 5-3〉의 최근 5년간(2008~2013년) 특수교육 대상자의 교육환경별 배치현황을 살펴보면, 일반학교에 배치되어 통합교육을 받고 있는 특수교육 대상자의 수는 해마다 증가하고 있다. 일반학교에 배치되어 통합교육을 받는 특수교육 대상자의 비율은 2007년 65.2%에서 2013년 70.5%로 크게 증가하였다.

<표 5-3> 연도별 특수교육 대상자 배치 현황

단위 : 명, %

연도	특수학교 및 특수교육지원센터	일반학교		전체
		특수학급	일반학급	
2008	23,400(32.7)	37,857(53.0)	10,227(14.3)	71,484(100.0)
2009	23,801(31.7)	39,380(52.3)	12,006(16.0)	75,187(100.0)
2010	23,944(30.0)	42,021(52.7)	13,746(17.3)	79,711(100.0)
2011	24,741(29.9)	43,183(52.3)	14,741(17.8)	82,665(100.0)
2012	24,932(29.3)	44,433(52.3)	15,647(18.4)	85,012(100.0)
2013	25,522(29.5)	45,181(52.1)	15,930(18.4)	86,633(100.0)

교육부·특수교육 연차보고서(2013).

<표 5-4> 연도별 일반학교 내 특수학급 현황

단위 : 명

구분		2000	2010	2011	2012	2013
학급 수	초등학교	2,995	4,657	4,868	4,976	5,094
	중학교	672	1,732	1,933	2,131	2,264
	고등학교	92	1,082	1,257	1,416	1,623
	합계	3,759	7,471	8,058	8,514	8,981
학생 수	초등학교	20,616	24,460	24,178	23,218	22,877
	중학교	2,966	10,921	11,803	12,603	13,052
	고등학교	1,402	8,876	9,768	10,843	11,866
	합계	24,894	44,257	45,749	46,664	47,795
학급당 학생 수	초등학교	6.9	5.3	5.0	4.7	4.5
	중학교	4.4	6.3	6.1	5.9	5.8
	고등학교	15.2	8.2	7.8	7.7	7.3
	합계	6.6	5.9	5.7	5.5	5.3

교육부·한국교육개발원(2013).

특수교육 대상자의 통합교육을 위해 일반학교 내에 설치하는 특수학급도 2000년 3,759개 교에서 10년이 지난 2010년 7,471개 교로 대폭 증가하였고, 2000년부터 2013년까지 4년간 연평균 약 600개 정도 지속적으로 증설되었다. 학급당 학생 수를 살펴보면 초등학교와 고등학교는 2010년 대폭 줄어든 반면, 중학교에서는 늘어난 것을 알 수 있다 (〈표 5-4〉 참고). 그러나 아직도 통합교육 현장에서 특수교육 대상자의 교육권 보장을 위한 교육과정 조정, 학습보조기기 지원, 보조인력 지원, 교원의 장애 이해 등이 미흡하여 차별 사례가 발생하는 경우가 있으며 이는 장애아동의 발달권을 침해하고 있다고 볼 수 있다(교육부, 2013).

4. 사례개입과 적용

1) 성학대 피해아동 사례

(1) 사례개요

학대피해아동(13세, 여)은 신고 당시 초등학교 5학년이었다. 아동이 초등학교 1학년 때 부모가 이혼을 하였으며 초등학교 3학년 때 친부가 재혼하여 아동과 아동의 오빠, 부, 계모, 조부모까지 총 6명의 가족이 생활하는 상태이다. 아동의 친부는 폭력성이 강하여 아동과 오빠가 잘못을 하거나 말을 잘 듣지 않은 경우 도구나 주먹을 사용하여 체벌을 가하였으며, 자녀들이 잘못을 하지 않은 경우에도 이유 없는 체벌이 잦았다. 또한 잦은 폭언 및 욕설은 물론 아이들이 보는 앞에서 술을 마시고

자해를 하는 행동을 보였으며, 체벌로 인해 다친 아동을 병원치료를 하지 않고 방치하는 등 의료적 방임 또한 나타났다.

아동의 말에 따르면 초등학교 2학년 때 아동의 친부가 아동을 목욕시켜주겠다고 하여 함께 욕실에서 목욕을 하던 중 아동의 성기를 만지고 자신의 성기를 아동의 성기에 삽입하는 사건이 발생하였으며, 이에 아동이 고통을 호소하며 거부하였지만 아동의 친부는 아동에게 '더러워진 곳을 깨끗하게 씻는 것'이라고 하며 지속적으로 성폭행을 하였다고 한다. 아동은 이 사실을 오빠에게 말하였고, 오빠는 친모에게 이 사실을 이야기하였으나 친모는 아동의 친부에게 경고를 하였을 뿐, 경찰에 신고하거나 고발을 하지는 않았다. 다만 아동에게 이후 또다시 그러한 상황이 발생하면 도망쳐서 본인에게 전화하라고 말했다고 한다. 이후 아동의 친부가 아동의 가슴을 만지는 성추행이 있었고, 최근 아동을 집 근처 논에 데리고 가서 옷을 벗기려 한 일이 발생하여 아동이 이를 강하게 거부하며 도망을 쳐서 주변 사람들에게 이야기하였고, 이야기를 들은 주변 사람에 의해 아동보호전문기관에 신고되기에 이르렀다.

(2) 사례개입

아동은 어린 시절 부모의 이혼으로 인해 친부와 함께 생활해 오면서, 친부에 의한 신체학대 및 정서학대와 의료적 방임에 노출되었다. 특히 친부에 의한 성학대로 인하여 부에 대한 강한 분노와 두려움의 정서 상태를 보이는 동시에 자신의 보호자인 친부에 대한 양가감정으로 심리적인 어려움을 나타내고 있었다. 이미 재혼을 하여 따로 자녀를 두고 있는 친모는 아동을 보호하기에는 현실적으로 어려운 상황이었다. 성학대 피해아동의 인권을 보호하기 위하여 아동의 의견과 결정을 최우선으로 하는 사례개입을 수행하였으며, 그 결과 아동의 장기보호시설 입소 및 학대행위자인 아동의 친부에 대한 경찰고발이 이루어졌다.

① 사정과 사례계획

아동은 지속적이고 장기적인 아동학대에 노출되어 친부에 대한 강한 분노와 두려움을 갖는 반면 친부가 자신의 보호자라는 이유 때문에 처벌 의사를 번복하는 등 양가감정으로 표출하면서 심리·정서적으로 매우 불안정한 상황이었다. 또한 아동을 원 가정으로 복귀시킬 경우 친부의 처벌로 인해 아동의 친조부모와 계모에 의한 재학대 위험이 매우 높은 상황이며 아동의 친모가 아동을 양육하는 것은 재혼을 한 친모의 입장에서는 현실적으로 불가능한 상황이었다. 이에 아동인권을 보호하기 위하여 아동과 아동의 부에 대한 사례개입을 실행하였으며, 이때 아동의 자기결정권 존중 원칙에 따라 아동의 결정을 최우선적으로 고려하였다.

② 사례개입

(ㄱ) 아동에 대한 심리치료

아동학대가 미치는 심각한 문제 가운데 하나는 학대피해아동의 애착관계 형성 실패와 심리·정서적 불안이다. 특히 학대행위자가 아동의 친부모일 경우 더욱 심각하게 나타나는데, 이러한 경험은 아동의 성장과정에서 대인관계, 즉 교우관계나 사회활동, 나아가서는 부부관계에까지 매우 큰 악영향을 미칠 뿐만 아니라 아동의 문제행동이나 반사회적 행동 등의 결과로 나타나기도 한다. 이 사례에서 아동은 장기간 학대에 노출되었으며, 심리·정서적으로 매우 불안정한 상황이다. 따라서 아동이 성장과정에서 부정적인 모습의 학대 후유증이 나타나지 않도록 예방하여 아동의 발달권과 보호권을 보장하기 위하여 심리검사 및 치료 개입을 즉시 실시하였다.

(ㄴ) 아동의 양육시설 입소

아동은 장기적으로 학대에 노출되었으며 특히 친부에 의한 성학대로 인하여 매우 불안정한 심리 상태를 나타내고 있기 때문에, 보다 장기적인 심리·치료적 개입이 필요할 것으로 판단되었다. 이를 위해 아동의 특성에 따른 심리치료를 지속할 수 있는 아동양육시설 여러 곳을 선정하여 아동과 함께 직접 방문하여 아동이 시설을 먼저 살펴보고 상담한 후 본인이 입소 여부를 결정하도록 하였다. 즉, 아동보호전문기관의 의견보다는 양육시설에서 앞으로 생활하게 될 아동에게 자기결정권을 우선 부여하는 것으로, 아동이 양육시설에서 생활하면서 적응하는 것에 도움이 될 것이다. 아동은 여러 곳의 아동양육시설을 방문해 본 후 성학대 아동을 전담으로 하는 1개 시설을 결정하였으며 결정에 따라 양육시설에 장기 입소했다.

(ㄷ) 학대행위자 경찰고발

학대행위자인 아동의 친부에 대해서는 경찰고발이 이루어졌으며, 법원에서 아동과 오빠에 대한 신체학대 및 정서학대, 의료적 방임, 그리고 아동에 대한 성학대의 범죄사실이 인정되어 7년형을 선고받고 현재 교도소에 수감 중이다.

2) 주요 인권침해 사례

(1) 사례 1 : 자유권 · 보호권 침해

① 진정요지

피해자는 진정인의 아들로 2011년 7월 11일 폭행치상 피해사건과 관련하여 피진정인에게 조사를 받는 과정에서 아래와 같은 인권침해를 받았는바, 권리구제를 원한다.

피진정인은 피해자를 2011년 8월 5일 12시부터 16시경까지 쉬는 시간 없이 조사를 하고, 피해자가 신문조서에 잘못된 부분이 있다고 말했는데도 들어주지 않고, 피해자만 녹음실로 데려가 때리지 않았음에도 때렸다고 녹음시켰으며, 당시 피해자가 수술 후 완전히 회복되지 않은 상태에서 신문조서를 제대로 읽어 보지도 못하고 지장을 강제로 찍게 했다. 또한 피진정인은 피해자가 미성년자임에도 불구하고 보호자를 동석시키지 아니한 채 조사하였다.

② 결정요지

미성년자는 경찰조사 시 심리적 위축감으로 인해 자유로운 의사표현을 하기 어렵고, 방어권 · 진술권의 수행 능력을 충분히 갖추지 못하여 보호자 등의 동석이 필요한바, 진술녹화실 밖에 보호자들이 대기하고 있었다고 하여도 보호자 동석의 취지를 달성했다고 보기 어렵고, 진술녹화실이 협소하여 보호자의 동석이 곤란하였다는 것도 정당한 사유가 될 수 없다.

따라서 이 사건의 피진정인은 만 15세의 미성년자인 피해자가 보호

178

자 등의 보호를 받도록 할 주의 의무가 있었음에도, 관련 규정을 위반하여 헌법 제12조에서 규정하는 진술방어권을 침해한 것으로 판단하였다.

③ 결정사항
○○경찰서장에게 미성년자에 대한 피의자 조사 시 보호자를 동석시키지 않은 피진정인에 대해서 주의조치 할 것을 권고하였다.

④ 참조조문
헌법 제12조 제2항

(2) 사례 2 : 생존권, 보호권, 자유권 침해

① 직권조사 배경
2012년 5월 위원회에 접수된 2건의 진정사건 조사 도중 ○○○○○원에서 가출한 아동들의 피해 진술 및 현재 근무 중인 생활교사의 진술 등이 매우 구체적이고, 그 내용이 중대한 인권침해에 해당된다고 판단되어 직권조사를 실시하기로 결정하였다.

② 결정요지
이 사건 아동양육시설에 대한 위원회의 직권조사 결과, 오래 전부터 아동들에 대한 관행적인 체벌과 가혹행위가 이루어졌음이 확인되었고, 아동을 통제하는 수단으로 타임아웃방을 운영하여 아동을 사실상 감금상태에 놓이도록 하였으며, 그 밖에 TV시청, 식사시간, 온수공급, 용

돈, 학원 수강 등의 생활규율에서 아동들의 알 권리와 일반적 행동자유권 및 자기결정권을 침해한 사실이 밝혀졌다. 또한 시설운영의 실질적 책임자는 이러한 심각한 인권침해 행위에 적극적으로 대처하지 못하거나 방조한 점이 인정된다.

③ 결정사항

검찰총장에게 시설 내 아동학대 및 그 방임행위에 대하여 고발하고 ○○○ 아동복지회 원장 및 해당 시설의 장에게, 아동학대 행위를 한 직원들에 대한 징계를 권고하였다. 또한 관할 ○○시장에게 시설장 교체 등 행정조치, 시설 관리·감독 강화조치, 피해아동의 회복 및 재발방지를 위한 세부계획 수립 등을 권고하였으며 ○○○도지사에게 책임자 경고조치 및 재발방지대책 수립을 권고했다. 보건복지부장관에게는 아동시설 지도점검 시 객관성과 공정성 확보를 위한 개선방안을 마련할 것을 권고하였다.

토론거리

1. 심각한 아동학대가 일어난 상황에서 아동을 일차적으로 분리할 것인지 아니면 원 가정 보호를 선택해야 할 것인지 의논해 봅시다.

2. 빈곤이 아동에게 미치는 악영향은 어떤 권리를 가장 심각하게 침해하는 것일까요?

3. 장애아동을 위해 통합교육이 옳다고 생각합니까? 아니면 분리교육이 옳다고 생각합니까?

제 6 장

노인과 인권

노인들은 신체적, 심리적, 사회적 기능이 약화되어 일상생활을 영위하는 데 제약을 경험한다. 따라서 가능한 한 오랫동안 인간다운 삶을 영위하고자 하는 욕구와 이를 충족시키기 위한 인권에 대한 관심이 여느 연령층 못지않게 높다. 그러나 노인인권과 관련한 국내외 문서들은 노인인권의 향상을 위해 여러 권고나 지침을 제시하고는 있지만 법적 구속력을 확보하지는 못하고 있다. 따라서 이러한 국내외 문서들은 노인인권을 실질적으로 향상시키는 데는 큰 한계를 보인다.

이에, 이하에서는 국내외 관련법 제도를 통해 노인인권과 관련한 논의를 고찰해 보고, 노인인권의 유형과 그 보장 내용은 어떠한 수준에 있는지 국내외 관련법 제도에 입각하여 확인해 보며, 이어 한국 노인의 인권 실태와 현황을 노인인권의 유형에 따라 살펴본 다음, 마지막으로 경제적 학대의 사례를 인권적 관점에서 논의하고 기타 노인인권의 침해 사례를 소개하고자 한다.

1. 국내·외 관련 규정

1) 국제사회의 관련 규정

인권과 관련한 최초의 선언인 '세계인권선언'이 1948년 유엔에 의해 발표된 이후 1966년에는 '시민적·정치적 권리에 관한 국제규약' 및 '경제적·사회적·문화적 권리에 관한 국제규약'이 선포되었고, 이후에는 이주민, 여성, 아동, 토착민과 부족 등과 같은 다양한 집단들을 위한 인권보호 협약들이 발표되었다. 그러나 노인인권을 보호하기 위한 독자적인 규약이나 협약은 아직까지도 체결되지 않았고, 단지 행동계획 (plan of action)이나 원칙(principles)만으로 제시되고 있는 실정이다. 이에, 노인인권과 관련한 주요 제도를 이러한 행동계획과 원칙을 중심으로 살펴보려고 한다.

(1) 비엔나 국제 고령화 행동계획(1982)

노인인권에 관한 첫 국제 문서는 1982년 유엔의 '제1차 세계고령화총회'(World Assembly on Ageing)에서 채택되어 유엔총회에서 발표된 '비엔나 국제 고령화 행동계획'(Vienna International Plan of Action on Ageing, Resolution)이다(UN, 1982). 이 행동계획은 국가 간 협업을 통해 노인들의 잠재력과 욕구를 올바로 인식하고 노인들의 권리를 강화하는 것을 목적으로 한다(Mahler, 2013, 16쪽). 그리고 이러한 목적을 달성하는 데 필요한 정책의 방향은 건강, 소비자로서의 노인, 주거와 환경, 가족, 사회복지, 소득보장과 고용, 교육 등의 영역으로 나뉘어 제시되었다(UN, 1982; 보건복지가족부, 2000; 권중돈 외, 2008, 29

쪽; 2009, 31~32쪽; 권중돈, 2012, 47~48쪽).

① 건강

노인의 건강에 대한 케어는 질병치료로부터 탈피하여, 노인과 신체적 · 정신적 · 사회적 · 심리적 환경과의 상호의존성을 고려한 의료보장책을 마련함으로써 노인의 안녕을 촉진시킬 수 있도록 이루어져야 한다. 그리고 이러한 노인의료보장책은 삶의 질을 증진시키고 자신의 가정과 지역사회에서 가능한 한 오랫동안 독립적인 생활을 유지할 수 있도록 지원하는 데 그 목적이 있다. 따라서 이를 위해서는 진단과 치료뿐만 아니라, 다양한 예방조치를 통해 노화에 따른 질병과 장애를 감소시킬 수 있도록 지원해야 한다. 나아가 의료보장과 보건 서비스 체계를 최대한으로 개발하고, 이러한 개발 과정에 노인들과 여러 분야의 전문가들이 참여할 수 있도록 해야 한다.

② 소비자로서의 노인

소비자로서의 노인은 안전하게 보급된 음식, 안전하게 개발된 가정용품이나 가구, 안전하게 사용할 수 있는 약품이나 가정화학용품 등에 접근할 수 있어야 하고, 보청기나 돋보기, 의치 등에 대한 접근기회도 보다 많이 확보할 수 있어야 한다. 또한 노인들의 제한된 자원을 착취할 목적으로 개발된 기술과 유통으로부터 보호받아야 하고, 소비자 교육 프로그램을 통해 소비자로서의 권리를 보호받을 수 있어야 한다.

③ 주거와 환경

주거는 단순히 피난처(shelter)가 되는 장소적 공간만이 아니라 심리적·사회적 의미를 담고 있는 공간이기도 하다. 따라서 노인들이 가능한 한 독립적인 생활을 오랫동안 유지할 수 있도록 그에 적합한 주거공간을 개발 및 제공해야 하고, 이를 위해서는 충분한 공적 지원을 제공해야 한다. 또한 주거정책과 도시재건축, 개발정책 등을 노인들의 사회통합을 촉진하는 방향으로 추진해야 한다. 특히, 빈곤노인이나 요양원 입소노인을 위한 주거 지원에 대한 보장책이 시급하다.

④ 가족

가족 내 세대 간 연대가 유지될 수 있도록 하는 사회정책을 마련해야 한다. 사회를 구성하는 기본 단위인 가족이 핵심적 역할을 유지하고, 노인의 존엄성과 지위, 안전이 가족 내에서 보장될 수 있도록 가족을 지원하고 보호하는 체계 마련이 요구된다. 자신의 가정에서 생활하고 있는 노인, 특히 빈곤노인에 대한 지원이 절실히 요구된다.

⑤ 사회복지

노인들이 가능한 한 적극적으로 사회에 참여할 수 있도록 사회보장정책을 마련해야 한다. 또한 노인들의 목소리에 귀를 기울여야 하고, 노인들 간에 유지되고 있는 상호부조도 촉진시킬 수 있도록 노인들의 조직결성력을 활성화해야 한다.

⑥ 소득보장과 고용

모든 노인들이 최소한의 소득을 얻을 수 있도록 필요한 조치를 마련해야 하고, 모든 노인들이 혜택을 받을 수 있는 경제정책을 개발해야한다. 또한 노인들의 욕구를 충족시킬 수 있는 최소한의 수당을 제공해야 하는데, 노인들의 독립적인 생활을 보장할 수 있는 수준이 되도록책정할 필요가 있다. 특히 여성노인들도 남성노인들과 동등한 수준으로 자신들의 권리를 보장받을 수 있도록 정책 구축이 필요하다.

⑦ 교육

지식과 정보의 급속한 변화와 증가로 노인들이 가진 지식과 정보의가치가 급속히 하락하고 있다. 따라서 이러한 흐름에 맞서 노인들이 지식과 문화, 정신적 가치를 전수하는 교사로서 기능할 수 있도록 교육프로그램이 개발되어야 한다. 또한 다양한 연령집단의 교육욕구를 파악하여 전 생애에 걸쳐 교육기회를 부여받을 수 있도록 교육체계 마련이 요구된다. 나아가 쉽게 접근할 수 있는 여가와 문화 프로그램을 개발·보급할 필요가 있다. 더불어 노인에 대한 편견을 타파할 수 있도록교육적 노력을 기울여야 한다.

(2) 노인을 위한 유엔 원칙(1991)

노인을 위한 유엔 원칙(United Nations Principles for Older Persons)은 1991년 오스트리아 비엔나 유엔총회에서 발표된 것으로(UN, 2002), 비엔나 국제 고령화 행동계획(1982)을 보다 구체화시킨 것이다(Mahler, 2013, 16쪽). 노인을 위한 이 원칙은 노인들의 사회적응을 촉진시키는 것을 목적으로 하고, 이 목적을 달성하는 데 요구되는 원칙들을 5개의 영역 및 18개 세부항목으로 제시하였는데, 그 주요 내용은 대략 다음과 같다(UN, 2002, 2쪽; 권중돈 외, 2008, 29~30쪽; 권중돈 외, 2009, 32쪽; 권중돈, 2012, 48~50쪽).

① 독립

노인들은 자신들의 소득 및 가족과 지역사회의 지원을 통해, 그리고 자조노력을 통해 음식과 물, 주거, 의복, 건강보호 등의 자원에 접근할 수 있어야 한다. 또한 일을 할 수 있는 기회나 소득을 얻을 수 있는 기회에 접근할 수 있어야 하고, 직장을 그만둘 시기나 방법에 대한 결정에도 참여할 수 있어야 한다. 나아가 적절한 교육과 훈련 프로그램 및 자신들의 취향과 능력에 맞게 적응할 수 있는 환경에 접근할 수 있어야 하고, 가능한 한 오랫동안 자신의 가정에서 생활할 수 있도록 해야 한다.

② 참여

노인들은 사회에 통합된 생활을 해야 하고 자신들의 복지에 영향을 미치는 정책의 형성과 실행에 적극적으로 참여해야 하며, 자신들의 지식과 기술을 젊은 세대와 함께 공유할 수 있어야 한다. 또한 지역사회에 봉사할 수 있는 기회를 보장받고, 자신들의 취향과 능력에 맞는 자원봉사자로서 활동할 수 있어야 한다. 나아가 노인을 위한 단체를 스스로 조직하고 사회운동에도 참여할 수 있어야 한다.

③ 케어

노인들은 가족과 사회로부터 필요한 케어를 받을 수 있어야 한다. 신체적·정신적·정서적 안녕을 최적의 수준으로 유지하거나 회복할 수 있도록, 그리고 질병을 예방하고 질병에 감염되는 시기를 최대한 지연시킬 수 있도록 보건체계를 갖추어야 한다. 또한 자율을 증진시키고 케어를 확장시키는 사회적·법률적 서비스에 접근할 수 있어야 하며 인간적이고 안전한 환경에서 케어와 재활 서비스를 받고, 사회적·정신적 서비스도 적정 수준으로 제공하는 시설에서 보호받을 수 있어야 한다. 나아가 시설에서 생활하는 경우에도 존엄성, 신념, 욕구, 사생활을 존중받을 권리, 건강보호와 삶의 질을 향상시킬 수 있는 방법을 결정할 권리 등을 보장받으며 인간으로서의 권리를 유지할 수 있어야 한다.

④ 자아실현

노인들은 자신들의 잠재력을 최대한 계발할 수 있는 기회를 보장받아야 하고, 교육과 문화, 정신, 여가와 관련된 자원에도 쉽게 접근할 수 있어야 한다.

⑤ 존엄성

노인들은 인간의 존엄성을 유지하고 안전하게 살 수 있어야 하고, 착취 및 신체적, 정신적 학대로부터 자유로운 삶을 살 수 있어야 한다. 또한 연령과 성, 인종이나 민족적인 배경, 장애, 지위 등과 상관없이 공정한 대우를 받을 수 있어야 하고, 자신들의 경제적인 기여도와 무관하게 인간으로서의 가치를 인정받으며 생활할 수 있어야 한다.

(3) 마드리드 국제 고령화 행동계획(2002)

'마드리드 국제 고령화 행동계획'(Madrid International Plan of Action on Ageing)은 21세기 노인들을 위한 새로운 의제를 설정한 것으로, 2002년 스페인 마드리드에서 개최된 제 2차 세계고령화회의에서 채택되었다. 마드리드 국제 고령화 행동계획은 서문, 행동을 위한 권고, 이행과 후속조치 등의 3개의 장과 132개의 문항으로 구성되었는데(UN, 2002), 서문에 제시된 주요 내용은 다음과 같다.

- 모든 사람의 인권과 모든 노인의 기본적인 자유 및 이의 완전한 실현
- 노년기 빈곤 해소, 노인을 위한 유엔 원칙의 목표 재확인, 안전한 노후 달성
- 노인들의 소득활동과 봉사활동 능력의 강화, 경제적·정치적·사회적 생활에 완전하고 효과적으로 참여할 수 있도록 능력 부여 및 강화
- 노인들이 동질적인 집단이 아니라는 점에 대한 인식, 평생교육과 지역사회에의 참여, 전 생애를 통한 개인의 개발, 자아실현과 복지에 대한 기회 제공
- 경제적·사회적·문화적 권리 및 시민적·정치적 권리의 완전한 향유, 노인들에 대한 모든 형태의 폭력과 차별의 철폐
- 성차별의 철폐를 통한 노인들의 성평등 달성
- 사회개발을 위한 가정의 중요성 인식 및 세대 간 상호의존과 연대, 호혜주의의 중요성 인식
- 예방적 보건의료와 재활 관련 보건의료 제공 및 노인을 위한 보건의료 지원, 사회적 보호 제공
- 국제 행동계획을 실제적 행동으로 전환 시 정부, 시민단체, 민간 분야, 노인들 간 협력관계 촉진
- 특히, 개발도상국에 의한 과학적 연구와 전문적 지식의 강화 노력 및 고

령화가 개인, 사회, 건강 분야에 미치는 영향과 관련한 기술의 기회와
가능성에 초점을 맞춘 연구와 지식의 강화 노력
- 노화 과정에 있는 노인들의 고유한 상황과 노인들의 특수한 환경에 대
한 인식 및 노인들에게 직접적으로 영향을 미치는 결정에 자신들의 목
소리를 효과적으로 낼 수 있는 방법이 필요하다는 인식 확대

마드리드 국제 고령화 행동계획의 목적은 노인들도 인간의 존엄성을
유지하며 안전하게 노년기를 보내고, 완전한 권리를 지니는 시민으로서
사회에 참여하는 생활을 지속적으로 유지할 수 있도록 보장하는 데 있
다. 상기 목적을 달성하기 위한 주요 정책방향은 〈표 6-1〉과 같이 노인
과 발전, 노년기까지의 건강과 안녕의 증진, 권한부여와 지지적 환경 마
련 등 3개의 영역 및 18개 과제로 제시되었다(UN, 2002; 정경희 외,
2007, 88쪽; 권중돈 외, 2008, 31~33쪽; 권중돈 외, 2009, 32쪽; 권중돈,
2012, 50~52쪽).

노인인권 관련 주요 문서는 여러 가지 권고 내용을 각 국가별로 실행
할 것을 요구하고 있다. 그러나 각 국가의 실행 정도는 매우 미흡한 수
준에 머물러 있다(Mahler, 2013, 17쪽).[1] 따라서 유엔은 2010년 개최

---

1) 예컨대, 유럽연합은 2012년 오스트리아 비엔나에서 개최된 후속조치 회의에서
유럽 국가들의 실행 정도가 매우 다양하다고 평가하며, 실행을 가로막는 장애
요인들로 노인들의 건강과 안녕의 증진을 위한 보장제도의 미흡, 노인학대 예
방책과 해결책의 미비, 노년기 고독 예방책과 해결책의 미비, 세대 간 연대감
결여 등을 들었다. 따라서 이후 2013년부터 2017년까지 4년 동안 유럽연합 국
가들이 실행해야 할 4가지 정책방향으로서 경제활동기간의 연장 촉진과 고용능
력의 유지, 참여와 반차별, 세대 간 연대의 촉진과 유지, 노년기 사회통합과 존
엄성, 건강, 독립의 촉진 등을 제시하며 노인인권을 증진시키는 데에 보다 구체
적으로 행동할 것을 요구하였다(Mahler, 2013, 17쪽).

<표 6-1> 마드리드 국제 고령화 행동계획의 주요 정책방향

정책방향	과 제
노인과 발전	사회와 발전에 적극적인 참여
	근로 및 고령화되고 있는 노동력
	농촌개발, 이주 및 도시화
	지식, 교육 및 훈련에의 접근
	세대 간 연대, 빈곤해소
	소득보장, 사회보장 및 빈곤예방
	긴급상황 대비
노년기까지의 건강과 안녕의 증진	전 생애에 걸친 건강과 안녕의 증진
	보건의료 서비스에 대한 보편적이고 평등한 접근
	노인과 에이즈
	보호제공자와 보건전문가의 훈련
	노인의 정신건강 욕구
	노인과 장애
권한부여와 지지적 환경 마련	주택과 주거환경 보호 및 보호제공자 지원
	유기, 학대 및 폭력
	노화의 이미지 개선

된 유엔 총회에서 노인인권 보호책을 개선하기 위해 '고령화 개방형 팀'(UN Openended Working Group on Ageing)을 구성하기에 이른다. 그리고 권고 내용의 효과적인 실행에 대한 감시, 인권 관련 유엔 문서의 취약점 보완, 특별조사자의 설치 및 노인인권 보호를 위한 유엔선언의 수립 등을 개선책으로 제시하였다(Mahler, 2012, 3쪽).

2) 우리나라의 관련 규정

노인인권과 관련된 국내 제도로는 다음과 같이 헌법과 기타 법률, 노인복지법, 국가인권정책기본계획 권고안(국가인권위원회, 2006), 노인복지시설 인권보호 및 안전관리지침(보건복지가족부, 2006) 등의 규정들이 있다.

헌법은 노인인권에 대해 직접적으로 규정하지는 않았지만 제10조부터 제37조까지에 걸쳐 일반적 기본권과 자유권적 기본권, 사회권적 기본권을 유추할 수 있는 내용을 명시하였다. 이에 헌법 이외의 다른 법률까지 포함하면 청구권적 기본권까지도 규정하고 있다고 볼 수 있다(최용기, 1999; 권중돈 외, 2008, 15쪽 재인용).

노인복지법 제2조는 "존경받으며 경제적으로 안정된 생활을 영위하고, 심신의 건강을 유지하며, 사회의 발전에 기여할 수 있도록 지원"하는 것이 기본 이념임을 밝히고 있다. 또한 노인복지법 전반에 걸쳐 이러한 기본이념을 실행하기 위한 규정을 둠으로써, 일반적 기본권과 자유권적 기본권, 그리고 사회권적 기본권이 보장되어야 함을 강조하였다. 더 나아가 제4조에서는 이러한 기본권을 보장하는 데 국가가 책임이 있다는 규정을 두었다. 그러나 이러한 규정들은 법적 구속력이 없어 노인들의 권리를 실질적으로 보장하는 데는 매우 큰 한계를 노정한다(심재호, 2005; 권중돈 외, 2008; 임춘식·윤지용, 2012).

이와는 달리 2004년에 개정된 노인학대와 관련된 노인복지법의 규정은 노인인권을 보다 적극적으로 보호해야 함을 명시하였다. 노인복지법 제39조에서는 긴급전화의 설치, 노인보호전문기관의 설치, 신고의무와 절차, 응급조치의 의무, 보조인 선임, 금지행위, 실종노인에 관한 신고의무, 학대 조사 등과 관련한 내용을 규정함으로써, 노인학대를 예방하고 피학대노인이 발생했을 때에는 적극적으로 보호해야 함을 역설하였다. 또한 국가인권위원회가 2006년에 발표한 국가인권정책기본계획 권고안은 노인의 주거권과 건강권, 사회복지권을 보장함으로써 노인들의 인권을 증진해야 한다고 촉구하였다(국가인권위원회,

2006). 이 권고안은 일반 노인들의 인권을 보다 구체적으로 보장할 수 있도록 했다고 볼 수 있다. 그러나 노인인권과 관련한 이러한 두 정책도 직접적인 법적 구속력을 갖는 것은 아니어서, 노인인권을 실질적으로 보장하는 데는 마찬가지로 많은 한계를 보인다. 특히, 노인복지시설의 입소노인들은 가정과 사회로부터 소외된 채 생활하는 경우가 많아 인권적 관심이 가장 필요한 집단이라 하겠다.

이에 보건복지가족부는 2006년에 노인복지시설 입소노인들을 위한 인권보호 및 안전관리지침을 마련함으로써, 시설관계자, 가족, 지역사회 등의 관련자들이 입소노인들의 인권을 새롭게 인식하고, 학대와 안전사고를 예방하며 학대나 안전사고가 발생할 때 체계적인 조치를 취하도록 권고하고 있다(보건복지가족부, 2006). 이때 제시된 '인권보호지침'은 학대받지 않을 권리, 신체구속을 받지 않을 권리, 사생활보장의 권리, 통신의 권리, 정치·문화·종교적 신념의 자유, 개인 재산의 자율적 관리, 자기결정권 행사의 권리 등 11가지의 권리와 총 43개 항목의 윤리강령으로 이루어져 있다. 그러나 이러한 지침도 위에서 논의한 법적 규정이나 권고안과 마찬가지로 법적인 구속력을 갖는 것은 아니어서, 노인복지시설 관련자들의 인권의식 제고에는 제한적인 기여만을 하는 데 그치고 있다. 또한 시설 기반이나 노동조건 등의 근무환경 개선이 없는 법적 규정이나 권고안은 자칫 노인인권 침해의 책임을 종사자들 개인이나 노인복지시설에 떠넘기는 문제점을 초래할 수 있다. 따라서 노인복지시설 입소노인들을 위한 인권보호는 종사자들의 개인적인 노력뿐만 아니라 시설 기반이나 근무환경 등을 개선하는 제도적 보완이 동반될 때에야 비로소 실질적인 효과를 거둘 수 있다 할 것이다.

2. 인권 유형과 보장 내용

노인의 인권 유형은 일반적 기본권, 자유권적 기본권, 사회권적 기본권, 청구권적 기본권(권중돈 외, 2008, 27쪽), 일반적 기본권과 자유권적 기본권, 생존권적 기본권(임춘식·윤지용, 2012), 혹은 인간의 존엄권, 자유권, 사회권, 법절차적 권리(권중돈, 2012, 53~57쪽) 등으로 구분되고 있다. 그런데 이 중 생존권적 기본권은 사회권적 기본권에, 그리고 인간존엄권은 일반적 기본권에 포함시킬 수 있는 개념이다. 따라서 노인의 인권 유형은 일반적 기본권, 자유권, 사회권, 법절차적 권리 등으로 분류될 수 있고, 이러한 노인인권의 유형은 다시 다음과 같은 하위 유형으로 재분류될 수 있다(권중돈, 2012).

1) 일반적 기본권

일반적 기본권에는 행복추구권과 평등권 등이 속한다. 그리고 이러한 권리들은 천부적 자유와 존엄, 생명권, 신체의 자유와 안전, 강제노동과 노예제도의 금지, 고문금지, 법 앞에서의 평등, 연령, 성, 종교, 신분 등에 의한 차별의 금지 등의 하위 유형으로 구분된다. 최근에 사회적 이슈가 되고 있는 요양병원이나 요양원 입소노인의 신체결박과 같은 행위는 신체의 자유와 안전, 고문금지 등에 대한 여러 권리들이 침해된 단적인 경우에 해당한다.

2) 자유권

자유권에는 신체적 자유권, 사생활에 관한 자유권, 정신적 활동에 관한 자유권, 경제생활에 관한 자유권, 정치활동에 대한 자유권 등이 속한다. 이 중 신체적 자유권은 불법 체포와 구속, 감금으로부터의 자유, 불법 강제 노역으로부터의 자유 등의 하위 유형으로, 사생활에 관한 자유권은 사생활의 비밀과 자유, 주거의 불가침, 거주·이전의 자유, 통신의 자유 등으로, 정신적인 활동에 관한 자유권은 양심의 자유, 종교의 자유, 학문과 예술의 자유, 표현의 자유 등으로 분류된다. 그리고 경제생활에 관한 자유권은 재산권의 보장, 소득활동의 자유 등으로, 정치활동에 대한 자유권은 정치활동의 자유, 참정권 등으로 구분할 수 있다. 최근 급증하고 있는 부양사기는 부양을 약속하고 노부모로부터 미리 유산을 상속받거나 금전을 증여받은 후 부양을 하지 않는 행위를 말하는 것으로, 노인의 경제생활에 관한 자유권이 침해받은 경우에 해당된다.

3) 사회권

사회권에는 경제권, 노동권, 주거권, 건강권, 평생교육권, 문화생활권, 사회참여권, 가족유지권, 소통권 등이 속한다. 이 중 경제권은 연금수급권, 기초생활보장권, 노후경제생활권 등으로, 노동권은 은퇴준비교육권, 경제활동참여권, 적정 보수를 받으며 일할 권리, 적정 노동환경을 요구할 권리 등으로, 주거권은 독립적인 생활을 가능한 한 오랫동안 유지하도록 그에 적합한 주거공간을 보장받을 권리, 노인의 사회

통합을 촉진시키는 방향으로 주거정책을 요구할 권리, 도시재건축과 개발정책 등에 대한 권리 등으로 분류할 수 있다. 건강권은 신체적·정신적·사회적·심리적 안녕을 촉진시키는 의료보장에 대한 권리(건강증진권, 건강급여권, 재활 서비스 이용권, 위생권, 영양권)와 사회적 서비스를 요구할 권리, 케어를 받을 권리(요양보호권) 등으로, 평생교육권은 노인의 능력에 맞는 교육 프로그램에 참여할 권리 등으로, 문화생활권은 노인에게 적합한 여가활동에 참여할 권리 등으로, 사회참여권은 자원봉사활동권, 동아리활동권 등으로 구분되고 있다. 가족유지권은 가족관계의 유지, 가족으로부터 보호를 받을 권리 등으로, 소통권은 가족이나 이웃, 친구, 비노인 집단 등과 교류할 권리 등으로 분류된다. 노인장기요양보험제도의 수급인정 대상은 65세 이상의 노인이나 65세 미만으로서 치매·뇌혈관성 질환 등의 노인성 질병을 가진 자로 제한되어 있다. 따라서 이러한 요건을 충족시키지 못하는 자는 요양 서비스를 필요로 함에도 불구하고 수급인정 대상이 될 수 없는데, 이 경우에는 요양보호권이 침해된 사례에 해당된다.

4) 법절차적 권리

법절차적 권리는 청원권, 재판청구권, 형사보상청구권, 국가배상청구권, 범죄피해자의 구조청구권 등으로 구분된다. 부양사기가 급증하는 현실에 비해, 법적인 대응을 통해 갈취된 재산을 되찾으려 할 경우 승소 사례가 매우 드문 현실은 노인의 법절차적 권리가 매우 미흡한 수준에서 보장되고 있음을 반증한다.

3. 인권침해 현황과 실태

한국 노인의 인권침해 현황과 실태는 위에서 분류한 인권 유형과 그 보장 내용에 근거하여, 쟁점이 되는 권리를 중심으로 다음과 같이 6개의 인권 유형으로 재분류하여 살펴볼 수 있다.[2]

---

2) 권중돈 외(2008)는 노인복지시설 종사자의 인권교육을 위해 개발한 교재에서 노인인권의 유형을 일반적 기본권과 자유권적 기본권, 사회권적 기본권으로 분류했다. 그러나 교육 교재의 주요 대상자들이 노인복지시설 종사자라는 점에 주목하여 서비스 영역에 따라 건강권, 주거권, 인간의 존엄권과 경제·노동권, 정치·종교·문화생활권, 교류 및 소통권, 자기결정권 등으로 재분류하였다 (27쪽). 그리고 이종복(2008)은 한국 노인인권의 쟁점을 빈곤 및 생존권과 노동권, 의료비 부담 및 건강권, 노인부양과 가족관계, 교육 및 사회참여, 주거환경, 노인학대, 노인복지시설입소자의 인권 등으로 나누어 논의하였다(143~154쪽). 한편, 독일인권위원회의 말러(Mahler, 2013)가 조사한 독일 노인의 인권 실태에 대한 연구에서는 독일의 여러 환경 요인을 고려하여 노동권, 건강권, 사회복지권, 학대와 자유박탈의 예방, 자기결정권, 노인차별금지 등으로 구분하고 있다.

여기에서는 한국의 노인복지 수준을 고려하여 노인인권의 유형을 생존권과 경제권, 건강권, 교육·문화권, 주거환경권, 학대를 받지 않을 권리, 자기결정권 등으로 재분류하여 접근한다. 그러나 한국 노인의 인권 실태나 현황에 대한 인권 관점의 연구는 국가인권위원회(2013)의 《결정례집》을 제외하고는 거의 부재하고, 극소수에 불과한 연구도 노인학대(심재호, 2005)에 초점을 맞추어 소극적인 권리에 주목하여 조사한 결과를 제시했다. 이에, 여기에서는 이처럼 인권 관점의 선행연구결과들이 거의 부재하다는 점을 고려하여, 국가인권위원회의 결정례와 노인들의 실태조사 결과, 그리고 노인복지 수준과 관련해 논의하고자 한다.

1) 생존권과 경제권

생존권은 인간다운 삶을 영위할 권리이고, 경제권은 자신의 재산을 스스로 관리하고 결정할 권리이다. 그러나 한국 노인의 생존권과 경제권은 매우 낮은 수준에서만 보장되고 있다. OECD의 〈연금 편람 2009〉 (*Pensions at a glance 2009*)에 따르면 한국 노인의 소득빈곤율[3]은 45.1%로, OECD 30개 회원국들 중 가장 높으며, OECD 회원국 평균인 13.3%의 3.4배에 달한다. 국내 전체 인구의 소득빈곤율인 14.6%와도 30.5%포인트의 격차를 보인다. 또한 2012년 전체 국민기초생활보장 수급자 130만여 명 중 노인인구의 비율이 28.9%에 육박하고 (2013년 고령자 통계, 통계청, 2013a), 노인의 가장 큰 문제가 경제적 어려움(38.6%)이라는 조사 결과(2013년 사회조사보고서, 통계청, 2013b)에서도 한국 노인의 소득빈곤 상황이 심각함은 여실히 드러난다.

OECD의 〈연금 편람 2011〉(오미애, 2013, 26쪽 재인용)에 의하면 한국의 노인빈곤율은 연령·성·가구 형태에 따라 차이를 보이는데, 연령별로는 후기노인의 빈곤율이 높고, 성별로는 여성노인의 빈곤율이 남성노인에 비해 높으며,[4] 가구 형태로는 1인 가구의 빈곤율이 2인 가구에 비해 높다. 이는 노인의 연령이 높아질수록 남성에 비해 여성이, 특히 1인 가구의 여성이 본인이나 배우자의 소득이 감소하여 자녀나 친인척 등의 사적 소득재원에 의존하는 비중이 높아짐을 의미한다. 반

---

3) 소득빈곤율은 65세 이상 노인 인구 중 중위소득의 50% 미만에 속하는 사람의 비율을 말한다.

4) 이는 노인복지학계에서 노인빈곤의 여성화(Dieck, 1984; Tews, 1993; 양영자, 2006) 현상으로 논의되고 있다.

면, 공적 연금소득으로 노년기를 보내는 노인들의 비율은 2012년의 경우, 34.8%(통계청, 2013a)로 매우 낮은 실정이다.

그러나 기초연금제도(2014)[5]나 노인일자리지원기관(2013)을 통한 경제활동 지원정책도 이러한 노인들의 빈곤상황을 해결하는 근본적인 대책으로는 자리매김하지 못하고 있다. 기초연금제도를 통해서는 하위 소득층 70%의 노인들만이 최대 20만 원을 지급받는 데 그치고, 노인일자리지원기관을 통한 경제활동 지원정책도 실질적인 소득안정보다는 경제활동을 통한 사회참여에 기여하는 여가선용적인 프로그램으로 기능하는 측면이 강하기 때문이다. 따라서 생존권과 경제권을 보장하기 위해서는 OECD 수준에 상응하는 노후소득보장제도의 정립[6]이 무엇보다 시급하다.

2) 건강권

건강권은 질병치료뿐만 아니라 질병을 예방하고 질병에 감염되는 시기를 최대한 지연시킬 수 있는 권리로, 신체적·정신적·정서적 안녕을 최적의 수준으로 유지하거나 회복할 수 있는 권리이다. 그러나 이러한 광의의 건강권을 보장하기 위한 예방적 보건의료체계는 여전히 미흡하

---

5) 2014년 7월부터 실시된 기초연금제도는 2008년 실시된 기초노령연금제도가 개칭된 것이다.

6) 2009년 OECD 국가의 평균 GDP 대비 노인에 대한 사회적 비용 지출비(*Old age social spending/Public social expenditure as a percentage of GDP*)는 7.3%이다. 반면, 한국의 경우 GDP의 2.1%만을 지출하는 데에 그쳤는데, 이는 이탈리아의 13%, 프랑스의 12.3%, 일본의 10.4%와 크게 대비되는 비율이다(OECD, 2012; 국가인권위원회, 2013, 83쪽 재인용).

고, 심지어 복합적이고 만성적인 질병에 시달리는 노인들의 질병치료
조차도 적절히 이루어지지 않고 있는 실정이다.

2008년도 전국노인생활실태 및 복지욕구조사에 의하면, 65세 이상
노인 중 84.9%가 의사로부터 진단받은 질병을 1개 이상 앓고 있었고,
노인 1명당 평균 2.1±1.6개의 의사 진단 질병을 앓고 있었다. 그리고
의사로부터 진단을 받은 지 3개월 이상이 된 만성질병을 1개 이상 앓고
있는 노인은 81.3%에 달했고(박명화 외, 2009, 349쪽), 질병이 있음에
도 불구하고 치료를 받지 않고 있다고 응답한 비율이 60세 이상 노인 중
4.5%에 달했으며, 질병으로 인해 일상생활에 어려움이 있는 것으로
응답한 비율은 82.0%나 되었다(박명화 외, 2009, 313쪽). 또한 2012년
보건복지부의 노인생활실태조사(정경희 외, 2012, 285쪽)에서도 65세
이상 노인의 88.5%가 만성질환을 갖고 있었으며, 만성질환의 수는 평
균 2.5개에 달하였다. 이 중 만성질환을 2개 이상 지니고 있는 복합이
환자는 68.3%나 되었고, 3개 이상 지닌 경우도 44.3%에 이르렀다.

아울러 노인 집단 내 건강불평등도 심각한 문제로 대두되고 있는데,
특히 소득 수준에 따른 격차가 가장 뚜렷하게 나타나는 것으로 조사되
었다(정경희 외, 2012). 덧붙여 노인빈곤의 여성화 현상이 매우 뚜렷하
게 나타나는 한국사회에서는 여성노인들, 그중에서도 1인 가구 빈곤여
성노인들의 건강권이 매우 심각하게 침해받고 있다.

또한 노인 인구의 급속한 증가로 케어를 필요로 하는 노인들의 수도
급증하고 있으나, 케어에 대한 서비스는 여전히 미흡한 수준에서 제공
되고 있다. 2010년 4월의 경우, 노인장기요양 서비스 인정자는 약 30
만여 명이었는데(김욱, 2010), 2012년 12월에 이르러서도 34만여 명에
달하여 불과 4만여 명만이 증가하는 데 그쳤다(국가인권위원회, 2013,

86쪽). 더욱이 2010년 4월의 경우, 5.6%에 불과한 장기요양 서비스 인정자 중에서도 실제로 급여를 이용한 노인의 비율은 4.9%(26만여 명)[7]에 그쳤는데, 이는 상당수의 장기요양 서비스 인정자가 경제적인 이유로 요양 서비스를 포기했음을 의미한다. 즉, 한국 노인의 케어를 받을 권리는 매우 제한적인 수준에서 보장되고 있는 것이다.

따라서 독립적인 생활을 가능한 한 오랫동안 유지하는 건강한 노년기가 되도록 하기 위해서는, 질병을 치료할 뿐만 아니라 예방하는 보건의료체계 및 케어 서비스를 보다 확장시키는 보건의료체계의 정비가 매우 필요하다 하겠다.

3) 교육·문화권

교육·문화권은 전 연령대에 걸쳐 자신의 능력에 맞게 교육을 받고 여가와 문화생활을 보장받을 권리이다. 이는 특히 연령통합적 사회(*age integrated society*, Riley and Riley, 1994)[8]를 지향하는 현 노인세대에게는 더욱 요구되는 권리 중 하나이다. 그러나 현 노인세대의 이러한 교육·문화권에 대한 접근기회는 매우 제한적으로만 부여되고 있다. 이는 교육 수준이 무학이거나 초등학교만 졸업한 노인들이 64.1%나 된 것으로 분석된 2008년 전국 생활실태 및 복지욕구 조사에서도 어렵지

---

7) 2006년의 경우, 독일의 실제 급여 이용자 비율은 11%, 일본은 16.8%였다(김욱, 2010).
8) 연령통합적 사회는 전 연령대에서 교육과 노동, 그리고 여가활동이 통합적으로 이루어지는 사회구조를 말하는 것으로, 연령에 따라 교육과 노동 그리고 여가활동이 분리되어 이루어지는 현행의 연령차별적 사회구조인 연령분리적 사회(*age separated society*)와는 대비되는 개념이다(Riley and Riley, 1994).

않게 발견된다(박명화 외, 2009, 165쪽). 9) 또한 정치나 종교 등과 관련된 사회단체 활동에 참여하는 비율도 저조한 상황이다. 1998년과 2004년, 그리고 2008년의 전국 생활실태 및 복지욕구 조사를 분석한 연구에 의하면, 3개년도 모두 겨우 과반을 넘는 노인들만이 1개 이상의 단체 활동에 참여한 것으로 나타났다. 그리고 3개 이상의 사회단체 활동에 참여하는 노인의 비율은 1994년도에는 14.3%, 2004년도에는 3.3%, 그리고 2008년도에는 4.5%에 달하여 상당히 가파르게 감소하는 경향을 보였다(정순둘·이선희, 2011, 1237쪽).

이러한 상황에서 노인(종합) 복지관을 통해 제공되는 여가 서비스는 노인들의 교육·문화권을 어느 정도 향상시키는 데 기여하고 있다고 할 수 있다. 그러나 이용자들은 대부분 건강과 교육, 소득 수준이 상대적으로 높은 일부의 노인들에 집중되어 있는 상황이다. 또한 문화예술이나 스포츠 관람을 통해 여가생활을 하는 노인들도 있으나 그 비율 역시 매우 낮다. 2013년 고령자 통계(통계청, 2013a)에 의하면, 2011년의 경우에 65세 이상 노인 중 불과 13.8%만이 문화예술이나 스포츠 관람을 통해 여가생활을 한 것으로 나타났다. 반면, 대부분의 노인들은 각 가정에서 TV를 시청하거나 낮잠을 자며 무료하게 시간을 보내고 있다(이종복, 2008, 156쪽). 2012년 보건복지부의 노인생활실태조사에 의하면, 65세 이상 노인의 99.0%가 TV를 시청하고 있고, TV를 시청하는 시간은 하루 평균 3.82시간에 이르렀는데, 이 중 약 1/3 정도는 하루 평균 5시간 이상이나 시청하는 것으로 나타났다(정경희 외, 2012,

---

9) 2008년도 전국 노인 생활실태 및 복지욕구 조사에 의하면, 응답한 60세 이상 전체 노인 중, 무학 26.4%, 초등학교 졸업 37.7%, 중고등학교 졸업 28.2%, 전문대 이상 졸업의 비율이 7.7%였다(박명화 외, 2009, 165).

387~388쪽). 그리고 상당수의 노인들[10] 은 각 가정에서 쉽게 접근할 수 있는 경로당을 이용하고 있으나, 단지 무료한 시간을 다른 노인들과 함께 보내거나 점심을 공동으로 준비하여 해결하는 기능을 하는 데 그쳐, 노인들의 교육·문화권을 향상시키는 데는 별다른 기여를 하지 못하는 실정이다.

따라서 노년기를 보내는 다양한 노인 집단들의 교육과 문화에 대한 욕구 및 그와 연관된 권리를 올바로 이해하여, 이들의 능력에 맞는 교육과 문화의 기회를 제공하는 지원책과 프로그램 마련이 매우 시급하다.

4) 주거환경권

주거환경권은 독립적인 생활을 가능한 한 오랫동안 유지할 수 있도록 그에 적합한 주거공간을 보장받을 권리 및 노인들의 사회통합을 촉진시키는 주거정책과 도시재건축, 개발정책 등을 요구할 권리이다.

주거안정성을 나타내는 자가점유율과 자가보유율[11] 및 주거이동성을 보여 주는 현 주택 거주기간 등은 노인들의 주거보장 수준을 유추할 수 있는 지표이다. 따라서 이러한 3가지 지표에 기초하여 주거환경권

---

10) 2012년 보건복지부가 실시한 노인생활실태조사(정경희 외, 2012. 8.)에 의하면 65세 이상 노인의 1/3이 넘는 34.2%가 경로당을 이용한 것으로 나타났다.
11) 가점유율은 일반가구 중 자기소유 주택에서 자신이 거주하는 가구의 비율로서 주거안정성을 보여 주는 지표이다. 따라서 자가점유율은 자신이 직접 살지는 않지만 주택을 소유한 비율인 자가보유율과는 구분하여 사용되는 것으로, 일반적으로 자가보유율보다는 낮다. 한국의 자가점유율은 2005년 55.6%에서 2010년 54.3%, 2012년 현재 53.8%로 2000년대 들어 정체 상태를 보인다. 미국, 영국 등의 자가점유율은 60%를 상회하여 한국보다 높은 수준을 유지하고 있다(국토교통부, 2012).

을 논의하면 다음과 같다.

국토교통부(2012)의 자료에 의하면, 자가점유율과 자가보유율은 2012년의 경우 각각 53.8%와 58.4%로, 2010년의 54.3%와 60.3%보다 각각 0.5% 포인트와 1.9% 포인트가 감소되었다. 연령대별로는 54세 이하 가구의 자가점유율과 자가보유율은 증가하였으나, 55세 이상 가구의 자가점유율과 자가보유율은 감소하였다. 또한 현 주택에 머무르는 평균 거주기간은 2012년의 경우에 8.6년으로, 2010년의 7.87년에 비해 0.73년 증가한 것이다. 지역별로는 가장 긴 도 지역 거주자의 평균 거주기간이 11.9년으로, 2010년의 10.6년에 비해 1.3년 늘어났고, 가장 짧은 수도권 지역 거주자의 평균 거주기간은 6.7년으로, 2010년의 6.2년에 비해 0.5년이 증가했다.

그런데 노인가구에 제한하여 지역별로 살펴보면, 자가점유율과 자가보유율은 동부에 거주하는 노인가구보다 읍면부에 거주하는 노인가구에서 높게 나타나고, 주거이동성은 동부에 거주하는 노인가구보다 읍면부에 거주하는 노인가구에서 낮게 나타난다(국토교통부, 2012). 따라서 이를 고령화 비율이 읍면부 지역에서 동부 지역에서보다 더 높게 나타난다는 점(박명화 외, 2009)과 관련시켜 보면, 자가점유율 비율이 높은 읍면부 노인들 중 대다수의 노인들이 노후화가 진행된 주택에서 장기간에 걸쳐 생활하고 있는 주거이동성이 낮은 집단이라고 유추할 수 있는 점이다. 2009년에 실시된 노인생활실태 및 욕구조사(박명화 외, 2009, 591~592쪽) 결과도 이러한 해석을 뒷받침한다. 조사에 의하면 현 주택에서 거주한 기간이 20년 이상이라고 응답한 노인가구가 전체 노인가구의 약 44%에 달하였는데, 읍면부에 거주하는 노인가구의 경우에는 그 비율이 70.9%나 되었다.

한편, 자신의 가정을 떠나 시설에서 생활하는 입소노인들의 주거환경권은 주거시설 측면에서는 가정에서 지내는 노인들의 주거환경권12)에 비해 상대적으로 더 높게 보장되고 있다고 볼 수 있다. 그러나 지역사회와의 접근성이나 통합성, 개인의 사생활 보호, 삶의 질 향상방법을 스스로 결정할 권리 측면에서는 그 보장 정도가 일반 노인들에 비해 오히려 더 낮다고 평가된다.

따라서 각 가정에서 생활하든, 노인복지시설에 입소하여 생활하든 누구나 자신들의 건강 수준과 일상생활 유지 능력에 따라 필요한 '적절한 주거 환경'(*adequate housing*) 을 제공받으며, 가능한 한 오랫동안 독립성을 유지하고 자기결정권을 행사하며 사회에 참여하는 생활을 할 수 있도록 지역사회 통합적 주거보장책이 더욱 강구되어야 할 것이다.

5) 학대를 받지 않을 권리

노인학대(*elder abuse*) 는 노인에게 신체적, 정신적, 언어적, 성적 폭력 및 경제적 착취 또는 가혹행위를 하거나 유기, 방임하는 것(노인복지법 제 1조의2 제 4항) 으로부터 노인의 기본적 인권을 침해하는 행위까지 포괄하는 개념이다. 따라서 노인이 학대를 받지 않을 권리란 이처럼 노인에게 위해를 가하는 협의적인 의미의 학대뿐만 아니라 인권을 침해하는

---

12) 국토연구원(2007; 국가인권위원회, 2013, 103~104쪽 재인용) 의 조사에 의하면, 노인가구의 최저주거기준 미달가구의 비율은 일반가구에 비해 높은데, 특히 노인 단독가구의 그 비율은 일반가구의 약 3배에 이른 것으로 나타났다. 구체적으로는 5개 노인가구 중 1개 가구는 최소한도의 주거시설도 갖추지 못한 열악한 주거공간에서 생활하고 있고, 노인 단독가구의 경우에는 3개 가구 중 1개 가구가 최저주거기준 미달가구에 해당되는 것으로 조사되었다.

광의적인 의미의 학대로부터도 자유로운 삶을 향유할 권리를 말한다.

그러나 우리 한국사회의 노인들은 광의적인 의미의 학대로부터 자유로운 권리를 누리기는커녕 협의적인 의미의 학대로부터 자유로운 권리마저도 상당히 침해받고 있는 실정이다. 한국보건사회연구원이 2009년도에 실시한 노인학대실태조사(정경희, 2010)에 의하면, 노인의 학대경험률은 13.8%로 농어촌지역 노인이 도시지역 노인에 비해, 여성노인이 남성노인에 비해, 무배우자 노인이 유배우자 노인에 비해 높고, 연령이 높을수록, 교육과 소득의 수준이 낮을수록, 기능 상태가 나쁠수록 높았다. 이는 노인의 경제적·신체적·사회적 상황이 열악한 경우에 학대에 취약함을 보여 주는 것으로, 구체적으로는 빈곤이나 질병으로 인해 높은 의존성을 보이는 여성노인이 학대에 가장 취약하고, 농어촌지역의 여성노인이 마찬가지로 학대에 취약함을 알 수 있다. 가장 빈번히 발생하는 학대 유형은 정서적 학대(11.0%)이며, 방임(3.7%), 경제적 학대(0.7%), 신체적 학대(0.6%), 유기(0.5%), 성적 학대(0.1%) 등의 순으로 조사되었다.

따라서 노인학대로부터 자유로운 생활을 하도록 보장하기 위해서는 노인학대 예방 서비스는 물론, 조기에 발견하여 적절한 개입을 통해 보호하는 서비스 및 사후 서비스까지도 포괄하는 연속적인 서비스 제공이 보다 확대될 필요가 있다(정경희, 2010, 8쪽). 나아가 노인학대는 직접적으로는 학대행위자와 피학대노인 개개인의 특성이나 양자 간의 상호작용에서 비롯된 것이지만, 간접적으로는 노인복지 서비스 수준이 낮은 데에서도 비롯된다. 따라서 노인복지 서비스 수준의 제고는 포괄적이고 연속적인 서비스 제공과 더불어 노인학대를 예방할 수 있는 매우 영향력 있고 효과적인 방안이 된다(정경희, 2010, 7~8쪽).

6) 자기결정권

자기결정권은 당면한 문제를 자신의 잠재력을 최대한 발휘하여 해결하는 데에 필요한 결정을 스스로 내릴 권리이다. 그러나 이러한 노인들의 자기결정권은 현저히 미흡한 수준에서 보장되고 있는 실정이다. 특히, 유교 문화에 기반을 둔 집합주의적 사고가 잔존해 있는 노인들의 경우, 스스로에 의한 결정보다는 사회적 및 문화적 규범에 따른 결정을 여전히 빈번하게 내릴 가능성이 높다. 특히 그중에서도 높은 빈곤율과 유병률, 수발을 필요로 하는 상황 등으로 인해 경제적 · 신체적 · 정신적 · 정서적 의존성이 높아진 노인들의 경우에는 자기결정권을 행사할 가능성이 더더욱 낮다. 따라서 어떠한 경제적 · 신체적 · 정신적 · 정서적 상황에 처해 있든 상관없이 노인들이 가진 잔존 능력과 잠재력, 역량 등을 최대한 계발 · 발전시켜 당면 문제를 가능한 한 스스로 해결하거나 완화하도록 지원하고, 그 방법 또한 스스로 결정할 수 있도록 지원하는 역량강화 프로그램과 서비스의 개발 및 그 시행이 매우 필요한 실정이다.

4. 사례개입과 적용

노인빈곤의 문제가 OECD 국가들 중 가장 심각한 수준인 현 한국적 상황에서 경제적 학대를 비롯한 여러 가지 복합적인 학대를 경험하는 노인의 사례를 인권적 관점에서 논의하는 작업은 노인인권을 제고하는 데 큰 의미를 갖는다. 이에, 이하에서는 경제적 학대를 비롯하여 정서적·언어적 학대와 방임에까지도 노출된 한 여성노인의 사례[13]를 인권적 관점에서 논의해 보고, 이어 노인들이 직면한 구체적인 인권 상황을 파악할 수 있도록 주요 인권침해 사례를 소개하고자 한다.

1) 사례개요 및 사례개입

(1) 사례개요

여성노인 A씨는 83세로 3남 1녀의 자녀를 두었다. A씨는 남편이 사망하기 전까지만 해도 대략 10여 년을 장남 가족과 한집에서 큰 문제없이 살았다. 이처럼 A씨 부부가 장남 가족과 함께 한집에서 살았던 것은 장남이 재혼한 이후에도 분가를 하지 않고 계속 A씨 집에 남아 살았기 때문이다. 그러나 A씨의 남편이 노환으로 사망하면서부터는 사정이 급격히 달라졌다. 장남이 A씨를 부양하겠다는 조건을 내세우며 A씨 남편 명의로 되어 있던 집을 자신 명의로 이전해 달라는 요구를 하면서부터였다. A씨와 차남, 그리고 3남은 장남의 요구를 별다른 의심 없이 받아들였다. 그러나 장남 부부는 명의 이전을 받은 이후 A씨를 제대로 부양하기는 고사하고 이후 A씨의 돈까지 갈취하는 일까지 저질렀다.

A씨는 뇌졸중 후유증으로 거동에 어려움이 많았고 피부병까지 앓고 있어 일상생활을 유지하는 데 장남 부부의 도움이 매우 필요한 상태에

---

13) 이 사례는 2014년 초반에 경남노인보호전문기관에 신고되어 개입이 된 것으로, 사례판정위원회 회의에서 논의되었다(경남노인보호전문기관, 2014a). 이 사례에 등장한 인명은 익명성 보장을 위해 알파벳으로 표기하지만, 개입 기관은 이 교재의 집필을 위해 도움을 준 현장전문가들로 구성된 자문위원회 위원이 소속된 기관으로서 사례를 제공한 기관인바 그대로 제시한다.

있었다. 그러나 장남 부부는 A씨에게 제때에 식사를 해드리기는커녕 홀로 식탁을 차리는 것조차도 시끄럽게 한다는 이유로 제지를 하곤 하였다. 또한 A씨의 옷도 피부병 때문에 다른 가족들의 옷을 더럽힌다며 제때에 세탁을 해주지 않고 방치하곤 하였으며, 온 가족이 외식을 나갈 때에도 A씨만 홀로 남겨두기 일쑤였다. 집안에서 얼굴을 마주쳐도 제대로 된 인사는 고사하고 아는 체도 하지 않은 경우가 빈번하였다.

그러던 중 A씨는 뇌졸중 악화로 입원을 하게 되었다. 그런데 이번에는 병문안을 온 장남 부부가 여러 통장에 저축해 두었던 A씨의 돈을 관리하기 쉽도록 한 통장에 모아 주겠다고 했다. A씨를 은행으로 모셔가 계좌를 신설한 이들은 이때 현금인출카드까지 A씨 몰래 발급받았고, 이후 이 현금인출카드를 이용하여 A씨의 전 재산인 2,470만 원을 5차례에 걸쳐 이체해 가는 일까지 서슴지 않았다. 뒤늦게 이 사실을 안 A씨는 이들 부부에게 강탈한 돈을 되돌려 달라고 요구했다. 그러나 이들은 "그러면 이 집에서 먹여 주고 재워 준 값 내놔라!"라는 협박과, "서러우면 요양원에 가든가"라는 등의 폭언만을 할 뿐이었다.

이에, 더 이상 장남 가족과 함께 살 수 없다고 판단한 A씨는 집을 나와 차남과 3남의 집을 오가며 생활하고 있다. 그러던 중 차남의 신고로 개입이 된 사례이다.

(2) 사례개입

① 주요 사정 내용

A씨의 사례에서 발견되는 학대는 크게 3가지의 유형이다. 첫째, 경제적 학대이다. A씨는 부양을 받는 조건으로 장남 부부에게 집 명의를

이전해주었으나 이후 부양을 받기는 고사하고, 은행에 저축해 둔 돈까지도 갈취당하는 경제적 학대를 받았다

둘째, 방임의 학대이다. A씨는 뇌졸중 후유증으로 거동이 불편하여 의식주를 해결하는 데 장남 부부의 도움이 상당히 필요한 상태였으나, 기본적인 의식(衣食)의 문제도 해결받지 못한 채 장남 부부에 의해 방임되는 학대를 받았다.

셋째, 정서·언어적 학대이다. A씨는 한집에서 살고 있던 장남 부부와 손자녀로부터 따뜻한 인사를 받기는커녕 없는 사람 취급을 받았고, 가족이 외식을 나갈 때에도 홀로 방치되곤 하였으며, 갈취당한 돈을 반환해 줄 것을 요구했을 때에는 부양비를 지불하라거나 요양원에 입소하라는 등의 협박과 폭언까지 듣는 정서·언어적 학대를 당하였다.

② 주요 개입 내용

이러한 사정 내용에 입각하여 개입한 주요 내용은 다음과 같다. 첫째, 경제적 학대에 대한 개입이다. 장남 부부가 부양을 조건으로 집 명의 이전을 받았으나 부양의 의무를 실행하지 않은 것은 부양사기에 해당되는 경제적 학대임을 인식하도록 하였다. 또한 갈취한 전액을 모두 일시불로 반환토록 하였으나 1,500만 원의 부양비를 요구하며 나머지 500만 원만 돌려주겠다는 장남 부부의 저항에 부딪혀, 결국 매월 30만 원씩 분납한다는 데에 합의를 하는 것으로 개입이 이루어졌다. 이후, 사후관리를 통해 합의한 금액이 실제로 입금된 것을 확인하고 종결하였다.

둘째, 방임과 정서·언어적 학대 문제에 대한 개입이다. 방임과 정서·언어적 학대의 문제는 A씨 가족의 결정을 존중하여 차남과 3남의

가정에서 지속적으로 부양을 받는 방식으로 장남 부부와 분리되는 수준에서 차단이 되도록 개입을 하였다.

③ 인권적 관점의 논의

이상에서 논의한 것처럼 A씨의 사례에서 발견된 학대 문제는 경남노인보호전문기관의 개입으로 어느 정도 해결이 되었다. 그러나 A씨의 사례에서는 다음과 같은 인권 관련 쟁점들이 여전히 미해결된 상태로 남아 있음을 볼 수 있다.

첫째, 노인의 경제권과 관련한 점이다. A씨의 사례에서는 증거물 확보가 가능했던 경제적 갈취 문제는 분납하는 방식으로나마 부분적으로 해결될 수 있었다. 반면, 부양을 전제로 집 명의를 이전했으나 부양은 커녕 학대를 받은 문제는 여전히 미해결된 상태에 있는데, 이는 부양사기의 문제로 법정소송에 들어간다 할지라도 가족의 울타리를 보호한다는 취지로 사법기관의 개입을 최소화하려는 '친족상도례'(親族相盜例)[14) 규정으로 승소의 가능성이 거의 없는 현실과 맞물려 발생한 측면이 강하다. 그러나 차후에는 노인인구의 급증으로 부양이 필요한 노인들도 급증함에 따라, 이러한 부양사기도 더욱 심각한 사회문제가 될 가능성이 높다. 따라서 A씨의 사례는 부양사기 문제에 대한 법적 대응책이 보다 적극적으로 재정비되어야 함을 시사한다. 또한 A씨의 딸은 유산상속권이나 부모 부양의 의무 모두에서 제외된 반면, 장남에게는 이러한 권리와 의무가 모두 과도하게 주어졌는데, 이러한 전통적인 장남 위주의 가족문화가 A씨가 경험한 여러 학대를 초래하는 요인으로

---

14) 형법 제328조는 "직계혈족, 배우자, 동거친족, 동거가족 간의 재산범죄는 그 형을 면제한다"고 명시한다.

작용한 측면이 있었다. 따라서 이는 가족 구성원이면 누구나 성별에 구분 없이 유산상속권을 누리고 부모 부양의 책임도 지는 양성평등 가족문화가 실질적으로 정착될 때, 부양사기를 비롯한 노인학대도 일정 정도 예방될 수 있음을 보여 준다.

둘째, 가족으로부터 보호를 받을 권리와 관련한 점이다. A씨의 가정에서는 가족으로부터 보호를 받을 노인의 권리는 지나치게 강조된 반면, 노인의 자기결정권은 별 주목을 받지 못한 채 간과되었다. 그런데이는 A씨와 아들들 모두 전통적인 '효' 사상에 입각해 A씨의 노년기를 '부양받는 시기'로만 이해하고 대응한 것과 관련된다. 따라서 이는 노년기에도 자기결정권을 행사하며 독립적인 생활을 가능한 한 오랫동안 유지하는 삶을 사는 것이 노인 당사자의 삶의 질을 담보할 수 있을 뿐만아니라, 자녀로부터 부양사기를 당하는 문제도 예방할 수 있는 하나의 생활양식이 될 수 있음을 시사한다.

셋째, 가족유지권과 관련한 점이다. A씨의 사례에서는 장남 부부에의한 방임의 문제가 차남과 3남의 집을 오가며 부양을 받는 방식으로 해결되었고, 경제적인 학대의 문제도 부분적으로는 해결된 상태이다. 그러나 정서·언어적 학대의 문제는 학대행위자인 장남 부부와 분리되는 수준에서 차단되는 데에 그쳤고, 이에 따라 가족관계는 회복되기는 커녕 오히려 단절이 심화되고, 소통권도 심각히 침해되는 문제로 이어 졌다. 따라서 A씨의 사례는 경제적인 학대를 비롯한 복합적인 학대가 이루어진 경우에는 경제적인 학대 문제를 해결할 뿐만 아니라 가족관계까지도 회복되도록 개입하는 것이 현실적으로 매우 어려움을 보여 주며, 학대가 발생한 이후의 개입보다 학대를 예방하는 활동이 보다 적극적으로 이루어져야 함을 단적으로 보여 준다.

2) 주요 인권침해 사례

노인들이 직면한 구체적인 인권 상황을 알아볼 수 있도록, 국가인권위원회의 권고를 받은 노인의 노동권과 관련된 침해 사례, 《노인분야 인권교육 교재》(권중돈 외, 2008)에서 발췌한 입소노인의 인권침해 사례,15) 노인보호전문기관의 상담 자료에서 발췌한 일반 가정에서 생활하고 있는 노인의 인권침해 사례16)를 소개한다. 제시된 사례에서 볼 수 있듯, 노인들은 노동권, 생명권, 건강권, 주거권, 자기결정권, 학대를 받지 않을 권리 등 다양한 유형의 인권침해 상황에 노출되어 있음을 볼 수 있다.

(1) 노동권의 침해 사례

① 권고이유

노인근로자들이 대표적으로 종사하는 직종은 전체 노인근로자의 23%에 해당되는 감시·단속적 직종(경비직 21.3%, 당직 2.3%)으로 나타났고, 이들 감시·단속적 노인근로자의 주당 평균 근무시간은 61시간으로 국민 평균 43.75시간(2013 상반기 통계청 조사)을 크게 상회했으며, 조사대상의 89.7%는 장시간 근무에도 불구하고 100~150만 원 미만의 월급(최저임금 적용 제외)을 받는 것으로 조사되었다. 또한

---

15) 문맥을 고려하여 몇 곳의 자구를 수정하였고, 마지막 생명권의 침해 사례는 입소노인의 관점으로 재구성했다.
16) 이 사례는 경남노인보호전문기관(2014)의 사례판정위원회 회의에서 다룬 것으로, 입소노인의 관점에서 재구성했다.

연장근로수당, 휴일근로수당, 연월차근로수당의 지급 비율도 낮았고, 근로자의 날, 설날 등 명절에 근무 경험이 있는 사람은 84.6%로 조사되었다. 이에 따라 위원회는 감시·단속적 노인근로자의 인권 상황이 개선될 필요가 있다고 판단하여 이 권고에 이르게 되었다.

② 결정요지

감시·단속적 노인근로자는 포괄임금제를 적용받는 경우가 많으나, 포괄임금제에 의한 부당한 근로계약의 경우 사전적 관리·감독이나 사후적 구제가 쉽지 않으므로 임금지급 방식을 근로계약서에 명시하는 것이 바람직하고, 근무시간 대비 휴식시간 및 부가업무에 대한 급여지급에 관한 내용 또한 근로계약서에 명시하여야 할 것인바, 이러한 문구가 적시된 표준 근로계약서가 마련될 필요성이 있다.

또한 감시·단속적 노인근로자는 장시간 근로를 하면서 휴게시설을 제대로 이용하지 못하는 경우가 대부분인 점을 고려할 때 근로기준법상 '근로시간, 휴게·휴일'의 적용 제외는 엄격한 기준으로 최소한의 범위에서만 승인하여야 한다.

③ 결정사항

고용노동부장관에게 먼저 근로계약서 작성에서 임금지급 방식이 명시되도록 하고 부가업무에 대한 보상의 내용이 포함된 표준 근로계약서를 마련·제공할 것, 또한 근로기준법상 '근로시간, 휴게·휴일 적용 제외'의 승인 요건에 휴게시설 확보 및 복리후생시설 이용 보장이 용역계약에 규정됐는지를 포함할 것, 그리고 그 신청을 사업장별로 관할 고용노동청에 직접 하도록 할 것을 권고하였다.

(2) 입소노인의 인권침해 사례[17]

① 요양보호권
"나랑 같이 방을 쓰는 A 할머니가 있는데, 그 할머니는 혼자서 대소변을 못 가려. 그런데 선생들이 바쁘다 보니까 기저귀를 금방 갈아 주지 못하거나 갈아 줘도 대충대충 해주고 바쁘다며 가버리는 경우가 있지."

② 주거권, 건강권
"방 안에 화장실이 붙어 있어. 그런데 여러 명이 쓰니까 금방 더러워지잖아. 선생들이 매일 청소도 하고 우리도 냄새가 나면 청소도 하고 그러는데도 곰팡이 냄새가 나. 곰팡이는 물기가 많은 데 많잖아. 그런데 아무리 청소를 해도 안 없어지는 건 햇볕이 안 들고, 바람이 안 통해서 그런 거야. 백날 청소해 봐야 헛일이지 뭐."

③ 자기결정권, 건강권
"여기 오기 전에는 집에서 침대 생활을 했어. 시설에서는 허리도 좋지 않은데 침대를 쓰면 더 안 좋아진다며 무조건 매트리스 깔고 이불을 덮고 자라고 하는 거야. 그래서 하는 수 없이 그렇게 생활하고 있어. 그렇지만 잠이 쉽게 들지 않고, 자고 나도 허리며 안 쑤시는 데가 없어."

---

17) 권중돈 외(2008). 《노인분야 인권교육 교재》, 90~91쪽.

(3) 일반 가정 노인의 인권침해 사례[18]

① 학대를 받지 않을 권리, 생명권

"남편을 일찍 여의었어. 농사를 지어 혼자서 3남 1녀를 키우느라 고생을 많이 했어. 그런데 장남이 나보다 먼저 교통사고로 죽은 거야. 그리고 차남마저도 간암에 걸려 고생하고 있어. 결혼한 딸은 아예 관심을 끊은 것 같아. 막내는 젊어서(20대 초반에) 집을 나갔는데, 지난 설에야 다시 돌아온 거야. 30년 넘게 소식이 끊겼다가 50이 넘어 들어온 것이지. 온 가족이 모였던 설날에는 아무런 일도 일어나지 않았어. 그러나 막내와 단 둘이 살게 되면서부터 외출은커녕 전화통화도 제대로 못 해보고 살았어. 손녀(차남의 딸)가 생활비를 대주고는 있지만 농사를 지어 살아가기엔 늘 팍팍한 생활이야. 그런데 막내는 걸핏하면 술값 한다며 돈을 빼앗는 거야. 얼마 전에도 통장에 있던 돈(50만 원)을 빼앗겼어. 내가 가진 전 재산이었는데 말이야. 아무런 이유도 없이 시도 때도 없이 욕설을 퍼붓는데 정말 견뎌내기가 힘이 들어. 그게 일상이 돼버린 거야. 그런 와중에 결국엔 사달이 난거지. 차남 가족들(차남, 며느리, 손녀)이 밑반찬을 주러 왔다가 만신창이가 되어 쓰러져 있는 날 발견한 거야. 막내에게 망치와 빗자루로 머리를 맞아 온통 피범벅이 된 채 쓰러져 있었던 거지."

---

18) 경남노인보호전문기관(2014b). 사례판정위원회 회의 자료.

토론거리

1. OECD의 〈연금 편람 2011〉에서 드러난 한국 노인의 소득빈곤율이 노인의 인권 상황과 관련하여 무엇을 의미하는 것인지에 대해 논의해 봅시다.

2. 날로 급증하는 부양사기의 문제가 노인의 인권 상황에 어떤 함의가 있는지 경제적 학대와 관련하여 토의해 봅시다.

3. 자기결정권을 존중하는 노인복지실천을 위해 생활시설이나 이용시설, 재가복지시설 등에서 고려해야 할 점은 무엇인지 논의해 봅시다.

제 7 장

장애인과 인권

우리나라에는 장애인복지법에 근거할 때 15개 유형의 법적 장애가 있다. 크게는 지체장애 등의 신체장애, 시청각장애 등의 감각장애, 발달장애 등의 정신장애로 구분된다. 덧붙여 장애 정도, 생애주기 등에 따라 장애에 대한 인권기반실천은 매우 복잡하다. 특히, 장애인복지 영역에서는 그 이념적 지향이 과거의 의료재활 모델로부터 장애를 하나의 사회문제로 인식하고 사회적 책임을 강조하는 사회적 모델로 변화 중이다. 이에 따라 그 어느 때보다 장애인에 대한 인권기반실천이 강조된다. 이에 보건복지부는 2010년부터 '장애인거주시설 인권보호 권장 기준'을 마련하여 시설이용인의 인권보장을 위한 기준을 제시하는 등 인권 관점을 장애인복지실천 현장에 구체화하기 위해 노력하고 있다.

그러나 국가인권위원회(2011)의 발표에 따르면 인권침해에 대한 진정사건 중 장애인복지시설과 같은 다수인 보호시설의 인권침해 관련 진정은 전체 진정건수의 12.7%를 차지했다(임성택, 2011). 장애인거주시설에서의 인권침해뿐 아니라 지역사회에 거주하는 장애인의 노동 착취나 성폭력 등의 사건들도 여전히 매스컴에 보도되고 있어, 장애인복지에서 인권기반실천이 그 중요성을 더해 감을 알 수 있다. 이 장에서는 장애와 관련된 국내외 관련법을 살펴보고, 장애인의 인권 유형 및 주요 내용, 사례적용 등에 대해 논의해 보고자 한다(김미옥 외, 2006, 수정·보완).

1. 국내·외 관련 규정

1) 국제사회의 관련 규정

(1) 세계인권선언 (1948)

1948년 12월 19일 제5차 유엔총회에서 채택한 세계인권선언에서는 인류사회 모든 구성원의 고유한 존엄성과 평등하고 양도할 수 없는 일반적이고 원칙적인 인간권리를 선언하였다. 여기서 말하는 모든 인간에 장애인도 포함됨은 당연하며, 장애인도 정당한 사회 구성원으로서 그 권리를 주장할 수 있다. 인권선언 제1조는 "모든 사람은 날 때부터 자유롭고 동등한 존엄성과 권리를 가지고 있다. 사람은 천부적으로 이성과 양심을 가지고 있으며, 서로 형제애의 정신으로 행동하여야 한다"라고 하여, 인권의 존엄권과 평등권을 보장하였다. 또 제25조에서 "사람은 누구를 막론하고 의식주, 의료 및 필요한 사회적 시설을 포함하여 자신 및 그 가족의 건강과 안녕을 유지함에 충분한 생활수준을 보유할 권리를 가지며, 실직, 질병, 신체장애, 배우자의 상실, 노쇠 또는 기타 불가항력적인 사정으로 인하여 생활의 곤궁에 처할 때에 생활보장을 받을 권리를 가진다"고 하여, 장애인의 건강유지와 사회보장권에 대하여 기술하고 있다. 그리고 장애인을 포함하여 모든 인간은 "인종, 피부색, 언어, 종교, 정치상 또는 기타의 의견, 민족적 혹은 사회적 출신, 재산, 가문, 신분 등 어떠한 속성을 가지고 있든지 하등의 차별을 받음이 없이 인권과 자유를 향유할 권리"(제2조), "사회보장을 받을 권리, 존엄성과 인격의 자유로운 발달에 불가결한 경제적, 사회적 또는 문화적 제 권리를 실현하는 권리"(제 22조)를 가진다고 규정하였다.

(2) 장애인 권리선언 (1975)

1975년 12월 9일 제 30차 유엔총회에서는 정신장애인, 신체장애인을 포함한 모든 장애인에 대한 장애인 권리선언을 체결하였다. 이 선언문은 신체적·정신적 장애를 예방하고 장애인들이 능력을 최대한 개발할 수 있도록 원조하고, 가능한 한 통상적인 생활에 통합될 수 있도록 촉진할 것을 명시했다.

먼저 여기서 주목할 것은 장애인에 대한 정의이다. 이 선언에서 '장애인'이라 함은 선천적이든 후천적이든 간에 신체적·정신적 능력의 불완전으로 인해 개인 또는 사회생활에서 필요한 것을 확보하는 데 자기자신으로서는 완전하게 또는 부분적으로 할 수 없는 사람을 의미한다고 정의된다. 즉, 신체적 손상(*impairment*)에 의해서 사회생활상 필요한 기능이 제한되어 있으면 장애인으로 인정하는 기능적인 입장을 취하고 있다.

대체로 잘 알려진 이 선언에서 주목할 권리는 자립생활을 지향하는 원조를 받을 권리(제 5조), 경제·사회 계획의 각 단계에서 장애인들의 특별한 욕구가 고려될 권리(제 8조), 가족이나 부모와 같이 생활하며 모든 사회적·창조적 활동과 오락활동에 참여할 권리, 특수한 시설에 입소가 필요한 경우에는 같은 연령인 사람의 정상적 생활과 가능한 한 환경 및 생활조건이 유사한 곳에서 생활할 권리(제9조), 차별적·모욕적 또는 천박한 성질을 갖는 모든 착취와 규제, 그리고 모든 차별적·학대적 및 열등적 취급으로부터 보호받을 권리, 인격 및 재산의 보호를 위하여 적절한 법적 원조가 필요한 경우에는 이를 제공받을 수 있어야 할 권리, 장애인에 대하여 사법적 소송이 일어난 경우에는 그것에 적용되는 법적 절차는 그들의 신체적·정신적 상태를 충분히 고려하여야 할 권리 등의 내용으로 구성되어 있다.

이러한 조항들은 이전에 제시된 선언들에서 발전된 모습을 보이는 대표적인 조항들이다. 즉, 8조는 비장애인과는 다르게 장애인은 경제·사회의 계획 단계에서 배제되어 왔음을 시사하는 조항이며, 5조는 장애인의 인권을 보장하기 위해서는 자립생활을 지향하는 원조가 이루어져야 함을 보여 준다. 9조 역시 장애인의 경우 가족이나 부모와 함께 생활할 권리가 박탈되는 상황에 놓여 있었음을 알 수 있다. 또한, 장애인권리선언은 이미 성립된 정신지체인의 권리선언에서 다루지 못한 그 외의 장애 영역에 대해 보충적으로 기술한다는 의미가 아니고, 신체장애인과 정신지체장애인을 포함한 모든 장애인의 권리선언이다(박을종, 1998, 40쪽).

(3) 장애인권리협약(2006)

장애인권리협약은 유엔이 8번째로 채택한 인권협약으로 4년에 걸친 논의 끝에 2006년 9월 제61차 유엔총회에서 채택되었다. 장애인권리협약이 채택된 이후 회원국들은 각국 입법기관 등에서 정식 비준 절차를 밟게 될 것이며, 이는 장기적으로 국내법에도 상당한 영향을 미칠 것으로 보인다. 장애인권리협약은 모든 장애인이 모든 인권과 기본적인 자유를 완전하고 동등하게 향유하도록 증진·보호·보장하고, 모든 인권향유를 명백히 하고, 보호하고 장려하며, 장애인 고유의 존엄성을 존중하도록 장려함을 목적으로 한다(제1조 목적). 장애인권리협약의 내용은 〈표 7-1〉과 같이 요약할 수 있다.

이는 유엔헌장의 정신(세계의 자유와 정의, 평화), 세계인권선언과 인권 관련 국제문서, 장애인인권선언, 경제·사회·문화적 권리에 관한 국제협약, 시민·정치적 권리에 관한 국제협약, 모든 형태의 인종차별 철폐에 관한 국제협약 및 여성에 대한 모든 형태의 차별 철폐, 아동권리에 관한 국제협약 등 기존의 국제협약의 정신과 의의를 상기하고 인식하는 바탕 위에 있다(장애인권리협약 전문).

그러나 장애인권리협약은 기존의 장애인 인권 관련 규정에 비해 상당한 수준의 내용적 구체성과 강제성을 특징으로 한다. 특히 장애인권리협약은 기존의 장애인권 규정에 비해 '장애여성'(제6조) 및 '장애아동 보호'(제7조) 규정의 신설, 동등한 법적 능력 부여(제12조 및 제13조), 비인도적인 처우 금지(제15조, 제16조, 제17조), 자립을 위한 이동권 보장(제9조 접근성, 제18조 이동과 국적의 자유, 제19조 독립생활, 제20조 개인의 이동 등) 및 권리협약에 대한 당사국의 강력한 의무이행(제32조, 제33조, 제35조, 제36조 등)을 강조하는 등 국제법적 위치를 공고히 했다.

한편, 이 협약은 기존의 국제규정에 비해 근본적이며 중요한 기본적 원리들을 제시했다는 특징이 있다. 구체적으로 ① 스스로 선택할 수 있는 자유를 포함한 고유의 존엄성 및 개인의 자율성과 독립성 존중, ② 차별금지, ③ 완전하고 실질적인 사회참여와 사회통합, ④ 인류 다양

<표 7-1> 장애인권리협약의 주요 내용

구성	조항 및 내용	
전문	유엔헌장의 원리, 세계인권선언, 장애인인권선언, 경제·사회·문화적 권리에 대한 국제협약, 시민정치적 권리에 관한 국세협약 등 기타 유엔의 인권협약의 정신과 내용 상기, 장애인의 존엄성, 다양성, 자율성과 선택의 자유, 안전 등 기본적 장애인 인권의 중요성 확신	
제1부	제1조 협약의 목적 제2조 정의 제3조 제반원리들 제4조 일반적 의무 제5조 평등과 차별금지	제6조 장애여성 제7조 장애아동 제8조 장애에 대한 인식개선 제9조 접근성
제2부	제10조 생명권 제11조 위험상황 제12조 법 앞의 평등 제13조 재판접근권 제14조 인간의 자유와 안전 제15조 고문이나 잔혹, 　　　　비인간적 또는 모욕적인 　　　　대우나 처벌로부터의 자유 제16조 착취, 폭력과 　　　　학대로부터의 자유 제17조 인간고결성의 보호 제18조 이동과 국적의 자유 제19조 독립생활과 지역사회 통합 제20조 개인의 이동	제21조 표현과 의견 및 　　　　정보접근의 자유 제22조 사생활의 존중 제23조 가정과 가족에 대한 존중 제24조 교육 제25조 건강 제26조 해빌리테이션과 재활 제27조 노동과 고용 제28조 적절한 삶의 조건과 사회보장 제29조 정치적 그리고 　　　　공직생활의 참여 제30조 문화적 삶과 레크리에이션, 　　　　여가 및 스포츠에 대한 참여
제3부	제31조 통계와 자료수집 제32조 국제협력 제33조 국내이행과 모니터링 제34조 장애인권리위원회 제35조 당사국 보고서 제36조 보고서의 고려 제37조 당사국과 위원회 간의 협력	제38조 기타 기구와 위원회와의 관계 제39조 위원회의 보고 제40조 당사국 회의 제41조 기탁 제42조 서명 제43조 구속에 대한 동의 제44조 지역적 통합기구 등

성과 인간성의 하나로서 장애의 다양성 수용, ⑤ 기회균등, ⑥ 접근성, ⑦ 양성평등, ⑧ 장애아동 역량 계발을 위한 존중과 장애아동의 정체성 보호를 위한 권리존중의 제반 원리를 규정한다. 또한, 장애인권리협약은 모든 권리의 내용에서 현대사회의 실생활과 관련된 구체적이며 실질적인 권리보장이 이루어질 수 있도록 세세한 내용을 규정한다는 특징이 있다. 장애인들의 의사소통과 언어에서는 구어와 수화, 점자, 촉각 의사소통, 활자, 오디오, 인터넷 등을 망라하며, 장애인의 노동과 고용에서는 고용조건 및 고용환경, 장애인 고용증진을 위한 공공 및 민간의 인센티브제 실시 규정, 재활 서비스와 프로그램의 강조 등이 그 예라할 수 있다.

또한 장애에 대한 인식개선을 위해서 각 국가에서 실질적이고 적절한 대책을 강구하도록 규정했는데(제8조), 가족을 포함한 사회 전체의 장애인에 대한 인식개선을 위해 장애인 권리에 대한 감수성 증진, 장애인의 역량과 공헌에 대한 의식 고취, 직장과 노동시장에서 장애인의 기술, 장점, 능력과 기여에 대한 인식 장려, 모든 교육제도 내에서의 장애인의 권리를 존중하는 태도 양성 등을 권장한다.

(4) 기타 국제연합의 각종 규정

① 세계 장애인의 해의 이념(1981)

1976년 유엔총회는 1981년을 '세계 장애인의 해'로 정하고, 그 주제를 '완전한 참여'로 결정하였다. 이어 1979년 유엔총회에서는 "세계 장애인의 해는 장애인이 사회경제 개발로 인한 생활조건의 개선에서 균등한 분배뿐만 아니라 다른 시민과 동등한 생활조건의 향유와 그들이 살아가는 사회의 개발 및 사회생활에의 완전한 참여의 권리를 실현하도록 촉구하고 있음을 인식하며, 장애는 개인과 그 환경과의 관계로 파악되어야 한다는 것을 인정한다"고 결의하고, 세계 장애인의 해의 주제를 '완전한 참여와 평등'으로 확대할 것을 결정하였다.

② 장애인에 관한 세계행동계획(1982)

1983년 총회에서는 장애인에 관한 세계행동계획을 채택하였는데, 이 행동계획은 세계장애인의 해의 이념을 보다 효과적으로 실천하도록 권고하였다. 즉, 유엔은 세계장애인의 해의 취지를 세계 모든 국가에 철저하게 전달하고, 주도면밀하게 세계의 모든 사람들에게 호소할 설득력 있는 지침을 제시할 필요가 있다고 판단한 것이다.

이 행동계획은 장애와 관련된 철학과 다양한 의견을 수렴하여 총 201개 항으로 구성하였다. 특히 세계행동계획 제12조 1항은 '평등과 참여의 원리'를, 제2항은 '장애인 정책을 종합정책 속에 위치시키는 것'을, 제3항은 '장애 개념의 광범위성'을 제시하고, 제4항에서 '장애 개념을 명확화'하도록 하였다. 이때의 장애 개념은 세계보건기구의 장애 분류를 수용하고 신체적·정신 기능장애 또는 손상(*impairment*), 능력저하(*disability*)와 사회적 불리(*handicap*) 사이에는 각각 독자적인 의미가 있음을 부각시켜 장애의 이해를 촉진해야 한다고 밝혔다. 제5항에서는 '장애인이 놓여 있는 사회환경 문제의 인식과 해결'을, 제6항은 '바람직한 사회상으로서의 공생의 원칙'을 명백히 하였다.

이외 주목할 만한 인권 관련 규정으로는 기회균등화를 실현하기 위하여 "장애인에게 학교 교육, 취업 및 지역사회의 공공시설을 이용할 권리를 보장하고, 장애인의 이동을 방해하는 물리적 장벽을 제거하고 장애인에 대한 차별을 금지하는 법률이 제정되어야 한다"(제61항)고 하면서, 동시에 "장애인에 대한 기회균등이 제대로 이루어지지 않으면 장애인의 사회통합도 만족할 만한 수준이 아니다"(제63항)라는 점을 강조한 부분을 들 수 있다. 나아가 "회원국은 장애인이 다른 시민과 평등한 기회를 부여받을 것을 확보하는 책임을 가져야 한다"(제108항)라고 국가의 법제정 책임을 강조하였다. 이러한 세계행동계획은 평등한 기회에 대한 권리를 모든 인간에게 인정하고, 장애인의 인권 개념을 확대하는 데 크게 기여하였다.

③ 장애인의 기회평등화에 관한 기본규칙(1993)

유엔은 '장애인의 해 10년'(1983~1992) 이후, '장애인의 기회균등화에 대한 기본규칙'(1993. 12.)을 제정하여 장애인의 권리와 이에 대한 사회적 책임의 실천을 달성하고자 하였다. 이 규정은 총 22개의 규칙과 191개의 세부조항으로 구분되었으며, 단계적 접근을 시도하였다. 이 기본규칙은 장애인의 여건을 개선하기 위해서는 장애인의 권리에 관한 이해가 선행되어야 함을 강조하였다. 따라서 이 규정은 장애인 문제를 서비스의 부족이라기보다는 장애인 권리의 시각에서 접근해야 하는 것으로 파악한다.

기본규칙이 강조한 또 다른 점은 지역사회 통합이다. 따라서 장애인을 위한 시설의 확충보다 가족생활과 지역사회의 통합을 강조하고, 이를 위한 정책 역시 국가 전체의 일반계획 내에 포함시킬 것을 권고한다는 점에서 의의가 있다. 또한 이 기본규칙은 장애인과 그 단체의 참여와 자문 역할의 범위를 거의 모든 규칙의 세부 내용에 적용했다는 점에서 다른 국제규정들보다 발전되었다는 평가가 가능하다.

보다 구체적 인권 관련 규정으로는 접근권, 교육, 취업, 소득보장, 가정생활과 인간으로서의 존엄, 문화, 레크리에이션과 스포츠, 종교 등 8개 분야를 선정하였고, 그 실시방법으로 특히 각국 정부의 입법화 작업을 강조했다. 즉, "정부는 장애인의 완전참여와 평등이라는 목적을 달성하기 위하여 법적 근거를 마련할 책임을 가진다"(기본규칙 15)고 기술하였다. 이와 같은 국제연합에 의한 장애인의 인권에 대한 인식은 국제적으로 보편성을 갖게 되었으며, 각국에서 장애인의 시민권 확립과 장애인차별금지법제로서 실현되고 있다.

2) 주요국의 관련 규정

(1) 미국

① 장애인법(American with Disabilities Act)

미국의 차별금지 및 평등권 실현은 연방헌법 수정 제14조에 규정된 '법의 평등보호'에 근거를 두고, 1964년의 시민권법에서 그 영역을 확대 및 구체화하였다. 1973년 재활법(Rehabilitation Act)에 '장애에 근거하는 차별의 금지'가 부분적으로 규정되었으며, 이후 장애인 자신이 주체가 되는 전국적인 자립생활운동, 정책 과정에 대한 직접 참가, 로비활동 등이 활발히 전개되었다. 그러나 사회생활의 여러 영역에서 차별에 의해 장애인의 기본적 인권이 침해당하는 사례가 빈번이 일어났다. 1980년 미국의 장애인은 장애에 근거하는 차별의 철폐를 포괄적이고도 구체적으로 사회에 요청하고 법제정을 요구하였는데, 그 결과 1990년 7월 26일 '장애에 기초한 차별의 명확하고도 포괄적인 금지를 규정한 법률'〔일명 장애를 가진 미국인법 American with Disabilities Act (ADA) of 1990〕이 제정되었다.

이 법률은 문자 그대로 장애인에게 직접적인 원조 내지 지원을 하는 근거법이 아니라, 장애에 근거하는 차별을 사회적으로 규제하고자 하는 목적으로 제정되었다. 제 1장에서는 고용에서의 장애인 차별행위를 금지하며, 제 2장은 공공 서비스 영역에서의 장애인 차별행위 금지, 제 3장은 민간운영 공공편의시설 및 서비스 영역에서의 장애인 차별행위 금지, 제 4장은 통신에서의 장애인 차별금지 규정을 두었다.

ADA법이 제정된 후 시행규칙의 제정과 관련법제의 정비가 추진되었는데, 그 대표적인 사례가 전 장애아교육법과 재활법의 수정이다. 전 장애아교육법은 장애아교육법으로 개정되어 고등교육에서의 장애인 접근과 진로 및 이행 서비스를 강화하였으며, 재활법에서는 ADA법과의 관계를 재정립하는 동시에 지역 재활 프로그램 및 자립생활 서비스의 확충, 정부 부처 간 장애인 문제 조정심의회 및 재활 서비스 위원회의 설치와 권한을 강화하였다.

② 요양시설개혁법

한편, 미국의 장애인 인권과 관련하여 주목해야 할 법률은 1987년 전면 개혁된 요양시설개혁법 (Nursing Home Reform Act) 이다. 이 법은 대형시설에서의 인권 문제에 대해 의회의 요청에 따라 보건국에서 실시한 조사에서 요양시설생활인의 학대, 방치, 부적절한 케어를 확인하고, 그에 따라 요양시설 전반을 전면적으로 개혁한 결과로 탄생했다 (남구현 외 2005, 38~39쪽, 국가인권위원회).

요양시설개혁법의 기본 목적은 시설생활인들이 양질의 케어를 받아

"실현가능한 최상의" 육체적 · 정신적 · 심리사회적 복지에 도달하고 유지할 수 있도록 보장하는 것이다. 요양시설의 질 높은 케어를 보장하기 위해서 요양시설개혁법은 각 시설생활인들에게 일정한 서비스가 제공될 것을 요구하며 시설생활인들의 권리장전을 마련했다. 또한 이에 대한 조사와 검정절차를 통해 이를 준수하고 있음이 확인되어야 생활인들의 장기적 케어를 위한 의료급여(medicaid)와 의료보험(medicare) 급여를 받을 수 있도록 하였다. 요양시설개혁법상의 시설생활자는 다음과 같은 권리를 갖는다(총 21개 항목) (김미옥 외, 2006).

- 언어, 정신적 및 신체적 학대, 신체적 체벌 및 비자발적 격리로부터의 자유
- 안전하고 깨끗한 환경을 가질 권리
- 치료에서의 사생활 존중을 포함하여 완전한 인격체로서의 고려와 존중, 존엄하게 대우받을 권리
- 실험조사에의 참여를 거부할 권리
- 의사로부터 의학적 정보를 충분히 받을 권리 및 개인 진료기록을 엄격한 비밀보장하에 관리받을 권리
- 사회적 · 종교적 그룹, 지역사회 그룹에 참여하고 그들을 만날 권리
- 허용된 공간에서 개인소지품과 의복을 소요(所要)할 권리
- 개인적이며 비공개의 편지를 주고받을 권리
- 결혼한 경우, 배우자의 방문을 허락하고 시설에 생활할 시에 한방에서 살 권리
- 차별이나 보복 없이 서비스 · 정책에 대해 직원에게 이의를 제기할 권리

(2) 영국

① 장애차별금지법

영국은 사회복지의 역사가 오래되었고, 사회복지의 급여 내용이 사회적 제 위험을 포괄적으로 대비하고 있으며, 개개의 사회복지제도가 민주적 입법 과정을 거쳐 점진적으로 도입되었다. 다양한 사회복지 급여와는 별개로 공·사적 영역에서의 장애인 차별을 금지하여야 한다는 장애인계의 요구에 의하여 1995년 장애차별금지법이 제정되었다.

영국에서의 장애차별금지법 제정은 1979년 일부 장애인 단체가 노동당에 장애인에 대한 규제에 대처하는 위원회(Committee on Restrictions Against Disabled People)의 수립을 요구한 것을 그 시발점으로 볼 수 있다. 1982년 이 위원회는 장애인차별 사례를 찾아내 차별금지법을 제정하고 집행기구를 설립하고자 하였으나 의회에 의해 거부되었다. 이후 1985년 50개 이상의 장애인 및 회원단체가 구성되어 차별금지법 수립을 위한 캠페인 "라이트 나우"(Right Now)를 다시 시작하였다. 이들의 다양한 운동은 1980년대 초부터 개개인의 의원들로부터 법인이 속속 상정되는 결과를 가져왔으나, 이는 '장애인도 사람이다'라는 원칙을 밝히는 수준의 것들이었다.

이후 몇 차례의 입법이 시도되었으나, 장애차별금지법이 제정된 것은 1995년이었다. 영국에서 장애차별에 대한 대표적인 입법은 장애차별금지법과 장애권리위원회법(1999)이다. 장애차별금지법 제정 이후, 지방자치단체가 이 법을 지원하고 올바르게 적용할 수 있도록 각종 정책의 방향을 제시하기 위하여 영국 리즈대학에서 '지방정부의 장애인 정책 및 실천에 관한 지침'(1996)을 만들었다. 이 지침의 특징적 부분은 '장애평등기준'(Disability Equality Standards)을 제시한 것으로서, 장애평등기준은 지방정부가 시행하고 있거나 시행하려는 장애인 정책이 장애인근로자 및 지역사회의 장애인을 차별하는 것은 아닌지를 판별하기 위한 체크리스트이다. 장애평등기준에 의하면 지방정부가 정책을 시행할 때 지방정부의 적극성, 직접적인 행동, 결과로서 나타난 성과를 중시한다. 또한 평등기준의 영역으로 정책과 기획 분야, 재화와 이용 및 서비스 보호 분야, 지역발전 분야, 고용 및 시장 분야로 나누어 각 분야에서 장애인 차별을 없애기 위해 어떤 기준이 필요한지를 구체적으로 제시했다.

② 인권법

영국은 1998년도에 유럽인권협약에 근거하여 인권법을 제정하였다. 인권법은 특히 시설거주인들의 권리보장을 비롯한 인권보장을 위한 법적 시스템을 강화하였다.

인권법의 제정은 국가 및 지방정부의 책임을 강화하고 서비스 제공과정에서의 이용자의 인권보장에 대한 법적 근거를 명확히 함으로써 이용자의 권리를 강화했다. 인권법 규정에 따라 영국 버밍엄 주가 제정한 '시설생활인의 권리보장'(Your 20 Rights) 주요 내용은 다음과 같다.

- 원하는 호칭으로 불릴 권리, 스스로 돌볼 수 있는 권리
- 자신의 행동에 대한 개별적 독립, 개별적 선택, 개별적 책임의 권리
- 극히 개인적인 차원에서의 케어에서 존엄성을 존중받고 한 사람의 개인으로 다루어질 권리
- 인종, 종교, 성, 성적 지향성, 장애, 연령 등으로부터 반차별적인 서비스를 받을 권리

- 독립적인 방을 가질 권리와 방의 크기를 선택할 권리, 안전성을 보장받을 권리, 방을 장식하고 가구를 배치할 권리
- 개별적인 프라이버시의 인정, 방을 잠글 수 있는 권리와 사유물 보관의 권리
- 지역사회의 다른 사람들과 교제할 권리, 필요한 시설물을 원하는 장소로 이동할 수 있는 권리
- 스스로 약물을 관리하고, 옷 보관, 재정관리, 식단표를 받아 볼 권리, 적절한 식사의 권리
- 공식적인 이의제기 절차에서 친구나 조언자가 대리할 권리

3) 우리나라의 관련 규정

우리나라의 장애인 인권 관련 규정으로는 헌법이 정한 기본권 관련 조항 및 장애인복지 관련 개별 법률, 유엔의 세계인권선언·장애인의 권리선언·장애인에 관한 세계행동계획 등 국제적인 장애인 인권 규정을 근거로 채택된 우리나라의 '장애인 인권헌장'이 대표적이다.

(1) 관련 법규

① 헌법

우리나라의 헌법은 제10조 '인간으로서의 존엄성과 행복추구권 보장'을 통해, "모든 국민은 인간으로서의 존엄과 가치를 가지며, 행복을 추구할 권리를 가진다. 국가는 개인이 가지는 불가침의 기본적 인권을 확인하고 이를 보장할 의무를 진다"고 명시한다. 또 헌법은 모든 영역에서 각인의 기회균등, 법 앞의 평등 원칙과 차별금지 및 교육의 기회

균등 등을 규정하였다.

헌법 제34조는 가장 대표적인 사회적 기본권 규정으로, 1항에서는 인간다운 생활을 할 권리로서의 생존권을 규정하고(제34조 1항), 국가의 사회보장 및 사회복지 증진 노력의 의무(2항) 및 신체장애자 및 질병, 노령 기타의 사유로 생활 능력이 없는 국민에 대한 국가의 보호(5항)를 규정한다.

② 장애인복지법

장애인복지법 역시 장애인은 장애인으로서의 존엄과 가치를 존중받으며 이에 상응하는 처우를 받는다고 규정하고, 제2항에서 모든 장애인에게는 국가, 사회를 구성하는 일원으로서 정치, 경제, 사회, 문화, 기타 모든 분야의 활동에 참여할 기회가 보장된다고 함으로써 헌법에서 보장하는 기본적 인권이 장애인에게 역시 동등하게 보장됨을 천명하였다. 제4조는 복지라는 개념이 국민의 기초적 생계만을 보장하는 국가의 시혜적 행위라는 지금까지의 인식에서 한걸음 나아가, 장애인 복지란 장애인의 인권을 구체적으로 보장하는 것을 의미하는 매우 중요한 조문이라 할 것이다. 또한 장애인복지법 제4조 2항은 "누구든지 장애를 이유로 정치적·경제적·사회적·문화적 생활의 모든 영역에 있어 차별을 받지 아니한다"고 규정함으로써 헌법이 정한 평등의 원칙을 다시 한 번 확인하였다. 제9조에서는 국가와 지방자치단체는 장애 발생을 예방하고, 장애의 조기 발견에 대한 국민의 관심을 높이고, 자립을 지원하며, 필요한 보호를 명시하여 장애인 복지를 증진할 책임을 지고 있음을 명백히 하였다. 이제 복지는 정부가 주는 대로 받기만 할 수 있는 수동적이고 반사적인 이익에서, 구체적인 복지 서비스를 요구하고 청구할 수 있는 권리의 차원에 이르게 된 것이다.

③ 특수교육진흥법

특수교육진흥법은 장애인들도 장애를 입지 않은 학생들과 동등한 교육을 받을 수 있도록 하기 위하여 제정되었다. 이 법에 의하여 장애학생도 의무교육을 받을 수 있게 되었고, 교사가 학생을 찾아가 지도하는 순회교육, 장애아동과 장애를 입지 않은 아동이 동일한 교육환경에서 사회적으로 상호통합하는 것을 내용으로 하는 통합교육, 장애의 특성에 따라 지도 내용 및 방법을 달리할 수 있도록 하는 개별화교육, 치료를 겸할 수 있도록 하는 치료교육, 부모로 하여금 장애아동의 지도에 동참하도록 하는 보호자교육 및 직업교육 등을 받을 수 있게 됐다. 이렇게 형식적·양적 측면에서 보면 장애아 교육환경은 전보다 많이 진전되었다고 볼 수 있다. 그러나 교사 한 사람이 맡아야 할 장애아동이 13명이 넘고(교사 1인당 2~3명이 적절함), 교육환경도 마치 1970년대로 되돌아간 느낌을 주는 곳이 있는가 하면, 대부분 발달장애아동과 시각·청각 장애아동들은 분리교육을 받고 있는 실정이어서 이제는 질적인 측면을 고려한 교육정책이 시행되어야 할 것이다.

④ 장애인·노인·임산부 등의 편의증진 보장에 관한 법률

본 법률은 장애인·노인·임산부 등이 생활을 영위할 때 다른 사람의 도움 없이 안전하고 편리하게 시설 및 설비를 이용하고 정보에 접근하도록 보장함으로써 이들의 사회활동 참여와 복지증진에 이바지함을 목적으로 하고 있다. 편의증진법 제정으로 이제 장애인의 사회통합을 위한 기본권 확보가 가능해졌다고 볼 수 있다. 지금까지 장애인 문제에서 단순히 생계 보장적 측면만을 강조해 오던 기존의 시각에 변화를 가져온 것이다(김정열, 2000).

⑤ 장애인차별금지 및 권리구제 등에 관한 법률

이 법률은 모든 생활 영역에서 장애를 이유로 한 차별을 금지하고 장애를 이유로 차별받은 사람의 권익을 효과적으로 구제함으로써 장애인의 완전한 사회참여를 성취하고, 평등권 실현을 통하여 인간으로서의 존엄과 가치를 구현함을 목적으로 한다. 2007년 4월 10일 제정되어 1년 후인 2008년 4월 11일부터 시행되었다. 이 법에서 금지하는 '차별행위의 사유가 되는 장애'라 함은 신체적·정신적 손상 또는 기능 상실이 장기간에 걸쳐 개인의 일상 또는 사회생활에 상당한 제약을 초래하는 상태를 말한다. 이 법에서 금지하는 '차별'은 다음과 같다. 차별 판단은 차별의 원인이 2가지 이상이고, 그 주된 원인이 장애라고 인정되는 경우 그 행위는 장애인차별금지법에 따른 차별이라고 간주한다.

① 장애인을 장애를 사유로 정당한 사유 없이 제한·배제·분리·거부 등에 의하여 불리하게 대하는 경우
② 장애인에 대하여 형식상으로는 제한·배제·분리·거부 등에 의하여 불리하게 대하지 않지만 정당한 사유 없이 장애를 고려하지 아니하는 기준을 적용함으로써 장애인에게 불리한 결과를 초래하는 경우
③ 정당한 사유 없이 장애인에 대하여 정당한 편의 제공을 거부하는 경우
④ 정당한 사유 없이 장애인에 대한 제한·배제·분리·거부 등 불리한 대우를 표시하거나 조장하는 광고를 직접 행하거나 그러한 광고를 허용·조장하는 경우
⑤ 장애인을 돕기 위한 목적에서 장애인을 대리·동행하는 자에 대하여

①~④의 행위를 하는 경우

⑥ 보조견 또는 장애인보조기구 등의 정당한 사용을 방해하거나 보조견
  및 장애인보조기구 등을 대상으로 ④에 따라 금지된 행위를 하는 경우

이 법을 적용하여 차별 여부를 판단할 때는 장애인 당사자의 성별,
장애의 유형 및 정도, 특성 등을 충분히 고려하여야 한다. 또 국가 및
지방자치단체는 장애인 및 장애인 관련자에 대한 모든 차별을 방지하
고 차별받은 장애인 등의 권리를 구제할 책임이 있으며, 장애인 차별을
실질적으로 해소하기 위해 이 법에서 규정한 차별 시정에 대하여 적극
적인 조치를 하여야 한다. 또한 국가 및 지자체는 장애인 등에게 정당
한 편의가 제공될 수 있도록 필요한 기술적 · 행정적 · 재정적 지원을
해야 한다(김미옥 외, 2006).

(2) 한국장애인인권헌장 (1998)

1998년 12월 9일 공표된 한국장애인인권헌장은 전문과 13개 조항으
로 구성되었다. 한국장애인인권헌장 전문에서는 장애인이 인간의 존
엄과 가치를 가지며 행복을 추구할 권리를 갖는 인권의 주체임을 천명
하고, 국가와 사회는 장애인의 인권보호와 완전한 사회참여 및 평등을
위한 사회적 여건과 환경을 조성하여야 함을 선언하였다.

한국장애인인권헌장은 장애인들이 장애를 이유로 차별받지 아니할
권리(1항), 인간다운 삶을 영위할 수 있는 소득, 주거, 의료 및 사회복
지 서비스 등을 보장받을 권리(2항), 이동권과 시설편의 및 의사소통과
관련된 권리(3항), 직업선택과 정당한 보수의 권리(6항), 문화 · 예술
· 체육 및 여가활동에 참여할 권리(7항), 가족권(8항, 11항), 인격과

재산보호를 위한 법률상의 도움(10항), 국가정책의 계획단계에서부터 우선 고려되고 정책결정에 참여할 권리(13항) 등의 내용을 규정한다.

2. 인권 유형과 보장 내용

장애인의 인권 유형은 크게 평등권, 생존권, 자유권, 사회권 등으로 구분된다. 기본적으로 이러한 인권 유형들은 모든 장애인에게 적용가능하다. 이 장에서는 상대적으로 인권이 더 취약하다고 판단되는 시설장애인의 인권 유형과 보장 내용을 〈표 7-2〉와 같이 정리하여 소개하고자 한다.

1) 평등권

평등권은 장애인이 한 사람의 개인으로서 존중받을 권리를 의미하는 것으로 인격권이라고 명명하기도 한다. 이 권리는 모든 장애인에게 동등하게 적용되며, 장애인이 연령, 성, 장애 정도, 장애 유형, 종교, 출신지역, 가족 배경 등 어떠한 이유에서라도 장애인의 차별이 금지되어야 함을 의미한다.

2) 생존권

생존권은 기본적으로 장애인의 생존과 직결되는 의식주와 관련된다. 이 권리는 재가장애인의 경우 주거권을 포함하는 의미이며, 주거가 보

〈표 7-2〉 거주시설 장애인의 인권 유형 및 내용

인권 유형	하위 유형	인권보장 내용 (관련 세부규정)
평등권 (장애인권리협약 5조,17조)	차별금지 (세계인권선언 1조, 장애인권리선언 2조, 3조, 장애인인권헌장 1조)	· 연령, 성, 장애정도, 장애유형, 종교, 출신지역, 가족배경 등 어떠한 이유에서라도 장애인의 차별 금지 [버밍엄 주 시설생활인의 권리보장(이하 버밍엄) 5조] · 개인적 차원의 보호에 있어 존엄성과 한 사람의 개인으로 존중받을 권리 (미국 요양법 4조) · 장애아동의 모든 인권과 기본적 자유의 완전한 향수 [장애인권리협약(이하 권리협약) 7조 1항]
생존권 (권리협약 10조, 11조, 15조, 16조, 25조)	의식주 생활 (장애인권리헌장 2조)	· 개인적으로 옷을 구입·소유·선택하고 보관할 수 있는 권리 (버밍엄 13조) · 신발을 구입·소유·선택하고 보관할 수 있는 권리 (남구현 외) · 영양학적으로 적절한 식사와 보장(식단표) (버밍엄 15조) · 식사 및 간식의 선택과 결정[교남 소앙의집 인권규정(이하 교남) 32조 4항] · 식사보조 및 폐쇄한 식당환경 (교남 32조 3항) · 숙소의 크기와 인원의 적정한 규모 (버밍엄 8조) · 숙소의 적절한 냉·난방과 개별 침구 정리 (남구현 외) · 숙소를 꾸미고 가구를 배치할 권리, 필요한 가구를 요구할 권리 (버밍엄 8조)
	의료 및 건강 (장애인권리헌장 2조, 권리협약 25조)	· 의료인 및 의료장비의 구비 (남구현 외) · 의료서비스에 대한 설명 (미국 요양법 16조) · 화장실 등 공중위생 관리 (남구현 외) · 필요한 보장구 및 사용의 자유 (교남 58조 2항) · 의료적 욕구와 표현에 자신의 의료적 상태에 대해 설명 받을 권리 (미국 요양법 5조)
	안전의 권리 (세계인권선언 3조)	· 숙소 및 거주시설의 친환경적 건축자재 사용 (남구현 외) · 화재에 대한 대비장치 (남구현 외)
	신체·정신적 안전의 권리 (장애인권리헌장 9조)	· 신체적 강요, 신체적 체벌 및 구타로부터의 자유 (미국 요양법 1조) · 비하언어 사용 및 정신적 괴롭힘으로부터의 자유 (교남 42조) · 성적 희롱 및 성추행, 성폭행, 성적 봉사로부터의 자유 (인권위원회 5조)

〈표 7-2〉 (계속)

인권 유형	하위 유형	인권보장 내용 (관련 세부규정)
자유권 (권리협약 14조, 21조, 22조)	자기결정권	· 원하는 호칭으로 불릴 권리 (버밍엄 1조) · 이미용, 목욕 등을 자신의 선호에 따라 선택 (교남 10조 5항) · 자신이 할 수 있는 한 스스로 돌볼 수 있는 권리 (버밍엄 2조) · 성생활 보장 (버밍엄 14조)
	종교의 자유 (세계인권선언 18조)	· 특정종교의 강요 금지 (교남 22조) · 주일에 대한 존중과 종교의식 존중 (영국 인권법 9조) · 종교를 바꿀 수 있는 권리 보장 (영국 인권법 9조) · 종교생활의 자유 (획일적 종교의식을 강요받지 않을 권리) (남구현 외)
	사생활 보호권 (세계인권선언 12조, 권리협약 22조)	· 목욕 보조 시 프라이버시 보호 (성별 고려 등)(교남 10장 8조) · 개인물품 보관함 제공 (교남 14조) · 개인의 방을 잠글 수 있는 권리 (버밍엄 9조) · 우편물, 전화 등에 대한 개인정보 보호 (미국 요양법 13조) · 개인의 동의 없이 외부에 노출시키거나 정보를 제공하지 않음 (교남 10조) · 개인의 신분증을 본인이 관리 (남구현 외)
	외부와의 소통 (권리협약 19조)	· 방에 다른 사람을 초대하여 사적인 대화를 나눌 수 있는 권리 (버밍엄 10조) · 지역사회 다른 사람들과 교제할 수 있는 기회 보장 (버밍엄 11조) · 외출의 자유 (버밍엄 11조)
	입·퇴소의 자유	· 입·퇴소 시 자신의 의지 반영 (남구현 외) · 타 시설로 의뢰될 경우 이유 및 이후의 생활에 대한 정보 제공 (미국 요양법 20조)
	표현 및 정보의 자유 (권리협약 21조)	· 전화 및 통신기구의 사용 보장 (교남 66조 1항) · 인터넷을 통한 정보 접근성 제공 (권리협약 21조 a,b항) · 수화, 점자 등 모든 장애유형에 적합한 의사소통수단 제공 (권리협약 21조 c, d항) · 장애아동이 나이와 성숙에 따른 자유로운 의사표현 권리 (권리협약 7조 3항)

〈표 7-2〉 (계속)

인권 유형	하위 유형	인권보장 내용 (관련 세부규정)
사회권 (권리협약 19조, 20조, 21조, 24조, 23조, 27조, 28조)	가족권 (세계인권선언 16조, 장애인권리선언 9조, 장애인권리헌장 1조, 12조, 권리협약 23조)	· 가족과의 자유로운 면회 및 교류의 권리 (미국 요양법 19조) · 임신·출산·양육 시 보호받을 권리 (장인헌 11조) · 결혼 및 배우자와 함께 생활할 권리 (미국 요양법 19조) · 아동 또는 부모의 장애로 부모로부터 분리 금지 (권리협약 23조 3항) · 장애아동 은폐, 유기 방지를 위해 종합적 정보, 서비스 제공 (권리협약 23조 4항)
	사회보장권 (장애인인권헌장 2조, 권리협약 28조)	· 국가의 생계급여 등 수당의 지급액에 대한 정보와 권리 (남구헌 외) · 적절한 사회복지 서비스를 받을 권리 (교남 58조) · 기관의 프로그램에 참여할 권리 (교남 36조 2항)
	교육권 (세계인권선언 26조, 장인선 5조, 권리협약 24조)	· 연령 및 능력에 적합한 교육을 제공받을 권리 (교남 52조) · 교육기관을 이용할 권리, 낮은 연령대 모든 아동 포함, 모든 교육제도 내에서 · 장애인 권리 존중 (권리협약 8조 2(b)항)
	노동권 (세계인권선언 4조, 장인선 6조, 권리협약 27조)	· 시설 내 노동의 권리 보장 및 강제노동으로부터의 자유 (남구헌 외) · 직업의 선택의 자유 (교남 48조) · 직업훈련 프로그램, 직업소개 서비스를 제공받을 권리 (권리협약 27조 d항)
	경제권 (세계인권선언 17조, 장애인권리선언 11조)	· 개인재산 소유 및 관리의 자유 (세계인권선언 17조) · 노동에 따른 적정보수 지급 및 관리 및 권리의 자유 (장애인권리선언 11조)

〈표 7-2〉 〈계속〉

인권 유형	하위 유형	인권보장 내용 (관련 세부규정)
정치권 (권리협약 29조)	정치적 표현의 자유 (세계인권선언 21조 2항, 권리협약 29조 b항)	· 자유로운 정치적 의사표현 보장 및 피선거권자(후보자)로 참여할 수 있는 권리 (교남 62조 1항)
	투표권 (세계인권선언 26조 1항, 3항 및 장애인권헌장 3조, 권리협약 29조 a항)	· 투표에의 참여 보장, 투표와 관련된 정보의 제공, 비밀투표의 원칙 보장 (교남 62조 2항)
문화권 (권리협약 30조)	문화, 예술, 체육 및 여가활동(세계인권선언 27조, 장애인인권헌장 7조)	· 자유로운 문화·여가생활의 보장 및 프로그램의 제공 (장인헌 7조) · 시설 내 문화매체의 구비 및 자유로운 이용 (남구현 외) · 스포츠, 레크레이션 활동 장소 및 참여 보장 (권리협약 30조 5항)
법절차적 권리 (권리협약 13조)	법률상의 도움 (장애인권헌장 10조)	· 인격과 재산 보호에 필요한 법률상의 도움을 받을 권리 (장애인권리선언 11조) · 장애아동 관련 소송에서 아동의 최대이익 고려 (권리협약 7조 2항)
	시설운영 참여 (장애인인권헌장 13조)	· 시설서비스에 대한 이의가 있을 시 보복을 우려하지 않고 이를 표현할 권리 (버밍엄 20조, 미국 요양법 19조) · 시설생활 및 시설의 운영에 생활 장애인의 의견 반영 (남구현 외)

김미옥 외(2008), 장애인 거주시설의 인권 연구, 한국사회복지정책.

장되는 시설장애인의 경우는 주로 의식과 관련된 권리라고 볼 수 있다. 구체적으로 〈표 7-2〉에서와 같이 생존권은 의식주 생활, 의료 및 건강, 안전권, 신체・정신적 안전의 권리 등으로 구분된다. 최근에는 특히 학대 등으로부터의 보호를 의미하는 신체・정신적 안전의 권리 등도 강조되고 있다.

3) 자유권

자유권은 장애인의 인권 유형 중 매우 중요하게 다루어지는 영역이다. 특히, 최근 장애계에서 사회적 모델 및 자립생활 모델 등 장애의 이념적 모델이 변화하면서, 장애인의 선택과 자기결정이 더욱 강조되고 있다. 이러한 추세에 따라 장애인의 자유권 보장을 위한 다양한 논의들이 확장되고 있다. 자유권은 크게 자기결정권, 종교의 자유, 사생활보호권, 외부와의 소통, 입퇴소의 자유, 표현 및 정보의 자유 등으로 구분된다. 이 중에서도 특히 시설장애인의 경우 사생활보호권과 자기결정권 등이 매우 중요하다.

4) 사회권

사회권은 '복지권'이라고 흔히 명명되기도 한다. 이 권리는 가족권, 사회보장권, 교육권, 노동권, 경제권 등으로 구분되며, 장애인복지에서 포괄적으로 장애인에게 강조하는 권리 영역이다. 이 권리 영역은 재가 및 시설장애인에 상관없이 모든 장애인에게 중요하다.

5) 정치권

정치권은 자유로운 정치적 의사표현 보장 및 피선거권자(후보자)로 참
여할 수 있는 권리를 의미하는 '정치적 표현의 자유' 및 투표에의 참여
보장, 투표와 관련된 정보의 제공, 비밀투표의 원칙 보장 등의 '투표권'
으로 구분할 수 있다. 이는 '선거권'으로 명명하기도 한다.

6) 문화권

문화권은 장애인의 문화, 예술, 체육 및 여가활동에서의 권리보장을
의미하며, 문화향유권, 여가권 등으로 불리기도 한다. 이 권리는 최근
에 더욱 강조되는 경향을 보이며, 장애인의 생존권 등의 기본권이 보장
될수록 문화권이 더 중요해질 가능성이 있다.

7) 법절차적 권리

법절차적 권리는 장애인이 법률상의 도움이 필요할 때 적절한 도움을
받을 수 있도록 지원하는 권리를 의미한다. 이는 인권위원회의 권리구
제절차 등을 통해 활용가능하다.

3. 인권침해 현황과 실태

1) 장애인구 현황

우리나라 재가장애인(2011)은 모두 261만 1천 명으로 추정되며, 이 중 남성장애인은 151만 4천 명, 여성장애인은 109만 6천 명으로 추정된다. 2005년 장애인실태조사와 비교하여 남성장애인의 상대적인 비율은 대체로 감소 추세를 보였지만 여성장애인은 2005년에 비해 2011년

〈표 7-3〉 재가장애인 수(추정) 및 연령분포

단위: 명, %

항목	2005년			2011년		
	전체	여성	남성	전체	여성	남성
장애인 수	2,101,057 (100.0)	842,826 (40.1)	1,258,231 (59.9)	2,611,126 (100.0)	1,096,882 (42.0)	1,514,244 (58.0)
학령기 이전	22,815 (1.1)	8,881 (1.1)	13,934 (1.1)	14,361 (0.5)	6,800 (0.6)	7,561 (0.5)
학령기	66,345 (3.2)	18,936 (2.2)	47,409 (3.8)	84,252 (3.2)	29,121 (2.7)	55,131 (3.6)
청년기	481,900 (22.9)	162,678 (19.3)	319,222 (25.4)	444,280 (17.0)	145,671 (13.3)	298,609 (19.7)
장년기	848,108 (40.4)	303,651 (36.0)	544,457 (43.3)	1,054,148 (40.4)	383,870 (35.0)	670,278 (44.3)
노년기	681,889 (32.5)	348,680 (41.4)	333,209 (26.5)	1,014,085 (38.8)	531,421 (48.4)	482,664 (31.9)
계	2,101,057 (100.0)	842,826 (100.0)	1,258,231 (100.0)	2,611,126 (100.0)	1,096,882 (100.0)	1,514,244 (100.0)

* 학령기 이전: 만 0~7세, 학령기: 만 8~18세, 청년기: 만 19~44세, 장년기: 만 45~64세, 노년기: 만 65세 이상으로 구분함.
** 괄호 안은 빈도(비율)을 의미함.
출처: 김미옥 외(2012), 여성장애인지원정책 개발을 위한 연구, 보건복지부.

에 약 0.9%인 25만여 명이 증가했다. 이는 여성의 사회참여 증가로
인한 후천적 장애 발생과 인구의 고령화에 따른 여성노인의 증가 때문

〈표 7-4〉 장애 유형 및 장애 징도

단위 : 명, %

항목		전체		여성		남성	
		빈도	비율	빈도	비율	빈도	비율
장애유형	지체장애	1,337,723	51.2	566,433	51.6	771,291	50.9
	뇌병변장애	261,746	10.0	103,334	9.4	158,411	10.5
	시각장애	249,259	9.5	101,408	9.2	147,850	9.8
	청각장애	260,403	10.0	107,373	9.8	153,030	10.1
	언어장애	17,207	0.7	3,746	0.3	13,461	0.9
	지적장애	161,249	6.2	71,432	6.5	89,817	5.9
	자폐성장애	14,888	0.6	840	0.1	14,048	0.9
	정신장애	95,821	3.7	44,753	4.1	51,068	3.4
	신장장애	57,142	2.2	25,639	2.3	31,503	2.1
	심장장애	12,864	0.5	5,848	0.5	7,016	0.5
	호흡기장애	15,551	0.6	4,521	0.4	11,030	0.7
	간장애	7,920	0.3	1,923	0.2	5,997	0.4
	안면장애	2,696	0.1	1,050	0.1	1,646	0.1
	장루요루장애	13,072	0.5	6,208	0.6	6,864	0.5
	간질장애	9,772	0.4	4,359	0.4	5,413	0.4
	미등록	93,813	3.6	48,014	4.4	45,799	3.0
	계	2,517,312	100.0	1,048,868	100.0	1,468,445	100.0
장애정도	1급	192,690	7.7	83,587	8.0	109,103	7.4
	2급	381,194	15.1	154,485	14.7	226,709	15.4
	3급	448,389	17.8	183,562	17.5	264,827	18.0
	4급	374,693	14.9	179,487	17.1	195,206	13.3
	5급	528,013	21.0	242,610	23.1	285,404	19.4
	6급	592,334	23.5	205,138	19.6	387,196	26.4
	계	2,517,312	100.0	1,048,868	100.0	1,468,445	100.0

김미옥 외(2012), 여성장애인지원정책 개발을 위한 연구, 보건복지부.

으로 예상할 수 있다. 실제로 2011년 노년기의 여성장애인 비율과 수가 증가했다.

장애인들의 장애 유형과 장애 정도는 〈표 7-4〉와 같다. 여성장애인은 절반 이상인 51.6%가 지체장애인 유형으로 나타났다. 장애 정도는 중증(1~2급)이 22.7%, 경증(3~6급)이 77.3%의 비율을 보였다.

2) 인권 관련 현황 및 실태

(1) 재가장애인

장애인의 인권침해 현황을 전수조사한 자료는 없다. 이에 이 장에서는 5년마다 실시되는 장애인실태조사를 기초로 장애인의 인권침해 실태를 살펴보고자 한다. 〈표 7-5〉는 상대적으로 인권침해에 취약한 것으로 보고되는 기준 중 하나인 성별을 기초로 정리한 자료이다.

장애를 이유로 가족으로부터 무시나 폭력 피해를 입은 경험이 있는 여성장애인은 7.6%(8만 3,517명)로, 이 중 2.1%(2만 3,236명)는 빈번하게 경험하는 것으로 나타났다. 여성장애인을 무시하거나 폭행을 행사하는 가족 구성원으로는 배우자가 36.0%로 가장 비율이 높았으며, 다음으로는 자녀 20.7%, 형제자매 17.4%, 부모 15.9% 순으로 나타났다. 특히 자녀로부터의 폭행은 남성장애인이 9.9%로 나타난 것에 비하면 2배 가까이 높은 수치였다. 여성장애인에게 가족 내에서 가해지는 폭행 유형으로는 언어폭력이 52.1%로 가장 많았고, 정신적 폭력 20.7%, 신체적 폭력 12.0%, 방임 및 유기 9.7%, 경제적 폭력 5.2%, 성적 학대 0.4% 순으로 나타났다. 따라서 가족에 대한 장애이해 교육이나 전문적인 상담의 필요성이 제기된다(〈표 7-6〉).

<표 7-5> 가족으로부터 무시나 폭행을 겪은 경험 및 가족 유형

단위 : 명, %

항목		전체		여성		남성	
		빈도	비율	빈도	비율	빈도	비율
경험 여부	자주 있다	40,083	1.5	23,236	2.1	16,847	1.1
	가끔 있다	146,242	5.6	60,281	5.5	85,961	5.7
	없다	2,424,801	92.9	1,013,365	92.4	1,411,436	93.2
	계	2,611,126	100.0	1,096,882	100.0	1,514,244	100.0
가족 유형	배우자	70,213	37.7	30,069	36.0	40,143	39.0
	부모	32,077	17.2	13,241	15.9	18,837	18.3
	자녀	27,522	14.8	17,296	20.7	10,225	9.9
	형제자매	41,948	22.5	14,571	17.4	27,377	26.6
	손자녀	2,269	1.2	580	0.7	1,689	1.6
	조부모	1,548	0.8	718	0.9	831	0.8
	배우자 가족	8,107	4.4	5,916	7.1	2,191	2.1
	기타	2,641	1.4	1,125	1.3	1,516	1.5
	계	186,325	100.0	83,516	100.0	102,809	100.0

김미옥 외(2012), 여성장애인지원정책 개발을 위한 연구, 보건복지부.

<표 7-6> 가족 내 차별 및 폭력 유형

단위 : 명, %

항목	전체		여성		남성	
	빈도	비율	빈도	비율	빈도	비율
언어폭력	99,942	53.6	43,539	52.1	56,403	54.9
정신적 폭력	45,483	24.4	17,250	20.7	28,233	27.5
신체적 폭력	13,662	7.3	9,997	12.0	3,665	3.6
성적 학대	303	0.2	303	0.4	0	0.0
방임 및 유기	18,822	10.1	8,124	9.7	10,698	10.4
경제적 폭력	8,112	4.4	4,303	5.2	3,809	3.7
계	186,324	100.0	83,517	100.0	102,808	100.0

김미옥 외(2012), 여성장애인지원정책 개발을 위한 연구, 보건복지부.

성폭행·성추행·성희롱 피해 경험이 있는 여성장애인은 2.0%(2만 1,900명)로 남성장애인 0.1%(238명)에 비해 두 배 정도 높게 나타나 이에 대한 관심이 요구된다. 주가해자는 모르는 사람이 44.6%로 가장 많았으며, 이웃 15.9%, 근친(가족) 15.6%, 남자친구 12.3%의 순으로 나타났다. 비장애여성의 경우 애인·동급생·선후배가 23.8%, 기타 20.0%, 친족·친인척·배우자가 15.9%, 모르는 사람이 14.4% 순

〈표 7-7〉 성폭행 경험, 가해자 유형, 피해 시 도움을 줄 시설의 필요 정도

단위 : 명, %

항목	전체		여성		남성	
	응답자	비율	응답자	비율	응답자	비율
1. 경험 여부						
있다	22,138	0.8	21,900	2.0	238	0.1
없다	2,588,988	99.2	1,074,982	98.0	1,514,007	100.0
계	2,611,126	100.0	1,096,882	100.0	1,514,244	100.0
2. 가해자 유형						
근친(가족)	2,989	15.4	2,989	15.6	–	–
이웃	3,197	16.5	3,048	15.9	149	62.7
먼 친척	612	3.2	612	3.2	–	–
모르는 사람	8,644	44.6	8,555	44.6	89	37.3
학교 관계자	752	3.9	752	3.9	–	–
남자 친구	2,349	12.1	2,349	12.3	–	–
종교인	859	4.4	859	4.5	–	–
계	19,402	100.0	19,164	100.0	238	100.0
3. 폭력 피해 시 도와줄 시설 필요 정도						
매우 필요	1,912,502	73.2	816,973	74.5	1,095,529	72.3
약간 필요	620,822	23.8	252,326	23.0	368,496	24.3
약간 불필요	54,890	2.1	21,959	2.0	32,931	2.2
매우 불필요	22,912	0.9	5,624	0.5	17,288	1.1
계	2,611,126	100.0	1,096,882	100.0	1,514,244	100.0

김미옥 외(2012), 여성장애인지원정책 개발을 위한 연구, 보건복지부.

<표 7-8> 차별 정도 및 장애인차별금지법 인지

단위: 명, %

항목		전체		여성		남성	
		빈도	비율	빈도	비율	빈도	비율
주관적 장애 차별 정도	항상 느낀다	229,091	8.8	80,953	7.4	148,137	9.8
	가끔 느낀다	814,063	31.2	336,940	30.7	477,123	31.5
	별로 느끼지 않는다	949,224	36.4	422,425	38.5	526,798	34.8
	전혀 느끼지 않는다	618,749	23.7	256,563	23.4	362,185	23.9
장애인 차별 정도	전혀 없다	22,079	0.8	10,112	0.9	11,967	0.8
	별로 없다	482,553	18.5	224,439	20.5	258,114	17.0
	약간 많다	1,260,607	48.3	532,780	48.6	727,827	48.1
	매우 많다	845,886	32.4	329,551	30.0	516,335	34.1
장애인 차별 금지법 인지	알고 있다	204,620	7.8	47,011	4.3	157,609	10.4
	들어 본 적은 있으나 내용은 모른다	556,614	21.3	192,194	17.5	364,420	24.1
	알지 못한다	1,849,892	70.8	857,676	78.2	992,216	65.5
계		2,611,126	100.0	1,096,882	100.0	1,514,244	100.0

김미옥 외(2012), 여성장애인지원정책 개발을 위한 연구, 보건복지부.

으로 나타났다(여성가족부, 2009). 이는 모르는 사람으로부터의 여성 장애인의 성폭력 노출이 심각함을 알 수 있게 한다(〈표 7-7〉).

여성장애인에게 가정폭력과 성폭력 피해 시 도와줄 시설의 필요 정 도에 대해 물어본 결과, 97.5%가 필요하다고 응답하였고, 이 중 74.5%가 매우 필요하다고 응답하여 시설 확대의 필요성을 나타냈다.

여성장애인이 장애 때문에 느끼는 차별 정도는 '느끼지 않는다'의 비 율이 61.9%로 절반 이상을 차지하였고, '느낀다'의 비율은 38.1%로 나타났다. 하지만 우리나라에서 장애인에 대한 차별 정도를 물어본 결 과 '많다'는 비율이 78.6%로 나타났으며, 이 중 '매우 많다'는 응답 비 율도 30.0%로 나타났다. 장애인차별금지법의 인지 정도는 4.3%만이

'알고 있다'고 응답했으며, 78.2%가 '알지 못한다', 17.5%가 '들어 보긴 했으나 내용은 모른다'고 응답했다. 즉, 여성장애인의 95.7%가 '장애인 차별금지법에 대해서 알지 못한다'라는 응답을 보여 이에 대한 교육이 필요할 것으로 보인다(〈표 7-8〉).

(2) 시설장애인

지역사회에 거주하는 장애인과 비교하여 상대적으로 인권취약층인 시설장애인에 대해서는 2014년 장애인거주시설 602개소를 대상으로 보건복지부가 전면조사를 실시하였다.[1] 이 조사의 대상이 된 장애인 거주시설의 분포는 〈표 7-9〉와 같다.

이 조사는 학대 등 주요 인권침해 사례 발굴에 중점을 두었으며, 편의시설 및 청결 상태, 금전관리, 안전 및 피난 설비, 안전 및 인권 교육 여부, 진정함 설치 여부 등 시설운영관리 전반을 조사했다. 총 602개소 중 의심사례가 제시된 곳은 44개소였으며, 총 1,400건의 지적사항 중 854건(61.0%)을 처리하였고, 그 구체적인 내용은 〈표 7-10〉과 같다.

시설장애인에 대한 인권침해 중 가장 많은 영역은 외부접근성, 안전 및 피난설비의 미비, 폭력, 학대, 체벌 등의 인권침해 등인 것으로 나타났다. 이와 관련하여 시설장애인들이 진정을 할 수 있는 진정함이나 건의함이 설치되지 않은 경우도 117건으로, 여전히 상당수의 시설장애

---

1) 이 장에서는 장애인거주시설의 인권실태조사 자료들 중 2014년 상반기에 실시되어 10월 말에 보고된 보건복지부(2014)의 보도 자료를 중심으로 주요 내용을 제시하였다(복지부, 2014, '장애인거주시설 인권보호 강화대책' 중 일부). 이 장에서 이 자료를 시설장애인에 대한 인권침해 자료로 활용한 것은 시기적으로 가장 최근의 것이기 때문이기도 하지만, 민관 합동으로 602개소를 대상으로 하여 포괄적으로 인권현황을 조사한 것이기 때문이다.

〈표 7-9〉 조사대상의 유형별 분포

2014년 4월 말 기준, 단위 : 개 소, 명

구분	계	장애 유형별				중증 장애인	장애 영유아
		지체	시각	청각	지적		
시설 수	602	53	16	8	297	219	9
입소자	27,168	2,316	753	317	11,971	11,347	464

* 장애인 거주시설 602개소를 대상으로 하였으며, 인권침해 가능성이 낮은 자립형 공동생활가정(685개소) 및 단기거주시설(131개소)은 제외하였다.

〈표 7-10〉 장애인거주시설의 인권침해실태 조사 결과

단위: 건

지적 사항	계	지적 사항 조치 결과		
		완료	진행	기타**
성폭력 및 성추행 피해*	63	41	22	
폭력 · 학대 · 체벌 등 인권침해*	159	116	43	
신분증 및 금전관리 사항	102	76	26	
편의시설 등 외부접근성	340	140	194	6
개인용품 관리	46	31	15	
거실 · 주방 · 화장실 등 청결 상태	125	80	44	1
안전 및 인권 교육	129	72	57	
안전 및 피난 설비	195	106	88	1
외출 · 외박 · 두발 등 자유 보장	105	84	20	1
노동 및 직업 훈련	19	9	9	1
진정함 및 건의함 설치 여부	117	99	18	
계	1,400	854	536	10

* 은 입소장애인 간 발생한 경미한 사건 또는 실태조사 전 완료된 사건 등 포함.
** '기타'는 시설의 여건 등으로 인해 조치 곤란 또는 불가 사항.

인들이 인권침해 상황에 놓여 있음을 알 수 있었다.

이러한 인권침해 상태의 문제에 대해 보건복지부는 크게 4가지로 구분하여 그 원인을 분석하였다. 첫째는 사전 예방적 인권침해방지체계의 미흡과 관련된 사항이다. 즉, 시설의 인권 상황에 대한 외부감시체계가 미흡하고, 시설장 및 종사자의 인식개선을 위한 인권교육이 부실하게 운영되고 있으며, 또한 입소자의 위해(危害) 행위 등에 대한 조치 매뉴얼이 부재하고, 기본적인 거주 생활환경 및 돌봄 기능이 취약한 것이 문제인 것으로 나타났다.

둘째, 피해자 조기발견 및 구조 체계의 취약성이다. 장애인거주시설은 인권실태 조사 인력의 전문성 부족 및 상시적인 피해자 발견체계가 미흡하고, 내부신고 활성화를 위한 유인책이 부족하며, 인권침해 의심 사례가 발견된 경우 신속한 심층조사 및 피해자 분리 등을 위한 구조체계가 미흡해 지속적으로 인권침해 문제가 발생하고 있는 것으로 분석되었다.

셋째, 피해자에 대한 종합적 사후 보호체계 부재이다. 즉, 인권침해 피해 장애인의 개별적 상황을 고려한 의료·법률지원 연계 등 체계적인 사후 보호지원을 위한 종합 전담기관 부재, 특히 피해자 쉼터 부재로 피해자에 대한 상담치료 등의 조치 없이 타 시설로 전원조치하거나 원 시설로 복귀하는 문제가 발생하는 등의 현실적 문제가 이슈로 제기되었다.

넷째, 인권침해 행위자 및 시설에 대한 낮은 처벌 수준이다. 장애인복지법에 장애인에 대한 금지행위의 범위가 좁게 규정되고 처벌조항도 없으며, 인권침해 발생시설에 대한 처분 수준도 미약한 점, 취업제한 대상을 성범죄자로 한정하여 기타 학대행위 등으로 처벌받은 자에 대한 취업제한이 곤란하다는 문제가 발생하고 있었다.

이러한 문제에 대해 복지부는 인권침해 행위가 발생하지 않도록 사전 예방에 중점을 두되, 인권침해 발생에 대비해 조기발견 및 신속한 구조체계를 마련하고 종합 보호체계를 구축하며, 인권침해 행위는 강력하게 처벌하는 것으로 그 방향을 제시하였다.

4. 사례개입과 적용[2]

1) 사례개요

이 사건은 ○○기관 내부의 인권보장위원회에 이용자 인권침해 사건으로 제기된 것이다. 구체적으로는 외식 프로그램 참석을 위해 담당 직원이 이용자들을 인솔하던 과정에서 일어난 사건이다. 직원은 이용자에게 식사하러 가자고 권유하였으나 이용자가 손을 뿌리치고 다른 곳으로 향하였고, 직원이 그 이용자를 따라가서 다시 권유하며 손을 잡자 이용자가 직원의 손을 뿌리치며 직원의 목을 졸랐다. 그리고 직원은 이용자의 뺨을 때렸다. 이후 이용자와 직원 모두 감정적으로 흥분했으며, 직원이 이용자에게 앉아라, 일어서라는 지시를 하자 이용자가 다시 직원의 목을 졸랐고 직원이 이용자의 뺨을 때리는 행위가 반복되었다. 사건 발생 당시 현장에 있던 다른 이용자와 직원들의 개입으로 폭력 상황은 종료되었다. 이후 장면을 목격한 사회복무요원의 보고에 의

---

2) 이 사례는 김경희·김미옥(2013)의 연구에서 분석된 인권 사례를 중심으로 내용의 일부를 발췌·정리한 것이다.

해 사건이 공식화되었으며, 부서장 회의 후 인권보장위원회에서 인권
침해 사실 판단을 위해 다양한 조사활동 및 논의들이 이루어졌다. 아래
진술문은 당시 상황을 목격한 동료 직원의 발언 중 일부이다(○○ 기관
의 〈장애인 인권침해 사실조사지〉 발췌).

○○가 간다고 했는지 안 간다고 했는지 승강이…. 그런가 보다, 계속 그
러고 있어서…. 저는 제 방 식구들 챙기느라 왔다 갔다 한 상태였고….
그러고 있는데 ○○가 목 조르고…. 그리고 선생님이 ○○ 얼굴 때리고
…. 깜짝 놀라서…. 이미 제가 제지하러 가기에는…. 선생님! 한 번 부
르고 저도 놀라 갖고…. 그래도 계속 관심을 갖고 보긴 했죠. 했는데 계
속 뭐, 강압적으로라고 해야 할까? 이미 목은 한 번 졸렸고 서로 감정이 올
라간 상태에서 ○○도 순순히 교사 말에 따르거나 이런 상태가 아니었고
친구들이 있으니까 점점 흥분한 상태였고, 교사는 어쨌든 다른 친구들 데
리고 나가야 하는 상태였고…. (중략) 그러고 있는데 한 번 더 얼굴을 때
렸어요. 그때는 안 되겠다 싶어 상황이 크게 벌어질 것 같아 선생님 말리
고, 아, 왜 그래, 선생님 그만 하세요 했어요. 하여튼 짧게 대화 오고갔는
데 선생님 말리고, 그 상황에서 누가 뛰어왔어요. 그러면서 ○○ 씨 말리
고, 난 선생님 말리고….

2) 사례개입

인권보장위원회에 이 사례가 접수된 이후 기관 내의 인권보장위원장은
이 사건과 관련된 이용자, 직원, 사회복무요원, 사건 당시 자원봉사자
등을 모두 인터뷰하였으며, 이와 관련된 사례회의를 수차례 개최하고
관련 직원에게 감봉 등의 조치를 취함으로써 사건을 종결하였다.

3) 사례개입 과정에서의 딜레마

이와 같은 인권침해 사건은 장애인복지실천현장에서 종종 발견되는 것 중 하나이다. 사건 그 자체에 대한 개입도 중요하지만, 관련되어 나타날 수 있는 인권 관련 딜레마를 이용자, 직원, 기관 차원으로 구분하여 논의해 보려고 한다.

① 이용자 차원에서의 딜레마

이 사례에서 이용자 차원에서 나타날 수 있는 딜레마는 지적장애인의 자기진술 능력을 어디까지 인정해야 할 것인가의 문제, 그리고 자기행위 책임성의 인정과 관련된 것이다. 첫째, 이용자 측면에서 자기진술 능력이 부족한 지적장애인의 특성과 관련된 딜레마가 고려될 수 있다. 지적장애인의 특성은 동일한 인권침해 상황이라도 무시되거나 간과되어 버리는 중요 요인 중 하나이다. 따라서 다양한 차원의 지적장애인과의 의사소통을 위한 노력들이 전제되어야 할 것이다.

다른 하나는 이용자의 자기행위 책임성과 관련된 부분이다. 특히, 공동생활을 전제로 하는 거주시설에서 타인에게 해를 가할 수 있는 폭력 등의 행동 특성을 가진 경우, 이에 대해 어디까지 이용자에게 책임을 물을 것인가는 고려되어야 할 것이다. 이를 위해 인권교육 시 이용자의 권리뿐 아니라 책임을 갖도록 하는 측면에서, 이용자의 갑작스런 폭력행동(*acting out*)이 나타나지 않도록 발현 단계를 이해하고 조절할 수 있도록 돕는 교육, 또한 직원들이 이를 자극하지 않고 경감하거나 대처할 수 있도록 돕는 교육 내용의 포함을 면밀하게 검토해야 할 것이다. 또한 어떠한 상황에서 이러한 폭력행동이 나타나는지를 관찰하고 세심한 개입을 할 수 있도록 직원 대 이용자의 비율을 낮추고, 시설을 소규모화하는 방안 역시 고려해 볼 수 있다.

② 직원 차원에서의 딜레마

직원 차원에서의 딜레마로 고려할 수 있는 것은 직원 정당방어의 범위는 어디까지로 보아야 할 것인지, 폭력적인 행동을 반복하는 이용자에 대한 대처방안이 부재할 때 직원은 이에 대해 어떻게 대응해야 할 것인지, 이러한 사건이 인권침해인지 아닌지 결국 판단하고 신고해야 하는 동료 고발에 대한 갈등 등이다.

이용자의 권리를 우선하는 것이 전문가의 역할로 오랫동안 교육받아 온 직원에게 이용자의 권리와 직원의 권리가 충돌할 때 어떻게 해야 할 것인가는 매우 어려운 이슈 중 하나이다. 어디까지를 직원의 정당방위로 보아야 할지 명확한 경계를 설정하기는 어렵다. 인권침해 사건들이 내부의 다양한 주체와 조직의 특정 상황하에서 발생하는 것이기 때문이며, 이러한 이용자의 특성은 그동안 직원들의 폭력행위를 정당화하는 면죄부처럼 사용되는 경향 또한 있기 때문이다.

이러한 점에서 이 사건이 발생한 기관의 장애인인권보장위원회의 기능은 주목할 만하다. 장애인인권보장위원회는 이용자의 권리를 옹호하기 위해 인권침해 사건을 상정 및 조사하고, 인권침해 여부를 가리며, 처벌의 수위를 결정하는 조직 내의 공식기구로 작동하고 있었다. 이러한 조직구조는 그 기관이 처한 상황에서 가능한 한 이용자 및 직원, 조직 민감성을 가지고 사건을 이해하고 판정할 수 있다는 측면에서 매우 긍정적이다. 그러나 한편으로는 동료 간 고발 같은 묘한 느낌을 갖게 한다. 따라서 조직 내의 상황에 대한 민감성을 유지하면서도 동료

간 고발이라는 내부갈등이 발생하지 않도록 하는 견제구조의 필요성이 제기된다.

(3) 기관 차원의 딜레마

기관 차원에서 나타날 수 있는 딜레마는 이용자 권리 대 직원 권리가 충돌하는 이슈, 개인적 돌봄 대 공동생활의 특성의 이슈 등이다. 그것이 소수이든 혹은 빈번하든지에 상관없이 이러한 침해 사건의 본질은 공동생활이라는 장애인거주시설의 특성에 있다. 따라서 불가피하게 거주시설을 선택할 수밖에 없다 할지라도 그 안에서 가능한 개인생활의 권리들이 보장될 수 있는 구조로의 개편 등이 시급하다. 따라서 인권기반실천에서는 이용자 및 직원에 대한 개입뿐 아니라 보다 구조적인 제도적 측면에서의 개입 등이 동시에 고려되어야 할 것이다.

토론거리

1. 장애인의 인권침해 실태를 살펴보고, 다른 인권취약층과의 유사점과 차이점에 대해 토론해 봅시다.

2. 장애인에게 인권 관점에 기반한 사회복지실천을 적용할 때 특히 강조되어야 할 점은 무엇인지 논의해 봅시다.

3. 최근 한국 사회에서 장애인에 대한 인권보장은 어느 정도일까요? 특히, 취약한 인권 영역과 보장 방안에 대해 논의해 봅시다.

제 8 장

정신장애인과 인권

2011년 우리나라 장애인실태조사에 의하면 정신장애인의 수는 약 9만 5,821명으로 전체 장애인의 3.7%를 차지하며, 꾸준한 증가 추세를 보이고 있다(보건복지부, 2011). 여기에 아직 국내의 법정장애에 포함되지 않은 정신장애 및 알콜중독 등의 인구를 포함한다면, 그 수는 훨씬 더 증가할 것으로 보인다. 관련하여 국가인권위원회의 정신장애인 관련 진정사건 역시 2001년 이후 지속적인 증가 추세를 보인다. 2001년부터 2008년까지의 진정 유형별 실태를 살펴보면, 비자의 입원이 21.92%로 가장 많고, 퇴원 불허 14.53%, 부당한 격리, 강박이 10.0%, 언어 및 육체적 폭력이 9.24% 등인 것으로 나타난다(국가인권위원회, 2009).

정신질환은 가장 오래된 질병 중의 하나이지만, 이를 의학적인 병으로 인식하기 시작한 것은 서구에서조차 불과 200여 년 전의 일이며, 20세기에 들어서야 정신장애인 인권의 개념이 구체화되기 시작하였다. 정신질환의 원인을 과학적으로 이해하기 어려웠던 근대 이전에는 이를 '신의 저주를 받아 악령이 쓰인' 초자연적인 현상으로 이해하였다. 중세 이후 과학기술과 의학이 발전하고 종교적 세계관에서 탈피함에 따라 정신질환이 하나의 '병·질환'으로 인식되기 시작했으나, 우생학적 관점이 대두하면서부터는 이를 치료되지 않고 유전되는 열등한 질병으로 보고, 낙인과 격리수용을 하기 시작하였다. 이후 20세기 초반이 되어서야 정신병원 수용 모델이 제기되면서 정신장애인이 시설이 아닌 정신병원에 수용되었다. 그러나 이것은 수용시설로부터 정신병원으로의 공간적 이동일 뿐, 수용된다는 점에서는 차이가 없었다. 이후 20세기 중반에 들어서 복지국가의 개념이 도입되고 정신장애인의 인권이 강조되면서 탈시설화 모델이 등장하였고, 최근에는 정신장애인도 지역사회 안에서 사람들과 어울려 살면서 치료받을 수 있어야 하는 것이 당연한 권리의 하나로 인식되고 있다(국가인권위원회, 2008, 6~8쪽).[1]

1. 국내·외 관련 규정

1) 국제사회의 관련 규정

(1) 세계인권선언 (1948)

세계인권선언 제1조는 "모든 사람은 날 때부터 자유롭고 동등한 존엄성과 권리를 가지고 있다. 사람은 천부적으로 이성과 양심을 가지고 있으며, 서로 형제애의 정신으로 행동하여야 한다"라고 규정하였다.

---

[1] 이 장은 국가인권위원회가 2008년에 발주한 연구용역보고서 〈정신장애분야 인권교육 교재〉의 내용 중 일부분에서 발췌·요약하고, 일부 내용을 수정·보완하였음을 밝혀 둔다.

이 원칙은 자유권 규약과 사회권 규약에도 적용되는 것으로, 정신장애인의 인권보장을 위한 중요한 기초가 된다.

(2) 시민적 및 정치적 권리에 관한 국제규약 (1966)

이 규약은 1966년 12월 유엔총회에서 채택되어 1976년 3월에 발효되었다. 한국은 1990년 4월에 이 규약을 비준하여 같은 해 7월부터 적용하기 시작하였다. 동 규약은 모든 당사국이 국제연합헌장에 규정된 원칙에 따라 관할 영토에 속하는 모든 주체들의 존엄성과 권리, 자유 등을 존중하고 보장하도록 요구하고 있으며, 이는 정신장애인에게도 해당된다.

(3) 경제적 · 사회적 · 문화적 권리에 관한 국제규약 (1966)

이 규약은 1966년 12월 유엔총회에서 채택되어 1976년 1월에 발효되었다. 한국은 1990년 4월에 이 규약을 비준하여 같은 해 7월부터 적용하기 시작하였다. 동 규약은 당사국이 그 영역 내에 있는 모든 개인과 그 관할에 속하는 모든 주체들에게 규약이 인정한 권리들을 존중하고 보장할 것을 요구하며, 특히 이 규약 제2조 제1항은 규약의 당사국들이 "입원조치의 채택을 포함한 모든 적절한 수단에 의하여 이 규약에서 인정된 권리의 완전한 실현을 점진적으로 달성하기 위한 조치를 취할 것"을 명시하였다. 이 규약은 정신장애인 및 신체장애인에 대한 적용을 골자로 한 '일반논평 5'를 채택한 바 있고, 동 규약 제12조에 관한 '일반논평 14'를 통해 건강에 관한 권리를 포함하였다.

(4) 정신장애인 보호와 정신보건의료 향상을 위한 원칙(1991)

이 원칙은 이른바 'MI 원칙'(Principles for the Persons with Mental Illness and Improvement of Mental Health Care)로 불리며, 가장 체계적이고 보편적인 원칙으로 인정된다. 이 원칙은 일반적 제한사항 및 '원칙 1. 근본적 자유와 기본권'부터 '원칙 25. 기존 권리구제'까지 정신장애인에 대한 모든 인권 사항을 망라하였다.

(5) 카라카스 선언(1990)

카라카스 선언(Declaration of Caracas)은 1990년에 열린 정신의료 개편에 관한 아메리카 지역회의에서 제시된 것으로, 정신의료의 원칙을 선언하였다.

(6) 하와이 선언 2(1992)

하와이 선언 2(Declaration of Hawaii/2)은 1992년 세계정신의학협회(WPA) 총회에서 정신장애인의 치료에서 정신과 의사가 준수해야 할 원칙을 선언한 것이다.

(7) 정신의학과 인권에 대한 권고 1235(1994)

정신의학과 인권에 대한 권고 1235(Recommendation 1235 on Psychiatry and Human Rights)는 1994년 유럽회의 의원총회에서 정신장애인의 인권존중을 보장하는 법적 조치를 채택해야 함을 선언하면서 입원절차 및 요건, 치료 등에 관한 포괄적인 권고를 하였다.

(8) 세계보건기구의 정신보건 의료법 10대 원칙(1996)

이 원칙은 WHO에서 1996년에 발표한 것으로 정신보건의료법의 기본원칙에 대한 것이다.

(9) 장애인권리협약(2006)

장애인권리협약(Convention on the Rights of Persons with Disabilities)은 2006년 8월 25일 유엔총회에서 채택된 인권협약으로, 장애여성 및 장애아동 보호, 장애인에게 동등한 법적 능력 부여 및 평등권의 보장, 장애인에 대한 비인도적인 처우 금지 등 인권보호 및 신장, 장애인 자립생활보장을 위한 이동권 보장, 국제 모니터링 관련 개인 청원 및 심사절차에 대한 선택의정서 채택 등의 내용으로 한다.

2) 우리나라의 관련 규정

(1) 헌법

우리나라 헌법은 (정신) 장애인의 인권에 대한 규정을 별도로 두고 있지는 않고, "신체장애자 및 질병, 노령 기타 사유로 생활능력이 없는 국민은 법률이 정하는 바에 의하여 국가의 보호를 받는다"(제 34조 제 5항)는 규정과, 차별금지규정(제 11조)을 두고 있다(국가인권위원회, 2008). 정신장애인에 대한 직접적인 명칭이 있는 것은 아니지만 생활능력이 없는 국민에 대한 보호 의무를 규정하고 있어, 이에 정신장애인의 인권도 포함된다고 고려될 수 있다. 이외에도 인간의 존엄과 가치를 보장받을 수 있는 권리(행복추구권), 불합리한 차별을 받지 않을 권리(평등권), 국가권력이나 타인으로부터 간섭받지 않을 권리(자유권),

국가에 대해 인간다운 생활보장을 요구할 권리(사회권) 등이 명시되어 있다(국가인권위원회, 2009).

(2) 정신보건법

정신보건법은 정신장애인의 인권과 관련된 주요 법률로 정신장애인의 입원 및 치료, 사회복귀 및 이를 담당하는 정신보건시설(정신의료기관, 사회복귀시설, 정신요양시설)에 관한 기본적인 사항들을 담았다. 그러나 정신보건법은 사회의 안전, 타인과 가족의 보호, 효율적인 관리 등을 이유로 정신장애인의 권리가 제한되는 공리주의적 입장을 취하는 경우가 많아, 본인의 의사에 반한 격리, 강박, 장기입원 등 정신장애인의 인권침해가 구조적으로 정당화되는 기반(홍선미, 2008)이 되는 이중성을 보인다.

3) 그 밖의 장애 관련 국내 규정

모든 정신장애인에게 해당되는 것은 아니지만 국내의 장애인복지법에 따라 법정장애인으로 등록이 가능한 유형에 포함되는 정신장애인의 경우, 장애인복지법, 장애인차별금지 및 권리구제에 관한 법률, 한국 장애인 인권선언 등의 규정을 따른다.

2. 인권 유형과 보장 내용[2]

1) 자기결정권

모든 사람은 일정한 사적 사안에 관하여 국가로부터 간섭을 받음이 없이 스스로 결정할 수 있는 권리를 가지는데, 이를 '자기결정권'이라 한다. 자기결정권은 인간존엄권으로부터 필연적으로 도출되는 중요한 인권으로서, 나라마다 규정방식은 다르지만 이를 중요한 헌법상 기본권으로 인정하고 있다. 우리의 경우 헌법 제10조의 인격권, 행복추구권에서 일반적 행동자유권 또는 자기결정권이 도출되는 것으로 해석한다. 자기결정권은 자신의 신체, 라이프스타일, 성적 자기결정권 등 개인이 결정할 수 있는 다양한 영역에서 인정된다.

먼저 근본적으로 정신장애인의 자기결정권을 다른 사람과 동일하게 인정할 수 있는지가 중심 문제로 등장한다. 시민적·정치적 권리에 관한 국제규약(자유권 규약)은 "모든 사람은 자결권을 가진다"는 것을 최우선적으로 명시하였다(제1조). 우리 법상으로는 미성년자나 법원에 의하여 무능력자(금치산자, 한정치산자)로 결정된 자는 일정한 의사판단과 행위능력이 제한될 수 있지만, 이들의 경우도 제한되는 권리는 계약 등 법률행위에 관한 능력일 뿐이고 정신병원에 입원을 할 것인지 여부 등 기타 일상생활에 관한 자기결정권은 정신장애인이라고 하여 결코 부인당하지 않는다. 그런데도 우리 사회에는 정신장애인을 '독자적인 자유를 누릴 능력이 결여된 자'로 인식한 나머지, 정신장애인의 자

---

2) 이 부분은 국가인권위원회(2008)의 〈정신장애분야 인권교육 교재〉 보고서의 내용 중 14~18쪽의 내용을 동일하게 발췌한 것이다.

기결정권 제한은 불가피하다는 통념이 있는 것이 사실이다.

정신장애인의 자기결정권과 관련하여 가장 문제되는 것은 비자발적 입원제도이다. 현행 정신보건법의 대표적인 비자발적 입원제도인 보호의무자에 의한 입원제도(정신보건법 제24조)는 정신장애인 본인의 의사에 반해서, 오로지 보호의무자와 정신과 전문의의 결정에 따라서 비자발적 입원을 시키도록 규정한다. 이는 정신장애인의 자기결정권을 인정하지 않는다는 전제에 기초한 제도이다. 그 결과 2004년 통계에 따르면 정신보건시설에 수용된 정신장애인 중 자의로 입원한 환자는 7.7%에 불과하고, 나머지 92.3%의 환자는 보호의무자에 의한 비자발적 입원 등으로, 입원에 관한 자기결정권은 거의 없었다. 이는 같은 제도를 가진 일본에서 1999년에 68.6%가 자의 입원 환자인 것과 비교해 보아도 심각한 실태이다. 이런 제도가 과연 인권에 부합하는지 근본적인 검토가 필요하다.

자기결정권이 문제가 되는 또 다른 경우는 정신장애인에게 '치료를 거부할 권리'를 인정할 수 있는가이다. 환자는 의사로부터 자신의 상태에 대한 설명을 들은 후에 필요한 치료를 거부할 수 있고, 이때 의사는 환자의 동의 없이는 치료를 강제할 수 없는데, 이를 '치료를 거부할 권리'라고 한다. 정신장애인에게는 치료를 거부할 권리를 인정하기 어렵다거나, 인정범위를 제한하여야 한다는 견해가 있다. 그러나 정신장애인이라는 이유만으로 치료에 대한 결정 능력을 부인할 법적 근거는 없으며, 의학적으로도 정신질환자라 하여도 예외적인 경우를 제외하고는 치료 여부를 결정할 능력이 없다고 단정할 수 없다. 따라서 원칙적으로 정신장애인에게도 치료를 거부할 권리가 인정되어야 하고, 그 제한은 적법한 절차 원칙에 따라 엄격하고 적법한 한도에서 이루어져야 한다. 환자에 대한 치료 강제를 정당화할 수 있는 사유가 있는 경우에 한하여 법원 혹은 적어도 공정성을 갖춘 공적 기관에 의하여 치료명령이 이루어지도록 하며, 그 경우에도 인권침해를 최소화할 수 있도록 조치가 취해져야 한다. 국제연합 MI 원칙도 "정신장애인에게 고지된 동의 없이는 환자를 치료할 수 없다"(11항 1)고 정한다.

나아가, 시설 등에 '정신장애인이 수용된 경우 시설의 편의대로 일과시간을 통제하고 의복이나 머리모양을 정해진 대로 강요'하거나, '여성장애인에 대하여 강제로 불임시술을 시행하는 경우'가 보고되는데, 이는 모두 인간존엄권과 자기결정권을 침해하는 행위라고 할 수 있다.

2) 신체의 자유 및 적법절차 원리

신체의 자유는 신체의 안전성이 외부로부터의 물리적 힘이나 정신적 위험으로부터 침해당하지 아니할 자유와 신체활동을 임의적이고 자율적으로 할 수 있는 자유, 즉 신체의 안전성과 신체활동의 임의성을 그 내용으로 하는 자유를 말한다. 헌법 제 12조 제 1항 제 2문은 신체의 자유와 관련하여 적법절차의 원리를 규정하였다. 적법절차의 원리는 공권력에 의한 한국민의 자유와 권리침해는 반드시 실체법상 또는 절차법상 합리적이고 정당하다고 인정되는 절차에 의해서만 행할 것을 요구한다. 적법절차 원리는 형사소송 절차에 한하지 않고 모든 국가작용 및 입법작용 전반에 대하여 적용되며, 또한 문제된 법률의 실체적 내용이 합리성과 정당성을 갖추었는지 여부를 판단하는 기준이 된다(헌법재판소 1992. 12. 24. 92헌 가8 결정 등). 따라서 신체의 자유를 제한하는 내용을 형식적 의미의 법률에 규정하였다는 것만으로 합헌일 수는 없으며, 그 법률이 정한 절차도 실질적으로 적법하여야 한다.

적법절차 원칙은 미국에서 판례를 통하여 형성되었는데, 그 핵심적인 내용은 ① 개인의 자유와 권리에 영향을 미치는 국가적 행위에 대하여 관계 국가기관이 정당한 권한을 가질 것, ② 입법 절차는 물론 법률 내용도 구체적이고 명확할 것, ③ 상대방에게 고지, 청문의 기회가 제공될 것, ④ 변호인의 조력을 받을 권리와 유리한 증인의 강제소환 등이 보장될 것, ⑤ 판정기관이 공정하게 구성될 것, ⑥ 권리의무의 판정은 정의의 원칙과 헌법의 기본이념에 합치하고 자의적인 것이 아닐 것, ⑦ 헌법상 보장된 국민의 권리가 행정작용에 의해서 침해된 경우에는 그에 대한 사법적 심사가 반드시 이루어져야 할 것 등을 들고 있다.

정신장애인이 정신보건시설에 입소할 경우, 특히 정신병원에 비자발적으로 입원될 경우 적법한 절차를 지키지 아니하면 신체의 자유를 침해한 것이 된다. 국제연합 MI 원칙도 비자발적 입원의 요건, 심사기관, 절차상 보호조치를 자세하고 엄격하게 요구하였다(제 16~18항). 현행 정신보건법상 비자발적 입원이 된 자는 임의로 퇴원할 수 없고 병원장이나 행정기관의 결정에 의해서만 퇴원이 가능하며, 행동의 자유·통신권 등 헌법상 기본권이 제한(정신보건법 제 45조, 제 46조)될 수 있다는 점에서 정신보건법상 비자발적 입원은 헌법상 신체의 자유를 제한하고 있음이 명백하다.

따라서 비자발적 입원은 신체의 자유 및 적법절차 원리가 첨예하게 다루어지는 핵심적인 현장이다. 정신보건법상 비자발적 입원의 대부분을 차지하는 제 24조 '보호의무자에 의한 입원제도는 비자발적 입원을 국가기관의 개입 없이 사인(私人)의 결정만으로 가능'하도록 하는 점, 비자발적 입원의 요건이 지나치게 추상적인 점, 보호의무자에 의하여 입원될 자에게 사전에 진술의 기회를 보장하지 않는 점, 입원된 자가 즉시 이의를 신청하여 비자발적 입원의 적부를 심사받을 절차를 두고 있지 아니하고, 나아가 신속한 사법 심사 및 변호인의 조력 받을 권리를 보장하지 아니하는 점 등 신체의 자유 제한 및 적법절차 원리를 갖추고 있는지 의문이 제기될 수 있다.

3) 사생활의 자유

사생활의 자유란 소극적으로는 개인의 사생활 내용이 함부로 공개당하지 않을 권리(사생활의 비밀)와 사생활의 자유로운 형성과 전개를 국가기관 등 타인으로부터 방해받지 않을 권리(사생활의 자유), 적극적으로는 자신에 대한 정보를 스스로 통제할 수 있는 권리(자기정보 관리통제권)를 포함한다. '세계인권선언'은 "어느 누구도 자신의 사생활, 가정, 주거 또는 통신에 대하여 자의적인 간섭을 받지 않으며, 자신의 명예와 신용에 대하여 공격을 받지 아니한다. 모든 사람은 그러한 간섭과 공격에 대하여 법률의 보호를 받을 권리를 가진다"고 선언한다(제12조). 국제연합 MI 원칙은 제6항에서 정신장애인에 대한 비밀보장을, 제19항 1에서 정신장애인의 정보열람 권한을 규정한다. 현대사회는 고도로 정보화되고 있으며, 특히 인터넷 등 정보통신의 발달로 개인의 신상에 관한 정보가 수집되거나 유통될 가능성이 매우 높아지고 있다. 이 때문에 많은 법률에서 사생활의 비밀과 자유를 보장하기 위한 규정을 포함한다.

정신장애인의 경우 '본인이 원하지 않는 정신장애에 관한 신상정보가 공공기관이나 시설에서 수집 및 유통되는 것', '치료를 이유로 사생활의 비밀이 침해되는 것', '시설 등에서 CCTV로 정신장애인의 일상을 촬영하는 것' 등이 문제될 수 있다.

4) 거주 · 이전의 자유

거주 · 이전의 자유는 외부의 간섭을 받지 않고 자신이 원하는 곳에 주소를 정하고, 그곳으로부터 자유로이 이동하며, 자신의 의사에 반하여 거주지와 체류지를 옮기지 아니할 자유를 말한다. 정신병원에 입원되거나 시설에 수용된 정신장애인의 경우 입 · 퇴원이나 입 · 퇴소가 제한된다면 이는 거주 · 이전의 자유를 침해받는 것이다.

5) 정신장애인과 사회권

정신장애인은 장애로 인하여 대개 사회경제적으로 약자가 되기 마련이다. 상황에 따라서는 가족들로부터 버림받은 채 시설이나 지역에 방치되는 경우도 있다. 정신장애인에게 사회권의 보장은 이 때문에 더욱 절실한 문제이다. 세계인권선언과 사회권 규약이 이에 관한 중요한 원칙이 된다. 정신장애인의 사회권은 특히 성공적인 재활 및 사회복귀를 위하여 매우 중요하며, 다음의 권리들과 관련된다.

첫째, 근로 및 적정한 보수를 받을 권리이다. 세계인권선언 제23조는 '근로 및 적정한 보수를 받을 권리'에 관하여 규정하였고, MI 원칙 13의 3 · 4에서도 강제노동과 노동착취를 금지하였다. 정신보건시설에서 치료나 재활이라는 명목으로 정신장애인에게 시설 내 장시간 강제노역을 시키거나 작업치료비 명목으로 최저임금에도 못 미치는 소액만을 주는 경우가 발생하는 경우 등이 문제가 된다.

둘째, 휴식과 여가에 관한 권리이다. 세계인권선언 제24조는 모든 사람은 근로시간의 합리적 제한과 정기적인 유급휴일을 포함한 휴식과 여가에 관한 권리를 가진다고 정하였다. 시설에서는 자유로운 여가생활의 보장 및 프로그램 제공, 외부 문화 교류, 체육활동을 위한 시설 구비 등이 이루어져야 한다.

셋째, 건강 및 행복에 필요한 생활수준을 누릴 권리와 사회보장을 받을 권리이다. 세계인권선언 제25조는 자신과 가족의 건강과 안녕에 적합한 생활수준을 누릴 권리를 정하고, 제22조는 이를 위한 사회보장을 받을 권리를 규정했으며, 사회권 규약은 이를 구체화하였다. 정신장애인이 시설에 있을 때는 기본적인 의식주에 관한 권리의 침해가 문제시된다. 정신장애인은 시설에서 퇴소할 경우, 특히 단독세대의 경우 의식주를 스스로 해결해야 하고 사회보장에 필요한 절차도 본인이 해결해야 한다. 지역사회 보장시스템이 제대로 작동하지 않을 경우, 정신장애인은 지역사회 복귀를 꺼리는 현상이 생기기도 하는데, 이는 정신장애인의 사회권을 크게 훼손하는 것이다.

넷째, 교육받을 권리이다. 민주국가에서 인간다운 생활의 보장을 위해서는 모든 개인에게 필요한 최소한의 교육을 받을 권리가 보장되어야 한다. 교육 받을 권리는 헌법 제31조 제1항에서도 정하는 기본권이다. 모든 사람은 '능력에 따라', '균등하게' 교육받을 수 있어야 하며, 국가는 이를 방해할 수 없고 개인은 국가에게 적극적인 배려를 요구할 권리가 있다. 정신장애인은 사회적 약자이므로 교육받을 권리가 더욱 보장되어야 한다. 그러나 현실은 정신장애인이 교육을 받을 수 있는 여건이 이루어지지 못하여 많은 정신장애인이 교육기회를 박탈당하고, 결국 낮은 취업률과 저임금 등으로 빈곤계층이 되는 악순환이 반복되고 있다.

다섯째, 결혼 및 가족 형성의 권리이다. 이는 인간존엄권의 핵심적 요구로서, 세계인권선언 제16조도 이를 정하고 있다. 정신보건시설에서 정신장애인 간 이성교제에 대하여 부정적인 태도를 가지고 이성교제가 발생하면 해당 장애인을 분리하거나 다른 시설로 보내려는 경우, 불임시술 및 낙태수술을 강요하는 경우 등이 문제가 된다.

6) 정신장애인에 대한 차별금지

평등권이란 국가로부터 차별적 대우를 받지 아니할 뿐만 아니라 국가에 대하여 평등한 처우를 요구할 수 있는 권리이다. 헌법상 평등권은 상대적 평등을 의미하는 것으로, 절대적 평등이 아니라 자의적 차별, 즉 합리적 이유가 없는 차별을 금지하는 것이다. '같은 것은 같게, 다른 것은 다르게' 다루어져야 한다는 것이다. 정신장애인의 인권이란 근본적으로는 차별과 배제의 금지로 귀결된다. 정신보건법 제2조 제3항은 "모든 정신질환자는 정신질환이 있다는 이유로 부당한 차별대우를 받지 아니한다"고 명시했고, 2007년 제정된 '장애인차별금지 및 권리구제 등에 관한 법률'은 장애를 이유로 한 모든 차별을 금지했다.

3. 인권침해 현황과 실태

1) 정신장애 인구

국가인권위원회의 진정사건을 중심으로 살펴보면 2001년 이후 정신장애인 관련 진정사건은 지속적으로 증가하고 있다. 2001년부터 2008년까지 접수된 인권침해 사건(2만 3,789건) 중 정신보건시설과 관련된 진

〈표 8-1〉 정신보건시설에서의 권리침해 유형 및 세부 내용

침해 권리	내용	세부 내용	건수(%)	
자유권 침해	강제 입원	강제적인 입원, 계속입원, 전원 등	52(22.51)	55(23.0)
	감시 · 감독	방장 제도	3(1.29)	
존엄권 침해	강제적인 작업치료	낮은 임금, 과도한 노동, 작업치료 지침 위반 등	16(6.92)	79(34.19)
	격리 · 강박	의사 지시 없음, 격리 · 강박	22(9.52)	
	폭언 및 폭행	폭언 및 협박, 폭행	7(3.03)	
	열악한 시설 · 위생 · 급식	세탁물 위생 불량, 생필품 지급 부실, 부식비 횡령	5(2.16)	
	인격권 침해	개인정보 유출, 가명 사용	3(1.29)	
	부적절한 의료 서비스	직무 소홀, 병상 및 병실 인원 초과, 전문 인력 부족, 부당의료비 청구	25(10.82)	
	차별	보험환자와 의료급여 환자 차별	1(0.43)	
평등권 침해	행동의 자유 제한	통신 제한, 면회 제한, 외출 · 외박 제한	38(16.45)	97(41.99)
	사생활 침해	사생활(CCTV) 침해	5(2.16)	
	부적절한 계속입원 심사	계속입원 심사 누락, 각종 심사 불이행, 계속입원 심사 결과 서면통지 누락	45(19.48)	
	진정 방해	진정 편의 제공 없음	9(3.89)	
계			231(100)	

정사건수가 5.1%(1,218건)에 이르며, 2007년 이후에는 급격한 증가 추세를 보인다(나영희, 2008).

서미경 외(2008)는 이를 고스틴과 가벨(Gostin & Gabel, 2004)이 제시한 정신장애인의 기본적 권리에 의거하여, 〈표 8-1〉과 같이 구분하여 제시했다. 2003년부터 2008년까지 국가인권위원회에 진정된 정신보건시설에서의 인권침해 사례 101건을 고스틴과 가벨이 제시한 정신장애인의 기본적 권리, 즉 자유권, 존엄권, 평등권을 기준으로 침해 유형을 구분하였다. 침해 유형으로는 평등권 침해가 41.99%로 가장 높았으며, 그 다음으로 존엄권 침해 34.19%, 자유권 침해 23.80%의 순으로 나타난다. 세부내용별로는 강제입원이 22.51%로 가장 높은 비율을 차지하며, 부적절한 계속입원 심사 19.48%, 행동의 자유 제한 16.45%, 부적절한 의료 서비스 10.82%, 격리 및 강박 9.52% 등의 순이다. 이러한 구분은 국가인권위원회의 진정사건을 중심으로 한 분석으로, 일반화의 한계를 가지나 정신장애인의 인권침해의 개괄적인 내용을 파악하는 데 그 시사점이 있다.

2) 입원 유형별 환자 현황

정신장애인 입원을 자의 여부에 따라 구분해 보면 〈표 8-2〉와 같다(나영희, 2008; 국가인권위원회, 2009). 우선, 자의 입원 여부를 정신보건시설 종류별로 구분하면 사회복귀시설은 100% 자의 입원으로 구성되었으나, 정신의료기관은 10.7%, 정신요양시설은 2.7%, 부랑인시설은 0%인 것으로 조사되었다. 이를 모두 합하여 수치를 산출한 결과를 살펴볼 때(2006년 기준), 자의 입원은 전체 입원 중 9.2%에 불과한 것

<표 8-2> 정신보건시설 입원 유형별 환자 현황(시설별)

2006년 기준, 단위 : 명, %

| 구분 | 자의 입원 | 보호의무자에 의한 입원 | | | 총 입원 환자 수 |
		가족	시장·군수·구청장	기타 입소	
정신의료기관	5,662 (10.7)	41,369 (78.1)	5,351 (10.1)	579 (10.9)	52,961
정신요양시설	330 (2.7)	8,845 (72.1)	3,099 (25.2)	–	12,274
사회복귀시설	842 (100.0)	–	–	–	842 (100)
부랑인시설	–	–	5,467 (100.0)	–	5,469 (100)

* '기타 입소'란 국립감호정신병원에 입원한 감호치료 대상자.
출처 : 중앙정신보건사업지원단(2006), 《2006년 중앙정신보건사업지원단 사업보고서》를 재구성.

<표 8-3> 각국의 비자의 입원율 현황

국가	기준연도	비자의 입원율(%)
대한민국*	2007	90.3 (2008년 기준 86%)
스웨덴	1998	30.0
핀란드	2000	21.6
오스트리아	1999	18.0
독일	2000	17.7
영국	1999	13.5
네덜란드	1999	13.2
프랑스	1999	12.5
이탈리아	–	12.1
아일랜드	1999	10.9
벨기에	1998	5.8
덴마크	2000	4.6
포르투갈	2000	3.2

출처 : Salize & Dressing(2004), Epidemiology of involuntary placement of mentally ill people across the European Union, *The British Journal of Psychiatry*, 184, 164~168쪽.
* 보건복지가족부 외(2007), 《2007년 중앙정신보건사업지원단 사업보고서》, 42쪽.

으로 나타났다. 보호의무자에 의한 입원은 90.8%로 압도적인 비율을 나타냈으며, 그중 보호의무자가 가족인 경우가 70.4%, 보호의무자가 시장·군수·구청장인 경우가 19.6%를 차지했다. 정신장애인의 입원의 자기결정권이 적절히 보호되고 있는지에 대한 검토가 필요하다.

우리나라와 유럽의 비자의 입원율 현황을 살펴보면, 우리나라가 90.3%인 데 반해, 스웨덴은 30.0%, 핀란드는 21.6% 등이었으며, 포르투갈의 경우는 3.2%에 불과한 것으로 나타났다. 이러한 결과는 우리나라는 2007년의 수치이고 이 유럽 국가들이 2000년 이전 수치임을 비교할 때, 그 차이가 현재는 더욱 클 가능성이 있음을 유추하게 하며 이를 통해 국내 정신장애인 인권침해의 심각성을 알 수 있다.

정신의료기관 및 정신요양시설에 입원(입소)한 환자의 진단명을 살펴본 결과, 정신분열증이 3만 8,947명으로 57.2%, 알코올중독이 1만 4,473명(21.2%), 지적장애가 2,903명(4.3%), 조울증이 2,896명 (4.3%)을 차지하여, 정신보건시설 입원환자 중 정신분열증 환자가 압도적 비율을 차지함을 알 수 있었다(국가인권위원회, 2009).

한편, 이러한 입원환자들의 평균 입원일수를 살펴보면 〈표 8-4〉와 같다. 10년 이상인 경우도 8.1%나 되는 것으로 나타났으며, 5~10년이 9.0%, 3~5년이 8.2%, 1~3년이 17.3% 등으로 나타나서 장기입원 환자의 수가 상당히 큼을 알 수 있었다. 이를 다시 사립병원과 국립정신병원으로 구분하여 비교했을 때, 사립병원의 입원 중앙값은 271일인 데 반해 국립정신병원은 102일인 것으로 조사되었다(나영희, 2008). 전체적으로 6개월 이상 장기입원 비율이 53%로 매우 높은 수치를 보였다. 특히 국가인권위원회(2009)의 국가보고서에 따르면, 정신요양시설에서는 평균 7년 이상 생활하는 것으로 나타났다.

<표 8-4> 정신보건시설 평균 입원일수

단위 : 명, %

구분	2006 총계	정신의료 기관	사립 병원	국립 정신병원	정신요양 시설	사회복귀 시설
환자 수	65,498	52,382	20,954	2,788	12,548	842
중앙값(일)	257	160	271	102	2,630	338
1개월	8,839 (13.5)	8,631 (16.5)	2,363 (11.3)	502 (18.0)	155 (1.3)	53 (6.3)
1~3개월	11,685 (17.5)	11,077 (21.1)	3,454 (16.5)	794 (28.5)	294 (2.4)	114 (13.5)
3~6개월	8,868 (13.5)	8,379 (16.0)	2,917 (13.9)	730 (26.2)	366 (3.0)	123 (14.6)
6개월~1년	8,404 (12.8)	7,851 (14.5)	3,438 (16.4)	244 (8.8)	673 (5.5)	150 (17.8)
1~3년	11,347 (17.3)	9,230 (17.6)	4,536 (21.6)	300 (10.8)	1,785 (14.5)	332 (39.4)
3~5년	5,402 (8.2)	3,637 (6.9)	1,896 (9.0)	120 (4.3)	1,710 (13.9)	55 (6.5)
5~10년	5,869 (9.0)	3,245 (6.2)	2,105 (10.0)	95 (3.4)	2,609 (21.3)	15 (1.8)
10년 이상	5,284 (8.1)	602 (1.1)	245 (1.2)	3 (0.1)	4,682 (38.0)	0 (0.0)

중앙정신보건사업단(2006), 〈2006년 중앙정신보건사업지원단 보고서〉.

우리나라가 2008년 평균 입원일수가 233일인 데 비해, 영국 52일 (1999), 독일 26. 9일(1997), 이탈리아 13. 4일(1998) 등으로 상당한 차이가 있는 것을 알 수 있다. 또한 장기입원 과정을 보면, 퇴원 후 보호의무자에 의해 바로 타 시설로 비자의 입원되는 환자가 4명 중 1명이었고, 정신보건심판위원회의 퇴원명령을 받아 퇴원했다가 재입원한 환자 중 55. 9%는 하루 만에 재입원되는 것으로 보고되었다. 이러한 결과는 정신 의료기관 등의 입·퇴원 과정에서 적정 절차가 미흡하고, 퇴원자들이 지역사회에 정착·생활할 여건이 마련되어 있지 않다는 것을 보

<표 8-5> 유럽의 평균 입원일수

국가	년도	평균 입원일수
오스트리아	1999	17.6일
덴마크	2000	36일
핀란드	1999	46일
프랑스	1998	35.7일
독일	1997	26.9일
아일랜드	1999	130일
이탈리아	1998	13.4일
스페인	1999	18일
스웨덴	1998	28일
영국	1999	52일

출처: Salize & Dressing(2004). Epidemiology of involuntary placement of mentally ill people across the European Union, *The British Journal of Psychiatry*, 184, 163~168쪽.

여 준다(〈표 8-5〉).

이외에도 국가인권위원회 실태조사(2009) 결과, 정신보건시설 입원 환자 중 51.5%는 병원관계자, 가족 등으로부터 입·퇴원 과정에 대한 정보를 전혀 제공받지 못하고 입원한 것으로 나타났다. 또한, 입원환 자의 25%는 의료진으로부터 아무런 설명을 듣지 못한 채 강박당한 경험이 있으며, 강박시간이 24시간을 초과한 경우도 6.3%나 되는 것으로 보고되었다. 정신장애인 인권과 관련하여 국가인권위원회에 접수된 진정사건을 유형별로 구분하여 살펴보면 〈표 8-6〉과 같다.

한편, 정신장애인에 대한 인식도 조사에서도(국가인권위원회, 2009) 정신질환의 진단력이 있다는 이유로 근로의 기회를 제한하고, '정신병자', '정신 이상' 등과 같은 추상적 용어로 광범위한 불이익을 줄 위험성을 내포하는 차별적 법령이 다수이며 실제, 보험가입 제한과 같은 차별도 존재하는 등 정신장애인에 대한 뿌리 깊은 편견들이 차별 문제를 양

<표 8-6> 국가인권위원회 진정사건 유형별 현황

단위 : 건

유 형	현 황
입원	605
퇴원	411
치료	414
가혹 행위	502
사생활 침해	339
시설, 환경, 위생	215
알 권리, 종교의 자유, 진정권 방해	101
성폭력 등	22
전체	2,609

산하는 것으로 나타났다. 이러한 정신장애인에 대한 편견은 차별로 이어지고, 이러한 차별은 다시 편견을 강화하는 악순환이 반복되는 것을 확인할 수 있었다.

4. 사례개입과 적용

이 사례는 국가인권위원회(2008, 31~35쪽; 2013, 45~50쪽)의 보고서에 제시된 '강제적인 방법을 사용한 정신질환자의 이송'에 보고된 것을 재인용한 것이다. 흔히, 비자발적 입원으로 명명되는 '강제적인 방법을 사용한 정신질환자의 이송'과 관련해서는 다음과 같은 3가지 이슈가 있다.

첫째, 정신질환 진단이 내려지지 않은 상태에서 강제적인 이송을 하는 경우가 있다. 즉, 정신질환이 추정될 뿐이지 아직 정신과 전문의에 의한 진단이 내려지지 않은 상태의 환자이송 문제이다.

둘째, 보호자의 힘이나 능력이 없는 상황에서, 치료를 거부하는 신체적으로 건강한 환자를 어떻게 치료를 받도록 할 수 있는가에 대한 문제이다.

셋째, 정신질환자를 치료받게 할 수 있도록 보호자에게 도움을 줄 수 있는 체계가 미비하다는 점이다.

1) 사례개요 : 강제적 이송

최근 몇 주 동안 불안과 초조한 모습을 보이면서 누가 자기를 미행하고 도청하고 있다면서 이해하기 어려운 얘기를 계속하던 24세 김 씨는 자기 집에서 잠을 자던 중 갑자기 들이닥친 건장한 남자 2명에 의해 강제로 손을 결박당하여 사설 이송단체의 구급차량에 태워졌다. 이 과정에서 반항을 한다는 이유로 구급차량에서 추가적으로 다리와 몸이 결박되었으며 사지를 침대에 묶어 더 이상 반항을 할 수 없도록 하였다. 김 씨는 자신이 어디로 끌려가는지 알 수 없었으며 최근에 자신을 도청하고 미행하던 조직(환자의 증상임)에서 결국 자신을 이렇게 끌고 가는 것이 아닌가 하는 생각이 들어 더욱 더 불안해지고 공포감까지 경험하였다.

김 씨는 정신병원에 도착하여서야 처음으로 정신과 전문의를 만날 수 있었으며 김 씨는 자신이 이상이 없음을 주장하였지만 전문의는 보호자에게 정신분열증이 의심된다고 하면서 입원치료를 권하였고, 보호자에 의한 입원으로 입원치료를 받게 되었다. 이러한 강제이송 과정에서 보호자는 환자가 보복할지 모른다는 두려움에 구급차량에 동승하지 않고 다른 교통수단을 이용하여 병원까지 도착하였다.

이 사례와 관련되어 우선 고려하고 판단해야 할 점은 "이전과는 다른 이해하기 어려운 언행을 보이고, 불안하고 초조한 모습을 보이면 정신질환자인가"라는 의문이다.

실제로 추후 정신과 전문의에 의해 치료가 필요한 정신질환자로 진단 내려진다고 할지라도, 강제적인 방법을 사용하여 신체를 구속하고 이송하는 절차는 명백히 헌법에 보장된 기본권의 유린이자 불법행위이다.

보호자나 치료진, 응급이송단체는 흔히 추후 병원 등에서 정신질환의 진단이 내려지기만 한다면, 그 과정 중의 강제적인 행위는 별 문제가 안 될 것이라고 오해한다. 그러나 이는 명백히 잘못된 인식이며 범법행위다.

정신보건법의 응급입원절차의 규정과 절차에 의하면, 정신질환 진단이 내려지지 않은 상태에서의 이송은 가능하다. 그러나 이 경우에도 사설 이송단체를 이용하는 것은 불법이다.

2) 사례개입

(1) 관련 규정

① 대한민국 헌법

제12조 제1항에 의하면, 모든 국민은 신체의 자유를 가지며, 누구든지 법률에 의하지 아니하고는 체포, 구속, 압수, 수색 또는 심문을 받지 아니한다. 그러므로 정신질환자로 추정되거나, 실제로 정신질환을 가지고 있다고 하여도 법에 의한 절차가 아닌 방법으로 구금, 이송

되어서는 안 된다.

② 정신보건법

제 2조 제 2항에 의하면, 모든 정신질환자는 최적의 치료를 받을 권리를 보장받는다.

제 22조 제 1항에 의하면, 보호의무자는 피보호자인 정신질환자로 하여금 적절한 치료를 받도록 노력하여야 하며, 정신과 전문의의 진단에 의하지 아니하고 정신질환자를 입원시키거나 연장시켜서는 안 된다.

제 22조 제 3항에 의하면, 보호의무자는 정신질환자의 재산상의 이익 등 권리보호를 위하여 노력하여야 하며 정신질환자를 유기하여서는 아니 된다. 정신보건법에 의해, 환자가 적절한 치료를 받도록 하여야 할 의무가 있으나, 치료를 받게 할 강제적 방법의 미비로 적절한 치료를 제공하지 못하게 되는 모순이 생길 수 있다. 이때 적용할 수 있는 법령은 다음과 같다.

제 26조(응급입원) 제 1항, 정신질환자로 추정되는 자로서 자신 또는 타인을 해할 위험이 큰 자를 발견한 자는 그 상황이 매우 급박하여 제 23조 내지 제 25조의 규정에 의한 입원을 시킬 수 없는 때 의사와 경찰관의 동의를 얻어 정신의료기관에 당해인에 대한 응급입원을 의뢰할 수 있다. 제 2항, 제 1항의 규정에 의하여 입원을 의뢰할 때 이에 동의한 경찰관 또는 소방기본법 제 35조의 규정에 따른 구급대의 대원은 정신의료기관까지 당해인을 호송한다.

③ 구조대 및 구급대의 편성·운영 등에 관한 규칙

제 28조(이송대상자 등)에 의하면, 구급대가 의료기관에 이송하는 위급한 환자는 다음 각 호와 같다. ① 화재·붕괴·폭발·교통사고 등의 재난 현장과 일상생활에서 발생한 응급환자, ② 정신보건법 제 26조 제 1항의 규정에 의한 응급입원대상에 해당하는 정신환자로 추정되는 자.

(2) 실천지침

정신질환자 및 정신질환자로 추정되는 자를 치료기관 등으로 강제로 이송하는 경우, 합법적인 방법에 의해서만 이루어져야 한다. 치료에 대한 의욕으로 '정신질환자에 대한 치료를 제공해 주면 모든 것이 나중에 별 문제가 없을 수 있다'라고 생각해서는 안 되며, 정신질환이 있다는 이유만으로 법에 정해진 방법 이외의 수단으로 신체의 자유를 침해해서는 안 된다.

현재까지 가장 현실적인 방법은 응급입원에 해당하는 경우, 119 구급대를 이용하는 방법이다. 앞서 기술한 관련법규에 의해 응급입원의 절차를 따를 수 있으며, 112나 119 등의 신고를 통하여 의사와 경찰관의 동의를 얻어 정신의료기관에 당해인에 대한 응급입원을 의뢰할 수 있다. 또한 관련 경찰이나 구급대의 대원은 정신의료기관까지 당해인을 호송하여야 한다. 이때는 정신과 전문의의 진단이 없어도 의사에 의해 정신질환이 의심되는 경우 응급이송이 가능하다.

'구조대 및 구급대의 편성, 운영 등에 관한 규칙'에 의할 경우, 정신과 전문의의 진단이 없다고 하여도 '정신질환자로 추정되는 자이고, 자해 및 타해의 위험이 큰 자'라면 정신의료기관에 데려갈 수 있다. 이 경우 사설구조단체가 아닌 경찰관이나 119 구급대의 도움을 받아 이송할 수 있다. 물론, 기존에 진단을 받은 정신질환자도 '응급환자'로 판단된다면 119 구급대를 통한 이송이 가능하다. 사설 응급구조단체를 이용하여 환자를 이송하는 것은 불법이다.

　기타 절차상의 도움을 받고자 할 경우에는 시·군·구의 정신보건센터를 이용하여 상담을 미리 받아 보는 것도 도움이 될 것이다.

토론거리

1. 우리나라의 비자발적인 입원율은 서구 국가들에 비해 매우 높은 것으로 나타납니다. 그 이유는 무엇일지 토론해 봅시다.

2. 정신장애에 대한 우리 사회의 인식은 어떠할까요? 이러한 인식이 정신장애인의 인권침해에 어떠한 영향을 미치는지 논의해 보고, 그 해결방안을 모색해 봅시다.

제 9 장

여성과 인권

1. 국내·외 관련 규정

1) 국제사회의 관련 규정

(1) 여성인권 발달 역사

여성의 인권은 보편적 인권의 일부로서 분리하거나 양도할 수 없고 절대적인 요소이다. 국내적·지역적·국제적, 모든 차원에서 정치·경제·사회 및 문화적 삶에 완전하고 동등한 여성의 참여를 성취하고, 성별을 이유로 한 모든 형태의 차별을 철폐하는 일이 국제사회의 최우선의 목표가 된다. 인간의 생존과 안전, 신체의 자유, 법 앞의 평등과 같은 인권은 보편적인 권리로서 여성에게도 당연히 인정되어야 하는 권리들이다. 그러나 전 세계의 절반을 차지하는 여성은 인권 취약계층으로 남아 있으며, 교육과 보건, 고용에서 남성에 비해 차별받고 있는 것이 현실이다.

최초로 여성인권에 대한 국제사회의 의지를 표명한 것은 1945년 창설된 국제연합의 기본 조약인 '유엔헌장'이다. 유엔헌장은 전문에서 "기본적 인권, 인간의 존엄 및 가치, 남녀 및 대소 각국의 평등권에 대한 신념을 재확인"하면서 남성과 여성의 성평등에 대한 내용을 포함하였다. 이는 평등권적 시각에서 여성인권 문제에 접근한 것이다.

1948년 세계인권선언은 전문에서 유엔헌장에서 나타난 기본적 인권과 남녀 간의 평등권에 대한 개념을 재확인하였다. 세계인권선언 제2조는 "모든 사람은 인종, 피부색, 성, 언어, 종교 등의 어떠한 이유에 의해서도 차별을 받지 않고 모든 권리와 자유를 누릴 수 있음"을 명시하였고, 제16조는 "성년 남녀는 인종, 국적, 또는 종교에 의한 어떤 제한도 받지 않고 혼인하며 가정을 만들 권리를 가짐"을 명시하였으며, 제25조는 "어머니와 어린이는 특별한 보호와 원조를 받을 권리를 가짐"을 명시하여 여성의 평등권과 보호권을 선언하였다.

1966년 유엔이 채택한 국제규약인 '경제・사회・문화적 권리에 관한 국제조약'(International Covenant on Economic, Social and Cultural Rights, 사회권 조약)은 제3조에서 가입국이 경제적・사회적・문화적 권리를 남녀가 평등하게 누리도록 보장할 의무를 지도록 하였으며, 제7조에서 여성의 노동에 대한 동일한 임금과 노동조건을 보장하도록 규정하였다. 또한 '시민적・정치적 권리에 관한 국제조약'(International Covenant on Civil and Political Rights, 자유권 조약)은 가입국이 시민적・정치적 권리를 남녀가 평등하게 누릴 것을 보장할 의무를 지도록 하였으며, 제23조는 혼인과 이혼의 자유권을 보장하도록 규정하였다. 또한 제26조는 법률 앞에서 평등하며, 성으로 인하여 차별받지 않도록 보장한다.

여성에 대한 차별에는 일반적 평등권의 강조만으로 해결할 수 없는 특수성이 존재한다는 의식이 확산됨에 따라, 유엔 인권위원회와 별도로 설치된 여성지위위원회(Commission on the Status of Women)는 1967년 '여성차별철폐선언'(United Nations Declaration on the Elimination of Discrimination Against Women)을 채택했다. 그러나 선언은 법적 구속력을 갖지 못한 탓에, 여성차별을 철폐하는 데 실효성 있는 조치를 취하지 못하는 한계가 있었다. 1974년 유엔 여성위원회는 여성차별철폐를 위한 총괄적 협약 작성을 결의하고 초안 작업에 착수하였다. 1975년 제1차 세계여성대회의 결과로 힘을 얻은 여성위원회는 이후 1979년 '여성에 대한 모든 형태의 차별철폐에 관한 협약'(Convention on the Elimination of All Forms of Discrimination Against Women)을 채택하였다. 1980년 세계여성대회에서 서명식이 거행되었으며, 1981년 20개 회원국의 비준을 받아 효력이 발생했고, 유엔 여성차별위원회도 공식 출범하였다. 우리나라는 1984년 국회의 비준 동의를 얻어 유엔 사무총장에게 비준서를 기탁하고 1985년 조약을 공포하면서 정식 가입국이 되었다.3) 이로써 국내법으로서 협약의 효력이 발생하게 된 것이다.

여성차별철폐협약을 강화하기 위한 조치로 1999년 선택의정서(optional protocol)가 제정되었고, 2000년 발효되었다. 우리나라는 2006년 선택의정서에 가입하고, 2007년 조약을 공포하였다. 2009년 여성차별철폐협약 가입국 186개국 중 98개국(52%)이 선택의정서를 비준한 상태이다(국가인권위원회, 2010).

---

3) 이때, 제16조 제1항 가족의 성 및 직업을 선택할 권리를 포함하여 부부로서의 동일한 개인적 권리에 대한 항목을 유보하였다.

(2) 여성차별철폐협약과 여성폭력철폐선언

1979년 채택된 여성차별철폐협약은 여성의 평등권을 규정하는 여성인권협약으로, 1967년의 여성차별철폐선언에 법적 구속력을 부여하였다. 이 협약은 국제사회가 여성인권에 대한 법적 구속력을 가진 원칙을 제시한 것으로, 여성의 인권에 대해 구체적으로 모든 영역과 부문을 포괄적으로 규정하므로 '여성의 권리장전'이라 불린다. 여성차별철폐협약은 성평등을 실제적으로 구현하기 위하여 여성에 대한 모든 형태의 차별을 금지하는 것을 기본적인 규범으로 삼았으며, 여성이 남성과 동등한 권리를 누리고 여성의 인권이 온전하게 실현되는 사회를 위한 구체적인 목표와 조치를 명시했다. 여성차별철폐협약은 전문과 6장 30개의 조로 구성되었다.

구체적인 내용을 살펴보면 제1조(정의)는 여성차별을 "정치적, 경제적, 사회적, 문화적, 시민적 또는 기타 분야에서 결혼 여부에 관계없이 남녀가 동등한 기초 위에 인권과 기본적 자유를 인식, 향유 또는 행사하는 것을 저해하거나 무효화하는 효과 또는 목적을 가지는 성에 근거한 모든 차별, 배제, 제한"이라고 정의했다. 이어서 여성의 법적 평등(제4조, 제5조), 여성의 인신매매와 착취적 성매매 금지(제6조), 투표권 제공과 정치적 참여권 보장(제7조), 교육기회의 평등, 성 역할 고정관념 타파, 남녀 간 교육 수준의 격차 해소 등의 교육평등권(제10조), 남녀 동일한 권리와 기회 보장, 직업선택의 자유, 임금 및 복지급여에서 동등한 처우, 결혼·임신·출산에서의 차별금지 등 고용 및 노동에서의 평등권(제11조), 보건과 의료시설 접근에서의 평등권(제12조), 재정 및 사회보장에서의 평등권(제13조), 법률 및 재산권에서의 평등권(제15조), 가족법에서의 평등권(제16조)으로 구성되었다.

여성차별철폐협약은 가정폭력과 성폭력을 구체적으로 다루지 않았다. 이에 여성차별철폐위원회는 가정폭력과 학대는 당사국이 다루어야 하는 인권 문제임을 분명히 하면서, 1992년 제11차 회기에서 채택된 일반권고안에 성차별과 관련된 일반적 금지대상에 성폭력을 공식 추가하는 조치를 취하였다.

여성차별철폐협약이 의미하는 성폭력이란 '단순히 여성이라는 이유로 인해 여성에게 가해지거나 여성에게 불이익을 주는 폭력'이다. 성폭력에는 물리적, 정신적, 또는 성적 상처나 고통, 그러한 행동에 대한 위협, 강요와 기타 자유 박탈 등이 포함된다. 위원회는 여성에 대한 폭력을 국제적으로 인정된 여성인권에 대한 침해임을 확인하였다. 동일한 일반권고안에 위원회는 당사국이 성폭력 예방에 필요한 모든 조치를 취할 것을 촉구했다. 이러한 조치는 법적인 제재, 민사상의 배상과 보상 구제방법, 홍보와 교육정책과 같은 예방적 조치를 포함하며, 성폭력 피해자의 구제와 같은 보호조치가 포함된다.

1993년 유엔총회는 '여성폭력철폐선언'(Declaration on the Elimination of Violence Against Women)을 채택하였다. 여성폭력철폐선언은 여성에 대한 폭력을 "공사 모든 영역에서 여성에게 신체적, 성적, 혹은 심리적 손상이나 괴로움을 주거나 줄 수 있는, 성별에 기반을 둔 (genderbased) 폭력행위, 그리고 그러한 행위를 하겠다는 협박, 강제, 임의적인 자유 박탈"로 정의했으며, 여성폭력의 범주를 가족 내 폭력, 일반사회에서의 폭력, 국가에 의한 폭력으로 범주화하였다. 이어서 국제사회와 당사국이 공적 및 사적 영역에서 발생하는 여성에 대한 모든 형태의 폭력을 철폐하기 위해 필요한 조치를 열거하였다. 이처럼 여성차별철폐협약과 여성폭력철폐선언은 기존의 국제조약과 비교했을 때

성 인지적 관점에서 만들어진 국제적 기준이라는 데 의의가 있다(국가
인권위원회, 2010).

2) 우리나라의 관련 규정

(1) 여성인권 발달 역사

여성인권 발달 역사를 짚어 보면 우리나라 최초의 여성인권 관련 운
동은 일제 식민지 시대인 1924년, 감리교 여신도들이 주축이 되어 전개
했던 공창폐지운동이라고 할 수 있다. 공창제도는 일본이 패망할 때까
지 존속하였으며, 1947년 '공창제도 등 폐지령'이 공포되었음에도 여전
히 매매춘이 이루어졌다. 여성인권에 대한 의식과 운동이 활발하게 전
개되었던 시대는 1970년대이다. 이때부터 여성노동자 투쟁, 기생관광
반대운동, 윤락여성 방지사업, 에이즈퇴치운동, 정신대 문제 등 다양
한 분야에서 여성인권과 관련된 운동이 전개되었다. 특히 1970년대와
1980년대 현장 운동가들을 중심으로 일어난 성매매 반대운동은 소기의
성과를 거두지는 못하였지만 매춘여성의 인권 문제를 직접적으로 다루
면서 이들의 삶을 보호하고자 여러 쉼터를 만드는 결과를 낳았다.

1980년대 여성운동은 가족법 개정 투쟁 등의 형태로 나타나는 한편,
기지촌 여성운동으로 전개되기도 하였다. 1990년대에는 정신대(종군
위안부) 문제가 여성운동의 주제로 제기되었다. 위안부 문제는 한국과
중국을 비롯하여 전 세계의 인권 문제로 부각되었으며 오늘날까지 여
성인권의 가장 첨예한 문제로 논란의 대상이 되고 있다(정정숙, 2001).

(2) 관련법

① 가정폭력특례법

1997년 제정된 '가정폭력범죄의 처벌 등에 관한 특례법'은 가정폭력에 관한 형사사건의 수사절차와 형사처벌에 관한 특례로서 가정보호사건의 재판절차와 형사처분의 특례로서의 보호처분 및 법원에 의한 임시조치를 주된 내용으로 한다.

제1조(목적)는 "가정폭력범죄의 형사처벌 절차에 관한 특례를 정하고 가정폭력범죄를 범한 사람에 대하여 환경의 조정과 성행(性行)의 교정을 위한 보호처분을 함으로써, 가정폭력범죄로 파괴된 가정의 평화와 안정을 회복하고 건강한 가정을 가꾸며 피해자와 가족 구성원의 인권을 보호함"을 명시하여 피해자 및 가족 구성원의 인권을 강조했다.

제2조(정의)에 의하면 가정폭력은 "가정 구성원 사이의 신체적, 정신적 또는 재산상 피해를 수반하는 행위"로, 가정폭력범죄를 형법이 정하는 "상해, 폭행, 유기, 학대, 감금, 협박, 강간, 추행, 상해, 치사, 사기, 공갈 등"으로 정의했다. 여기서 가정 구성원은 배우자, 전 배우자, 직계존비속관계, 계부모와 자녀, 동거하는 친족으로 망라된다.

특히 제2장에서는 가정폭력 문제를 조기에 발견하고 대처하기 위하여 제4조(신고의무)에서 가정폭력 관련 상담소 및 보호시설, 성폭력피해상담소 및 보호시설의 상담원과 기관장, 다문화가족지원센터의 장과 전문 인력, 국제결혼중개업자와 종사자 등이 가정폭력범죄를 알게 된 경우에는 수사기관에 신고하도록 법률상 강제했다. 또한 제6조(고소에 관한 특례)에 따르면 피해자 또는 법정대리인이 가정폭력 행위자를 고소할 수 있는데, 이때 가정폭력 행위자가 본인 또는 배우자의 직계존속인 경우에도 고소를 가능케 하는 특례규정을 두어 실효성을 도모하였다.

제 5조(응급조치)에서는 가정폭력범죄 신고에 대하여 사법경찰관리의 즉각적인 현장출동 및 응급조치 의무를 정했는데, 이는 가정폭력에 대한 적극적 개입과 유연한 조치가 입법화된 것이라고 볼 수 있다. 즉, 신고를 받은 경찰관은 즉시 현장에 나가서 폭력행위의 저지, 행위자와 피해자의 분리 및 범죄수사, 상담소 또는 보호시설, 의료기관으로 피해자 인도 등 신속한 조치를 취할 것을 의무화한 것이다.

특례법의 가장 큰 특징은 가정폭력사건을 수사기관에서 의무적으로 조사하도록 되어 있기 때문에, 예외 없이 형사사건으로 입건되어 자동적으로 수사가 실시되며, 수사를 종결할 때까지는 일반 형사사건으로 절차가 진행되도록 규정했다는 점이다. 특례법 제 18조 2절(형사소송법의 준용)에 가정보호사건의 성질에 위배되지 아니하는 범위에서 '형사소송법'을 준용한다고 못 박아 놓았다.

또한 검사는 가정폭력사건을 가정보호사건으로 처리하는 경우에는 가정법원 또는 지방법원에 송치하여야 하며, 법원은 가정폭력 행위자에 대한 피고사건을 심리한 결과, 보호처분을 하는 것이 적절하다고 인정하는 경우에 사건을 관할 법원에 송치한다. 이때 법원은 피해자의 의사를 존중하여야 함을 명시하여 피해자의 인권을 존중하고 있다(제 11조, 제 12조).

제 18조(비밀엄수)는 가정폭력범죄의 수사 또는 가정보호사건의 조사·심리 및 집행에 관여하는 관련인들은 직무상 알게 된 비밀을 누설하여서는 아니 됨을 의무화하여 피해자뿐만 아니라 행위자, 고소인의 인적 사항을 노출하지 말 것을 규정하여 직·간접적 인권침해가 없도

록 하였다.

제 55조(피해자보호명령)는 피해자의 보호를 위하여 필요하다고 인정하는 때에 판사는 가정폭력 행위자에게 피해자의 주거, 직장 등으로부터 퇴거와 격리, 접근금지 등 피해자 보호명령을 할 수 있도록 명시하였다. 특히 피해자가 일반적으로 사회적 및 경제적 약자임을 고려하여, 피해자 또는 가정 구성원의 부양에 필요한 금전의 지급, 가정보호사건으로 인하여 발생한 직접적인 물적 피해 및 치료비 손해의 배상을 법률로 정해 놓았다(제 57조).

② 가정폭력보호법

특례법이 가정보호사건에 대한 형사처벌 절차에 관한 법률인 반면, 1997년 제정된 '가정폭력방지 및 피해자보호 등에 관한 법률'은 피해자 등에 대한 각종 서비스 등과 프로그램과 시설 등에 관한 근거 규정을 두어 일종의 설치근거법 및 지원법의 성격을 가진다.

제 1조(목적)는 "가정폭력을 예방하고 가정폭력의 피해자를 보호·지원함"을 목적으로 명시했다. 제 4조는 국가와 지방자치단체는 가정폭력의 예방·방지와 피해자의 보호·지원을 위하여 가정폭력 신고체계의 구축과 운영, 피해자 보호시설 및 지원 서비스 제공 등 국가와 지방자치단체의 책무, 가정폭력에 대한 실태조사, 가정폭력 예방교육의 실시, 긴급전화센터 설치·운영을 규정했으며, 제 5조와 제 6조는 상담소 설치·운영을, 제 7조와 제 8조는 보호시설의 종류, 대상, 입소와 퇴소, 비용, 업무 내용 등을 담았다.

가정폭력 피해자 본인, 가족, 친지나 긴급전화센터, 상담소, 보호시설의 요청에 따라 의료기관이 피해자의 보건에 관한 상담 및 지도, 신체적·정신적 피해에 대한 치료보호를 실시하도록 했으며, 이에 대한 일체 비용을 가정폭력 행위자가 부담하도록 규정하여 법률상 피해자의 보호를 명확히 했다. 가정폭력특례법과 가정폭력보호법은 사적인 영역으로 간주되었던 가정폭력을 사회적인 문제, 즉 공적인 영역으로 부각시키는 데 일정한 역할을 했다고 평가할 수 있다(박창남 외, 2002).

③ 성매매처벌법과 성매매방지법

여성의 성적 권리를 가장 침해하는 것이 성매매·인신매매이다. 이에 2004년 '성매매 알선 등 행위의 처벌에 관한 법률'과 '성매매 방지 및 피해자보호 등에 관한 법률'이 제정되었다. 처벌법은 성매매·인신매매를 근절하고 성매매 피해자의 인권보호를 목적으로 삼은 반면, 방지법은 성매매 피해자에 대한 보호 서비스 제공을 목적으로 삼는다는 데 차이가 있다.

성매매처벌법은 제1조(목적)에서 "성매매, 성매매 알선 등 행위 및 성매매 목적의 인신매매를 근절하고, 성매매 피해자의 인권을 보호함"을 목적으로 하여 피해여성의 인권보호를 명시하였다. 성매매처벌법의 주요 내용은 성매매 공급자와 중간매개체를 차단하기 위하여 성매매 목적의 인신매매를 처벌하고, 벌칙에서 성매매 강요·알선 등 행위를 형태별로 다양화하여 형량을 강화하며, 성매매 알선 등 행위로부터 취득한 금품 또는 재산상 이익은 몰수·추징하고, 성매매 알선 등 행위를 신고한 자에 대한 보상금을 지급하며, 성매매 강요·알선 등 행위자가 성을 파는 자에게 가지는 채권을 무효화하고, 성을 파는 행위를 한 자를 보호하기 위하여 성매매 피해자의 형사처벌 제외, 수사·재판 과정에서 신뢰관계 있는 자의 동석, 신고자 등에 대한 법정심리의 비공개를 규정하였다(박선영 외, 2007).

성매매방지법은 제 1조(목적)에서 "성매매를 방지하고, 성매매 피해자 및 성을 파는 행위를 한 사람의 보호, 피해 회복 및 자립·자활을 지원하는 것"을 목적으로 삼는다. 따라서 성매매방지법의 주요 내용은 성매매와 인신매매 관련 행위를 방지하기 위하여 신고체계 구축·운영과 정책수립과 같은 법적·제도적 장치를 마련하는 것, 성매매 피해자에 대한 보호와 피해 회복, 자립·자활지원 서비스를 제공하는 것으로 구성되었다.

구체적으로 살펴보면, 제 4조(실태조사)는 성매매 실태조사를 실시하여 성매매 예방을 위한 정책수립에 기초 자료로 활용하도록 했고, 제 5조(예방교육)는 성매매 방지 및 피해자 인권보호를 위하여 예방교육을 실시하도록 규정했으며, 제 9∼19조는 성매매 피해자를 위한 지원시설, 자활지원센터, 상담소, 성매매방지중앙지원센터 등 관련 시설에 대해 명시했다. 특히 제 22조(의사존중)는 성매매 피해자 등이 밝힌 의사에 반하여 지원시설에 들어가게 하거나 임시로 보호실을 운영하지 못하도록 하여 인권을 보호하도록 규정하였다.

특례법, 보호법, 성매매방지법 외에 여성인권과 관련된 법령 가운데 여성의 일반적 인권과 관련하여 헌법과 민법이 있으며, 가족 영역에서는 가족법, 여성발전기본법, 고용 영역에서는 근로기준법과 남녀고용평등법이 있다.

2. 인권 유형과 보장 내용

1) 시민권 및 정치권

여성차별철폐협약과 여성폭력철폐선언에 의거해서 여성의 권리를 분류해 보면, 가장 먼저 보장되어야 할 여성권리는 선거권, 선거에 의해 선출되는 피선거권, 공무담임권과 같은 정치적 권리이다. 즉, 여성은 남성과 동등한 조건으로 아무런 차별 없이 국가의 공적·정치적 권리를 누려야 한다는 것이다. 여성 정치인의 당선과 고위직 여성 공무원 수가 해를 거듭할수록 증가하는 현상을 통해 여성의 정치권 보장이 점차 개선되고 있음을 알 수 있다. 더 나아가, 여성이 남성과 동등한 조건으로 아무런 차별 없이 국제적 차원에서 자국 정부를 대표하고, 국제기구의 업무에 참여할 기회를 보장받아야 한다.

자녀의 국적에 관해서도 여성은 남성과 동등한 권리를 부여받아야 하며, 또한 민사 문제에서 여성은 남성과 동등한 법적 능력 및 동일한 능력을 행사할 동일한 기회를 부여받아야 한다. 또한 이주에 관한 법과 주거 및 주소 선택의 자유와 관련하여 남녀가 동일한 권리를 보장받아야 한다. 혼인과 가족관계에서도 남녀평등을 기초로 여성에 대한 차별이 철폐되어야 하며, 아동의 약혼과 혼인은 아무런 법적 효과가 없으며, 혼인을 위한 최저연령을 정하고, 혼인등록을 의무화하기 위하여 입법을 포함한 모든 필요한 조치가 강구되어야 한다(장복희, 2005).

2) 사회권과 경제권

여성은 결혼과 모성을 이유로 차별을 받아서는 안 된다. 특히 여성의 근로에 대한 권리를 확보하기 위하여, 임신 또는 출산을 이유로 한 해고 및 혼인 여부를 근거로 한 해고에서의 차별을 금지한다. 이전의 고용, 선임순위 또는 사회보장수당을 상실함이 없이 유급 또는 이에 상응하는 사회보장혜택을 포함하는 출산휴가제도를 적용받도록 한다. 또한 남녀평등의 기초하에 가족계획과 관련된 것을 포함한 보건 분야에서의 여성차별이 없어야 한다. 경제적·사회적 생활의 다른 영역에서도 남녀평등의 기초하에 동일한 권리를 인정받는다. 농촌여성의 경제권도 보장받아야 하는데, 남녀평등의 기초 위에 농촌여성이 지역개발에 참여하며 그 개발에 따른 이익을 향유할 수 있도록 보장하기 위하여 농촌여성에 대한 차별이 철폐되어야 한다.

이혼하는 당사자로서 통상 여성이 재산을 구하는 권리의 근거는 위자료청구권과 재산분할청구권이다. 재산분할청구권이 명문화되면서 재산분할은 이혼의 귀책사유가 있는 일방에 대한 정신상 손해배상인 위자료와 엄격하게 분리 해석되어, 혼인 이후 형성된 재산의 여성 기여분 입증 여부 및 정도에 따라 그 수액을 인정받게 되었다. 상속세법에 의한 배우자 재산분할은 혼인생활 동안 기여했던 재산형성에 대한 권리를 사후에 정산하고자 하는 청산적 분할의 성질을 가지는 것이다.

3) 노동권

노동과 고용에서 남성-생산노동, 여성-가사노동이라는 이분법적 성별
분담론은 여성 고학력화, 핵가족화, 고용시장의 다양화 등의 변화에
따라 많이 소멸되었다. 여성도 남성과 동등하게 생산 현장에서 활동하
며 사회경제적 지위가 향상되고 평등한 지위를 누리고 있는 추세이다.
그런데도 여전히 높은 비율의 여성이 가사노동과 육아의 부담을 지고
있으며, 고용시장에서도 저임금과 불완전고용 등 평등한 노동권을 누
리지 못하고, 직장에서의 직·간접인 차별을 경험하고 있다.

　가사노동은 인간의 생존을 위한 기초적인 생산노동인 동시에 모든
사회활동의 기본전제가 되는 필요불가결한 노동이다. 가사노동은 취
업주부, 전업주부를 막론하고 시간과 방식에 차이는 있으나 상당한 부
분을 여성이 부담하고 있는 것이 현실이다. 가사노동은 여성의 활동의
질과 양을 결정하는 결정적 변수가 되며 동시에 여성의 사회적인 삶의
기회를 박탈, 제한하는 요인이 되고 있다(이종걸, 1994).

　근로기준법은 노동 분야에서 여성에 대한 차별대우의 금지, 산전산
후휴가 및 육아시간, 생리휴가 등 근로조건 전반에 관한 차별대우를 금
지한다. 또한 남녀고용평등법은 모집, 채용, 임금, 교육배치, 승진,
정년, 퇴직, 해고, 직업지도, 직업훈련, 육아휴직, 보육시설, 복지시
설 등의 내용을 규정하여 여성의 노동권을 법률상으로 보장한다. 또한
여성고용할당제가 시행되어 여성의 평등한 노동권이 상당히 보장되고
있다. 그러나 이러한 법제도에도 불구하고 우리 사회에서 여성의 평등
한 노동권이 실제적으로 보장되고 있는지 의문시되는 것이 사실이다.

4) 폭력으로부터의 자유

여성에게 가해지는 모든 형태의 폭력은 철폐되어야 한다. 특히 가정에서 발생하는 가정폭력, 사회 모든 분야에서 일어나는 성희롱과 성폭력, 여성의 착취와 인신매매, 사법·행정에서 성편견의 제거, 특정한 전통적 혹은 관습적 성폭력 관행의 유해 효과, 문화적 편견과 종교적 극단주의로부터 발생하는 여성에 대한 성적 억압 등이 근절되어야 한다. 또한 여성에 대한 폭력의 형태에는 살인, 조직적 강간, 성노예와 강요된 임신이 포함된다.

3. 인권침해 현황과 실태

여성에 대한 폭력은 가정폭력, 성폭력, 성매매 등 다양한 유형으로 존재하며 여성인권을 가장 심각하게 침해하는 영역이다. 이는 피해자의 개인적 권리와 신체권을 박탈할 뿐만 아니라 정신적 고통과 대인관계 문제를 유발하고, 심지어는 행위자 살해에까지 이르는 등 심각한 결과를 초래한다. 그런데도 여전히 우리 사회 곳곳에는 여성에 대한 폭력이 산재하며 이는 발전적인 사회통합에 장애요인으로 작용한다.

1) 가정폭력

가정폭력 유형 중에서 가장 많은 비중을 차지하는 것은 남편에 의한 아내 학대이다. 가정폭력사건 중 아내가 남편을 구타하거나 살해한 경우

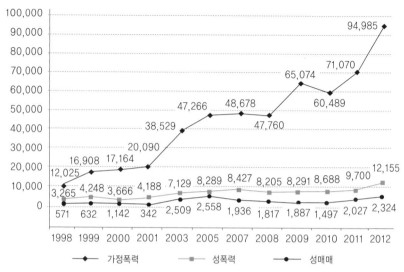

〈그림 9-1〉 여성긴급전화(1366) 3대 여성폭력 상담 건수

여성가족부(2014), 〈1366 운영실적〉, 한국여성정책연구원, 405쪽.

가 보고되기는 하나, 이는 남편으로부터의 장기간의 폭력에 대한 아내의 자기방어 또는 반응인 경우가 많았다. 다른 폭력의 피해여성들과 비교할 때 가정폭력 피해여성들은 구타의 정도가 더 심하고 도구를 사용한 학대를 더 많이 경험했으며, 성관계의 강요와 더 심각한 상해, 더 많은 죽음의 위협을 겪는 것으로 나타났다(Dutton et al., 1994; 이수정·서진환, 2005).

가정폭력에는 주로 개별적인 남성의 성격 결함, 잘못된 음주습관 등 심리적 및 병리적인 면 외에도 일일이 설명할 수 없는 다양한 원인이 있다. 가정폭력의 가장 두드러진 특징은 남편과 아내 모두가 가부장적 억압을 수용하고 있다는 점이다. 특히 가정폭력은 남성과 여성을 차별하는 사회, 여성을 물리적인 힘으로 굴복시키는 남성의 특권을 정당화하는 사회문화 규범과 상관관계가 있음을 부인할 수 없다(이종걸, 1994). 가정폭력 희생자의 대부분인 아내들은 우울, 자살 행동, 물질 남용, 낮은 자아존중감 등 만성적 고통을 겪는 것으로 나타났다. 또한 피해여성들이 남성들보다 더 많은 상담과 의료적 보호를 받거나 입원, 직장 휴직 등을 선택하여 사회적 비용이 다른 문제보다 평균적으로 더 많이 지출되는 것으로 나타났다(Arias & Corso, 2005).

1997년 가정폭력방지특례법 제정 이후, 가정폭력에 대한 사회적 개입이 공식적으로 이루어졌으나, 발생 비율은 크게 줄지 않았다. 여성긴급전화 1366의 2012년 상담통계에 따르면(〈그림 9-1〉 참고), 전체 상담건수 22만 3,109건 중 가정폭력 상담 비율은 9만 4,985건(42.66%)으로 가장 높았다(여성긴급전화전국1366협의회, 2013). 가정폭력의 방지를 위해서는 사회문화적 규범 및 가치와 그릇된 성의식과 잘못된 가장·남편에 대한 개념, 인간 차별적인 지위 개념이 변화되어야 한다.

2) 성폭력

퇴폐와 향락 풍조가 만연하면서 우리 사회에는 성폭력과 성매매가 크게 늘고 있는 실정이다. 일반적으로 성폭력은 강간, 성폭행, 성추행 등 상대방의 의사에 반하여 육체적, 심리적, 혹은 경제적 압력을 가하여 행하는 성행위와 상대방이 성 결정 능력이 없거나 의사표현 능력이 없는 것을 이용하여 행하는 성행위를 의미한다.

성폭력은 생후 6개월 유아부터 60세 노인에게까지 발생하며, 빈도는 높지 않으나 남성에게도 발생한다. 그러나 여전히 대부분의 성폭력은 여성을 상대로 발생하는 것으로 나타난다. 발생원인 가운데 하나는 가부장적 사고로 인해 남성의 성적 자유에 대한 그릇된 사고가 여전히 팽배하기 때문에 신체적・물리적 우위를 점하는 남성이 폭력을 행하더라도 사회 통념상 여성은 이를 수치심으로 여기고 밖에 드러내지 못한다는 것이다.

둘째, 자본주의, 물질주의 사고로 인하여 여성의 성과 육체를 쾌락을 위한 소비상품으로 전락시킨 데 있다. 대중매체들이 이를 더욱 자극적이고 선정적인 광고와 장면으로 내보내면서 사회 구성원들이 성을 상품으로 사고하게 되고, 과격한 성폭력에 계속 노출됨에 따라 이를 일상행위로 여기게 된다는 것이다.

이처럼 성폭력은 사회의 이중적인 성규범과 성폭력에 대한 의식 부족, 성에 대한 불평등의 문제에서 기인하는데, 성폭력 발생 건수는 갈수록 증가 추세에 있다. 검찰 집계에 따르면 1980년 연간 5,614건, 1989년 6,475건, 1990년 9,322건이 발생했다. 2001년 기준, 경찰에 신고된 성폭력 범죄 발생 건수는 9,775건이었고, 한국성폭력상담소에 접수된 상담건수는 총 2,869건이었으며 유형은 강간, 성희롱, 성추행, 윤간, 성적 가혹행위, 음란물 노출, 강간 미수, 강도 강간, 성매매 강요, 인신매매, 어린이 성추행, 음란 전화, 아내 강간 등으로 나뉜다(여성부, 2001).

갈수록 증가하는 성폭력은 성문화가 왜곡되고, 성교육이 부재하며, 여성의 지위가 낮고 남녀가 불평등한 사회의 결과론적 현상이라 할 것이다. 사회가 성폭력에 대해서 심각하게 생각하고 대처해야 하는 이유는 폭력 피해자들이 겪는 피해의 심각성 때문이다. 성폭력은 일반적인 폭력이 주는 폐해 외에도 성적인 수치심까지 유발하여 정신적・정서적 상처를 입힌다. 성폭력을 경험한 청소년은 가출, 비행, 성매매로까지

나아가 심각한 사회적 문제를 야기하게 된다. 성폭력 피해자들에 대한 초기의 신속한 개입을 통해 장기적인 피해를 최소화할 수 있도록 해야 한다.

3) 성매매

성매매란 경제적 이득을 목적으로 몸을 매매하고 상품화하여 착취하는 것을 말하며, 아동매매, 인신매매, 매매춘을 모두 포함한다.

성매매 관련법이 시행된 2004년 이후 성매매사범으로 검거된 인원수를 보면, 업주 등 관련자는 2004년 16.7%, 2005년 22.0%로 증가했다가 2006년 10.5%로 감소, 2007년에 8월을 기준으로 14.4%로 다시 증가한 것으로 나타났다. 성구매자는 2004년 60.0%, 2005년 62.0%, 2006년 79.0%, 2007년 8월 기준 70.1%였다. 성매매여성은 2004년 23.3%, 2005년 16.0%, 2006년 10.5%로 감소하였다.

성구매자들이 성구매를 위해 가장 많이 이용하는 장소는 2007년의 경우 안마·이발소 32.2%, 마사지·휴게텔 19.7%, 인터넷 8.8%, 유흥단란주점 6.7%, 집결지 6.0%의 순으로 나타났다. 성매매여성의 연령은 2007년 7월을 기준으로 20대 50.7%, 30대 23.1%, 14~19세 8.6%, 50대 8.5%의 순으로 나타났으며, 전체적으로 20대 연령은 감소하고 30~40대 연령은 증가한 것으로 나타났다(한국여성정책연구원, 2007).

4. 사례개입과 적용

1) 가정폭력 피해여성 사례

(1) 사례개요

C(28세) 씨는 어려운 가정환경으로 인해 유치원 시절부터 초등학교 3
학년까지 이모 집에서 살았는데 이때 이종사촌 오빠에게 성폭력을 당
했다. 이후에도 여러 차례 피해가 있었고, 모에게 이 사실을 알렸지만,
부의 외도와 노름, 가정폭력으로 지친 모는 C씨에게 관심을 가지지 않
았고, 혹시라도 쫓겨날 것을 염려한 나머지 오히려 C씨를 비난했다.

고등학교 때 집을 나왔고 취업소개소를 통해 직장을 구했는데 알고
보니 성매매업소였다. 감금과 구타가 이어지는 생활 속에서 가까스로
탈출하여 성매매 피해자 지원센터의 지원을 받아 자립했다. 인간다운
생활을 위한 고민 끝에 대학 진학을 결심했고, 대학 졸업 후 직장생활을
하면서 만난 배우자와 결혼했다. 자신의 과거를 숨기고 결혼했다는 죄
책감을 못 이겨 배우자에게 어릴 적 성폭력 피해와 고등학교 시절 다방
에서 일한 사실을 이야기했다.

그런데 배우자는 술을 마신 날이면 C씨에게 "너는 더러운 여자다"라
고 말하며 상습적으로 구타했고, 시간이 갈수록 심해지는 폭력을 견디
지 못한 C씨는 자살을 시도했다. 다행히 가족들에게 발견되었으나 일
주일 만에 시부모에 의해 강제퇴원 되었고, 기도원에 감금되다시피 했
다. 가까스로 탈출하여 지나가던 인근 공장으로 찾아가 도움을 요청했
고, 공장 직원의 도움으로 가정폭력상담센터와 연결되기에 이르렀다.

2) 인권 기반 사례개입

C씨는 유년 시절의 빈곤한 환경과 가정폭력, 친척 집을 전전하면서 겪은 성폭력, 이후 자포자기하는 심정으로 자신의 삶을 돌보지 못하는 과정에서 유입된 성매매 현장에서 악몽 같은 삶을 살았다. C씨는 폭력에 지속적으로 노출되었고, 우울증세가 있어 인간다운 삶을 위한 자기결정권 발휘나 주체성을 기대하기 어려운 실정이었다. C씨의 심리적 안정 문제, 병원의 입원 결정과 입원비 문제, 생활시설에서의 적응 문제 등 모든 것이 절박한 현실이었다.

C씨의 인권을 보장하기 위하여 C씨의 심리적 안정을 최우선으로 하였고, 자기결정권에 입각하여 병원진료를 우선한 뒤 보호시설로의 입소가 계획되었으며, 그 결과 지역사회의 개입이 이루어졌다.

(1) 추가 사례 접수와 계획

이후 가정으로 돌아간 C씨는 가족 나들이를 갔는데, 남편과 함께 술을 마시던 C씨가 울기 시작하자 남편은 욕설을 하며 머리채를 휘어잡고 바닥과 벽에 치기 시작했다. 순간적으로 C씨는 옆에 놓여 있던 과도로 남편의 가슴을 찔렀고 남편이 쓰러지자 119에 신고했다. 그러나 남편은 사망했고 C씨는 긴급 체포되었다. C씨는 심각한 가정폭력 피해를 겪으면서도 자신이 희생자임을 인식하고 폭력관계를 종결하는 선택을 하지 못했고, 결국에는 남편을 살해한 피의자의 신분이 되고 말았다.

C씨는 자신을 옹호하기보다는 남편을 죽음에 이르게 했다는 죄책감을 가지고 있었고 자포자기 상태였다. 지속적인 폭력 피해에 노출되어 왔고 우울증으로 무기력한 상태였는데, 아이들에 대한 걱정만 할 뿐 자

신의 요구를 이야기하지 못했으며 케어를 필요로 하는 상황이었다.

(2) 사례개입

C씨와 가족들의 면담을 통해 개입 계획이 수립되었고 지역사회 자원이 적극적으로 활용되었다. 1차적으로는 법률 구조를 위한 법률지원, 2차적으로는 C씨와 자녀들에 대한 치료와 보호에 대한 개입 계획이 있었는데, 각각의 전문기관들이 참여하여 역할을 분담했다. C씨가 남편 살해로 긴급체포된 상황이었기에 1차적으로 지역 연대 차원의 옹호활동이 펼쳐졌고, 가정폭력 피해와 정당방위를 근거로 법률 구조가 이루어졌다. 또한 여동생이 변화 매개자가 되어 그동안 관계가 소원했던 가족들과의 연결을 주선하였다. C씨가 보석으로 석방된 이후에는 자녀들과 함께 가정폭력 피해자 보호시설로 입소 의뢰되었고, 그에 따른 서비스가 실시되었다.

① 위기개입 서비스

가정폭력은 피해여성과 자녀에게 가장 심각한 외상적 스트레스가 되며, 해결방법을 발견하지 못했을 경우 불안이 더욱 심각해지므로 신속한 개입이 필요하다. 위기 개입은 제한적이고 초점을 맞춘 전략으로, 위기가 감지되면 실천가는 정확한 사정을 통한 주도적 개입을 해야 한다. 이 사례는 1차적인 개입 목표가 피의자 신분인 C씨의 석방이었기에, C씨와 신뢰관계를 형성하여 C씨와 가족들이 그들의 문제와 욕구를 스스로 인식하도록 했고, 친정 가족과 시댁 가족, 이웃을 대상으로 한 중재상담을 통해 법정에서 C씨를 옹호할 수 있도록 했다.

② 단기치료 개입

C씨는 구속된 상황에서 심리적 위축과 고립감, 자녀에 대한 걱정으로 우울감을 경험하고, 남편을 죽음에 이르게 했다는 낙인으로 자아존중감이 낮아져 있었다. 따라서 제1차 목표인 C씨의 석방을 위한 서비스 연계에 초점을 두는 동시에 C씨와 가족에 대한 접근이 이루어졌다. C씨가 구속되어 있는 상황에서 초기 2회 상담까지는 방문상담을 통해 심리적·정서적 지지를 보냈고, 향후 지역사회를 중심으로 전개될 서비스를 설명하고 C씨가 중심이 될 수 있도록 역량강화에 초점을 두었다. C씨가 보석으로 풀려난 이후에는 2차 목표 달성을 위한 지역사회 내의 인적·물적 자원을 발굴하는 데 집중했다.

③ 상담 서비스

C씨에 대한 법률지원 후에는 시설 입소가 결정되었고, 긴급보호시설을 거쳐 모자일시보호시설로 입소했다. 각각의 초기생활에서는 타인과 관계 맺기를 힘들어 하고 우울감을 나타내었다. 단기 개입 후 장기간의 치료가 필요할 때에는 관련 전문가체계에 의뢰해야 하는데, 지역의 병원과 연계하여 4개월 동안 우울감에 대한 약물복용과 상담을 동시에 받았고, 이후에는 정기적으로 내원하여 상담만 받았다.

C씨가 구속되어 있는 동안 자녀들을 위탁 보호하는 아동양육시설에서는 C씨의 정신건강상의 문제를 이유로 자녀양육이 불가능하다는 의견을 제시하기도 했다. 그러나 C씨와 자녀 모두가 함께 살기를 희망하여, 자녀 양육을 수행하는 데 지장이 없다는 의사의 소견과 자녀가 부모와 함께 생활할 아동의 권리, 가정이 건강하게 생활할 수 있도록 원조하는 지역사회 서비스 자원을 근거로 옹호활동이 이루어졌다.

④ 주거 서비스와 자립

C씨는 긴급보호시설을 거쳐 모자일시보호시설에 입소했고 그곳에서 자녀와 함께 9개월 동안 머물렀다. 이후에는 쉼터로 입소하기로 했으나 이 계획은 수정되었다. 입소해 있는 동안 친정아버지가 사망하여 살고 있던 집을 처분했고, 동생들은 그 돈으로 자신들이 거주하는 주변에 집을 구해 C씨와 자녀들이 정착할 수 있도록 도왔기 때문이다.

친정 가족 외에는 비공식적 지지체계가 없던 C씨는 퇴소 이후에는 자립자 모임에 참석하였고, 사회적 지지체계를 확보해 나갔다(강호선, 2008).

3) 주요 인권침해 사례

(1) 사례 1

① 진정요지

피진정인은 ○○○○대학 ○○○○○○센터(이하 "○○센터"라 한다) 장이자 상근 교수인데, 2012년 1월 말부터 2013년 2월 말까지 ○○센터 재학생 또는 입학예정자인 피해자들의 손을 잡거나 어깨를 주무르고, 포옹을 하거나 입맞춤을 시도하는 등의 신체접촉과, 해외출장 시 "자신의 호텔방에서 자라"는 등의 언행, "배가 아픈데 네 손이 약손이다", "병원에 업고 가달라"는 등의 문자메시지 발송으로 성희롱하였는바, 진정인은 당시 ○○센터 국제개발협력 석사과정에 재학하면서 행정 및 수업조교 업무를 맡고 있었는데, 피해자들의 학교 동료로서 그들의 억울함을 풀어 주고자 진정을 제기하였다.

② 결정요지

피진정인은 대학 재학생 또는 입학예정자인 피해자들의 손을 잡거나 어깨를 주무르고 포옹을 하거나 입맞춤을 시도하는 등 상대방이 원치 않는 신체접촉을 하였으며, 해외출장 시 "자신의 호텔방에서 자라"고 말하거나 "배가 아픈데 네 손이 약손이다", "병원에 업고 가달라"는 문자메시지를 보내는 등의 언동을 한 사실이 인정되고, 이는 자신의 직위를 이용하거나 업무와 관련하여 이루어진 것으로서, 피해자들은 물론 합리적인 일반 여성의 관점에서도 충분히 성적 굴욕감을 느끼게 할 수 있는 행위이므로, 위원회법상 성희롱에 해당한다고 판단하였다.

③ 결정사항

피진정인에게 피해자들에 대한 손해배상금 지급과 위원회가 주관하는 특별인권교육의 수강을 권고하였고, 재단법인 ○○○○○○ 이사장에게 피진정인에 대한 인사조치 및 이 사건 피해자들에게 불이익이 없도록 조치할 것과 적절한 구제조치를 취할 것을 권고하였다. 또한 외교부장관에게 재단법인 ○○○○○○에 대한 관리감독을 철저히 할 것을 권고했다.

(2) 사례 2

① 진정요지

진정인은 한국○○○○○주식회사(이하 "○○○"이라 함) ○○연구원 직원으로, 2013년 9월 25일 실시된 직장 내 성희롱 예방교육을 수강하던 중, 강사인 피진정인의 "야한 복장이 성희롱을 유발한다"는 발언,

노골적인 성관계 등에 대한 설명, 성희롱 가해방법 및 가해상황 회피방법 설명, 성매매 관련 노골적 예시 등 관련법령에 위배되는 강의를 하면서 성적 굴욕감을 유발하는 성희롱을 하였는바, 이에 대한 시정과 성희롱 예방교육 강사에 대한 점검 및 개선을 바란다.

② 결정사항

피진정인에게 특별인권교육 수강을 권고하고, 여성가족부장관과 한국양성평등교육진흥원장에게 성희롱 예방교육 전문강사 양성·관리 실태의 점검 및 실효성 있는 재발방지대책 마련을 권고하였다.

③ 결정요지

피진정인은 문제가 된 교육 내용이 교육생들의 흥미유발을 위한 것이었을 뿐 성적 의도는 없었다고 주장하나, 성희롱의 성립에 성적 의도가 반드시 필요한 것은 아니고, 해당 발언은 성희롱·성매매 예방교육에 필수불가결한 내용으로 보기 어려우며, 관련 사정을 감안할 때 합리적 여성의 관점에서 성적 굴욕감 및 혐오감을 느끼게 하기에 충분하여 위원회법상 성희롱에 해당한다고 판단하였다.

④ 참조법령

여성발전기본법 및 같은 법 시행령, 성매매 방지 및 피해자 보호 등에 관한 법률 및 같은 법 시행령 등.

토론거리

1. 가정폭력이 발생하는 가장 큰 원인과 이유는 무엇일까요?

2. 성매매방지법과 성매매처벌법이 실제 성매매 방지에 어느 정도 영향을 미쳤을까요?

3. 직장에서의 경험하는 여성차별의 사례를 들고 인권 기반 사회복지 개입 방안을 마련해 보자.

제 10 장

이주민과 인권

국경을 가로지르는 국제이주자들은 2010년 기준 2억 1,300여만 명으로, 전체 세계인구 69억여 명 중 3.1% 정도에 달한다(임채완·김홍매, 2011, 190쪽). 한국사회에서도 1992년 '산업연수생제도'의 도입으로 국외 노동이주자의 유입이 시작된 이래, 고용허가제도(2004)와 방문취업제도(2007)의 시행으로 국외 노동이주자의 유입이 급속도로 증가하고 있다. 이외에도 국외 여성과 결혼하는 남성의 증가로 결혼이주여성의 국내 유입이 대거 이루어지고 있다(박재규, 2005; 박경도, 2008; 정현주, 2009; 엄명용, 2010; 양영자, 2011). 여기에 더해 한국사회의 위상이 국제적으로 신장됨에 따라 유학생들의 유입도 꾸준히 증가하는 추세이다. 이처럼 다양한 방식으로 유입된 한국 내 외국인[1] 수는 2013년 말 기준 157만 6,034명으로, 전체 한국인의 3.14%에 이른다(법무부 출입국·외국인정책본부, 2013, 278쪽).

---

1) 현행법상 외국인은 대한민국의 국적을 갖고 있지 않은 사람으로서, 외국 국적자와 무국적자를 포함하는 개념이다. 국적법 개정에 의해 복수국적을 취득한 자는 예외적으로 외국인이 아닌 국민으로 인정한다(차진아, 2012, 213쪽).

317

그렇다면 한국사회 내 이주민들은 어떠한 삶을 영위하고 있는가, 특히 다문화정책의 주요 대상인 결혼이주여성[2] 보다 그 수가 3배나 더 많은 노동이주자의 삶은 인권적 관점에서 볼 때 어떠한 모습을 띠고 있는가? 이하에서는 이러한 질문에 답하기 위해 먼저 이주민과 관련된 국내

---

2) 한국사회에서 결혼이주여성의 가족을 공식적으로 '다문화가족'이라고 칭하게 된 것은 2003년 가정문화운동단체인 '하이패밀리'가 '혼혈아'라는 표현이 인권을 침해한다는 주장에 따라, 국가인권위원회에 '다문화가족 2세'로 변경할 것을 요청한 때부터다. 이후 2005년에는 정부가 '국제결혼가족'과 '다문화가족'이란 개념을 사용하였고, 2006년에는 이주자 정책에 '다문화·다민족 사회로의 전환'을 천명하면서 다문화정책이 관 주도로 도입되기에 이른다(김현미, 2008, 65쪽). 그러나 한국사회의 다문화정책이 지향하는 다문화주의는 다문화·다민족 간 '상호 공존'(coexistence)을 강조하는 계몽적, 규범적 당위성에도 불구하고, 오히려 다인종·다문화가 서로 평행선을 긋는 '병렬사회'(parallel society)의 문제 (양영자, 2013), 정책의 목표와 실제가 괴리되는 문제(천선영, 2004; 김남국, 2005; 문경희, 2006; 이선옥, 2007; 윤인진, 2008; 한승주, 2010; 임운택, 2013), 다문화 열풍 속의 '탈구적 상황'(Appadurai, 1996; 한건수·한경구, 2011 재인용)의 문제, 다문화주의를 문화다양성의 전형으로 바라보는 착시현상(임운택, 2013)의 문제 등으로 귀결된다는 비판에 직면해 있다.
이에 비해 상호문화주의는 여러 문화들을 정태적으로 분리시켜 병렬화하는 다문화주의와는 달리, 상호 교섭과 협상을 통해 역동적으로 만들어 나가는 '상호인정'(mutual recognition)의 문화를 추구하고, 서로 다름과 차이도 차별을 초래하는 파괴적 속성보다는 창조적인 가능성을 내포하는 긍정성을 띤다는 점을 강조한다. 따라서 기존의 다문화주의보다는 상호문화주의가 다문화·다민족 사회에 우위적 가치를 확보한 패러다임으로서 평가받는다(Treibel, 2011; 양영자, 2013).
그러므로 여기에서는 한국사회에 정착된 다문화주의 패러다임보다는 이주자와 비이주자의 문화를 상호 인정하는 보다 적극적인 정책적·문화적 행위가 필요함을 역설하는 상호문화주의 패러다임이 필요하다는 입장(양영자, 2013)에 따라, 의식적으로 '상호문화주의'나 '상호문화가족' 혹은 '상호문화사회'라는 개념을 사용하고자 한다.

318

외 제도를 살펴보고, 이어 이주민의 인권 유형과 그 보장 내용을 국내 외 관련법 제도에 입각하여 도출할 것이다. 또한 우리 다문화정책의 주 요 대상인 결혼이주여성을 포함한 결혼이민자, 귀화자(이중국적자 포 함) 및 그 가족의 인권침해 실태와 현황을 살펴보려고 한다. 노동이주 자의 인권침해 실태나 현황에 대해서는 이와 관련한 조사가 거의 이루 어지지 않고 있어 인권단체들의 고발 등에 의존하여 파악하는 실정이 다. 관련한 정부보고서마저도 대부분 해외의 정책사례를 참고한 인력 관리에 중점을 둔 내용이다. 따라서 노동이주민의 인권침해 실태나 현 황을 구체적인 조사 자료에 기초해 살펴보는 것은 어렵다(임운택, 2013, 59쪽). 이에, 이 장의 제3절 '인권침해 실태와 현황'에 대한 논의 는 결혼이주여성을 포함한 결혼이민자, 귀화자(이중국적자 포함) 및 그 가족에 제한되어 진행됨을 밝힌다.

마지막으로 이들을 포함한 이주민이 빈번히 직면하게 되는 인권침해 의 사례로 인종차별의 사례를 인권적 관점에서 논의하고, 기타 이주민 의 인권침해 사례를 소개하고자 한다.

1. 국내·외 관련 규정

1) 국제사회의 관련 규정 : 국제이주노동자권리협약

이주민의 인권을 보호하기 위해 국제적 차원에서 마련된 가장 대표적 인 제도는 '모든 이주노동자와 그 가족 구성원의 권리에 관한 국제협약' (International Convention on the Protection of the Rights of All Migrant

Workers and Members of Their Families, UN, 1990) 이다(이하 '국제이주노동자권리협약'). 국제이주노동자권리협약은 1990년 유엔총회에서 채택되어 2003년 7월 1일에 발효됐다.[3] 그러나 한국은 유럽이나 미국 등의 주요 유입국과 마찬가지로 아직 이 협약에 가입하지 않은 상태이다. 국제이주노동자권리협약의 핵심 내용을 구성 측면과 함께 살펴보면 다음과 같다.

(1) 국제이주노동자권리협약의 구성

국제이주노동자권리협약은 전문과 9부의 총 93개 조항으로 구성되었다. 1부는 협약의 적용범위와 정의, 2부는 권리의 비차별, 3부는 모든 이주노동자와 그 가족의 인권, 4부는 '등록된 혹은 정규적 상황' (*documented or in a regular situation*)의 이주노동자와 그 가족의 기타 권리, 5부는 특별한 유형의 이주노동자와 그 가족에 적용되는 규정, 6부는 노동자와 그 가족의 국제이주와 관련한 건전하고 공평하며 인도적이고 합법적인 여건의 증진, 7부는 협약의 적용, 8부는 일반조항, 9부는 종결에 대해 규정했다. 이러한 국제이주노동자권리협약의 주요 구성 내용을 정리하면 〈표 10-1〉과 같다.

이 중 이주노동자와 그 가족의 권리에 대해 실질적인 내용을 담고 있는 부분은 3~5부이다. 3부에서는 '미등록 혹은 비정규적 상황'(*undoc-*

---

3) 1990년에 채택된 국제이주노동자권리협약이 2003년 7월 1일이 되어서야 공식적으로 발효된 것은 제 87조 1항의 규정에 따른 것이다. 제 87조 1항에서는 20번째 비준서가 유엔 사무총장에게 기탁된 날로부터 3개월이 지난 다음 달 첫째 날에 공식적으로 발효된다고 되어 있다. 따라서 2003년 3월 14일, 20번째 비준서가 엘살바도르와 과테말라에 의해 유엔 사무총장에게 기탁되자, 3개월이 지난 다음 달 첫째 날인 7월 1일에 발효되었던 것이다.

〈표 10-1〉 국제이주노동자권리협약의 구성

구분	내 용
1부	협약의 적용 범위와 정의(제1~6조)
2부	권리의 비차별(제7조)
3부	모든 이주노동자와 그 가족의 인권(제8~35조)
4부	등록된 혹은 정규적 상황의 이주노동자와 그 가족의 기타 권리(제36~56조)
5부	특별한 유형의 이주노동자와 그 가족에 적용되는 규정(제57~63조)
6부	노동자와 그 가족의 국제이주와 관련한 건전하고 공평하며 인도적이고 합법적인 여건의 증진(제64~71조)
7부	협약의 적용(제72~78조)
8부	일반조항(제79~84조)
9부	종결(제85~93조)

umented or in a irregular situation)에 있는 미등록 이주노동자와 그 가족을 포함한 모든 이주노동자와 그 가족이 이주노동자권리협약에서 규정하는 권리를 보장받는다고 규정하였다. 반면, 4부에서는 '등록된 혹은 정규적 상황'에 있는 등록 이주노동자와 그 가족만이 그 권리를 보장받는다고 규정했는데, 이처럼 양 규정이 일견 모순적인 이유는 이주노동자권리협약이 원칙적으로 미등록 이주자를 포함한 모든 이주노동자와 그 가족의 권리를 보장하는 것을 추구하면서, 등록 이주노동자와 그 가족에게는 추가적인 권리를 보장함을 의미한다. 또한 이는 미등록 이주자의 기본적인 인권보호를 지향하고는 있지만, 다른 한편으로는 미등록 이주자의 양산을 억제하는 것을 표방하는 이중적인 목적을 설정하고 있다는 것도 의미한다(이경숙, 2008, 209쪽). 5부에는 월경노동자, 계절노동자, 선원, 해상시설노동자, 순회노동자, 특정사업노동자, 특별취업노동자, 자영노동자 등과 같은 특정한 유형의 노동자에게 적용되는 특별 규정을 담았다.

(2) 국제이주노동자권리협약의 핵심 내용

노동이주자의 인권과 관련한 핵심적인 협약 내용은 대략 다음과 같은 6가지이다. 첫째, 이주노동자의 개념 및 인권과 관련한 내용이다. 이주노동자의 개념은 국제이주노동자권리협약 제2조 1항에 정의되어 있다. 이주노동자(*migrant worker*)란 자신의 국적이 소속된 본국이 아닌 국가에서 유급활동에 "종사할 예정이거나 이에 종사하고 있는 사람은 물론, 이미 계속적으로 이에 종사해 온 사람"까지 포괄하는 개념이다. 이러한 개념 정의는 이주노동자권리협약이 등록 이주노동자뿐만 아니라 미등록 이주노동자도 이주노동자의 범위로 설정하여 권리의 주체로 인정함을 의미하며, 미등록 이주노동자를 불법적 거래와 경제적 착취로부터 보호하겠다는 의지를 천명한 것이다. 이처럼 국제이주노동자권리협약은 비정규적인 미등록 상태의 이주노동자도 이주노동자의 범위로 설정하여 권리의 주체로 인정하는 것을 목적으로 하는데, 이러한 목적의 실행 정도는 주요 유입국가들이 이주노동자의 등록화와 정규화를 목표로 하는 이주정책을 펼치고 있어 여전히 매우 낮은 실정이다(박진완, 2010, 144~149쪽).

둘째, 추방금지 및 인권과 관련한 내용이다. 추방금지와 관련한 내용은 국제이주노동자권리협약 제22조 1항에 규정된 것으로, 이주노동자와 그 가족에 대한 집단적 추방은 금지되며, 각 추방사건은 개별적으로 심사되고 결정되어야 한다는 것이 그 핵심이다. 이는 이주노동자에 대한 집단적 추방은 금지되나 적법한 절차를 거친 개별적인 추방은 허용된다는 것으로, 등록 이주노동자와 미등록 이주노동자 모두에게 적용됨을 의미한다. 그러나 이러한 제22조에서는 모든 이주자가 집단적으로 추방을 당할 위험으로부터는 보호받을 수 있지만 적법한 절차를 거쳐 개별적으로 추방을 당할 경우에는 보호받을 수 없다는 규정을 둠으로써, 불법 미등록 이주자는 이러한 보호 대상자에 해당되지 않음을 명백히 하고 있다.

셋째, 결혼과 가족 구성, 가족생활의 보호 및 인권과 관련한 내용이다. 이러한 내용은 국제이주노동자권리협약 제44조에 규정된 것으로, 그중 1항에서는 가족이 사회의 자연적이고 기초적인 구성단위이기 때문에, 사회와 국가는 이러한 가족을 보호해야 하며, 나아가 조약 가입국은 이주노동자가 가족을 구성할 수 있도록 적절한 보호조치를 취해야 한다고 명시하였다. 그리고 2항에서는 조약 가입국이 이주노동자가 자신의 배우자나 혼인과 동등한 효과를 갖는 관계에 있는 자 및 미혼의 피부양 미성년 자녀와 용이하게 재결합할 수 있도록 각 국가가 갖는 권한의 범위 내에서 적절한 조치를 취해야 한다고 명시하였다. 나아가 3항에서는 2항의 가족 이외의 다른 가족에 대해서도 조약 가입국은 인도주의적 입장에 따라 1항과 2항의 가족과 동등한 대우를 해야 한다고 규정했다. 이는 세계인권선언 제16조 및 유럽인권협약 제8조와 제12조, 그리고 유럽연합의 기본권헌장 제7조와 제9조에 그 근거를 두는 것으로, 국가를 달리하여 서로 떨어져 있는 이주노동자와 그 가족이 재결합하도록 보장함으로써 이주노동자의 가족을 보호하고자 함을 의미한다.

그러나 이러한 규정은 각 조약 가입국이 이주노동자 가족의 입국을 통제하고 제한할 수 있는 재량을 갖도록 하였다. 그리고 이 조항은 등록 이주노동자에게만 적용되는 것으로 미등록 이주노동자에게는 적용이 되지 않으며, 보호를 받을 수 있는 가족 구성원의 범위도 배우자와 해당 법률에 의하여 결혼과 동등한 취급을 받는 관계에 있는 자 및 미혼의 피부양 미성년자로 한정되어 있다. 따라서 미등록 이주노동자의 가족재결합권은 인정되지 않는 상황이다(이경숙, 2008, 213쪽; 박진완, 2010, 151~157쪽).

넷째, 차별금지 및 인권과 관련한 내용이다. 차별금지에 대한 내용은 국제이주노동자권리협약의 2부 제 7조에 규정된 것으로, 조약 가입국이 모든 이주노동자와 그 가족 구성원에 대해 성, 인종, 피부색, 언어, 종교나 세계관적 확신, 정치적 견해나 다른 견해, 국가·인종·사회적 출신, 국적, 연령, 경제적 지위, 재산, 출생, 배우자 유무, 다른 지위 등을 이유로 어떠한 종류의 차별도 하지 않고, 국제이주노동자권리협약에서 인정하는 권리를 존중하고 보장할 책임이 있다는 것이 그 핵심이다. 이러한 차별금지 원칙은 법 앞의 평등을 규정한 일반적인 평등을 넘어서는 개인과 결부된 특별한 평등을 강조한 것으로, 인간의 존엄성에 바탕을 둔 평등의 실현을 이주노동자에게 확대했음을 의미한다(박진완, 2010, 157~159쪽).

다섯째, 노동기본권과 관련한 내용이다. 노동기본권에서는 노동조건과 관련한 차별의 금지, 노동 3권(단결권, 단체교섭권, 단체행동권)의 인정, 직업의 자유 등이 핵심인데, 그중 노동조건은 국제이주노동자권리협약 제 25조와 제 26조에 명시되어 있다. 제 25조에서는 임금을 제외한 다른 노동조건(conditions of work)과 고용조건(terms of employment)에서 이주노동자가 고용국의 국민과 차별을 받지 않아야 한다고 규정한다. 즉, 시간외 노동, 노동시간, 주휴 유급휴가, 안전, 보건, 고용관계의 종료, 국가의 법률과 실무에 의해 다른 노동조건에서 고용국의 국민과 차별을 받아서는 안 되고, 최소 취업연령, 노동, 국가의 법률과 실무에 의해 고용조건으로 간주되는 사안 등 다른 고용조건에서 고용국의 국민과 차별을 받아서는 안 된다는 것이다. 그리고 제 26조에서는 사적인 노동계약에서 균등대우 원칙을 배제하는 것은 적법한 것으로 볼 수 없다고 규정하였다. 이는 기본권의 객체인 고용국이 자신의 권한 내에서 사용자가 이주노동자를 내국인보다 불리하게 대우하는 것을 방지하고자 한 것이다(박진완, 2010, 159~161쪽).

그리고 결사의 자유는 국제이주노동자권리협약 제40조에 규정된 것으로, 등록되어 있거나 적법 상태에 있는 이주노동자와 그 가족은 노동조합 결성권을 보장받는다고 되어 있다. 이러한 결사의 자유는 민주사회의 본질적 요소로서 단결권의 자유와 밀접한 관련이 있다. 그리고 임금협상의 체결이나 노동쟁의의 실행에서 문제가 발생할 경우에 단결권은 단체교섭과 단체행동권을 행사하는 것으로 이어질 수 있다.

이러한 노동3권과 관련하여 국제이주노동자권리협약은 원칙적으로 외국인 이주노동자도 고용국의 국민과 동등하게 그 주체성을 인정받는다고 규정한다. 그러나 적법노동자와 불법노동자로 양분하여 그 권리를 다르게 부여하고 있는 것도 사실이다. 즉, 등록되거나 적법 상태의 이주노동자에게는 노동조합 결성권까지 인정했으나, 그 이외의 이주노동자에게는 노동조합 결성권을 제외한 집회와 활동에 대한 참가권 및 노동조합의 가입권 등만을 인정하였다(박진완, 2010, 161~163쪽).

마지막으로 직업의 자유는 국제이주노동자권리협약 제52조와 제53조에 규정된 것으로, 이주노동자는 사업장을 자유롭게 선택할 권리가 있다. 그러나 이러한 권리도 그 국가의 이익을 위해 필요하고 동시에 법률에도 규정된 경우에는 제한될 수 있다고 명시되었다(박진완, 2010, 163쪽).

여섯째, 사회적 기본권과 관련한 내용이다. 이에 대한 내용은 국제이주노동자권리협약의 제27조에 규정되었으며, 사회적 안전(*social se-*

curity)과 관련한 권리는 이주노동자와 그 가족이 고용국의 해당 법률 및 양자와 다자조약에 규정된 요건을 충족시키는 경우에 한하여 고용국의 국민과 동등하게 보장된다. 또한 출신국과 고용국은 이 규정의 적용방식을 결정하기 위하여 필요하다면 언제든지 조정할 수 있다. 그러나 이러한 권리가 미등록 이주노동자에게도 적용되는지는 명확히 제시되지 않아 논란을 빚고 있다(박진완, 2010, 164쪽).

이상에서 논의한 바와 같이, 국제이주노동자권리협약은 비차별의 원칙에 따라 국적자와 비국적자, 합법적인 체류자격을 갖춘 자와 그렇지 못한 자를 구별하지 않고, 사람이면 누구나 기본적인 권리를 향유할 수 있는 인권의 주체임을 인정한다. 그러나 조약 가입국이 이를 위해 실행해야 할 의무의 광범위한 부분을 각국의 재량에 맡기고 있어 그 실효성은 떨어진다는 비판에 직면한다. 그렇지만 이 협약이 국제이주자를 외국인의 지위에 제한해서 이주관리나 노동정책의 객체로만 바라보는 것이 아니라, 인권의 주체인 '사람'(*person*)으로서 바라보고 접근했다는 점에서 이들의 인권 향상에 크게 기여하였다고 볼 수 있다.

2) 우리나라의 관련 규정

이주자와 관련한 국내 제도로는 '재한외국인 처우기본법'(2007), '재외동포의 출입국과 법적 지위에 관한 법률'(1999), '외국인 근로자의 고용 등에 관한 법률'(2003),[4] '출입국관리법'(1963), '다문화가족지원법'(2008) 등이 있다.

---

4) 법 용어를 직접 인용할 때에만 '근로자'나 '근로'로 사용하고, 이외의 경우에는 '노동자', '노동'으로 통일하여 칭한다.

(1) 재한외국인 처우기본법

재한외국인 처우기본법은 2007년에 제정된 것으로 총 5장 23조와 부칙으로 구성되었다. 제1장은 총칙, 제2장은 외국인정책의 수립 및 추진 체계, 제3장은 재한외국인 등의 처우, 제4장은 국민과 재한외국인이 더불어 살아가는 환경 조성, 그리고 제5장은 보칙으로 이루어졌다.

이 법의 목적은 "재한외국인에 대한 처우 등에 관한 기본적인 사항을 정함으로써 재한외국인이 대한민국 사회에 적응하여 개인의 능력을 충분히 발휘할 수 있도록 하고, 대한민국 국민과 재한외국인이 서로를 이해하고 존중하는 사회환경을 만들어 대한민국의 발전과 사회통합에 이바지"(제1장 제1조)하는 데 있다. 이 법의 적용을 받는 "재한외국인이란 대한민국의 국적을 가지지 아니한 자로서 대한민국에 거주할 목적을 가지고 합법적으로 체류하고 있는 자"(제1장 제2조)이다. 그리고 여기에서 말하는 "대한민국에 거주할 목적을 가지고 합법적으로 체류하고 있는 자"란 결혼이민자와 그 자녀, 영주권자, 난민, 국적취득자, 전문외국인력, 과거 대한민국 국적을 보유하였던 자로 국내에 장기간 혹은 영구적으로 체류할 자(제3장 제12~17조)이다. 따라서 재한외국인 처우기본법은 '장기체류 외국인'에게만 적용될 뿐 '단기체류 외국인'이나 '미등록 외국인'에게는 적용이 되지 않는다. 또한 장기체류 외국인에 제한된 처우개선에 대한 규정(제3장)마저도 인권옹호나 사회적응 등과 관련하여 규범적인 선언만을 하는 데 그쳐, 이들의 처우를 실질적으로 개선하는 데는 많은 문제점을 보인다(정도희 · 박동열, 2011, 287~290쪽).

(2) 재외동포의 출입국과 법적 지위에 관한 법률

재외동포의 출입국과 법적 지위에 관한 법률(이하 '재외동포법')은 1999년에 제정된 것으로 총 17조와 부칙으로 구성된다. 제1조는 목적, 제2조는 재외동포에 대한 정의, 제3조는 적용범위, 제4조는 정부의 책무, 제5조는 재외동포 체류자격의 부여, 제6조는 국내 거소신고 등에 관해 규정하였다. 그리고 제7조는 국내 거소신고증의 발급, 제8조는 국내 거소신고증의 반납, 제9조는 주민등록 등과의 관계, 제10조는 출입국과 체류, 제11조는 부동산 등, 제12조는 금융거래, 제13조는 외국환거래, 제14조는 건강보험, 제16조는 국가유공자·독립유공자와 그 유족의 보훈급여금, 제17조는 과태료 등에 대해 규정한다.[5]

이 재외동포법의 목적은 "재외동포의 대한민국에의 출입국과 대한민국 안에서의 법적 지위를 보장"(제1조)하는 데 있다. 이 법의 적용을 받는 '재외동포'란 "대한민국의 국민으로서 외국의 영주권을 취득한 자 또는 영주할 목적으로 외국에 거주하고 있는 재외국민" 및 "대한민국의 국적을 보유하였던 자(대한민국정부 수립 전에 국외로 이주한 동포를 포함한다) 또는 그 직계비속으로서 외국 국적을 취득한 자 중 대통령령으로 정하는" "외국국적동포"(제2조)를 일컫는다.

입법 초기에는 정부수립(1948) 이전에 국외로 나가 외국 국적을 취득하여 대한민국 국적을 취득한 적이 없는 수많은 재중·재러 동포들이 이 법의 적용대상에서 배제되었다. 이에 시민단체와 인권단체가 동포 간 차별의 문제를 제기하여 헌법소원을 청구하였고, 헌법재판소가 헌법불합치 판정을 내림에 따라 2004년에는 이들 재중·재러 동포도

---

5) 제15조는 2000년 개정 시 삭제되었다.

'재외동포'의 자격을 취득할 수 있게 되었다. 그러나 단순노무직에 종사하는 재중·재러 동포는 단순노무자에 대해서는 재외동포의 자격을 부여하지 않는 출입국관리법의 적용을 받아, 여전히 재외동포의 지위를 보장받지 못하고 있다. 다만 '방문취업제'(2007)가 도입된 이후에는 이 재중·재러 동포들도 다른 국적 이주노동자에 비해서는 보다 자유로운 출입국과 취업을 보장받고 있다. 방문취업제는 국내에 연고가 있는 동포에 대해서는 자유로운 출입국을 보장하고, 국내에 연고가 없는 동포에 대해서는 한국어 시험에 응시한 후 당해 쿼터에 따라 입국을 허용하는 제도이다. 이러한 방문취업제의 시행으로 입국이 가능한 대상자와 수, 국내체류 허용 기간이 현저히 확대되었고 고용 및 취업 절차도 간소화되었으며, 취업가능 업종도 확대되는 등 긍정적인 변화가 이루어졌다. 그럼에도 불구하고 재중·재러 동포에 대한 접근이 인력을 보충하는 외국인 인력정책의 일환으로 이루어진 측면이 강한 것은 문제점으로 지적된다(이경숙, 2008, 196~197쪽).

(3) 외국인 근로자의 고용 등에 관한 법률

외국인 근로자의 고용 등에 관한 법률(이하 '고용허가제법')은 2003년에 제정되었으며 6장 32조와 부칙으로 구성된다. 제1장은 총칙, 제2장은 외국인 근로자 고용절차, 제3장은 외국인 근로자의 고용관리, 제4장은 외국인 근로자의 보호, 제5장은 보칙, 제6장은 벌칙에 대해 규정한다.

이 고용허가제법은 균등대우의 원칙에 따라 이주노동자라는 이유로 부당하게 차별하는 것을 금하고 국내 노동자와 동등한 대우를 할 것을 규정하며, 미등록 이주노동자를 양산한 산업연수생제도를 대체한 법이다. 산업연수생제도는 3D 업종의 인력난을 해소하기 위해 1993년부터 실시된 것으로, 국외의 인력을 연수생 신분으로 도입하여 대부분 노동자로 활용한 제도였다. 따라서 미등록 체류자 양산, 외국인력 송출회사 비리, 인권침해 사건 빈발, 노동시장 왜곡 등의 문제를 초래하였다(설동훈, 2005, 40쪽; 김영평·최병선·신도철, 2006, 86쪽). 때문에 노동자의 신분을 보장하여 합법적인 노동의 자격을 강화할 필요성이 제기되었는데, 바로 이러한 문제점을 보완하기 위해 도입된 제도가 고용허가제(2004)였다. 그러나 고용허가제도는 산업연수생제도를 운영하고 있던 업종별 단체의 반대에 부딪혀 4년 동안 산업연수생제도와 함께 병행되었고, 2007년에 이르러서야 비로소 고용허가제도로 통합 실시되었다(설동훈, 2005, 40쪽; 김영평·최병선·신도철, 2006, 86쪽; 박진완, 2010).

이러한 고용허가제법은 내국인 노동자의 근로조건이 악화되는 것을 방지하기 위하여 내국인 우선 고용의 원칙, 혹은 노동시장 보완성의 원칙에 따라 허가를 받은 고용주가 내국인 노동자를 고용할 수 없음을 입증할 때에만 외국인 노동자의 고용이 가능하도록 규정하였다. 또한 외국인 노동자는 입국한 날부터 3년의 범위에서 취업활동을 할 수 있고, 1회에 한하여 2년 미만의 범위에서 취업활동 기간을 연장받을 수 있도록 하였다. 사업장 변경을 위해 신청한 날부터 3개월 이내에 근무처 변경 허가를 받지 못하거나 혹은 고용주와 노동계약이 종료된 날부터 1개월 이내에 다른 사업 또는 사업장으로의 변경을 신청하지 아니한 외국인 노동자는 체류자격을 상실하도록 되어 있다. 이러한 고용허가제법에 의거해 한국정부와 양해각서를 체결한 송출국 정부는 2014년을 기준으로 아시아 지역 15개 국가에 달한다.

(4) 출입국관리법

출입국관리법은 1963년에 제정된 이후 여러 차례에 걸쳐 개정된 것으로, 출입국자의 관리와 한국에 체류하는 외국인의 등록 등에 대한 사항을 규정하였다. 이 법은 11장 106조, 부칙으로 구성된 것으로, 제 1장은 총칙, 제 2장은 국민의 출입국, 제 3장은 외국인의 입국 및 상륙, 제 4장은 외국인의 체류와 출국, 제 5장은 외국인의 등록 및 사회통합 프로그램, 제 6장은 강제퇴거 등, 제 7장은 선박 등의 검색, 제 8장은 선박 등의 장 및 운수업자의 책임, 제 9장은 보칙, 제 10장은 벌칙, 제 11장은 고발과 통고처분에 관하여 규정한다.

출입국관리법에서는 외국인의 유급활동과 사업장 이동의 자유를 매우 엄격히 제한하고 있다. 즉, 외국인의 유급활동은 취업활동을 할 수 있는 체류자격을 받은 경우에만 가능하고, 그 체류자격을 가진 외국인도 지정된 근무처에서만 근무해야 하며, 그 누구도 체류자격을 갖고 있지 않은 외국인을 고용해서는 안 되고, 그러한 외국인에게 고용을 알선하거나 권유해서도 안 된다(제 18조). 따라서 이러한 유급활동과 사업장 이동의 자유에 대한 엄격한 제한으로 인해, 특정 고용주에 대한 이주노동자의 종속이 심화되고 있는가 하면, 이러한 조건을 악용한 고용주에 의해 더욱 악화된 근로환경에 처해지기도 하고, 사업장을 이탈함으로써 비합법적인 상황에 내몰리기도 하는 등의 문제점이 초래되는 실정이다(김광성, 2011, 205~207쪽).

(5) 다문화가족지원법

다문화가족지원법은 2008년에 제정된 것으로 총 17조와 부칙으로 구성된다. 이 법의 목적은 "다문화가족 구성원이 안정적인 가족생활을 영위할 수 있도록 함으로써 이들의 삶의 질 향상과 사회통합에 이바지"하는 데 있다. 그리고 이 법의 적용을 받는 대상인 '다문화가족'이란 재한외국인 처우기본법 제2조 제3호의 결혼이민자, 국적법 제2조부터 제4조까지의 규정에 따른 대한민국 국적을 취득한 자로 이루어진 가족, 그리고 국적법 제3조와 제4조에 따라 대한민국 국적을 취득한 자 및 동법 제2조부터 제4조까지의 규정에 따라 대한민국 국적을 취득한 자로 이루어진 가족이다. 또한 '결혼이민자 등'이란 다문화가족의 구성원으로서 재한외국인 처우기본법 제2조 제3호의 결혼이민자와 국적법 제4조에 따라 귀화허가를 받은 자이다.

다문화가족지원법은 다문화가족에 대한 이해 증진, 생활정보 제공 및 교육 지원, 평등한 가족관계의 유지를 위한 조치, 가정폭력피해자에 대한 지원과 보호, 의료 및 건강관리를 위한 지원, 아동 보육과 교육, 다국어에 의한 서비스 제공 등 다문화가족 지원정책에 대한 제도적인 틀로서 기능한다. 그러나 이러한 다문화가족지원법은 한쪽 배우자가 대한민국 국민이어야 한다고 규정하고 있어, 단일민족주의와 가족주의가 결합된 형태를 띤다(김원섭, 2008, 117~119쪽; 이경희, 2010, 528~529쪽; 이종윤, 2010, 172~175쪽). 따라서 '결혼이민자 등'과 출생국민으로 이루어진 가족만이 적용대상에 포함되고, 이주노동자나 유학생 등 외국인만으로 구성된 가족은 다문화가족지원법의 적용대상에서 제외된다. 또한 이러한 지극히 제한된 범주의 다문화가족에 대한 지원 내용도 다분히 선언적인 것에 그쳐, 그 실효성 또한 그다지 높지 않다는 점도 문제점으로 제기된다.

2. 인권 유형과 보장 내용

이주민의 인권침해 실태나 현황과 관련한 조사는 앞서 언급한 대로 거의 이루어지지 않고 있는 실정이다. 따라서 이주민의 인권침해 실태나 현황을 구체적인 조사 자료에 기초해 살펴보는 것은 현실적으로 어렵다(임운택, 2013, 59쪽). 이에, 인권침해적인 요소를 내포한 국내 관련 법을 중심으로 이주민의 인권과 관련한 쟁점을 논의하고자 한다.

이주민의 인권은 '국민국가의 주권'과 중첩된다는 특징이 있다. 따라서 이주민의 인권에 대한 논의는 '인간의 기본적인 권리'와 특정 국가의 '국민들이 누리는 배타적인 권리'를 구분하여, '인간으로서 누리는 권리'와 더불어 '국민이 누리는 권리 중 외국인에게 허용되는 권리'가 무엇인지 파악하는 방향으로 이루어져야 한다. 일반적으로 외국인도 보편적인 인권의 주체로 인정받지만, 외국인 인권은 현행법상 인권 유형에 따라 다르게 보장된다. 예컨대 '인간의 권리'인 인신의 보호에 관한 권리, 사생활의 보호, 정신적 자유권 등에 대해서는 외국인도 국민과 동일하게 보장을 받지만, 참정권과 같은 '국민의 권리'에 대해서는 광범위한 제한을 받는다. 그리고 경제적·사회적 권리에 대한 보장 여부나 그 정도에 대해서는 구체적인 개별법을 통해 규정한다(차진아, 2012, 213쪽).

이에, 이하에서는 한국 내 이주민에게 허용되는 인권 유형과 그 보장 내용을 '인간의 권리'와 '국민의 권리'를 염두에 두고, 일반적 기본권, 자유권과 평등권, 그리고 사회권으로 구분하여 논의하고자 한다(설동훈, 2005 참조). 또한 이를 근거로 현재 쟁점이 되는 권리를 중심으로 한국에 체류하고 있는 이주민의 주요 인권 중 노동권과 사회보장권에 대해 논의하려 한다.

1) 일반적 기본권

일반적 기본권은 '인간의 권리'로서 인간으로서의 존엄성을 누릴 권리와 행복추구권 등을 포함하고, 그 구체적인 보장 내용으로는 천부적 자유와 존엄성을 향유할 권리, 자아실현의 자유 등이 있다.

2) 자유권

자유권은 '인간의 권리'와 '국민의 권리'를 포괄한 것으로 이에는 신체적 자유권, 사생활에 관한 자유권, 정신적 활동에 관한 자유권, 경제생활에 관한 자유권, 정치활동에 관한 자유권 등이 속한다. 그리고 이러한 자유권의 보장 내용으로는 생명권, 고문의 금지, 노예제도의 금지, 신체의 자유와 안전에 대한 권리, 표현의 자유, 사생활의 자유, 양심의 자유, 종교의 자유, 재판청구권, 거주·이전의 자유, 직업선택의 자유, 주거의 자유, 언론·출판·집회·결사의 자유, 학문과 예술의 자유 등이 있다. 이 중 '인간의 권리'로서의 자유권은 이주민에게도 인정된다. 그러나 거주·이전의 자유와 언론·출판의 자유, 집회·결사의 자유 등은 국가의 안전 등을 이유로 제한되고 있다.

3) 평등권

평등권 역시 '인간의 권리'와 '국민의 권리'를 포괄한 것으로 이에는 차별을 당하지 않을 권리가 속한다. 그리고 이러한 평등권의 보장 내용으로는 성별, 종교, 장애, 나이, 사회적 신분, 출신 지역, 출신 국가, 용모, 신체조건, 결혼 여부, 임신 또는 출산, 가족 상황, 인종, 피부색, 사상 또는 정치적 의견, 전과, 성적 지향, 병력 등에 의해 고용과 재화, 용역, 교통수단, 상업시설, 토지, 주거시설, 교육시설, 직업훈련기관 등의 공급이나 이용 시 차별을 당하지 않을 권리 등이 있다. 그러나 내국인 우선 고용의 원칙이나 노동시장 보완성의 원칙에 따라 외국인의 평등권이 국적과 인종 등을 이유로 취업활동 시 상당히 제한되고 있다.

4) 사회권

사회권도 '인간의 권리'와 '국민의 권리'를 포괄한 것으로 여기에는 노동권, 건강권, 교육권, 문화권, 환경권 등이 속한다. 그리고 이러한 사회권의 보장 내용으로는 노동의 권리, 공정하고 유리한 노동조건을 모든 사람이 향유할 권리, 노동조합을 결성하고 자신이 선택한 노동조합에 가입할 권리, 사회보장에 대한 권리, 가족·임산부·어린이 보호, 의식주 생활을 누릴 권리, 신체적·정신적 건강을 향유할 권리, 건강하고 쾌적한 환경에서 생활할 권리, 교육에 대한 권리, 문화·과학·예술 활동의 권리 등이 있다. 그러나 이러한 사회권 중 적지 않은 권리들은 국민의 기본권으로 되어 있어 이주민들은 광범위한 제한을 받는다. 예컨대, 환경권과 건강권 등은 인간의 기본권으로서 이주민도 보장을 받는다. 그러나 노동 3권(단결권, 단체교섭권, 단체행동권)은 국민의 노동권을 훼손할 위험성이 있다는 이유로 대폭적인 제한이 이루어지고 있다.

5) 노동권

국내 외국인은 법률상의 요건을 갖추어 노동허가를 받은 경우에 한하여 노동권의 주체로 인정을 받을 수 있다(차진아, 2012, 214쪽).

노동 3권, 즉 단결권과 단체교섭권, 단체행동권은 합법적인 등록 노동이주자에게는 내국인 노동자와 동일하고 체류자격 및 국적과는 무관하게 부여된다(박진완, 2010, 141). 그러나 이러한 노동 3권과 관련하여 인권의 관점에서 쟁점이 되는 것은 고용계약을 1년 단위로 연장하도록 하고 계약 연장에 대한 권한도 고용주에게 있기 때문에, 노동 3권을 실질적으로 행사하기는 어려운 상황에 처해 있다는 점이다. 특히, 미등록 노동이주자는 노동 3권을 행사하게 될 경우 정부의 단속을 당할 위험성이 크고 고용주로부터도 보복성 해고를 당할 위험성이 크기 때문에 더욱 많은 제약을 받고 있다(설동훈, 2005, 69~70쪽).

이외의 쟁점으로는 직업선택의 자유를 강하게 제한받는다는 점을 들수 있다. 이주노동자는 입국한 날부터 3년의 범위에서 취업할 수 있고, 1회에 한하여 2년 미만의 범위에서 취업 기간을 연장할 수 있도록 되어 있어, 직업선택의 자유권도 강하게 제한을 받고 있다. 더욱이 허가를 받은 취업 기간이 경과하기도 전에 사업장이 폐쇄되거나 구조조정으로 인해 퇴사를 당할 경우에는 신청한 날부터 3개월 이내에 근무처를 구해야 한다는 규정으로 인해, 이 기간을 초과하면서 불법노동자로 전락하는 경우도 발생한다. 그뿐만 아니라 고용주와 노동계약이 종료된 날부터 1개월 이내에 다른 사업장으로 변경해야 한다는 규정 때문에 체류자격을 상실하여 강제로 추방당하는 일도 벌어진다(설동훈, 2005; 69~70쪽; 차진아, 2012, 214쪽).

한편, 이주노동자에 대한 차별적 처우의 문제도 인권 관련 쟁점이다. 합법적인 등록 이주노동자에 대해서는 노동조건에서 내국인 노동자와 차별적 처우를 하는 것을 금지한다. 그러나 가장 기본적인 원칙이라 할 수 있는 동일 노동에 대한 동일 임금의 원칙조차 제대로 지켜지지 않아, 이주노동자들이 장시간 노동과 저임금에 시달리는 경우가 빈번하게 발생하고 있다(차진아, 2012, 216쪽; 임운택, 2013, 58~59쪽).

이처럼 국내의 노동이주자는 단기순환 이주노동정책에 의해 3~5년 간만 노동력을 제공한 후 다시 자국으로 되돌아가야 할 '손님노동자'(guest worker)의 지위만을 부여받고 있는바, 체류기간의 만기로 불법체류자로 전락하는 경우도 빈번히 발생하고 있는 실정이다.

6) 사회보장권

사회적 안전(social security)에 대한 보장, 즉 국민건강보험, 국민연금, 산업재해보상보험, 고용보험 등을 통한 보장은 고용허가제를 통해 합법적으로 고용된 노동이주자에게는 원칙적으로 내국인과 동일하게 적용된다. 그러나 합법적으로 고용된 노동이주자도 사회보장기본법 제8조의 상호주의 원칙에 따라 여러 가지 제한을 받고 있다(박진완, 2010, 141쪽; 이경숙, 2008, 212쪽). 이때 상호주의는 조약의 체결을 유도하기 위하여 외국에 대하여 채택하는 외교상의 원칙을 말한다(박진완, 2010, 164쪽).

국민연금의 자격은 원칙적으로 '국민'에게만 부여된다. 그러나 상호주의 원칙에 따라 외국인도 의무가입대상 사업장에 고용된 노동자인 경우에는 불법체류 등의 배제사유가 없는 한 사업장가입자 및 지역가

입자로 인정받고 있다(차진아, 2012, 217쪽).

국민건강보험의 자격도 국민연금과 마찬가지로 원칙적으로는 '국민'에게만 부여된다. 그러나 외국인 노동자도 직장가입자 적용 사업장에 고용된 경우나, 혹은 공무원·교직원인 경우에는 불법체류 등의 배제 사유가 없는 한 직장가입자 또는 피부양자로 인정된다(차진아, 2012, 217쪽).

산재보험의 자격은 위의 연금이나 건강보험과는 달리 외국인 노동자를 배제하는 상호주의와 관련한 규정을 두고 있지 않아서 외국인에게도 내국인과 차별 없이 동일하게 부여된다. 산재보험은 노동 과정에서 발생하는 노동자의 생명 및 건강을 보호하는 인권적 성격이 강하기 때문에 외국인 노동자도 동일하게 그 대상으로 인정하는 것이다. 그러나 산업재해가 발생해도 산재보험료가 오르고 노동당국의 조사를 받는 등의 문제를 꺼리는 고용주들에 의해 은폐되는 경우가 적지 않다(차진아, 2012, 217~218쪽). 또한 산업재해를 당하여 산재보험으로 처리가 된 경우에도 일시금을 받는 정도의 낮은 보장만을 받고 있는 실정이다(임운택, 2013, 59쪽).

고용보험 자격도 등록 혹은 적법한 상태의 노동이주자에게는 부여된다. 그러나 1인 이상의 사업장 고용주들은 고용보험에 가입해야 하는데도 그렇게 하지 않은 경우가 많아서 해고를 당하여도 실업급여를 받지 못하는 노동이주자들이 상당수에 이른다.

이처럼 4대 보험에 대한 권리가 합법적으로 고용된 노동이주자에게는 원칙적으로 내국인과 동일하게 부여되고 있으나, 상호주의 원칙에 따라 여러 가지 제한을 받고 있다. 그리고 미등록 혹은 불법 상태에 있는 노동이주자들은 사회보장권 보호에서 배제되어 있는 실정이다.

3. 인권침해 현황과 실태

한국 내 외국인 전체 157만 6,034명 중 취업자격 체류외국인은 총 54만 9,202명이다. 그중 전문 인력은 5만 166명에 불과하고 단순기능 인력이 49만 9,036명으로 대다수를 차지한다.

또한 결혼이주여성을 포함한 결혼이주민은 총 15만 865명인데, 그중 여성이 12만 8,826명으로 전체의 85.4%를 차지하며, 남성은 2만 2,039명으로 14.6%에 불과하다. 마지막으로 유학생은 총 8만 1,847명인데, 그중 중국인이 5만 3,251명, 한국계 중국인이 984명으로 66.26%를 차지한다(법무부 출입국 · 외국인정책본부, 2013).

2013년의 경우 등록 외국인 98만 5,923명 중 불법체류자는 9만 5,637명으로 무려 9.7%에 달했다. 이러한 등록 외국인 대비 불법체류자 비율은 전년도인 2012년에 비해 3.3%가 증가한 것으로, 최근 5년간 평균 9.22%에 달할 만큼 높은 비율을 보였다. 그리고 2012년과 2013년을 포함한 최근 5년간의 등록 외국인 대비 불법체류자에 대한 구체적인 비율은 2009년에는 9.6%, 2010년 8.5%, 2011년에는 8.4%로 계속 감소하였으나, 2012년에 9.9%로 다시 증가하였고. 2013년에도 9.7%로 증가한 것으로 조사되었다(법무부 출입국 · 외국인정책본부, 2013, 666쪽). 한편, 2013년 기준 국내체류 외국인 중 등록 외국인은 121만 9,912명이었고(법무부, 2013, 278쪽), 미등록 외국인 35만 6,842명 중 불법체류 외국인은 18만 3,106명이었다(법무부 출입국 · 외국인정책본부, 2013, 670쪽).

그러나 앞서 밝힌 것처럼, 노동이주자의 인권침해 실태나 현황에 대한 조사가 거의 이루어지지 않고 있는바, 여기에서는 우리 다문화정책의 주요 대상인 결혼이주여성을 포함한 결혼이민자, 귀화자(이중국적자 포함) 및 그 가족의 인권침해 실태와 현황에 대해 논의하는 것으로 제한한다. 결혼이주여성을 포함한 결혼이민자, 귀화자(이중국적자 포함) 및 그 가족의 인권침해 현황 및 실태는 다음과 같다.

첫째, 가정폭력 실태(안진, 2013, 47~48쪽)이다. 결혼이주여성의 경우, 가정폭력을 경험한 비율이 그렇지 않은 여성들의 비율보다 높다. 이는 이 여성들이 국제결혼시장에서 매매혼적 결혼중개업체를 통해 결혼한 경우가 많은 것과 관련이 있는 것으로 분석된다. 한국이주여성인권센터(2006)의 긴급 전화상담 결과에 의하면, 결혼이주여성들과 상담한 내용 중 가정폭력을 포함한 부부갈등이 28.1%, 이혼 등 법률문제가 14.8%로, 가정폭력과 관련된 문제가 전체 상담의 44%를 차지한다. 상담 유형별로는 가정폭력이 1/3, 체류문제가 1/3, 시댁과의 갈등을 비롯한 생활 상담이 1/3 정도를 차지한다(한국이주여성인권센터, 2007; 안진, 2013, 47~48쪽 재인용). 또한 보건복지부(2005)의 실태조사에 의하면, 가정폭력을 경험한 결혼이주여성들은 12.6%로 일반여성들의 가정폭력경험률 9%보다 높다. 여성가족부(2007)의 실태조사에서도, 결혼이주여성들의 가정폭력 경험은 17.5%에까지 달한다. 그러나 결혼이주여성들의 가정폭력신고율은 8% 정도에 그친다(보건복지부, 2005). 신고하지 않는 이유는 결혼생활을 유지하기 위해서(20%), 신고하는 방법을 잘 몰라서(14%), 신고해도 경찰이 문제를 해결해 줄 것 같지 않아서(13%), 체류자격의 불안정에 대한 두려움(10%) 순이다. 또한 남편으로부터 폭언, 폭행, 또는 원치 않는 일을 강요당했을 경우에 대처하는 방식에 대해서도 그냥 참고 산다고 응답한 비율이 30% 정도에 달한다.

둘째, 이혼 실태이다. 여성가족부(2013)의 2012년 전국 다문화가족 실태조사에 의하면, 결혼이민자·귀화자6) 28만 3,224명 중 이혼이나 별거 중인 경우가 1만 2,749명으로 4.5%에 이른다. 이 중 여성의 비율은 4.8%로 남성의 3.3%보다 상당히 높다. 한편, 결혼이민자·귀화자와 이혼하거나 별거한 남녀 배우자의 이혼사유는 성별 차이를 보인다. 남녀 배우자의 이혼사유는 배우자 가출(32.8%), 성격 차이(30.9%), 경제적 무능력(10.6%), 배우자 가족과의 갈등(10.3%) 순이다. 이 중 남성의 주된 이혼사유는 배우자 가출(50.3%), 성격 차이(20.6%) 순이지만, 여성의 주된 이혼사유는 성격 차이(48.1%), 배우자 가족과의 갈등(16.6%), 경제적 무능력(14.1%) 순이다.

셋째, 사회적 차별 경험이다. 여성가족부(2013)의 2012년 전국 다문화가족 실태조사에 의하면 결혼이민자, 귀화자 등이 외국인이라는 이유로 차별이나 무시를 당한 비율은 41.3%이다. 이러한 사회적 차별 경험은 2009년의 36.4%에 비해 상당히 증가한 수치이다. 출신 국적별로는 남부아시아가 55.1%, 동남아시아 및 기타가 55.0%, 파키스탄이 53.2% 순으로 높으며, 미국이나 일본은 각각 28.5%와 29.8%로 상대적으로 낮다. 장소별로는 직장이나 일터에서의 차별 경험 정도가 4점 만점에 평균 2.50점으로 가장 높고, 상점이나 음식점, 은행에서가 1.74점, 거리나 동네에서가 1.73점, 동사무소나 경찰서 등 공공기관에서가 1.53점, 학교나 보육시설에서가 1.50점 순이다.

넷째, 배우자 문화에 대한 수용 정도이다. 여성가족부(2013)의 2012년 전국 다문화가족 실태조사에 의하면, 결혼이민자·귀화자의 모국

---

6) 귀화자 중 여성은 79.8%이고 남성은 20.2%이다.

어에 대한 태도와 관련하여 '배우자가 자기 나라 말을 사용하도록 격려해 준다'가 평균 3. 21점으로 가장 높고, '배우자 나라의 말을 한국어만큼 잘했으면 좋겠다'가 3. 20점으로 뒤를 이으며, '배우자 나라의 말을 배운 적 있다'가 평균 2. 76점으로 가장 낮다. 또한 여성가족부(2012)의 국민 다문화 수용성 조사 연구에 의하면, 동화주의적 관점의 다문화 수용성과 관련하여 남성 배우자의 점수가 3. 52점이고 여성 배우자의 점수는 3. 38점으로, 동화주의적 관점에 대한 동의 정도가 한국 국민 중 일반 남성의 3. 35점과 여성의 3. 36점에 비해 높다. 출신 국가별로는 미국, 캐나다, 서유럽 · 대양주 등 서구 국가 출신의 결혼이민자 · 귀화자의 배우자의 경우에는 동화주의적 입장에 대한 동의 정도가 매우 낮은 반면, 중국(한국계), 베트남, 캄보디아, 파키스탄 등 동남아시아 국가 배우자의 경우에는 동의 정도가 상대적으로 높다.

4. 사례개입과 적용

노동이주자를 포함한 이주민의 대부분이 경험하는 인권침해는 인종차별이다. 이하에서는 인종차별의 문제를 경험한 한 여성의 사례[7]를 인권적 관점에서 논의할 것이다. 이어 이주민들이 직면한 구체적인 인권 상황을 알아볼 수 있도록, 주요 인권침해 사례를 소개하고자 한다.

---

7) 이 사례는 각종 언론에 크게 보도된 바 있다. 따라서 출신국이나 지명 등은 부호화하지 않고 그대로 표기한다.

1) 사례개요 및 사례개입

(1) 사례개요

우즈베키스탄 출신 여성 A씨는 2011년 9월 말쯤 B사우나에 갔다가 "외국인은 출입이 안 된다"며 제지하는 C직원에게 출입을 거부당했다. 그러나 A씨는 주민등록증을 보여 주며 자신은 한국 국적을 취득한 '한국인'이라고 밝혔고(2009년 10월 귀화), C직원은 "당신의 얼굴이 외국인 모양새이기 때문에 한국 국적을 취득하였어도 출입이 안 된다"며 재차 거부하였다. A씨는 업주에게도 항의하였으나, 업주 또한 "외국인 출입을 제한하는 것은 한국인을 보호하기 위한 영업방침"이라며 마찬가지로 강력히 거부하였다. 이에 A씨는 이 출입제한 조치가 한국 국적을 가진 자신에 대한 엄연한 차별이라며 경찰에 신고했다. 그러나 업주는 현장에 출동한 경찰에게도 "외국인이 사우나 물을 더럽힐 수 있고, 에이즈 감염 위험도 있기 때문에 출입을 허락할 수 없다"며 거부의사를 단호하게 밝혔다. 덧붙여 "외국인이 출입하면 한국인 손님들도 거부감을 갖고 오지 않게 될 것"이라고 하였다. 경찰은 A씨가 폭행당한 사실이 없고, 개인 사업자가 영업을 이유로 특정 국가나 인종 출신의 고객을 배제하더라도 합법적인 규제수단이 없다며, 외국인 출입이 가능한 사우나를 이용할 것을 권유하였다. A씨는 법적으로 한국인이라는 사실이 이번 사건에서 어떠한 효력도 발휘하지 못한다는 점을 절감하였다. 그러나 인종차별에 대해서는 사회적으로 환기시킬 필요성이 매우 크다는 인식 하에 경남이주민센터8)에 상담을 의뢰하였고, 이에 개입한 사례다.

---

8) 다음에서는 '센터'로 약칭한다. 그리고 이 센터의 명칭도 이 사례에 대한 언론 보도 시 마찬가지로 널리 보도되어 알려져 있는바, 부호화하지 않고 그대로 표

(2) 사례개입

① 주요 사정 내용

A씨의 사례에서는 인종이 다름을 이유로 사우나 출입이 제한된 인종차별의 문제가 쟁점이 되었다. 그런데 이러한 인종차별은 A씨와의 상담내용에 기초하면 일회적이 아니라, 기존의 인종차별 문제의 연장선상에서 발생한 일상적인 문제라 할 수 있다. 따라서 사건화된 현재의 인종차별 문제에 앞서, 먼저 기존의 인종차별 문제를 상담 자료에 의거하여 사정할 필요가 있겠다. 이에, 주요 사정 내용을 정리하면 다음과 같다.

첫째, 한국생활 초기에 인종이 다른 외국인이라는 이유로 경험해야 했던 과거형의 차별이다. A씨는 한국에 처음으로 들어와 전셋집을 구할 때 '이상한 생김새의 낯선 외국인'이라는 점 때문에 임대인으로부터 차별을 당하였다. 그러나 이러한 초기의 이주생활 과정에서 경험한 차별에 대해서는, 당시엔 자신이 생김새도 이상한 데다 한국어조차 제대로 못하였을 때였으니 임대인이 경계심을 가질 만도 했을 것이라는 관용적인 태도를 취했다.

둘째, 한국 국적의 아들이 '혼혈인'이라는 이유로 왕따를 당하는 현재진행형의 차별이다. 아들은 한국인 아버지 밑에서 태어나 "타고날 때부터 한국인"이고 국적 또한 한국이다. 그런데도 아들이 다른 이웃 아이들로부터 왕따를 당하는 것은 이해도, 용납도 안 된다는 단호한 입장이었다.

기한다. 또한 이 교재의 집필을 위해 도움을 준 현장전문가들로 구성된 자문위원회 위원이 소속된 기관으로서 사례를 제공한 기관이기도 하기 때문이다.

이어, 이러한 기존의 인종차별 문제의 연장선상에서 발생한 사우나 출입이 거부된 현재의 인종차별의 문제를 사정하면 다음과 같다.

A씨는 B사우나로부터 인종이 다르다는 이유로 '사우나 물을 더럽힐 수 있는 불결한 사람', 심지어는 '에이즈를 감염시킬 수 있는 환자' 취급을 받아 출입을 거부당하였다. 이러한 인종차별에 대해서도 아들이 당한 왕따 문제에 대한 태도와 마찬가지로 이해도, 용납도 안 된다는 단호한 입장을 취했다.

② 주요 개입 내용

이러한 사정 내용에 입각하여 개입한 주요 내용은 다음과 같다. 첫째, 기자회견을 통해 인종차별의 문제를 사회에 환기시켰다. 센터는 A씨와 더불어 A씨의 인종차별 문제가 A씨 개인만의 문제가 아니라 이주민 전체의 문제, 나아가 한국사회의 문제라는 데에 인식을 같이하고, 기자회견을 통해 인종차별의 문제를 사회에 환기시켰다. 그러나 이후 시민들의 격려만이 아니라 반대 인종단체들의 비난도 쇄도했기 때문에, 보다 적극적인 대응이 필요하다는 인식을 하였다.

둘째, 국가인권위원회에 진정을 제기하여 권고조치를 받도록 했다. 국가인권위원회의 권고조치는 법적인 강제력을 갖는 것은 아니지만 그 조치가 지니는 상징성이 커서 실질적인 변화를 일으키는 힘이 있다고 판단하였다. 이에, 국가인권위원회에 진정을 제기하여 외국인 여성의 사우나 출입을 제한한 것이 합리적인 이유가 없는 인종차별이라는 점을 이끌어내었다. 국가인권위원회는 B사우나 업주에게 향후에는 인종 등을 이유로 목욕장 시설 이용을 거부하지 말아야 한다고 했고, 부산광역시장과 해당 구청장에게는 외국인 및 귀화외국인이 목욕장 시설을 이용할 때 출입제한 등의 불합리한 차별을 받지 않도록 행정지도 등의 관리·감독을 강화해야 한다고 하였으며, 각 지방자치단체에는 외국인에 대한 차별을 없애고 내·외국인이 서로 존중하는 사회환경을 조성하도록 해야 한다고 권고하였다. 그러나 센터는 여기에서 한 걸음 더 나아가 A씨가 겪은 인종차별의 문제를 사전에 예방할 수 있는 행동이 필요하다는 판단을 하였다.

셋째, '인종차별금지 특별법' 제정을 촉구한 서명을 전달했다. 대통령소속 사회통합위원회가 기획한 '공생발전, 현장에서 민의를 듣다' 행사가 개최되었을 때 '인종차별금지 특별법' 제정을 촉구하는 이주민들의 서명서를 전달하였다.

넷째, 인종주의자 및 인종주의단체와 투쟁했다. 위에서 말한 행사가 개최된 하루 뒤에 센터 현관입구에 인분이 다량으로 투척된 사건이 발생하였다. 이 사건을 계기로 센터는 제노포비아(외국인 혐오증)가 더욱 극렬해질 위험성이 있음을 절감하였던바, 인종주의자 및 인종주의 단체에 대해 보다 적극적인 대응이 필요하다는 인식을 하였다.

다섯째, '인종차별금지 특별법' 등과 관련한 정책제안 토론회를 개최했다. 센터는 2012년 총선 무렵에 각 정당을 초청해 '19대 총선에 즈음한 다문화가정 및 국내 체류 이주민정책 제안 토론회'를 개최하였다. 당시 토론회에서는 인종차별금지법 제정뿐만 아니라 '이주아동권리보장법', '이주민특별체류허가에 관한 법률' 등도 제안하였다. 토론회 후 각 정당들은 '인종차별금지법'을 입법하도록 노력하겠다거나 공약에 반영하겠다는 등의 적극적인 태도를 보였다.

여섯째, 이주민단체들과 연대하여 '포괄적 차별금지법' 제정 및 유엔 인종차별위원회의 시정권고를 이행하도록 촉구했다. '인종차별금지법'

은 한 센터나 한 지역만이 투쟁해야 할 사안이 아닌, 전국적으로 연대해서 해결해야 할 이주민의 의제라고 판단하였다. 따라서 2013년에는 이주민연대단체들과 함께 '포괄적 차별금지법' 제정을 위한 활동에 들어갔으나, 법안은 통과되지 못했다. 그럼에도 이에 굴하지 않고 이주민연대단체들은 세계 인종차별 철폐의 날인 3월 21일에 시민사회 진영과 함께 공동성명을 내고, 정부가 제도적·정책적으로 인종차별의 문제를 양산한다고 비판하며 유엔 인종차별위원회가 권고한 시정사항을 이행할 것을 촉구하였다.

③ 인권적 관점의 논의

A씨의 사례에서 발견된 인종차별 문제는 이주민단체를 중심으로 한 시민단체와 언론, 정치 등의 분야에 이르는 광범위한 거시적 개입을 통해 상당히 진척된 수준으로 해결되었다. 이에, A씨의 사례가 이주민의 인권보호에 시사하는 점을 논의하면 다음과 같다.

첫째, 한 이주자의 용기 있는 '사회에 말 걸기' 및 이를 지지한 시민단체, 언론계, 법조계, 정당 등의 활동으로 인종차별의 문제가 사회에 환기되었다는 점이다. 인종차별은 한국에 체류하는 이주민들만의 문제가 아니라 세계 곳곳에 이산해 있는 이주민들의 문제이기도 하고, 우리나 자녀 혹은 손자녀가 어느 이국땅에서 맞닥뜨릴 수 있는 우리의 문제이기도 하다. 따라서 이러한 A씨의 '사회에 말 걸기'는 내국인과 외국인, 다수자와 소수자가 함께 어울려 사는 상호문화 사회를 글로컬적 차원에서 구축하는 계기가 되었다고 평가할 수 있다.

둘째, 그러나 A씨의 인종차별에 대한 인식에 내재된 국가주의적 사고에는 크게 주목하지 않고 개입이 종결된 것은 개선이 필요하다. A씨의 인종차별과 관련한 인식 속에는 한국 국적 취득 여부나 한국어 구사능력 정도를 기준으로 하여 인종차별의 부당성을 항변하는 듯한 뉘앙스가 발견된다. 그러나 어떤 이주자도 국적 취득 여부나 한국어 구사능력 정도와 관계없이 인종이 다름을 이유로 차별을 받아서는 안 된다. 따라서 A씨의 국가주의적 인식을 전환하도록 지원하는 개입이 미처 이루어지지 않은 채 사례가 종결된 것은 개선되어야 할 점이라 평가할 수 있겠다.

2) 주요 인권침해 사례

국가인권위원회의 권고를 받은 이주민의 노동권, 주거권, 평등권 등과 관련된 침해 사례, 이주노동자권리협약 쟁점 토론회(국가인권위원회, 2010)에서 논의된 이주노동자의 가족결합권 등 복합적인 인권침해 사례를 소개한다. 사례를 통해 이주민들이 노동권, 주거권, 평등권, 가족결합권 등 다양한 유형의 인권침해 상황에 노출되어 있음을 볼 수 있다.

(1) 노동권 · 주거권 침해 사례

① 결정요지
농축산업 현장에서 법정 근로기준이 제대로 준수되지 않아 이주노동자들이 장시간 근로하면서도 매우 낮은 수준의 급여를 받는 경우가 많은바, 근로에 상응하는 임금을 받을 수 있도록 대책 마련이 필요하다.
농한기에는 임금을 적게 받거나 해고되는 사례가 발생하지 않도록 관리감독을 철저히 하여야 하고, 본인에게 귀책사유가 없는 사업장 변경에 대하여 이주노동자가 불이익을 받지 않도록 입증책임 완화 등 개선이 필요하다. 또한 농축산업 현장에 만연한 노동력의 불법적인 공급 실태를 개선하기 위하여 근무처 추가기간의 현실화와 공공부문의 알선 기능 강화 등 근무처 추가제도의 활성화가 필요하다.

아울러 농축산업 이주노동자의 숙소는 가건물 형태가 대부분이고, 잠금장치가 제대로 되어 있지 않아 성폭력에 노출되는 등의 문제점이 나타나고 있는바, 최소 기준 이상의 주거환경이 제공될 수 있도록 대책 마련이 필요하다.

업무상 상해·질병을 경험한 이주노동자 중 대부분은 본인 비용으로 치료를 받고 있는바, 농축산업 이주노동자의 산업안전을 위하여 사업주의 산재보험 가입률을 높이는 등의 대책 마련이 필요하다.

② 결정사항

고용노동부장관에게 농축산업 이주노동자의 인권 상황을 개선하기 위하여 근로환경, 사업장 변경, 주거환경, 산재보험 등의 측면에서 법령·제도의 정비 등 대책을 마련할 것을 권고하였다.

(2) 평등권 침해 사례

① 결정요지

이주민 및 외국인과 관련한 텔레비전 방송 프로그램들을 모니터링한 결과, 인종적·문화적 선입견과 편견의 노출, 고정관념 조장 및 한국 문화에 대한 지나친 강요, 흥미에 치중한 과도한 표현, 사생활 침해, 차별적 용어 사용 등의 문제점이 일부의 사례들에서 발견되었다.

이에 해당 방송 사업자 및 방송통신심의위원회에 위와 같은 차별적 표현 사례를 알림으로써 향후 그러한 표현이 방영되지 않도록 조치할 필요성이 인정되었다.

② 결정사항

지상파방송 및 종합편성방송채널 사장에게 이주민 및 외국인에 대한 차별적인 표현이 방영되지 않도록 유의할 것과, 이를 방지할 수 있는 구체적 방안을 마련할 것을 권고했다. 방송통신심의위원장에게 방송 심의 시 이주민 및 외국인에 대한 차별적 표현이 있는지 유의하도록 권고했다.

(3) 가족결합권 등 복합적인 인권의 침해 사례

① 사례 1

한 달 전부터 동네에서 기괴한 일들이 벌어지고 있다. 어린아이들을 둔 엄마들이 하나둘씩 사라진 것이다. 어린아이들이 있는 엄마들을 족집게처럼 찾아내 미등록 이주자라는 이유로 끌고 갔기 때문인데,[9] 더욱 놀라운 점은 실적을 쌓기 위해 프락치들을 심어 놓았다가 이들의 제보로 어린아이를 둔 엄마들만을 골라 잡아갔다는 것이다.

② 사례 2

가구공장에서 일하고 있는 미등록 이주노동자인 A씨는 한국에서 일

---

9) 어린아이들이 있는 엄마들을 미등록 이주자라는 이유로 끌고 간 주체가 누구인지는 원본에 정확히 표기되어 있지 않으나, 문맥상 경찰일 것으로 추정된다.

한 지 거의 4년이 되어 간다. 그런데 A씨는 모국에 있는 여성과 결혼하면서 얼굴 한 번도 보지 못한 채 전화상으로 결혼식을 올려야 했다. 미등록 신분으로 모국으로 갔다가는 한국에 다시 돌아올 기약이 없었기 때문이었고, 그렇다고 신부가 한국으로 들어와 결혼식을 올릴 경제적 여유도 없었기 때문이었다.

③ 사례 3

이주노동자 B씨는 2003년 10월 C회사가 개최한 '외국인 근로자 한글 글짓기 대회'에 〈달 전화기〉라는 제목의 시를 출품하여 으뜸상을 받았다. 이후 B씨의 시는 2년 반이 지난 2006년 3월에 D시사지에 실렸다. 그러자 B씨는 출입국관리국의 표적단속대상이 되어 결국에는 강제 추방되었다.

토론거리

1. 한국사회의 다문화정책은 어떠한 특징을 띠고 있는지 논의하고, 이러한 다문화정책이 한국사회에 거주하는 이주자의 인권 상황과 어떠한 연관성을 갖는지 토의해 봅시다.

2. 한국사회에 거주하는 노동이주자의 인권 상황과 관련하여 가장 심각한 인권침해 문제로 들 수 있는 것은 무엇인지 구체적인 인권 유형과 관련하여 논의해 봅시다.

3. 직·간접적으로 경험하고 있는 제노포비아에 대해 토의하고, 이를 개선하기 위해서는 어떠한 노력이 필요한지 토론해 봅시다. 아울러 이러한 제노포비아가 내 안에도 자리하고 있는지 반성적으로 성찰해 봅시다.

제11장

노숙인과 인권

전통적으로 사회복지와 노숙인의 관계는 오래된 역사를 지녔다. 구빈법 시대에 사회통치 차원에서 격리 수용된 대상이 주로 노숙인이었다. 이후에도 노숙인은 국내외를 막론하고 사회복지 적용대상의 핵심에 자리 잡고 있었음이 주지의 사실이다. 그런데 최근에 나타나는 노숙인에 대한 관심은 사회복지와 인권의 결합, 즉 인권 기반 사회복지의 성격을 보여 준다는 점에서 차별성이 있다. 이는 주목할 만한 의미가 있는데 왜냐하면 노숙인은 우선적인 인권보장 대상으로 간주되지만 현실적으로 인권침해의 우려가 큰 것 또한 사실이기 때문이다. 노숙인 시설은 타 복지시설에 비해 대형시설이 많고 시설환경이 열악하다는 점은 이러한 우려를 증폭시킨다.

  이러한 점을 고려하면서 11장에서는 노숙인과 관련된 인권 기반 사회복지실천을 살펴보고자 한다. 먼저 국내외 관련법 및 제도를 살펴본 후 노숙인 인권보장의 유형 및 쟁점을 확인할 것이다. 이를 바탕으로 이 절의 마지막 부분에서는 노숙인에 대한 인권침해 사례를 확인하고 이에 대한 인권 기반 개입을 살펴볼 것이다.

1. 국내·외 관련 규정

노숙인 인권에 대한 국제사회의 관심은 국제기구와 개별 국가의 2가지 측면에서 발견된다. 여기서는 대표적인 국제기구인 유엔의 관심을 먼저 살펴보고 이어서 개별국가 차원에서 영국, 미국, 프랑스, 마지막으로 한국 사례를 알아보겠다.

1) 국제사회의 관련 규정

(1) 유엔과 노숙인 인권

노숙인에 대한 유엔의 관심은 시기적으로 1940년대까지 올라간다. 예컨대 제2차 세계대전 이후 양산된 난민에 대한 유엔의 개념 규정은 부분적으로는 노숙인에 대한 개념 규정과 연결된다. 뿐만 아니라 1948년에 채택된 세계인권선언 제25조는 주거 및 생활의 질을 포함한다는 측면에서 노숙인 인권의 토대라 할 수 있다.

> 모든 사람은 식량, 의복, 주택, 의료, 필수적인 사회서비스를 포함하여 자신과 가족의 건강과 안녕에 적합한 생활수준을 누릴 권리를 가지며 실업, 질병, 장애, 배우자와의 사별, 노령, 그 밖에 자신이 통제할 수 없는 상황에서의 생계 결핍에 대한 보장의 권리를 가진다(세계인권선언 제25조 1.).

한편, 노숙인 문제가 기본적으로 주거 권리의 박탈과 직결된다는 점을 고려한다면 적절한 주거권과 관련된 공여를 명시한 유엔인권조약에도 관심을 가질 필요가 있다. [1] 세계인권선언을 비롯하여 유엔인권조약에 명시된 거주권 관련 조항이 노숙인 인권의 기본적인 토대를 제공했다면, 2000년대에 제시된 노숙인(homeless)의 개념과 범주에 대한 유엔의 입장은 노숙인 인권에 대한 관심을 구체적으로 보여 준다. 2004년, 유엔 경제사회국은 노숙인 가구(homeless household)를 일정한 주거 없이 거처하고 있는 가구[2]로 정의 내렸다. 또한 유엔 통계국은 노숙인을 크게 2가지 범주로 구분하였다. 첫째, 극단적 노숙인(primary homeless) 범주로서, 거리에서 생활하거나 쉼터 혹은 일정한 거처가 없는 사람(이를 우리나라에서는 통상 거리 노숙인으로 지칭함)을 포함한다. 둘째, 완화적 노숙인(secondary homeless) 범주로서, 여기에는 다양한 형태의 노숙인이 포함된다. 예컨대 통상적인 주거장소 없이 여러 시설을 반복적으로 왕래하는 사람(쉼터 노숙인), 사적 거주지에 살고 있으나 조사상 주소가 없는 것으로 간주되는 사람(불안정 혹은 부적절 거주자)이 이에 속한다. 이러한 구분법이 노숙인에 대한 완전한 정의를 제공해 주지는 못한다. 그러나 다양한 형태의 노숙인이 존재함을 보여 줌은 분명하다. 그보다 더 중요한 점은 한 개인의 주거 상황이 2가지 범주 중 한 가지에만 고정적으로 머무르는 것은 아니라는 것을 인식해야 한다는 것이다. 다시 말하면 이분법적 사고에서 벗어나 불안정하고 취약한 주거 상황의 연속선상에서 노숙 문제를 파악하는 것이 현실적으로

---

1) 유엔인권조약에 대해서는 이 교재의 〈표 1-7〉을 참조하라. 이 중 사회권규약(ICESCR, 1966) 제11조의 1, 인종차별철폐협약(ICERD, 1965) 제5조(eiii), 여성차별철폐협약(CEDAW, 1979) 제14조(2-h), 아동권리협약(CRC, 1989) 제27조의 3, 국제이주노동자권리협약(ICRMW, 1990) 제43조의 1(d), 장애인권리협약(CRPD, 2006) 제28조의 1과 2(d) 등이 주거권과 관련된 규정이다.

2) 원문은 다음과 같다. "those households without a shelter that would fall within the scope of living quarters."

바람직하다.

이상 본 바와 같이 노숙인 인권에 대한 유엔의 관심은 인권조약을 통한 기본적인 토대 제공에서부터 노숙인의 개념 규정 및 범주설정을 통한 노숙인 양상 파악까지 그 범위가 매우 넓다.

(2) 영국과 노숙인 인권

영국은 여타 국가에 비해 비교적 일찍 홈리스(노숙인)의 법적 권리에 관심을 표명한 국가이다. 이미 1977년에 제정되고 1996년에 개정된 주택법을 통해 노숙인3)에 대한 지방정부의 주거 제공 의무가 규정되었으며 이에 따라 주거 제공이 홈리스 지원의 중심에 자리 잡게 되었다. 이후 1998년 영국의회는 웨일즈, 스코틀랜드, 북아일랜드에 광범위한 자치권을 부여하는 법률들을 제정했다. 한편, 잉글랜드에서 적용된 홈리스법(Homelessness Act 2002)은 2002년에 제정되었다. 여기서는 이 법의 주요 내용을 통해 홈리스 인권에 대한 영국의 관심 및 정책방향의 특징을 살펴볼 것이다.

홈리스법은 내용상 4가지 파트로 구분되는데, 이 중 홈리스 인권의 핵심 내용은 앞의 2가지 파트, 즉 홈리스니스(homelessness) 리뷰와 정책, 홈리스니스와 관련된 여타 기능 파트에 명시되어 있다. 특히 이 법은 홈리스 인권보장을 위한 지방정부의 다양한 의무를 강조한다는 데 그 특징이 있다(이하 정원오 외, 2013; DH, 2006 참조).

첫째, 홈리스법에서는 지방정부의 주거 상담과 정보 제공의 의무를 명시하였다. 구체적으로 각 지방정부는 관련 기관을 두어야 하며, 여

---

3) 영국과 미국 사례에서는 노숙인 용어 대신 관련법에 명시된 대로 홈리스 용어를 사용한다.

기서 누구든지 무료로 상담과 정보를 제공받을 수 있다. 자신이 법적인 홈리스인지 아닌지를 확인할 수 있고 거처 제공 여부에 대한 상담 또한 여기서 이루어진다. 한편, 공공기관의 직접 운영 혹은 민간기관 위탁 운영을 통한 대안적 주거정보 제공 역시 지방정부의 의무이다.

둘째, 홈리스에 대한 실질적인 주거 제공의 의무를 명시하였다. 법적인 홈리스라 하더라도 모두 동일한 권리를 가지고 있는 것은 아니다. 지방정부의 주거 제공 의무의 여부는 아래 조건에 달려 있다. 이 중 우선적 필요성이란 상대적으로 더 절실하게 주거와 관련된 필요가 있는 집단인가를 판단하기 위한 기준이다. 예컨대, 가구원 중 임신한 사람이 있는 경우, 고령 혹은 장애 등으로 인한 취약성이 있는 경우, 홍수, 화재, 기타 재해로 인해 홈리스가 된 경우는 우선적 필요가 있는 경우이다.

> 자신의 잘못으로 인해 홈리스가 되었는가? (홈리스의 의도성)
> 지원을 받을 자격이 있는가? (국적 혹은 이민자 자격 소지 여부)
> 우선적 필요성을 갖추고 있는가?

셋째, 동법은 홈리스 대처를 위한 지방정부의 전략적 접근을 강조했다. 이를 위하여 지방정부는 5년을 주기로 홈리스 전략을 마련하고 이를 실시해야 한다. 여기에는 홈리스에 대한 충분한 자원 제공 및 지원뿐만 아니라 홈리스 예방을 위한 전략도 포함되어야 한다.

(3) 미국의 노숙인 인권 관련법

영국과 마찬가지로 미국 역시 비교적 일찍 홈리스 문제에 국가적 관심을 보였다. 1980년대 초까지만 하더라도 홈리스 문제는 지역 문제로 간주되어 연방정부의 개입이 불필요한 것으로 여겨졌다. 하지만 1983년에 설치된 홈리스에 관한 연방 태스크 포스 및 지지자들은 홈리스는 국가 문제로서 연방정부의 개입이 필요함을 강조하기 시작했다. 그 결과 1987년 상·하원에서 관련법이 통과되었는데, 이 법은 처음에는 '스튜어트 매키니 홈리스 원조법'(Stewart B. McKinney Homeless Assistance Act)으로 불렸다가, 2000년에 클린턴 대통령에 의해 '매키니-벤토 홈리스 원조법'(McKinney-Vento Homeless Assistance Act)으로 개명되었다.[4] 미국의 대표적인 홈리스 인권법으로 간주되는 이 법은 긴급 쉼터부터 영구거주까지 총 15개에 달하는 홈리스 서비스를 다루며 총 9부(*title*)로 구성되었다. 각 부의 주요 내용은 〈표 11-1〉과 같다.

〈표 11-1〉에서처럼, 미국의 매키니-벤토 홈리스 원조법은 지원 영역이 매우 포괄적이라는 특징을 보인다. 주거권은 물론이거니와 이외에도 음식과 식사권, 건강권, 노동권, 교육권 보장을 위한 연방정부 차원의 지원 및 개입을 강조한다. 뿐만 아니라 홈리스 문제의 해결은 부처 간 협력 및 조정을 통해 가능함을 시사한다. 구체적으로 독립기관으로서 홈리스 연방정부 상호기관위원회의 설립을 명할 뿐만 아니라 보건·휴먼 서비스부 외에도 상당수의 연방정부 유관부처의 개입도 필요함을 보여 준다.

---

4) 매키니(Stewart B. McKinney)와 벤토(Bruce Vento)는 홈리스 법 제정 및 시행을 위해 많은 노력을 기울인 국회의원으로서, 사후에 이들의 공을 기리기 위해 법명을 개칭했다.

〈표 11-1〉 미국 매키니-벤토 홈리스 원조법(1987)의 내용

	핵심 내용	관련 내용
1부	홈리스와 관련된 의회선언 및 홈리스 정의	
2부	홈리스 연방정부 상호기관위원회 기능	독립기구, 15 연방기관으로 구성
3부	긴급 식량 및 쉼터 프로그램	연방긴급관리기관(FEMA)이 운영
4부	응급 쉼터 및 한시적 주거 프로그램	주거 · 도시개발부 주관
5부	가처분 잉여 연방재산 확인 (건물, 재산)	연방정부, 주정부, 비영리기관 사용
6부	홈리스 보건의료 서비스	보건 · 휴먼 서비스부 주관
7부	노동 및 교육 등 관련 4가지 프로그램	홈리스 성인 교육 프로그램, 홈리스 아동 및 유소년 교육 프로그램 (이상 교육부 주관), 홈리스 직업훈련 시범 프로그램(노동부 주관) 긴급지역사회 서비스 그랜트 프로그램(보건 · 휴먼 서비스부 주관)
8부	식료품지원 서비스제도 개선, 한시적 긴급식료품지원 프로그램의 확대	노숙인들을 적용대상에 포함시키기 위한 조치(농업부 주관)
9부	퇴역군인 직업훈련법 확대	

US Code, Title 42(the public health and welfare), Chapter 119(homeless assistance)와 NCH (2006)를 바탕으로 재정리.

이와 같이 미국의 홈리스 관련법은 연방정부의 역할을 강조하고, 개입 영역 및 서비스 실시 주체 면에서 포괄성을 띤다는 점에서 영국과 대비되는 모습을 보인다.

(4) 프랑스의 노숙인 인권 : 대항적 주거권

앞에서 살펴본 미국이나 영국과 달리, 프랑스에서는 노숙인만을 대상으로 하는 법이 제정된 적은 없다. 대신 특정 사회문제에 대한 포괄적이고 광범위한 접근방법에서 나타나는 적용대상의 하나로 노숙인이

자리 잡고 있다.⁵⁾ 그렇다고 해서 프랑스의 노숙인 권리가 미국이나 영국에 비해 상대적으로 무시되고 있다고 예단해서는 안 된다. 오히려 그 반대의 모습도 보이는데, 대표적으로 주거권에 대한 대항적 권리 부여를 들 수 있다.⁶⁾ 이의 주요 내용은 다음과 같다.

먼저, 대항적 권리(*le droit opposable*)란 무엇인가. 예컨대 A라는 권리에 대항적 권리가 부여되어 있다면 사회 구성원은 A라는 권리의 집행을 담당하는 공공기관에 대항할 수 있는 성격을 지님을 의미한다. 구체적으로 국가가 제공하지 않거나, 혹은 제공받은 급여 혹은 서비스가 불충분하거나 미흡한 것으로 판단되는 경우 당사자는 국가를 상대로 적절한 조치를 취해 줄 것을 요구할 수 있는 권리가 바로 대항적 권리이다. 이처럼 특정 권리가 대항적 권리로 인정되는 경우, 이는 곧 국가의 본질적 의무의 발생을 초래한다는 점에서 대항적 권리 인정 여부는 매우 민감한 사안이 될 수밖에 없다.

현재 프랑스의 사회권 영역 중 대항적 권리로 인정되는 것으로는 교

---

5) 대표적인 법으로 사회적 배제 극복에 관한 법(1988)을 들 수 있다. 한편, 노숙인을 지칭하는 프랑스 용어는 2개가 있다. 첫째, 상 자브리(*les sans-abri*)로서 이는 주택이 없는 사람을 지칭하는 것으로 홈리스와 유사한 말이다. 둘째, 좀더 보편적인 용어로서 SDF가 있다. 고정된 주택이 없다는 뜻을 의미를 지닌 SDF는 이로 인해 행정 서비스의 혜택에서 배제된 사람을 지칭한다. 프랑스 통계청(INSEE)에 의하면 2011년 기준, 프랑스 전역에 약 13만 3천여 명의 SDF와 290여만 명의 부적절한 주거환경에서 생활하는 사람이 있다고 보고되었다. SDF 중 3만 3천여 명은 상 자브리 상태 혹은 긴급구호시설에 있으며, 6만 6천여 명은 사회시설, 나머지 SDF는 임시거주시설에 머무르고 있다(http://expresse.excite.fr/133000-sdf-et-29-millions-de-mal-loges-en-france-N13637.html).
6) 다음 내용은 프랑스의 정부기구인 사회적 취약집단의 주거를 위한 고등위원회의 홈페이지 자료에 바탕을 두었다(http://www.hclpd.gouv.fr/un-droit-opposable-qu-est-ce-que-c-a32.html).

360

육권, 건강권 그리고 주거권을 들 수 있다. 이 중 주거권이 대항적 권리로 인정받게 된 시점은 2007년이었다. 2005년 여름에 있었던 폭서로 인한 노인 대참사 사건은 프랑스 주거환경의 심각성을 그대로 보여 주었다. 그리고 노숙인 증가 현상은 주거에 대한 새로운 정책 도입의 필요성을 제기했으며 그 결과 나타난 것이 바로 대항적 주거권〔Droit au logement opposable(DALO)〕의 도입이다. 7)

주거권이 대항적 권리로 인정됨에 따라 공공임대주택 신청자 혹은 관련 증명서 소지자는 조정위(une commission de médiation)에 주거시설 제공을 요청할 수 있게 되었다. 8) 조정위는 심사를 통해 도지사에게 신청자의 상황에 적합한 주거형태(예: 일반주거, 임시주거, 기숙사 등)를 통지한다. 반면 신청자가 정해진 기간 내에 요구에 부합하는 거주 제안을 못 받는 경우 행정법원 소송을 통한 권리구제를 요청할 수 있다.

앞에서 언급한 바와 같이 대항적 주거권 역시 노숙인에게만 적용되는 권리는 아니다. 이 권리의 적용은 두 단계로 확대되었는바, 가장 열악한 환경에 처해 있는 사람이 1단계 적용대상이었으며 2012년 1월부터 실시된 2단계에서는 공공임대주택 자격자에까지 적용되었다. 이 중 노숙인은 근로빈민 등과 함께 1단계의 적용대상에 포함되었다.

이와 같이 대항적 주거권은 노숙인만의 권리는 아니다. 그렇지만 노숙인이 처해 있는 근본적인 문제, 즉 주거 문제와 직결되는 권리임은 명확하다. 뿐만 아니라 대항적 권리 개념은 제도화·정책화 과정에서

---

7) 관련법은 Loi no 2007-290 du 5 mars 2007 instituant le droit au logement opposable et portant diverses mesures en faveur de la cohésion sociale(프랑스, 2007) 참조.

8) 2008년 1월 이후 2012년 상반기까지 신청자는 약 30만 명에 달한다.

추상적인 것으로 간주될 수 있는 인권 개념을 구체화시킬 수 있다는 점
에서 중요한 의미를 지닌다.

2) 우리나라의 관련 규정:
노숙인 등의 복지 및 자립지원에 관한 법률

지금까지 유엔 등의 국제기구와 영국, 미국, 프랑스 사례를 통해 노숙
인 인권과 관련된 대표적인 법 혹은 제도를 살펴보았다. 한편, 한국의
실정법 중 노숙인에 대한 복지적·인권적 함의를 담은 대표적인 법으
로서는 '노숙인 등의 복지 및 자립지원에 관한 법'(이하 노숙인복지법)이
있다.

2011년에 제정된 이 법은 노숙인 및 노숙인 시설에 대한 법적 정의를
확인하고 기존의 임시·응급 대책을 체계적이고 일관된 법적 체계로
바꾸었다는 점에서 그 의의를 찾을 수 있다. 이 법은 〈표 11-2〉처럼 보
칙과 벌칙을 합쳐서 총 6장으로 구성되었다.

인권 관점에서 노숙인복지법은 다음과 같이 평가할 수 있다. 먼저 장
점 및 의의로서 첫째, 노숙인에 대한 법적 정의를 시도했음에 주목할 필
요가 있다. 당시에는 '부랑인'이라는 용어가 '노숙인' 못지않게 사용되었
다. 노숙인복지법에서는 '노숙인 등'이라는 표현을 통해 부랑인까지 포
함시킴으로서 법적 용어로서 부랑인은 더 이상 보이지 않게 되는 결과를
가져왔다. 9)

---

9) 동법과 시행규칙은 '노숙인 등'을 다음과 같이 정의하였다. "상당한 기간 동안
   일정한 주거 없이 생활하는 사람 또는 노숙인 시설을 이용하거나 상당한 기간
   동안 노숙인 시설에서 생활하는 사람 또는 상당한 기간 동안 주거로서의 적절성

<표 11-2> 노숙인 등의 복지 및 자립지원에 관한 법의 구성

구분	장 제목	장 내용
제1장	총칙	목적, 정의, 국가와 지방자치단체의 책임, 노숙인 등의 권리와 책임
제2장	노숙인 등을 위한 종합계획의 수립	자립지원 종합계획(보건복지부장관), 시행계획의 수립(장관, 중앙행정기관장 및 시·도지사), 실태조사(보건복지부장관)
제3장	복지 서비스 제공	주거지원, 급식지원, 의료지원, 고용지원, 응급조치의 의무
제4장	노숙인 시설	노숙인 시설 설치 및 운영, 노숙인 복지시설의 종류, 입·퇴소, 노숙인 종합지원센터, 인권교육, 금지행위
제5장	보칙	비용보조, 비밀누설의 금지, 유사명칭의 사용금지
제6장	벌칙	벌칙, 양벌규정, 과태료

둘째, 노숙인에게 제공되어야 할 복지 서비스를 명문화했다. 노숙인은 안정된 주거 박탈 외에도 건강, 식사, 고용 등에서 열악한 상황에 처해 있는 대표적인 집단이다. 이에 노숙인복지법은 주거의 지원은 물론이거니와 급식, 의료, 고용, 응급조치의 지원을 명시함으로서 노숙인에게 제공되는 서비스의 큰 틀을 제시하였다.

셋째, 노숙인 시설을 체계화했다. 노숙인복지법은 노숙인 시설을 노숙인 복지시설과 노숙인 종합지원센터로 구분하고, 전자는 기능에 따라 다시 일시보호시설, 자활시설,10) 재활시설, 요양시설, 급식시설, 진료시설 등으로 구분했다. 이는 기존의 관련 시설의 재정립과 함께 노숙인에 대한 개별화된 접근을 가능하게 하는 작업으로 해석된다.

넷째, 시설종사자의 인권감수성 향상을 위한 조치를 제시했음에 주

이 현저히 낮은 곳에서 생활하는 사람 중 18세 이상의 사람."
10) 기존의 노숙인 쉼터.

목할 필요가 있다. 노숙인은 사회적 약자로서 시설종사자와의 관계형성이 수직적으로 될 가능성이 많은 집단이다. 이에 노숙인복지법은 시설종사자가 갖추어야 할 행위를 명시하는바, 노숙인에 대한 방임행위, 부당 이익 취득행위, 전용행위, 지연 및 강제 입·퇴소 행위 등을 금지행위로 제시하였다. 뿐만 아니라 비밀누설 또한 금지되어 있으며 이를 어기는 경우 벌금 등의 벌칙이 있음을 강조하였다. 이상 내용은 인권 관점에서 노숙인복지법이 지니는 긍정적 요소라 할 수 있다.

그러나 노숙인복지법은 일정 부분 한계를 노정한다. 우선 복지 서비스 제공과 관련된 국가 및 지방자치단체의 책임이 임의 규정으로 되어 있다는 점이 지적된다. 노숙인에게 제공되어야 할 서비스에 대한 바람직한 틀 제시에도 불구하고 실효성에서 의문이 가는 대목이 아닐 수 없다. 둘째, 노숙인 지원에 대한 중앙정부와 지방정부의 역할분담에 대한 별도의 규정이 없다는 점 또한 한계로 들 수 있다. 앞에서 우리는 지방정부(영국) 혹은 연방정부(미국)의 책임이 강조되는 사례를 살펴보았다. 하지만 노숙인복지법(제 22조)과 시행령(제 7조)은 노숙인 시설·운영에 필요한 비용 보조의 경우 부담 비율은 보조금 관리에 관한 법률 시행령에서 정하는 바에 따른다고 명시할 뿐이다. 이는 노숙인 복지 역시 여타 사회복지 서비스 분야와 동일한 비율로 비용보조가 이루어질 것임을 시사한다.

2. 인권 유형과 보장 내용

노숙인의 생활은 그 자체가 인간으로서의 존엄성을 상실한 상태이고 비인권적 상황이다. 사회복지실천 대상자 중 인권 기반적 접근이 가장 필요한 대상이 바로 노숙인이다. 하지만 현실은 그와는 반대로 노숙인이 많은 인권침해에 노출되어 있음은 부인할 수 없는 사실이다. 이러한 점을 고려하면서 여기서는 먼저 노숙인에게 당연히 보장되어야 할 인권 유형 및 그 내용 그리고 이의 바탕이 되는 국내외 관련 인권법을 살펴본다. 구체적으로 노숙 상태에 있는 인간으로서 노숙인과 관련되는 여러 가지 인권보장 유형 중 기존 연구와 앞에서 살펴본 유엔의 인권조약과 영국, 미국, 프랑스 그리고 우리나라의 관련법의 내용에 근거하여 대표적인 것 몇 가지를 강조하고자 한다(이하 정원오 외, 2013, 국가인권위원회 2013 참조).

1) 적절한 수준의 주거생활을 할 권리

노숙인들에게 주거공간을 마련하는 일은 가장 중요한 욕구이면서 동시에 인간적인 삶을 위한 최우선적 권리로서, 이는 외국 및 우리나라 관련법이 강조하는 대목이기도 하다. 한편, 주거권은 비단 노숙인에게만 해당되는 것이 아니라 모든 사람의 권리이기도 하다(세계인권선언 제 13 조). 그런데도 노숙인의 주거권에 각별한 관심을 가져야 하는 이유는 주거권 보장방법과 관련된 쟁점 때문이다. 정원오 외(2013)는 이를 2가지로 구분하였다.

첫째, 적절한 주거환경에 대한 정의이다. 주거공간의 넓이(과밀성),

<표 11-3> 노숙인의 주거권 보장과 관련된 국내외 인권법

구분	인권법	관련 내용
UN	세계인권선언 제13조	자유로운 이전 및 거주의 권리
영국	홈리스법(2002)	주거 제공의 의무
미국	매키니-벤토 홈리스 원조법(1987)	응급쉼터 및 한시적 주거 프로그램
프랑스	대항적 주거권(2007)	적절한 주거시설 제공 요청 권리
한국	헌법 제35조	쾌적한 환경 및 주거생활 권리 및 의무
	노숙인 등의 복지 및 자립지원에 관한 법 제10조(주거지원)	노숙인의 적절한 주거생활을 위한 다양한 주거지원(임의규정)
	주택법 제5조의 2(최저주거기준의 설정) 3(최저주거기준 미달가구에 대한 우선지원 등)	우선지원(임의규정)

본 교재와 정원오 외(2013), 79~81쪽에 바탕.

편의시설, 독립성과 사생활 보장과 관련된 이슈들, 그리고 거리생활을 벗어나게 하는 대안적 잠자리의 최저 수준과 관련된 문제이다. 더 나아가서 이 문제는 헌법에 명시된 인간다운 삶의 수준에까지 연결된다. 프랑스에서 약 290만 명에 달하는 '열악한 주거공간에서 사는 사람'의 규모에 관심을 가지는 이유도 실은 이 때문이다.

두 번째 쟁점은 좀더 근원적인 것으로, 주거공간 제공에도 불구하고 노숙인이 이러한 제의를 거부하는 경우 이를 어떻게 받아들여야 하는가의 문제이다. 자기결정권 존중의 차원에서 노숙인의 선택은 최대한 존중되어야 할 것이다. 이와 동시에 간과해서는 안 될 부분은 노숙인이 그러한 선택을 하는 배경에 관한 것이다. 예컨대 숙소에서의 사생활 보장, 단체생활의 어려움 등이 거리노숙을 택할 수밖에 없는 요인으로 간주된다면 노숙인을 비난하기 전에 먼저 시설 및 연계 서비스의 질적 개선, 다양한 형태의 숙소 마련 등에 좀더 많은 관심을 가지는 것이 바람직할 것이다. 〈표 11-3〉은 노숙인의 주거권 보장과 관련된 국내외 인권법을 정리한 것이다.

2) 건강권과 건강유지를 위한 식사권

정원오 외(2013)가 강조하는 바와 같이 노숙인은 사회적 배제의 핵심에 있다고 해도 과언이 아닐 것이다. 따라서 노숙인 인권보장 역시 이러한 사회적 배제를 가져오는 요인을 해소하는 방향으로 이루어져야 한다. 이러한 관점에서 노숙인의 건강권 그리고 이와 직결되는 현안인 식사권은 노숙인에게 매우 중요한 생존권이라 할 수 있다. 〈표 11-4〉는 노숙인의 건강권과 건강유지를 위한 식사권 보장과 관련된 국내외 인권법을 정리한 것이다.

먼저 건강권은 노숙인뿐만 아니라 사회 구성원이라면 누구나 누려야 할 인권 목록 중 하나이다. 프랑스에서 건강권이 대항적 권리의 하나로 자리 잡고 있는 것은 이의 방증이라 할 수 있다. 특히 노숙인에게 건강권이 중요한 이유는 오랜 동안의 거리생활로 인해 이들의 육체적 건강이 매우 심각한 상태에 있기 때문이다. 이를 위한 의료지원 서비스의 중요성은 아무리 강조해도 지나침이 없을 것이다.

한편, 특히 노숙인에게 식사권은 건강유지의 필수요건이다. 따라서 급식지원 서비스는 반드시 제공되어야 하는데, 이와 관련된 인권 문제는 2가지로 요약할 수 있다(정원오 외, 2013, 82~83쪽). 첫째, 급식의 질, 즉 어떤 수준의 식사가 제공되어야 하는가이다. 이는 의학적 관점과 동시에 인간다운 삶의 수준에 관련된 관점이 동시에 고려되어야 할 것이다. 또한 노숙인 복지시설과 종합지원센터에서 제공되는 급식 서

〈표 11-4〉 노숙인의 건강권과 식사권 보장과 관련된 국내외 인권법

구분	인권법	관련 내용
UN	세계인권선언 제22조	사회보장을 받을 권리
	세계인권선언 제25조 1	식사권, 건강권
미국	매키니-벤토 홈리스 지원법(1987)	홈리스 보건의료 서비스
		긴급식량 및 쉼터 프로그램
		식료품지원 서비스제도 개선, 한시적 긴급식료품지원 프로그램 확대
한국	헌법 제34조	인간다운 생활을 할 권리
	노숙인 등의 복지 및 자립지원에 관한 법 제11조(급식지원)	노숙인 급식시설 설치 · 운영(임의규정)
	노숙인 등의 복지 및 자립지원에 관한 법 제12조(의료지원)	노숙인 진료시설 설치 · 운영(임의규정), 노숙인 진료시설 지정(임의규정), 전문 의료 서비스 제공 의뢰 혹은 위탁 (임의규정)
	노숙인 등의 복지 및 자립지원에 관한 법 제14조(응급조치 의무)	응급상황에 대한 응급조치 이행 의무

본 교재와 정원오 외(2013), 84~85쪽에 바탕.

비스는 일정한 수준의 질과 환경이 보장되고 있지만 이러한 혜택에서 배제되어 있는 노숙인에 대한 각별한 관심이 필요하다.

둘째, 급식 서비스 제공 과정에서 나타나는 비인권적 요소의 문제다. 사실 노숙인이 느끼는 스티그마(stigma)는 어느 집단보다 강할 것이다. 그런데도 장시간 줄서기, 특정 종교행사 참여 강요, 거리급식(실외급식)의 비위생성 문제 등은 엄연히 현실로 존재하며, 이에 대한 인권보장 방법이 도출되어야 할 것이다.

3) 노동권

노동권은 생존권의 핵심이자 경제적 영역의 인권 목록 중 하나이다. 노동하는 것은 인간의 자유임과 동시에 권리로서 세계인권선언과 헌법을 비롯한 국내외 인권법에서 많이 회자된다. 하지만 노숙인에게 노동 혹은 노동권은 부정적이거나 아예 무관한 것으로 인식되는 경향이 있다. 단적인 예로, 국내에서 IMF 경제위기를 전후하여 양산된 노숙인 중 상당수는 해고 및 실업, 즉 노동권의 부정에서 기인한다. 게다가 노숙인이 된 후 제기되는 재취업 어려움, 재취업 후의 임금차별 문제 등 노숙인의 노동권은 매우 불안정하다. 따라서 노동권 보장을 위한 노숙인 지원 서비스는 이러한 불안정한 조건 및 차별적 요소를 해소하는 데 집중되어야 할 것이다.

노숙인 복지시설 중 노숙인의 노동권과 관련된 시설로서 단기적으로는 노숙인 자활시설과 노숙인 종합지원센터가 있으며 장기적으로는 노

〈표 11-5〉 노숙인의 노동권과 국내외 인권법

구분	인권법	관련 내용
UN	세계인권선언 제23조 1	노동할 권리, 자유로운 직업선택의 권리, 공정하고 유리한 노동조건 확보 권리 등
	사회권 규약(1966년) 제6조	노동의 권리, 노동권 보장을 위한 적절한 조치
미국	매키니-벤토 홈리스 원조법(1987)	노동 및 교육 등 프로그램
한국	헌법 제12조, 제32조	직업선택의 자유, 근로의 권리
	노숙인 등의 복지 및 자립지원에 관한 법 제13조(고용지원)	노숙인의 고용 지원 및 촉진을 위한 정보 제공, 직업지원, 취업 알선, 자활지원사업(임의규정)

본 교재와 정원오 외(2013), 89쪽에 바탕.

숙인 재활시설과 요양시설도 관여된다. 이 중 첫째, 노숙인 자활시설은 가장 안정적인 취업활동의 가능성이 높다는 측면에서 노숙인 노동권 보장의 핵심에 있다. 따라서 보다 효율적인 노숙인 노동권 보장을 위해서는 노숙인 자활시설을 통해 제공되는 고용지원 서비스의 질이 담보되어야 할 것이다. 즉각적인 취업을 위한 면접 프로그램부터 교육 및 직업훈련 프로그램까지의 서비스의 다양화 또한 필요하다.

둘째, 노숙인 종합지원센터가 제공하는 서비스 활동의 중요성에 대한 공감대가 필요하다. 왜냐하면 노숙인 자활시설 등 취업 관련 시설이 있음에도 불구하고 시설에 대한 부정적인 인식 때문에 일부 노숙인이 거리 노숙을 선택하는 경향은 여전하기 때문이다. 이들에게 필요한 서비스들을 노숙인 종합지원센터가 제공하고 있다. 11)

4) 필요한 정보를 제공받을 권리

노숙인에게 필요한 정보를 제공하는 것은 노숙인 인권보장의 출발점이라 할 수 있다. 제공되어야 할 정보는 단계에 따라 다르다. 먼저 입소 단계에서는 시설 및 서비스 종류, 무료급식, 의료 서비스 등 노숙인들이 가장 궁금해하는 부분에 대한 정보 제공이 있어야 할 것이다. 노숙인 종합지원센터의 역할이 중요한 대목이다. 한편, 입소 후의 단계로서 입소시설에서 실시 중인 프로그램 정보 역시 중요하다. 이는 사회복지사업법에 명시된 서비스 신청 권리와도 관련성이 높다. 프로그램에

---

11) 목욕, 세탁, 취업 제공, 공공일자리 안내 등 취업에 필요한 서비스, 취업 과정에서의 차별과 임금체불, 노동착취 등 비인권 요소를 제거하는 데 필요한 상담 역할을 말한다(정원오 외, 2013).

〈표 11-6〉 노숙인의 정보를 제공받을 권리와 국내외 인권법

구분	인권법	관련 내용
UN	사회권 규약 제11조의 1	적당한 생활수준을 누릴 권리와 생활조건의 지속적 개선 권리
영국	Homeless Act 2002	주거 상담 및 정보 제공의 의무
한국	헌법 제10조, 제34조	행복추구권, 인간다운 생활을 할 권리
	사회복지사업법 제1조의 2(기본이념)	서비스 신청 및 제공받을 권리, 사회복지대상자의 인권보장
	노숙인 등의 복지 및 자립지원에 관한 법 제3조 (국가와 지방자치단체의 책임)	노숙 예방, 노숙인 인권보장, 노숙인의 사회복귀 및 복지향상에 대한 책임
	노숙인 등의 복지 및 자립지원에 관한 법 제4조(노숙인 등의 권리와 책임)	적절한 주거와 보호를 받을 권리
	노숙인 등의 복지 및 자립지원에 관한 법 제17조 (노숙인 복지시설의 입소·퇴소 등)	자진입소·의뢰입소 절차
	노숙인 등의 복지 및 자립지원에 관한 법 제18조 (노숙인 복지시설의 서비스)	재활 혹은 자활 프로그램 제공 의무, 건강관리
	노숙인 등의 복지 및 자립지원에 관한 법 제21조(금지행위)	방임행위, 부당한 지연 및 강제 입·퇴소 행위

본 교재와 정원오 외(2013)의 관련 내용에 바탕.

대한 강압식의 참여가 아니라 이의 내용 및 기대효과에 대한 사전 설명이 있을 때 성과는 극대화될 것이다. 또한 이 자체가 노숙인의 인권을 존중하는 것이다. 마지막으로 퇴소와 관련된 정보 제공이 필요하다. 퇴소와 관련된 사전공지부터 퇴소 후에 필요한 지역사회 연계 서비스에 대한 정보 등을 포함하여 노숙인이 원하는 다양한 정보가 제대로 제공되어야 한다.

5) 신체의 자유에 대한 권리

신체의 자유는 인권 목록 유형으로는 시민적·정치적 영역(자유권),
그중에서도 시민적 권리에 속한다. 시민적 영역의 권리는 일정한 생활
영역을 국가나 타인의 간섭으로부터 보호받는 권리를 말한다. 이를 반
대로 해석하면 국가 입장에서는 불간섭 부작위의 의무가 있음을 의미
한다. 한편, 노숙인에게 이 권리가 중요한 이유는 노숙생활 자체에서
신체의 자유를 침해받을 위험이 매우 높기 때문이다. 이는 단순히 불특
정 일반인에게서 비롯되는 의혹의 시선에서 자유롭지 못한 것만을 의
미하는 것이 아니라, 노숙인들 스스로 각종 범죄의 대상이 될 수도 있
으면서 그 반대로 범죄자 집단이라는 의심을 받을 수도 있기 때문이다.
강력범죄가 발생한 경우 경찰의 불심검문이나 임의동행 대상이 될 수
있다는 것 또한 노숙인이 처한 상황이다. 〈표 11-7〉은 노숙인의 신체
의 자유권과 관련된 국내외 인권법을 정리한 것이다.

이와 같이 일반인들은 잘 의식하지 못하는 신체의 자유에 대한 권리

〈표 11-7〉 노숙인의 신체의 자유권과 관련된 국내외 인권법

구분	인권법	관련 내용
UN	세계인권선언 제3조	생명권, 신체의 자유 및 안전에 대한 권리
	자유권 규약 (1966년, 제9조 1)	신체의 자유 및 안전에 대한 권리
한국	헌법 제12조	신체의 자유, 적법절차에 따른 체포, 구속, 압수, 수색 등
	경찰관직무집행법 제3조	검문 및 동행 요건 및 절차, 동행요구 거절 권리

본 교재와 정원오 외(2013), 97~98쪽에 바탕.

가 노숙인에게는 소중한 권리이다. 세계인권선언과 우리나라 헌법에 명시된 신체의 자유에 대한 조항을 바탕으로 노숙인의 권리보장 방법이 마련되어야 한다. 한 예로 경찰관직무집행법 관련 조항에 따르면 불심검문과 임의동행의 경우 요건과 절차가 별도로 명시되어 있다. 불심검문은 이미 국가인권위원회를 통해 인권침해로 시정권고된 제도이기도 하다. 신체의 자유를 침해하는 공권력의 행사에 각별한 주의와 관심이 필요한 대목이다.

6) 자기결정권

자기결정권은 인권과 사회복지 분야 공히 중요한 권리로 간주된다. 예컨대 자유권규약 제1조를 비롯하여 국제인권법은 자유권 작동의 기제로 자기결정권을 강조한다. 다시 말하면, 자유권 보장의 출발점이 바로 당사자의 자기결정권이라는 것이다. 한편, 자기결정권은 클라이언트와의 관계형성 원칙이나 사회복지사 윤리강령에서 강조되듯이 사회복지실천의 중요한 요소 중의 하나이다. 자기결정권은 참여자의 권리를 강조하는 인권과 사회복지를 연결 짓는 가교라 할 수 있다.

그러나 노숙인의 대한 자기결정권 보장과 관련해서는 많은 쟁점이 있다. 첫째, 입소할 시설에 대한 자기결정권이다. 전문가와 노숙인 본인의 입소시설 유형이 서로 맞지 않음에서 비롯되는 문제, 과거의 이용 경력으로 인해 입소를 거부당한 사례 등 노숙인의 자기결정권이 제한된 사례는 무수히 많다. 둘째, 입소 후의 프로그램 참여에 대한 자기결정권 인정 여부이다. 이는 우선 프로그램에 대한 최대한의 정보가 제공되어야 한다. 그리고 참여 여부와 관련하여 시설종사자와 노숙인 사이

<표 11-8> 노숙인의 자기결정권과 국내외 인권법

구분	인권법	관련 내용
UN	자유권 규약(1966년, 제1조)	자결권
한국	노숙인 등의 복지 및 자립지원에 관한 법 제14조(응급조치 의무)	응급상황에 대한 응급조치 이행 의무
	사회복지사 윤리강령	사회복지사는 클라이언트의 자기결정권이 최대한 행사될 수 있도록 도와야 한다

에 이견이 발생했을 경우 자기결정권 존중의 차원에서 프로그램에 참여하거나 거부할 수 있는 노숙인의 권리가 인정되어야 한다. 그러나 노숙인복지법령은 응급조치에 관한 규정만 두고 있을 뿐, 노숙인의 자기결정권에 대한 별도의 규정은 두고 있지 않다. 이는 시설종사자의 인권의식이 노숙인의 자기결정권 인정 여부를 결정짓는 요소임을 시사한다. 〈표 11-8〉은 이상 살펴본 노숙인의 자기결정권과 국내외 인권법을 정리한 것이다.

3. 인권침해 현황과 실태

1) 통계수치로 본 노숙인 규모 현황과 쟁점

우리나라에 노숙인 숫자는 과연 얼마나 될까. 노숙인의 인권보장을 논하는 자리에서조차 이에 대해서는 다양한 수치가 제시되는데, 이는 노숙인을 어떻게 정의 내리는가에 따라 그 수가 달라지기 때문이다.

우선, 앞에서 살펴본 UN 혹은 프랑스 사례처럼 부적절한 주거 상황

<표 11-9> 주거취약계층 인구 규모(개인기준)

구 분	서 울	전 국
거리노숙	1,395	2,689
응급잠자리	427	508
노숙인쉼터	1,590	2,636
부랑인시설	1,230	8,160
다중이용업소*	24,279	62,818
쪽방	3.099	6,582
여관, 여인숙	1,780	25,577
고시원	76,511	136,332
비닐하우스촌	5,472	6,914
비닐하우스판자집	2,482	32,053
합계	118,118	282,161

* PC방, 사우나, 만화방, 다방, 기원 등 비거주용 이용업소를 지칭.
출처: 한국도시연구소(2011); 정원오 외(2013), 35쪽에서 재인용.

에 초점을 두고 노숙인을 정의한다면 우리나라의 노숙인 규모는 훨씬 늘어날 것이다. 실례로 우리나라 최초의 전국적 취약계층 종합실태조사라 할 수 있는 2011년 한국도시연구소의 조사 결과에 따르면 거리 노숙인을 포함한 주거취약계층은 <표 11-9>처럼 전국적으로 28만여 명 정도 되는 것으로 확인된다. 주거취약계층은 지역별로는 서울지역에 집중되어 있다. 구체적으로, 전체 주거취약계층의 42%에 달하는 12만 명이 서울 지역에 있는 것으로 나타난다. 특히 가장 취약한 거리 노숙인, 그리고 비주택 형태인 고시원거주자의 경우 전국의 절반이 서울 지역에서 살고 있다(정원오 외, 2013, 35쪽). 한편, 보건복지부가 발표하는 노숙인 규모 현황은 <표 11-10>처럼 훨씬 적다.

이상의 노숙인 현황을 바라볼 때 2가지 점이 고려되어야 할 것이다. 첫째, 노숙인 규모 통계에는 노숙인 개념 정의에 대한 2가지 대비되는

<표 11-10> 연도별 노숙인 등 현황

연도	자활	일시보호	거리노숙인	재활·요양	쪽방주민	합계
2006	3,563	–	1,293	10,317	–	15,173
2007	3,363	–	1,181	9,722	–	14,266
2008	3,479	–	1,317	9,492	6,119	14,288
2009	3,404	–	1,260	9,266	6,394	13,930
2010	3,117	–	1,011	8,958	6,232	13,152
2011	3,282	–	1,121	8,742	5,991	13,145
2012	2,741		1,081	8,569	5,891	12,391
2013. 06	2,088	654	1,464	8,611	5,776	12,817

출처: 보건복지부, 2014년 노숙인 등의 복지사업안내, 317쪽.

관점이 내재되어 있다. 첫 번째 관점은 행정 관점으로 보건복지부의 통계 결과가 대표적이다. 즉, 확인가능성을 중요시하면서 노숙인 규모를 일부 거리 노숙과 쉼터 및 시설 입소자에 한정하는 것이다. 두 번째 관점은 사회적 배제의 관점이다(심창학, 2001; 2004). 주거로부터의 배제는 사회적 배제의 주요 측면으로서 부적절한 주거 상황에 처한 노숙인은 사회적으로 배제된 자(socially excluded)이다. 사회적 배제 극복의 중심에 노숙인이 자리 잡고 있음을 보여 주는 대목이기도 하다. 12)

둘째, 여타 인권 대상 집단에 비해 노숙인 규모는 상대적으로 작은 것이 사실이다. 그렇다고 해서 이들의 인권에 대한 관심이 결여되어서는 안 될 것이다. 모름지기 인권은 인간으로서 누려야 할 권리로서 특히 사회적 소외 집단에 대한 각별한 관심을 강조한다. 뿐만 아니라 우리나라의 노숙인은 많은 경우 개인적 원인보다는 IMF 등 사회 구조적

---

12) 이의 연장선상에서 이 관점은 부정적 의미를 지니고 있는 노숙인 용어 대신 홈리스 용어를 사용하기를 제안한다(국가인권위원회, 2011).

배경하에 발생했다. 달리 말하면 인권보장에 대한 국가 및 사회의 책임이 어느 집단보다 강조되어야 하는 집단이 바로 노숙인들인 것이다.

이상의 점을 고려하면서 노숙인의 인권침해 실태를 살펴보기로 하자.

2) 노숙인 인권침해 실태와 쟁점

정원오 외(2005)가 강조하듯이 노숙인 인권침해 실태는 다차원적이며 영역별 상호 연관성이 강한 특징을 보여 준다. 구체적으로 거리생활에서의 불규칙한 식사와 영양 및 수면부족에 기인한 건강권 침해는 적절한 주거생활이 보장되지 않은 것과 연결되어 있다. 한편, 주거권 침해는 취업의 어려움 및 노동권 침해와 연결되어 있으며 이는 주거불안정으로 회귀되는 모습을 보인다(정원오 외, 2005, 17쪽).

이러한 점을 고려하면서 노숙인의 소재(location)를 기준으로 거리 노숙인과 시설거주 노숙인에게서 나타나는 대표적인 인권침해 실태를 일반적 기본권, 건강권, 주거권, 노동권으로 구분하여 살펴보기로 한다(이하 국가인권위원회, 2011; 정원오 외, 2005; 2013; 여재훈, 2013 참조).

(1) 기본적 인권[13]

① 신체의 자유 및 안전 침해

주지하다시피 신체의 자유는 시민적 영역의 인권이자 자유권을 구성하는 기본 요건이다. 우리나라 헌법 제12조에서는 "모든 국민은 신체의

---

13) 4가지 인권침해 구분은 정원오 외(2005)가 분류한 것으로 여기서 일반적 기본권이라 함은 시민적, 정치적 영역의 인권 일부를 지칭한 것이다.

자유를 가진다. 누구든지 법률에 의하지 아니하고는 체포, 구속, 압수, 수색 또는 심문을 받지 아니하며, 법률과 적법한 절차에 의하지 아니하고는 처벌보안처분 또는 강제노역을 받지 아니한다"라고 매우 구체적으로 적시한다.

　그러나 신체의 자유는 특히 거리 노숙인이라는 이유로 가장 흔히 침해받는 대표적인 인권이다. 거리 노숙생활 자체는 이러한 신체의 자유를 침해받을 위험이 매우 높은 상황인 것 또한 사실이다. 정원오 외 (2013)의 지적과 같이 사적 공간을 잃어버린 상태의 노숙인은 공적 공간을 지속적으로 점유할 수밖에 없고 공공시설에 대한 불법적 점유라는 의혹 속에서 살아가기 때문에 이들에 대한 일반인의 시선 또한 부정적인 것이 사실이다. 특히 거리 노숙인의 신체의 자유가 심하게 침해되는 경우는 강력범죄가 발생했을 때이다. 적법한 절차를 거치지 않은 경찰의 불심검문, 임의동행 요청에 거리 노숙인은 그대로 노출되어 있는 것이다.

　한편, 시설거주 노숙인에게 신체의 자유 침해는 시설에서의 부적절한 처우와 시설환경의 부적절성 등 2가지 측면에서 발생한다(정원오 외, 2013, 201~213쪽). 전자의 경우 시설거주 노숙인들은 신체적 강요나 처벌, 구타나 학대 등의 일체의 폭력을 통해 나타난다. 감금, 폭행, 굶김, 벌세우기, 강압적 말투, 방치, 성폭력, 따돌림 등이 시설거주 노숙인들이 증언하는 폭력의 구체적 사례들이다. 여기서의 가해자는 시설 내 직원이나 함께 생활하는 입소자들이다. 한편, 노숙인 복지시설의 열악성 역시 신체의 자유 및 안전에 위협요소로 작용한다.

② 사생활 및 개인정보 보호권리 침해

여타 영역의 인권침해에 비해 노숙인들의 사생활 및 개인정보 보호
권리 침해에 대한 관심은 상대적으로 덜했던 것이 사실이다. 더 나아가
서 집단생활을 특징으로 하는 노숙인 복지시설 내에서 충분한 사생활
이 보장되는 않는 것은 불가피한 것으로 여겨지기도 했다.

하지만 이러한 불가피성에 대한 지나친 강조는 인권침해의 전형임과
동시에 노숙인 복지시설에 대한 혐오증을 가져오는 단초가 된다는 점
에서 문제의 심각성이 있다. 예컨대 개인공간이나 소지품에 대한 검
열, 본인의 의사에 반하는 금전 관리, 인지능력이 떨어지는 입소 노숙
인의 프라이버시의 노출 등은 사생활 보호권리 침해의 대표적 사례들
이다. 더 나아가서 도난방지를 명목으로 취침공간에 CCTV를 설치하
는 것 역시 인권보장의 관점에서는 심각한 인권침해이다.

한편, 개인 신상에 대한 비밀을 지키려는 것은 인간의 기본적인 권리
이며 이는 노숙인들에게도 마찬가지이다. 현실적으로 취업 혹은 재취
업을 원하는 노숙인들의 시설입소와 관련된 정보가 외부로 유출될 경
우 가져올 파장은 클 수도 있다. 실제로 취업면접에 합격했던 입소자가
적어 낸 주소와 전화번호가 노숙인 시설이라는 것이 드러나 취업이 취
소된 경우도 있었다(정원오 외, 2013: 229). 개인정보의 보호권리 침해
는 단순히 그 자체로 끝나는 것이 아니라 또 다른 인권인 근로에 대한
권리의 침해로 귀결됨을 보여 주는 중요한 대목이다.

(2) 건강권

유엔의 사회권 규약에 의하면 인간은 누구에게나 성취할 수 있는 최
고 수준의 신체적, 정신적 건강을 누릴 권리가 있다. 노숙인 건강권의

현실적인 보장을 위해서는 식사권뿐만 아니라 이들에 대한 의료 서비스가 제공되어야 할 것이다.

먼저 거리 노숙인의 건강권은 이들의 특별한 상황을 고려할 때 매우 특별한 의미를 지닌다. 거리생활 자체가 건강권을 위협하는데, 이는 불규칙한 식사, 영양 결핍, 거리 무료급식의 비위생적 요소, 만성적인 수면부족, 겨울철의 추위 등과 연관된다(정원오 외, 2005). 병원균에 노출될 가능성이 높은 상태에서 오랜 야외생활로 인해 병원균에 대한 신체의 저항력이 저하될 수 있는 집단이 바로 거리 노숙인들이다. 더욱 더 심각한 문제는 비인권적 실외급식은 낙인화 문제와 직결되어 거리 노숙인들의 자존감 저하로 귀결된다는 점이다(여재훈, 2013, 79쪽).

그런 데다 현장의료 서비스 등 노숙인이 의료기관을 이용할 수 있는 권리 또한 매우 취약한 상태이다. 응급구호체계에 의해 무료진료를 받을 수 있지만 남루한 행색과 거리생활의 지저분함 등으로 검사와 치료가 거부되기도 한다. 한편, 건강권 침해에서 제기될 수 있는 쟁점은 자기결정권과의 관련성이다. 예컨대 자포자기 상태에서 병원 후송 등 의료 서비스의 제공을 거부하는 경우가 있을 수 있다. 잘못된 정보를 바로잡는 상담, 병원 이용과 치료에 대한 정확한 정보 제공을 통해 노숙인의 자기결정권과 건강권이 동시에 보장되는 해법을 찾아야 할 것이다.

(3) 주거권

주거권 문제는 노숙인 인권의 가장 핵심적이고 본질적인 문제이다. 노숙인은 곧 주거권이 보장되지 못한 집단이며 그 원인에 관계없이 노숙생활의 직접적인 이유는 주거공간이 없기 때문이다. 이런 측면에서 정원오 외(2005)는 적절한 주거권의 보장을 노숙인의 인권이 보장되는 마지막 단계로 본다.

2가지 유형의 노숙인 중 주거권 침해의 중심에 있는 노숙인은 거리 노숙인이다. 왜냐하면 거리 노숙인들의 주거공간은 거리 자체이며, 이들에게 제공되는 시설 또한 인권보장의 사각지대 중심에 놓여 있기 때문이다. 구체적으로 거리 노숙인들은 쉼터에서의 단체생활의 어려움과 폭력성을 호소한다(정원오 외, 2013, 77~78쪽).

한편, 시설거주 노숙인의 주거권 침해는 시설환경과 직결되어 있다. 거리생활에 지친 노숙인이 시설에 입소하여 생활한다는 것은 안전, 보호, 휴식, 안정과 같은 의미를 가진다. 따라서 노숙인 시설은 단순히 최소한의 잠자리와 음식을 제공하는 것을 넘어서 집으로서의 역할을 수행할 수 있도록 법에서 제시하는 설치 기준과 인력 기준을 충족해야 할 것이다. 그러나 여러 사례에서 쉼터들의 입소 정원 초과나 시설의 열악한 물리적 환경, 그리고 인력 지원의 부족 등의 문제가 나타난다. 예컨대 시설의 입소 정원에 대한 2011년 조사 결과에 의하면, 전국 노숙인 쉼터 66개소 중 21~30명 규모의 시설이 22개소(33.3%)로 가장 많고 다음으로는 11~20명 규모가 16개소(24.2%), 그리고 31~50명의 비교적 중규모 시설이 15개소(22.7%)이다(정원오 외, 2013, 155~156쪽). 비교적 오래된 조사 결과에 의하면 노숙인 쉼터의 침실 면적은 정원 1인당 1.2평(현원 1인당 1.6평) 정도다(한국보건사회연구원 2003).

이를 통해 보았을 때 거리 노숙인과 시설거주 노숙인의 주거권 보장은 아직 요원함을 알 수 있다.

(4) 노동권

노동권은 노숙인 발생의 원인임과 동시에 노숙인 신분을 벗어날 수 있는 가교가 된다는 점에서 노숙인에게 중요한 인권 중 하나이다. 14) '노숙인복지법'에 명시된 시설 유형 중 직접적으로는 노숙인 자활시설, 간접적으로는 노숙인 종합지원센터가 관련 기능을 수행하도록 하고 있다.

노동권은 노숙인에게 상당히 중요한 권리이지만, 이에 대한 조사 및 연구 결과들은 이들의 노동권이 심각하게 침해당하고 있으며, 이는 여타 영역의 인권침해와 상호 중첩되어 나타남을 보여 준다(정원오 외, 2005; 2013). 구체적으로 노숙인은 노동시장 진입의 어려움을 호소하는데, 주민등록증 말소로 인한 신분 확인의 문제, 정보 및 네트워킹의 취약성, 개인정보 노출로 드러난 노숙생활 이력에 대한 부정적인 시선 등이 주요 원인이다. 한편, 노숙인들은 취업 후에도 제대로 된 노동 가치를 인정받지 못하고 있다. 노동 내용의 불법성 및 가치절하 그리고 노동 현장에서의 착취(임금체불, 임금의 무단착취), 흔하지는 않지만 불법감금이나 강제노역, 폭력 등의 상황이 발생하기도 한다.

4. 사례개입과 적용

지금까지 우리는 국내·외의 노숙인 인권 관련법과 노숙인 인권보장 유형 및 쟁점을 살펴보았다. 이어서 노숙인 현황 및 인권침해 실태를

---

14) 경기개발연구원(2001)의 경기도 노숙인 발생 배경에 대한 조사 결과에 따르면 장기간 실업(19.9%), 사업실패(15.8%), 일자리 부족(12.7%) 등 노동권 관련 사안이 절반을 차지하고 있다.

살펴보았다. 이를 바탕으로 여기서는 노숙인 인권침해의 구체적인 사례 및 이에 대한 인권 기반 사회복지실천 개입에 대해서 알아보고자 한다. 노숙인의 인권침해 유형 중 주로 강제 입·퇴소와 관련된 사례에 초점을 둘 것이다(정원오 외, 2013; 국가인권위원회, 2013 참조). 이는 인권보장 유형 중 신체의 자유에 대한 권리와 자기결정권과 직접적으로 관련되며 간접적으로는 필요한 정보를 제공받을 권리와 적절한 수준의 주거생활을 할 권리와도 연계되어 있다

1) 신체의 자유 권리와 생명권 침해

(1) 사례개요

최근에 ○○구청으로부터 해당 지역에 노숙인이 있어 의뢰를 하겠다는 전화를 받았다. 구청 직원에게 상담이나 연고자, 가출 신고 등은 확인해 보셨냐고 물으니, 확인했으며 '연고자 없는 노숙인'이라고 전해 들었다. ○○구청 직원은 노숙인 M씨와 함께 서울역에 위치한 희망지원센터에 방문하였다.

상담을 진행해 보니 M씨는 정신지체인으로 인지력이 많이 떨어졌으며 해당 질환으로 수급을 받고 있었고 현재 노숙이 아니라 특정 지역에서 살고 있는 것으로 확인되었다. 정신지체를 앓다 보니 주로 거리에서 나와 있어서 주변에서 민원을 넣은 것이었다. ○○구청에서는 주변 민원과 M씨의 남루한 옷차림만으로 노숙인이라고 판단하여 본인 동의도 없이 데리고 온 것이었다.

구청공무원에게 M씨의 상태를 이야기하고 집으로 호송을 요구하자, "알았다"고 하고 나간 후 M씨에게 3천 원을 주면서 서울역에 방임

후 가려는 것을 활동가가 따져 물어 집까지의 호송을 부탁하였지만 들은 체 하지 않고 M씨를 버려두고 퇴근해 버렸다.

이와 같이 정신질환자나 인지력이 떨어지는 지역구의 사람들 가운데 거리에 방임되고 있다는 이유로 본인 동의도 없이 경찰서나 구청을 통해 있던 곳에서 강제로 옮겨져 서울역 희망지원센터로 연계되는 경우가 많다(국가인권위원회, 2013, 82쪽).

이 사례는 현장 활동가가 직접 겪었던 노숙인 인권침해 사례이다. 여기서 나타나는 인권침해를 유형별로 구분해 보면 다음과 같다. 첫째, 신체의 자유에 대한 권리침해이다. 앞에서 언급한 바와 같이 경찰 검문이나 임의동행 요청 시에는 적법한 절차를 따라야 한다. 위의 사례에서는 경찰이 아닌 공무원이라 할지라도 동행요구 시에는 당사자의 동의를 미리 받았어야 했다. 하지만 담당 공무원은 이 부분을 무시하고 실질적으로는 강제동행 조치를 취했던 것이다.

둘째, 생명권 침해이다. 생명권은 세계인권선언을 비롯하여 국내외 인권법이 중요하게 여기는 인권 목록 중의 하나이다. 따라서 국가는 노숙인의 생명권을 보장하기 위해 필요한 조치를 취하는 것이 당연하다. 특히 위 사례의 노숙인은 정신지체인으로서 국가는 각별한 관심과 조치를 취해야 한다. 하지만 이에 대해서 국가가 행한 마지막 조치는 방임이었다. 거리 노숙인을 비롯하여 사회 구성원의 생명권 보장에 대한 국가의 의무를 망각한 전형적인 사례이다.

셋째, 자기결정권 침해이다. 위 사례를 살펴보면 단계별 조치를 취할 때 결정의 주체가 되어야 할 노숙인은 보이지 않는다. 정신지체인으로서 인지력이 많이 떨어지는 당사자를 가능한 한 빨리 관할 구역이 아닌 지역으로 보내기를 원하는 담당 공무원의 강박관념으로 인해 거리 노숙인 당사자의 자기결정권은 완전히 무시되었다.

(2) 인권 기반 사회복지실천

무엇보다 당사자의 인권을 존중하는 방향으로의 조치가 이루어져야 한다. 이를 위해서는 첫째, 생명권 존중의 차원에서 당사자의 육체적·정신적 상태 확인이 선행되어야 한다. 이 과정에서 노숙인복지법에 명시된 응급조치의 활용도 검토되어야 할 것이다. 둘째, 정신지체인이라 하더라도 동행 시 당사자의 동의를 받아야 한다. 동시에 동행에 필요한 절차에 관한 충분한 숙지도 필요하다. 필요한 경우 전문 의료진 혹은 노숙인 분야 종사자에게 협조를 구하는 것이 바람직하다. 셋째, 귀가 혹은 시설입소 등의 결정에 관계없이 이러한 결정이 당사자의 자기결정권을 최대한 보장하는 틀 내에서 이루어져야 할 것이다. 이를 위해서는 단순한 행정적 접근이 아니라 정신보건복지적 접근을 통한 인권 기반 개입이 필요하다.

2) 입소할 시설 유형 및 입소에 대한 자기결정권 침해

(1) 사례개요

① 사례 1

B씨는 노숙을 시작하면서 거의 매일 술을 마셨고 지금은 술을 마시지 않으면 잠을 자기 어려운 상태이다. 겨울이 다가오면서 더 이상 거리에서 생활하는 것이 어려워진 B씨는 시설에 입소하기로 하였다. B씨는 경제활동이 가능하기 때문에 자활시설에 가기를 원했지만, 상담

을 한 시설의 사회복지사는 B씨가 건강을 회복하는 것이 우선이라고 생각하여 재활시설로 입소할 것을 권하였다.

② 사례 2

N씨는 현재 쉼터에 머무르면서 모범적으로 생활하고 있다. 최근 N씨는 전에 잠시 머물렀던 자활시설로 전원을 하고 싶다고 담당 사회복지사에게 말했다. 하지만 그 자활시설에 있을 당시 음주 문제로 강제 퇴소되었던 이용 경력으로 인해 그곳에서는 N씨의 재입소 요청을 받아들이지 않고 있다(정원오 외, 2013, 142~143쪽).

앞의 두 사례는 내용상 차이는 있지만 입소할 시설 유형을 노숙인 스스로 결정하지 못했다는 공통점이 있다. 인권보장 유형 중의 하나인 자기결정권이 부정되는 상황이다. 첫 번째 사례는 노숙인 당사자와 전문가 간의 의견이 맞지 않는 경우이다. 노숙인이 자신의 기능이나 건강상태를 과소 혹은 과대평가하여 시설에서 추구하는 본래의 목적에 맞지 않게 시설 유형을 결정하려는 사례가 종종 있다. 하지만 근본적인 원인은 노숙인과 종사자 간의 충분한 사전협의와 동의 과정이 없었음에 있다. 이에 대한 고민 없이 마치 노숙인에게 문제가 있는 것처럼 호도하는 것은 바람직하지 못하다. 두 번째 사례는 노숙인의 과거 행적 때문에 정작 가고 싶은 시설에 못 가고 있다. 이러한 조치는 구빈법 시대에서나 볼 수 있는 사회통제적 관점을 그대로 보여 주는 것으로 반인권적 처사가 아닐 수 없다.

(2) 인권 기반 사회복지실천

첫 번째 사례와 관련하여 노숙인이 자기결정권이 보장되려면 입소할 시설 유형에 대하여 노숙인들의 욕구가 우선적으로 배려되어야 하며, 만약 종사자가 노숙인이 원하는 시설이 아닌 여타 시설 유형이 필요하다고 판단되는 경우에는 강제가 아니라 숙려기간을 가지면서 이를 노숙인에게 충분히 설명하고 동의를 구해야 한다.

두 번째 사례에서 과거의 행적 때문에 입소가 불가능한 일은 없어야 될 것이다. 필요하다면 법적 개선이 이루어져야 하며 과거행동이 재발되지 않도록 노숙인과 입소 전에 충분히 합의하는 노력이 필요하다. 무엇보다 종사자는 기본적으로 노숙인은 본인이 입소할 시설 유형 선택에 관하여 자기결정권이 있음을 인식하는 것이 중요하다.

3) 프로그램 참여와 거부에 대한 자기결정권 침해

(1) 사례개요

① 사례 1

거리 노숙인 G씨는 얼마 전부터 쉼터에서 생활하고 있다. 거리에서 노숙할 때부터 모든 일에 의욕이 없고 우울한 감정을 자주 느낀다. 너무 우울할 때는 쉼터에서 진행하는 프로그램에 참여하고 싶지 않다고 말하지만, 프로그램 진행자는 오히려 무대 위에 나가서 신나는 노래를 부르면 스트레스도 풀리고 기분도 나아질 거라며 등을 떠민다. 아무것도 하기 싫고 우울한데 왜 억지로 나가서 노래를 불러야 하는지 이해하기 힘든 G씨는 (차라리) 힘들었지만 자유로웠던 거리에서의 생활로 돌아가고 싶어 한다.

② 사례 2

D씨가 머무르는 노숙인 시설의 최대 거주기간은 3년이다. 그 안에서 다시 6개월마다 연장심사를 실시하는데, 연장심사 목록에는 식구들과의 관계, 저축률, 현재 근무상황, 시설에서의 기여도 등이 포함된다. (중략) 하지만 D씨는 기관에서 실시한 인문학 강좌에 참여하지 않았다는 이유로 저축왕 선발 시에 플러스 점수를 받지 못했고 결국 탈락하고 말았다. 일하는 시간과 겹치기도 했지만 인문학 강좌에 내용에 별 흥미를 느끼지 못해서 내린 결정이었다. D씨는 그때 프로그램에 참여하지 않았던 것이 이렇게 크게 영향을 미칠 줄 몰랐다며 허탈감을 감추지 못했다(정원오 외, 2013, 168~169쪽).

입소 후 시설에서 제공하는 프로그램에의 참여 혹은 거부와 관련된 자기결정권은 2가지 측면에서 중요하다. 첫째, 입소생활에서 프로그램이 차지하는 비중을 고려할 때, 참여와 관련된 노숙인의 자기결정권은 적절한 수준의 거주환경 유지와 직결된다. 그러나 프로그램 중에는 노숙인의 개인적 기분이나 상황을 충분히 고려하지 않고 진행되는 경우가 많다. 문제는 첫 번째 사례처럼 원하지도 않는 상태에서 프로그램 참여를 사실상 강제하고 있다는 점이다. 적절한 수준의 주거생활 유지 권리, 신체의 자유에 대한 권리, 마지막으로 자기결정권 차원에서 심각한 인권침해가 발생하고 있는 것이다.

둘째, 프로그램 참여 여부는 어디까지나 노숙인의 몫임에도 불구하고 두 번째 사례에서처럼 참여 거부는 종종 퇴소 종용이라는 결과를 초래하는 것이 현실임에 주목할 필요가 있다. 사안 자체가 강제 입·퇴소와 관련된 노숙인의 인권침해와 직결됨을 보여 주는 대목이다.

(2) 인권 기반 사회복지실천

무엇보다 시설 종사자는 프로그램 참여 여부 결정과 관련하여 노숙인에게 그 권리가 있음을 인식해야 한다. 뿐만 아니라 프로그램의 참여 여부를 결정하는 데 필요한 정보, 즉 프로그램의 목적과 내용, 효과성 등에 관한 정보를 제공해야 한다. 한편, 프로그램 거부로 인한 어떠한 불이익도 없음을 사전에 공지해야 하며 이를 그대로 이행해야 한다. 예컨대, 프로그램 불참이 강제퇴소의 원인으로 작용해서는 안 될 것이다. 시설은 노숙인 스스로 참여 필요성을 인지할 수 있을 정도의 양질의 프로그램 개발 및 실시에 역점을 두어야 할 것이다. 만일의 경우, 프로그램 참여 여부 결정 시 개인의 자율성을 일정 부분 제한해야 한다면 정확한 기준이 마련, 제시되어야 한다.

4) 강제퇴소와 생명권 침해

(1) 사례개요

① 사례 1

나흘 전 일시보호시설에 들어온 P씨는 아직 이용기간이 남아 있는데도 퇴소조치 되었다는 것을 알게 되었다. P씨가 머무르고 있는 시설은 저녁 9시에 일괄적으로 인원체크를 하는데, 그때 시설에 있지 않고, 그런 일이 이틀 정도 반복되면 퇴소 조치가 된다는 것이다. P씨는 입소

당시 근무자가 바뀌는 시간대라서 기관의 규칙에 대해서 정확한 안내를 받지 못했다고 이야기했지만 다른 노숙인들과 동일한 규칙을 적용할 수밖에 없다는 설명을 들었다(정원오 외, 2013, 132쪽).

② 사례 2

노숙인 A씨는 날씨가 영하로 떨어지자 거리에서 생활하는 것이 어려워져 쉼터에 입소했다. 쉼터에서는 따뜻한 잠자리와 목욕, 세탁 공간을 무상으로 제공했지만 노숙인들의 자활의지에 부정적인 영향을 미칠수 있고 노숙인들에게 기회제공권을 동등하게 보장해야 한다는 이유로 일정기간 이상은 머물지 못하게 하고 있다. A씨는 퇴소 후에 다른 시설을 옮겨 다니며 생활하였지만, 고령이거나 정신장애가 있는 노숙인들은 어떤 시설이 있는지, 어떻게 이용하는지 몰라 다시 거리에서 생활하기도 하였다(정원오 외, 2013, 149쪽).

노숙생활과 사회복귀를 연결 짓는 가교의 역할을 행하는 곳이 바로 시설이다. 이런 관점에서 보면 노숙인 복지시설에서의 생활 자체는 영구적인 것이 아니며 또 그렇게 되어서도 안 될 것이다. 그러나 갑작스러운 퇴소 통고, 또는 예정된 퇴소라 하더라도 퇴소 후의 보호장치나 계획이 없는 경우라면 이는 노숙인의 생명권을 위협할 개연성이 높다. 뿐만 아니라 퇴소 노숙인의 상당수는 회전문 현상, 즉 사회복귀가 아니라 다시 거리 노숙인으로 돌아가곤 한다. 행정규칙의 무조건적인 적용으로 인한 강제퇴소 혹은 무계획적인 퇴소는 바로 노숙인 인권보장의 출발점인 생명권에 대한 위협을 초래한다.

(2) 인권 기반 사회복지실천

퇴소 시 가장 먼저 고려되어야 할 것은 노숙인들의 생명권이다. 이를 위해서는 먼저 갑작스러운 강제퇴소를 미연에 방지해야 한다. 행정규칙의 기계적인 적용을 피함과 동시에 노숙인 인권 관점에서의 관심이 필요하다. 뿐만 아니라 퇴소 형태에 관계없이 가장 중요한 점은 퇴소 이후의 보호장치를 노숙인과 논의하고 계획을 세운 뒤 퇴소할 수 있도록 하는 것이다. 구체적으로 주거 서비스를 비롯하여 노숙인에게 적절한 서비스가 제공될 수 있도록 노숙인과 지역 서비스 간의 연계계획이 퇴소절차에 포함되어야 한다.

토론거리

1. 시설 입소를 거부하는 노숙인의 자기결정권과 이를 강제하려는 행정 기관의 행정권이 상호 충돌하는 경우, 사회복지종사자에게 요구되는 인권 기반적 접근에 대해 토론해 봅시다.

2. 노숙인 인권보장과 관련된 국내외 인권법을 탐구해 봅시다. 노숙인 인권에 대한 국제사회 관심의 과거 및 현재 이해에 도움을 줄 뿐만 아니라 우리나라 관련법의 개선방향을 제시하는 데 필요하고도 중요한 작업입니다.

3. 지역의 노숙인 시설 조사와 방문을 통해 상대적으로 관심이 덜한 노숙인 인권 문제의 심각성을 토론해 봅시다.

제 12 장

인권과 사회복지 전망

1. 인권침해 사례 증가

사회복지실천현장에는 더욱 복잡하고 다양한 인권침해 사례가 나타날 것이다. 사회복지실천의 다변화 및 다층화와 더불어 다양한 현장에서 인권 문제가 발생할 가능성이 커지기 때문이다. 이뿐만 아니라 그동안 알려져 있지 않거나 보고되지 못한 기존의 인권침해 사례가 사회문화환경과 법제도의 발전과 함께 신고체계에 노출될 가능성도 커지기 때문이다. 또한 우리 사회의 인권 수준이 높아짐과 동시에 인권의식이 점차 보편화되면서 인권침해 사례를 발견하고 즉시 신고하는 경우가 많아질 수 있기 때문이기도 하다.

사회복지실천에서 인권침해가 발생할 가능성이 가장 높은 경우는 사회복지실천현장에서 직접적인 대인 서비스를 제공받는 대상자이다. 즉, 사회복지실천현장에서 서비스를 제공하는 과정에서 서비스를 제공받는 이용자의 인권침해가 발생할 가능성이 가장 높다. 이용자 가운데서도 사회적 약자로 분류되는 아동, 장애인, 노인 등의 인권침해 사례가 자주 발생하고 있으며, 인권침해가 발생하는 장소, 상황, 내용 등도 매우 다양한 것으로 나타난다. 이 밖에 일반 여성들이 경험하는 가정폭력·성폭력도 인권침해의 대표적인 사례가 되며, 다문화가정, 이주노동자, 노숙인, 성적 소수자 등도 인권침해가 자주 발생하는 대상자들이다. 특히 지역에 따라 그 수가 증가하고 있는 다문화가정의 경우, 다문화 부부, 자녀, 확대가족 등 구성원들 사이에 인권침해 사례가 증가할 것으로 예측할 수 있다.

사회복지사를 포함하여 사회복지전문직에서 발생하는 인권침해도 그 사례 수가 증가할 것으로 예측된다. 실제로 사회복지실천현장에서 사회복지전문직들이 자주 경험하고 있음에도 간과되는 인권 문제가 많다. 저임금, 과도한 업무 부담, 기관 내 안전사고, 비접근성 물리적 환경으로 대표되는 열악한 근로조건과 복지수준 외에 사회복지전문직들이 자주 경험하는 인권침해 사례는 이용자 혹은 서비스 대상자로부터 받는 언어폭력이나 신체적 폭력이다. 심한 경우 성희롱이나 성추행을 당하기도 하는데, 이를 제대로 신고하지 못하여 정서적·심리적 탈진을 경험하는 경우도 있다. 이로 인하여 스트레스성 우울증을 겪기도 하고, 드물게는 자살이라는 극단적인 방법을 선택하기도 한다. 이러한 심리적 탈진과 인권침해 경험은 사회복지전문직의 높은 이직률의 원인 중 하나이기도 하다. 따라서 이용자 및 서비스 대상자뿐만 아니라 사회복지전문직들이 경험하는 인권 문제에 대해서도 지속적인 관심이 요구된다.

국가인권위원회가 발간한 2013년 인권통계를 살펴보면, 국가인권위원회는 3만 5,508건의 인권상담을 실시하였으며 인권침해 및 차별에 관한 진정 1만 52건을 접수하였다. 이는 2001년도 351건과 803건에 비해 각각 100배와 10배가량에 이르는 것이다. 2013년도 1만 52건의 진정은 인권침해가 74.2%, 차별행위가 24.8%, 기타 진정이 1.0%를 차지하였다. 인권침해 진정 건을 헌법상 기본권별로 분류하여 보면, 인간의 존엄성, 평등권, 신체의 자유, 형벌불소급, 거주·이전의 자유, 직업선택의 자유, 주거의 자유, 사생활의 비밀과 자유, 통신의 자유, 양심의 자유, 종교의 자유, 언론의 자유, 학문예술의 자유를 침해한 것으로 분류할 수 있다. 인권침해 진정 접수는 구금시설(34.6%)과 다수인 보호시설(17.2%)에서 가장 많이 나타나지만, 다양한 기관, 장소, 현장에서 발생하는 것을 알 수 있다. 또한 구금시설에서 가장 많은 인권침해는 인격권 침해와 건강·의료권 침해인 한편, 다수인 보호시설에서는 불법·강제수용이 압도적으로 많으며 그 외 폭행 및 가혹행위가 많은 것으로 나타났다(국가인권위원회, 2013).

2. 인권과 사회복지의 연계

1) 역사적 연계

시간이 지날수록 인권과 사회복지의 연계성이 증가하게 될 것이다. 이러한 배경에는 인권 세대가 진화하면서 이들이 표방한 권리 내용과 사회복지가 추구하는 목표가 연계되는 역사가 숨어 있음을 알 수 있다.

먼저 제1세대 인권은 시민적 권리 및 정치적 권리로 대변되는 자유권을 표방하였다. 제1세대 인권은 적극적 차원보다는 소극적 차원의 조치에 초점을 맞춘 것으로 사회복지와 관계가 크지 않지만, 무관한 것은 아니다. 장애인 이동권 보장 등 사회적 소수자에 대한 차별금지의 사회복지활동이 제1세대 인권 개념에 뿌리를 두고 있다.

제2세대 인권은 경제적·사회적 그리고 문화적 권리를 표방하면서 적극적 차원의 인권실행에 관심을 가졌다. 이는 의료 서비스와 사회보장에 대한 복지권, 노동권, 교육권, 문화권 등 사회복지의 가치와 직결되어 있음을 알 수 있다.

집단적 권리를 표방하는 제3세대 인권은 사회복지와 매우 관련성이 높으며, 사회복지실천방법 가운데 지역사회 조직과 밀접한 관련성을 지니고 있다. 특히 다문화사회가 등장하면서 지역사회 구성원의 권익보장이 제3세대 인권이 표방하는 집단적 권리증진과 매우 상충하게 되었다. 즉, 지역사회 조직에서 다루어야 할 사회문제는 인권적 고려를 필요로 함을 보여 준다.

인권 세대의 진화와 더불어 현대사회에서는 인권과 사회복지의 연계가 더욱 커질 것으로 예측할 수 있다. 현대는 '후기 제3세대 인권실행 시대'라고 할 수 있는데, 즉 자유권, 경제적·사회적 및 문화적 권리, 집단적 권리를 넘어서, 개개인의 특성에 대한 존중, 의사결정 참여, 자기결정권 등 개인적 권리에 초점을 두고 사회복지를 실행할 수 있기 때문이다.

2) 실천 현장의 연계

인권을 실천함에 있어서 사회복지가 한 영역인가, 아니면 사회복지를 실천함에 있어서 인권이 한 영역인가 하는 담론이 대두될 수 있다. 그러나 인권의 목표와 사회복지의 목표가 연계되어 있음을 확인하고, 나아가 실천방법 측면에서 인권과 사회복지의 연계성을 이해하게 되면, 사회복지현장에서 인권을 바탕으로 한 사회복지를 구체적으로 실천해 나갈 것으로 예측할 수 있다. 인권을 실천하기 위하여 사회복지실천이 효과적이고 효율적인 방법이 될 수 있기 때문이다.

2장에서 인권과 사회복지의 관계성이 매우 유용하며 실천가능성이 있음을 설명하였다. 이는 사회복지를 실천할 때 욕구 기반 접근방법이 아니라 권리 기반 접근방법을 활용하여야 함을 의미한다. 욕구 기반 접근방법은 이용자의 자기결정권을 훼손할 가능성이 크지만, 권리 기반 접근방법은 이용자의 인권존중과 관련하여 핵심적 방법이 될 수 있기 때문이다. 따라서 권리 기반 접근방법을 통하여 실천적 측면에서 인권과 사회복지의 연계가 점차 증대될 것이다.

권리 기반 접근방법은 이념적 및 이론적 대안이 아니라 실천적 대안으로서 인권 기반 사회복지 실행가능성의 문을 열어 줄 수 있다. 먼저 권리 기반 사회복지는 적용대상의 포괄성과 사회문제에 대한 적극적 대응을 해결방법으로 선택하므로 인권적 요소를 실제적으로 강조할 수 있는 방법론적 대안이 될 수 있기 때문이다. 구체적으로는 이용자의 참여 보장, 사회 구성원의 천부적 권리에 바탕을 둔 적용대상의 확인, 사회문제 해결과 관련하여 사회권뿐만 아니라 자유권, 보호권 등의 보장에 바탕을 둔 포괄적인 접근을 특징으로 하는 제도의 적용과 프로그램과 서비스 실천을 의미하기 때문이다(심창학 외, 2013).

다음으로 권리 기반 접근방법은 사회복지실천현장에서 충분히 실행가능하기 때문이다. 권리 기반 접근방법에서는 사회복지실천 모델이나 관점과 같은 사회복지 관점과 다르게, 서비스 제공의 근거를 욕구사정이 아닌 권리에 바탕을 둔다. 즉, 인권협약, 조약, 법제 등 인권이라는 원천에 바탕을 두게 된다. 사회복지현장에서 인권 관점의 실천은 이용자가 지닌 문제에 초점을 두는 것이 아니라 이용자의 권리에 초점을 두어 이용자의 참여 보장 및 사회복지전문직과의 협력적 동반자 관계를 강조한다. 이처럼 사회복지현장에서 권리 기반 접근방법을 활용하여 인권을 실천하는 사례가 점차 증대할 것으로 전망된다.

3. 인권교육의 필요성 증대

1) 대학에서의 인권교육

대부분의 사회복지실천현장에서는 인권침해가 쉽게 발생할 가능성이 높은 아동·청소년, 노인, 장애인 등을 대상으로 서비스 제공과 개입을 하게 되는데, 이때 인권에 대한 구체적인 인식과 이해가 부족하면 사회복지실천현장에서 발생하는 인권침해 사례에 적절하게 대처할 수 없다. 사회복지전문성은 인권존중 태도와 직결된다. 이 때문에 기존의 사회복지 윤리와 철학이라는 이론적 학습을 넘어 인권의 실천적 내용과 현실적 요소가 반영된 교과과정이 절대적으로 필요하다. 따라서 인권의식을 제고하고 인권감수성을 향상하는 교육이 반드시 이루어져야 하겠다.

특히 "사회복지직은 인권전문직"이라는 말처럼 사회복지현장 활동의 대부분은 인권실행과 밀접한 관련성을 지닌다. 이러한 점을 고려할 때 교육을 통한 인권과 사회복지의 연계, 즉 사회복지 분야 종사자와 사회복지 분야에 취업을 원하는 예비 사회복지 분야 종사자에 대한 인권교육의 중요성은 아무리 강조해도 지나침이 없다. 사회복지실천현장에서 발생하는 인권침해 사례는 이의 반증이라 할 수 있다. 교육은 피교육자에게 본래 없었던 지식, 기능, 태도 등을 몸에 익히게 하기 위한 수단으로서, 개인을 보다 나은 방향으로 발달시킴에 있어서 나타나는 교육의 기능을 고려할 때 인권교육의 중요성은 점점 증대될 것이다.

이와 더불어 사회복지학과 및 관련 학과에서 인권과 사회복지의 연계성에 대한 이해와 인권에 대한 교육이 활발하게 진행될 것이다. 사회복지사를 포함한 사회복지전문인들은 학교를 떠나 사회복지실천현장으로 나아가기 전, 인권에 바탕을 둔 사고와 관점을 갖출 수 있도록 인권과 사회복지에 대한 충분한 이해와 학습을 선행해야 할 필요가 있다. 즉, 인권과 사회복지에 대한 교육은 학생들의 인권감수성 향상과 인권의식 강화를 도모하여 사회복지실천현장에서 인권적 관점의 사회복지를 실천할 수 있는 이론적 및 경험적 뒷받침으로 작용할 것이다.

그러나 현재 대학에서 인권교육이 활발하게 실행되고 있지는 않다. 국가인권위원회는 2003년부터 인권 교과목 개설 현황조사를 통해 대학교 인권교육 현황을 파악하였다. 전국 대학교에서 제출한 교과목 목록과 강의계획서 검토를 통해 조사한 결과, 306개의 조사응답 대학 중 인권 관련 교과목 개설 대학은 132개로, 개설 비율은 43%이며 학교당 3.97개의 교과목이 개설되었다. 또한 인권 교과목 개설 대학은 72개로 개설 비율은 24%이며 개설 학교당 3.63개의 교과목이 개설되었다.

나아가 개설된 인권 교과목과 관련된 특징을 분석하였는데, 첫째, 필수교과보다 선택교과가 압도적 많으나, 법학과(전공)를 비롯하여 일부 학과는 인권 교과목을 필수 교과목으로 지정하는 경우가 있었다. 둘째, 일반대학원보다 전문·특수대학원에서 인권 교과목이 더 많이 개설되는 양상을 보였는데, 대표적으로 법학전문대학원을 들 수 있다. 셋째, 학부과정에서 인권 교과목이 개설되어 있는 학과가 매우 다양했다. 정치외교학과, 법학과, 사회학과 등 사회과학의 전통적인 학과뿐만 아니라 비교적 최근에 설립된 학과들도 교과목 개설에 동참하는 모습을 보였다. 특히 군, 경찰 등 치안유지와 관련된 학과에서의 교과목 개설이 두드러지게 나타났는데, 업무 현장에서 인권 문제가 많이 대두됨을 고려한다면 자연스런 현상이라 할 수 있다. 넷째, 일부 전공 및 학과에서의 관심에도 불구하고 학부과정에서 인권 교과목은 교양과목의 하나로 간주되는 경향을 강하게 보였다(심창학 외, 2013).

2013년 국가인권위원회가 분석한 119개 인권 교과목 가운데 교양과정 교과목을 제외한 96개 인권 교과목의 학문영역별 분포를 살펴보면 법학이 58.3%로 단연 높고, 정치외교학이 11.5%로 뒤를 이었다. 인권은 곧 사회복지라는 절대명제에도 불구하고 사회복지학과를 통해 개설된 인권 교과목 수는 총 7개로서 그 비중은 7%에 불과했다. 이는 아동복지학과 개설과목까지 합친 것으로 사회복지학과에만 한정한다면 학부과정 4개와 사회복지전문대학원과정 2개 등 총 6개이다. 2008년 기준 전국의 사회복지교육기관은 학부 245개, 대학원 194개이며, 여기에 22개의 학점은행기관까지 합치면 총 461개에 이르는 것으로 알려져 있다(심창학 외, 2013). 사회복지교육기관에 대한 전수조사가 아니라는 점을 고려하더라도 사회복지학과에 개설된 인권 교과목 수가 6개에 불과하다는 사실은 그만큼 사회복지교육이 인권 문제를 소홀히 했음을 말하며, 사회복지 관련학과와 대학에서 인권교육을 강화할 필요성을 입증하는 것이다.

2) 사회복지현장에서의 인권교육

모든 사회복지시설은 3년마다 최소 1회 이상 평가를 받도록 법제화되었으며 1999년 이후 매년 3~4개 종류의 사회복지시설이 평가에 참여하고 있다. 평가지표는 크게 5~6개의 평가 영역으로 구성되는데, 공통적인 평가 영역은 시설 및 환경·재정 및 조직 운영·인적자원관리·이용자(혹은 생활인)의 권리·지역사회관계 등 5개이며, 사회복지관, 정신요양시설, 장애인거주시설, 사회복귀시설 등은 프로그램 및 서비스 평가가 별도의 영역을 차지한다.

평가지표 중 인권 문제가 반영된 대표적인 영역이 이용자(혹은 생활인)의 권리 영역이다. 2011년 이후에 실시된 평가대상시설에 대한 11개 평가지표는 인권 영역과 인권 항목을 포함한다. 예컨대 정신요양시설 생활인의 인권 평가지표는 생활인의 인권을 보장하기 위한 규정을 마련하고 시행하고 있는가에 관한 것으로, ① 생활인의 인권을 보장하기 위한 근거 규정이 있음, ② 인권 진정함을 생활인의 접근이 용이한 곳에 설치하여 활용하고 있음, ③ 직원을 대상으로 한 인권교육 계획이 있고 연 1회 이상 실행되고 있음, ④ 생활인을 대상으로 한 인권교육 계획이 있고 연 1회 이상 실행되고 있음의 4가지이다.

즉, 평가대상시설은 직원 및 생활인을 대상으로 하는 인권교육 계획이 있는지와 이를 연 1회 이상 혹은 정기적으로 실행하고 있는지에 대해서 평가를 받아야 된다. 조사대상시설 중 한부모가족 복지시설을 제외한 모든 시설의 평가지표는 인권교육에 관한 평가 내용을 포함하고 있는 것으로 나타났다. 이는 적어도 외견상으로는 인권교육 계획 및 시행 여부가 평가대상시설 평가지표에 대부분 반영되어 있음을 의미한다.

그러나 일정 부분 한계가 발견되기도 한다. 첫째, 인권교육 대상자가 이용자에 국한되어 있는 시설이 있음이 지적되어야 할 것이다. 사회복지관과 노인복지관이 이에 해당된다. 둘째, 인권교육의 최소 시행횟수가 너무 적거나 (보통 연 1회) 아예 적시되어 있지 않은 점 또한 주의가 필요한 대목이다. 특히 최소 이수시간도 명시되지 않은 상태에서 연 1회의 인권교육 시행은 인권감수성 향상을 가져오기에는 미흡하기 짝이 없는 평가지표라 할 수 있다.

따라서 이를 개선하기 위해서는 평가대상시설에서 교육의 횟수를 늘리는 등 구체적인 인권교육 계획서를 제출하도록 하여 시설에 종사하는 전문직의 인권교육을 내실화하여야 할 것이다. 다음으로 사회복지 관련 시설뿐만 아니라 관련 단체 및 조직에 이르기까지 평가대상시설의 종류와 범위를 확대하여 인권교육을 실시해야 할 것이다. 세 번째, 사회복지사 보수교육 안에 인권교육을 포함시킴으로써 결과적으로 사회복지현장에서 인권감수성 강화 프로그램이나 교육이 더욱 광범위하게 추진될 것으로 예상할 수 있다.

4. 사회복지학과 인권 관련 교과목 개설

앞에서 사회복지학과에서 인권교육이 절실함을 강조하였다. 실제적으로 사회복지학과에서 인권교육을 위해서는 인권 교과목 개편이 먼저 이루어져야 한다. 아울러 대학의 학제 관련 규정도 제정 혹은 개정될 것으로 전망할 수 있다. 사회복지학계의 인권교육은 교과목 전체가 인권 문제와 관련되어 있는 인권 교과목의 개설과 인권 관련 내용을 1주차라도 다루는 인권 관련 교과목의 개설을 통해 이루어질 수 있다.

1) 인권 교과목 개설

사회복지학과에서 개설되는 인권 교과목을 살펴보면, 첫째, 교과목에 따라 인권과 사회복지의 관계를 파악하는 접근방법이 다르다. 인권 관점에서 사회복지윤리 혹은 사회복지실천을 다루는 과목의 경우는 사회복지시설에서 나타나는 인권 문제에 관심을 가지는 반면, 상대적으로 포괄적인 관점에서 인권과 사회복지의 관계를 다루는 과목들은 인권 문제에 대해 그리 심층적으로 다루지 않고 있다.

인권 교과목을 통해 가장 많이 다루어지는 주제는 사회복지대상자와 인권의 관계에 관한 것이다. 여성, 노인, 아동 및 청소년 집단은 물론이고 다문화사회의 등장과 관련성이 높은 외국인 이주자 문제의 인권 기반적 접근이 시도되고 있다. 이는 전통적인 혹은 새로운 사회문제에 대한 대응이 사회복지의 기본 속성임을 보여 주는 대목이다. 반면, 기존의 인권 교과목은 사회복지실천 혹은 윤리 문제에 초점을 두어 사회복지의 거시적 측면과 인권과의 관련성에 대해서는 상대적으로 소홀히 하는 한계를 노정한다. 예컨대 빈곤과 인권, 복지국가와 사회보장권, 시민운동과 인권, 노동복지와 인권 등에 관심을 보이는 인권 교과목은 상대적으로 적은 것으로 나타난다.

사회복지학과 개설 인권 교과목의 특징 및 한계를 살펴보면, 첫째, 개설된 인권 교과목 수가 절대적으로 적음을 확인할 수 있었다. 이는 학교별로 개설된 인권 교과목 중에서 차지하는 비중이 적을 뿐만 아니라 사회복지학과 개설 교과목에서도 차지하는 비중이 많지 않다. 둘째, 내용면에서 사회복지학과 개설 인권 교과목은 인권담론, 사회복지실천과 인권, 분야별 사회복지와 인권과의 관련성에 초점을 두는 것으로 나타난다. 즉, 미시적 사회복지실천방법과 인권 간의 선택적 친화성의 모습을 보여 주는 것이다. 셋째, 거시적 사회복지실천방법, 즉 사회정책과 인권 간의 연계는 현행 사회복지학계의 관심 영역에서 배제되어 있는 것으로 보인다. 향후 인권 교과목 개선전략 수립 및 방향을 설정할 때 고려가 필요한 대목이다(심창학 외, 2013). 이러한 분석 결과를 바탕으로 인권 교과목 개설을 확대하고 사회복지정책과 인권, 사회복지실천과 인권, 사회복지대상자별 인권 등 다양한 교과목이 개설되어야 할 것이다.

2) 인권 관련 교과목 개설

사회복지학과의 인권교육을 개진할 수 있는 두 번째 방법은 인권 관련 교과목에 초점을 두는 것이다. 한국사회복지교육협의회가 2년에 한 번씩 발간하는 사회복지학 교과목 지침서의 내용을 살펴보면, 첫째, 총 36개의 수록 교과목 중 인권 관련 교과목은 11개로서 30%를 차지하고 있다. 이는 2010년의 25%에 비해 상승된 것으로 인권 문제에 대한 사회복지학계의 관심이 상당히 증가한 것이라 할 수 있다. 여기에는 2년 사이에 드러난 사회복지실천현장에서의 인권침해 문제에 대한 반응도 포함되어 있을 것이다.

둘째, 인권 관련 교과목 11개 중 3개는 사회복지사 취득에 필요한 법정필수이수과목이다. 기존의 사회복지법제론 외에 사회복지실천론과 사회복지정책론이 인권 관련 교과목으로 새롭게 등장한 것이다. 해당

과목에서 인권을 다루는 비중은 크지 않지만, 인권 문제가 사회복지 교과목 전체에서 다뤄지기 시작했음을 보여 주는 하나의 상징이라 할 것이다.

셋째, 사회복지실천 분야별 교과목이 사회복지학 교과목의 인권 관심을 대변하는 기존의 경향은 변함없이 유지되고 있다. 8개의 법정 선택 과목 혹은 비법정 과목 가운데 특히 노인, 아동, 장애인 복지의 3대 사회복지 서비스 관련 과목이 이를 주도하고 있다. 법정 선택 과목 중 정신보건사회복지론은 정신장애인에 대한 임상적 접근과 실천기술에 초점을 둠으로써 다른 과목에 비해 정신장애인의 인권 문제에 관심을 두지 않았다. 최근에 들어 증대한 정신장애인 인권에 대한 관심과 함께, 2012년 지침서는 2주에 걸쳐 정신보건사회복지와 인권과의 관계에 대한 강의를 권장하고 있다.

이와 같이 2012년의 지침서는 2010년에 비해 예비 사회복지사의 인권감수성 향상과 관련하여 양적·질적 측면에서의 의미 있는 발전의 모습을 보여 주었다. 그럼에도 불구하고 권장문건으로서의 지침서가 지니는 제도적인 한계와, 동시에 인권 관련 교과목의 근본적인 한계는 반드시 짚고 넘어가야 될 것이다. 특히 후자와 관련하여 지침서 내용과는 달리 실질적으로는 인권 문제를 1주도 다루지 못하는 경우도 많이 발생할 것으로 보인다. 따라서 예비 사회복지사의 인권감수성 향상의 실질적인 실행도구로서 인권 교과목 외에 인권 관련 교과목에 대하여 관심을 가짐으로써 사회복지학과 인권교육에 이바지해야 할 것이다.

국내문헌

강호선(2008). "남편을 살해한 가정폭력피해자 사례관리기법 및 개입과정에 관한 연구". 〈한국가족복지학〉, 13권 2호, 45~68.

경기개발연구원(2011). 경기도 노숙인 실태 분석자료.

경남노인보호전문기관(2014a). 사례판정위원회 회의자료 ①.

_____ (2014b). 사례판정위원회 회의자료 ②.

경남이주민센터(2014). 상담자료.

교육부(2013. 9.). 〈특수교육연차보고서〉.

구인회·박현선·정익중·김광혁(2009). "빈곤과 아동발달의 관계에 대한 종단 분석". 〈한국사회복지학〉, 61권 1호, 57~80.

국가인권위원회(2006a). 〈2005년 장애인복지시설 방문조사보고서〉.

_____ (2006b). 〈국가인권정책기본계획 권고안〉(2007~2011).

_____ (2008). 《정신장애분야 인권교육 교재》.

_____ (2009). 〈정신장애인 인권보호와 증진을 위한 국가보고서〉.

_____ (2010a). 《여성차별철폐에 관한 협약과 여성차별철폐위원회》.

_____ (2010b). 《이주노동자권리협약 쟁점 토론회》.

_____ (2011). 《노숙인 인권실태조사: 서울역의 야간 노숙행위 금지조치가 노숙인 인권에 미치는 영향》.

_____ (2013a). 《2013 노숙인분야 인권감수성 향상과정》.

_____ (2013b). 《국가인권위원회 결정례집 제 6집》.

_____ (2013c). 《정신보건 인권 길라잡이》.

국가인권위원회 · 한국아동복지연합회 (2006). 《사회복지분야(아동) 인권감수
　　성 향상과정》.

국토교통부 (2012). 〈2012년도 주거실태조사〉.

권복순 (1999). "가정폭력 예방을 위한 실태와 태도에 관한 연구". 〈한국가족
　　복지〉, 3권, 9~39.

권중돈 (2012). 《인권과 노인복지실천》. 학지사.

권중돈 · 김은주 · 김철중 · 박지영 · 이병만 · 이은영 (2008). 《노인분야 인권교
　　육 교재》. 국가인권위원회.

권중돈 · 박지영 · 이성희 · 이은영 · 정은숙 · 여미옥 (2009). 《노인복지시설 인
　　권 매뉴얼》. 한국노인복지시설협회.

기획조정관실 · 인권상담센터 (2013). 《2012~2013 인권상담사례집》. 국가인
　　권위원회.

김경희 · 김미옥 (2012). "지적장애인 인권침해사건 해결과정에서의 딜레마에
　　관한 질적 사례연구". 〈한국장애인복지학〉, 19호, 235~252.

김광성 (2011). "이주노동자의 권리보호를 위한 관련 법제 개선방안". 〈노동법
　　논총〉, 23호, 183~217.

김기덕 (2008). "사회복지전문직과 인권". 평택대학교 다문화가족센터. 《사회
　　복지와 인권》. 양서원. 45~72.

김남국 (2005). "다문화 시대의 시민: 한국사회에 대한 시론". 〈국제정치논
　　총〉, 45권 4호, 97~121.

김도균 (2006). "인권의 개념과 원리". 인권법교재발간위원회. 《인권법》. 아
　　카넷.

김미옥 · 정진경 · 김희성 · 최영식 · 윤덕찬 (2006). 《장애인생활시설 인권교육
　　교재 및 프로그램》. 국가인권위원회.

김미옥 · 김용득 (2006). "이용자 참여의 이론과 전망". 《제 14회 RI KOREA
　　재활대회 자료집》.

김미옥 · 김경희 (2011). "인권 관점에 기초한 사회복지실천경험에 관한 질적
　　연구사례: 장애인거주시설의 종사자 경험을 중심으로". 〈한국사회복지
　　학〉, 63권 1호, 29~55.

김미옥 · 강민희 · 김고은 (2012). 〈여성장애인 지원정책 개발을 위한 연구〉,

보건복지부.

김미옥·정진경·김희성(2008). "장애인 거주시설의 인권 연구". 〈사회복지
　　정책〉, 33호, 389～422.

김성이(2007). "사회복지사의 권익신장을 위한 우리들의 과제". 한일 학술교
　　류 심포지엄. 《한국사회복지학회 자료집》. 287～290.

김성천(2005). "사회복지실천의 가치와 윤리".《사회복지실천의 이해》. 학지
　　사. 86～114.

김영종(2002). "사회복지현장 근무자 처우개선: 쟁점과 전략". 한국사회복지
　　협의회.《사회복지현장 근무자 처우개선을 위한 정책토론회 자료집》.
　　3～20.

김영평·최병선·신도철(2006).《규제의 역설》. 삼성경제연구소.

김 욱(2010). "노인장기요양보험의 치매노인지원 연구, 독일수발보험지원을
　　통한 시사점". 〈정신보건과 사회사업〉, 35호, 295～319.

김원섭(2008). "여성결혼이민자 문제와 한국의 다문화정책: '다문화가족지원
　　법'의 한계와 개선방안". 〈민족연구〉, 36호, 112～135.

김인숙(2010). "바우처 도입에 따른 사회복지전문직 정체성의 변화와 그 의
　　미". 〈한국사회복지학〉, 62권 4호, 33～58.

김종진(2013). "사회복지사 노동인권 무엇이 문제인가?". 〈복지동향〉, 182호,
　　51～54.

김종해(2014). "한국 사회복지사의 인권실태와 제언". 〈복지동향〉, 184호,
　　4～10.

김종해·김인숙·강은애·김병년·김현민·송인주·양성욱·이정봉·이주환
　　·한상미·박선영·배지영·윤소윤·정용문(2013). 〈사회복지사 인권
　　상황 실태조사〉. 국가인권위원회.

김중섭(2001).《한국 지역사회의 인권: 2001 진주지역 사례연구》. 오름.

김현미(2008). "이주자와 다문화주의". 〈현대사회와 문화〉, 26호, 57～78.

나영희(2008). "정신장애인의 인권침해 사례연구". 〈정신보건과 사회사업〉,
　　29권 8호, 389～419.

나종일 편역·해설(2012).《자유와 평등의 인권선언 문서집》. 한울.

문경희(2006). "국제결혼 이주여성을 계기로 살펴보는 다문화주의와 한국의
　　다문화 현상". 〈21세기정치학회보〉, 16권 3호, 67～93.

문영희(2014). "학대피해아동의 보호를 위한 법정책적 개선방안". 〈법학논

총〉, 1호, 155~182.

문진영(2013). "인권과 사회복지: 쟁점분석". 〈비판사회정책〉, 39호, 83~116.

박경동(2008). "다문화가족 형성과 갈등에 대한 연구: 한국의 광주·전남지역 사례를 중심으로". 〈청소년문화포럼〉, 18호, 140~174.

박명화·하정철·신임희·김한곤·이신영·조준행·김혜령·김은주·김정선·이재모·김은정·임영미·홍귀령·송준아(2009). "2008년도 노인실태조사, 전국 노인 생활실태 및 복지욕구조사". 〈기초분석보고서〉, 보건복지부·계명대학교 산학협력단.

박선영·윤덕경·박복순·이성은·한지영(2007). "여성인권보장 및 차별해소를 위한 관련법제정비 연구 1: 성폭력·가정폭력·성매매 관련법제 정비방안". 〈한국여성정책연구원 연구보고서〉.

박재규(2005). "국제결혼 이주여성의 농촌지역 정착과 지원방안". 《한국사회학회 사회학대회 논문집》. 123~128.

박진영(2002). "서로에게 선물이 되는 세상: 장애어린이의 통합교육을 중심으로". 김중섭 엮음. 《한국 어린이 청소년의 인권》. 오름. 203~245.

박진완(2010). "이주노동자권리협약에 규정된 권리들의 헌법적합성에 대한 검토". 〈세계헌법연구〉, 16권 2호, 139~170.

박창남·심희기·윤찬영·이찬진(2002). 〈아동·청소년 인권침해법령 조사연구〉. 국가인권위원회.

배화옥(2008). "아동빈곤 결정요인 분석: 가족요인과 사회요인". 〈보건복지포럼〉, 139호, 23~32.

_____(2010). 《아동과 복지》. 신정.

법무부출입국·외국인정책본부(2013). 〈2013 출입국·외국인정책 통계연보〉.

보건복지부(2000). 고령화 관련 국제행동계획과 노인을 위한 유엔원칙.

_____(2000). 〈가정폭력 대응능력 향상을 위한 보건복지 인력의 역할모형 개발〉.

_____(2005). 〈국제결혼이주여성 실태조사 보고서〉.

_____(2006). 〈노인복지시설 인권보호 및 안전관리지침〉.

_____(2011). 〈2011년 장애인실태조사〉.

보건복지부 외(2007). 〈2007년 중앙정신보건사업단 사업보고서〉, 중앙정신보건사업단.

보건복지부·한국사회복지협의회 사회복지시설평가원(2013). 《2014년 사회
　　복귀시설 평가지표》. 보건복지부·한국사회복지협의회 사회복지시설평
　　가원.
보건복지부·중앙아동보호전문기관(2013). 〈전국아동학대현황보고서〉.
서미경·김재훈·이진향(2008). "정신보건시설에서의 정신장애인 권리침해에
　　관한 연구: 국가인권위원회 진정사건을 중심으로". 〈정신보건과 사회
　　사업〉, 28권 8호, 330~367.
설동훈(2005). "외국인노동자와 인권: '국가의 주권'과 '국민의 기본권' 및 '인
　　간의 기본권'의 상충요소 검토". 〈민주주의와 인권〉, 5권 2호, 39~78.
송영현(2012). 《숨 쉬는 인권》. 이담북스.
심재호(2005). "노인의 인권과 사회복지". 〈복지동향〉, 79호, 20~26.
심창학(2001). "사회적 배제 개념의 의미와 정책적 함의: 비교관점에서의 프
　　랑스를 중심으로". 〈한국사회복지학〉, 44권 178~208.
＿＿＿(2004). "사회적 배제와 사회복지 정책적 접근". 〈상황과 복지〉, 19권
　　13~54.
＿＿＿(2011). "인권과 사회복지". 《사회정책과 인권, 인권 기반 사회정책의
　　관점과 영역》. 오름.
＿＿＿(2013a). "문화복지 쟁점을 통해서 본 한국의 문화복지 정책: 특징 및
　　한계 그리고 대안". 〈비판사회정책〉, 40호, 149~184.
＿＿＿(2013b). "인권 기반 사회복지의 유용성과 실행가능성". 한국사회학회
　　엮음. 《화합사회를 위한 복지: 2013 한국사회학회 복지 대토론회》. 나남.
심창학·강욱모·배화옥(2013). "사회복지 분야 대학교 인권과목 개설을 위
　　한 기초연구"(2013년도 국가인권위원회 연구용역보고서). 국가인권위
　　원회·한학문화.
안 진(2013). "결혼이주 관련 법제의 문제점과 개선방안에 대한 일고찰: 결
　　혼이주여성의 인권의 관점에서". 〈법학논총〉, 30권 1호, 41~74.
양영자(2006). "독일의 노인구조 변화에 관한 연구". 〈노인복지연구〉, 34호,
　　105~132.
＿＿＿(2011). "국제결혼한 농촌남성의 에이전시에 대한 생애사적 '사례이해'".
　　〈한국사회복지학〉, 63권 1호, 317~342.
＿＿＿(2013). "내러티브-생애사 인터뷰 분석의 실제: 재독한인노동이주자
　　인터뷰를 중심으로". 〈한국사회복지학〉, 65권 1호, 271~298.

엄명용(2010). "결혼이민여성의 한국인 남편에 대한 생애사 연구".〈한국가족관계학회지〉, 14권 4호, 261~298.

여성긴급전화전국1366협의회(2013).〈여성긴급전화 전국 1366 운영보고서〉.

여성가족부(2007).〈결혼이민자 가족 실태조사〉.

_____(2012).〈국민 다문화 수용성 조사연구〉.

_____(2013).〈2012년 전국 다문화가족 실태조사〉.

여성부(2001).《1366 상담원교육 자료집》.

여재훈(2013). "인권감수성 2". 국가인권위원회(2013a).《2013 노숙인분야 인권감수성 향상과정》. 71~90.

염형국(2004). "시설장애인의 인권보장을 위한 실천방안 모색".《교남 소망의 집 개원 22주년 기념세미나 자료집》.

오미애(2013). "노인빈곤율 완화를 위한 노인복지지출과 정책과제".〈보건복지포럼〉, 196호, 25~35.

오병선 외(2011).《인권의 해설》. 국가인권위원회.

오정수·정익중(2008).《아동복지론》. 학지사.

유네스코 한국위원회 엮음(1995).《인권이란 무엇인가: 유네스코와 세계인권선언의 발전과 역사》. 오름.

윤인진(2008). "한국적 다문화주의의 전개와 특성 — 국가와 시민사회의 관계를 중심으로".〈한국사회학〉, 42권 2호, 72~103.

윤찬영(2013).《사회복지법제론》. 나남.

이경숙(2008). "이주노동자 권리보호를 위한 국제인권규범 수용에 관한 연구: 유엔 국제인권조약 및 이주노동자권리협약을 중심으로".〈법학연구〉, 11권 2호, 189~221.

이경희(2010). "다문화가족지원법의 문제점과 개선방향: 다문화가족의 정의 및 범위를 중심으로".〈법학논고〉, 32호, 509~536.

이선옥(2007). "한국에서의 이주노동운동과 다문화주의".《한국에서의 다문화주의: 현실과 쟁점》. 한울아카데미. 82~107.

이성훈 외(2003).《행정과 인권: 공무원 인권교육 교재 시리즈 4》. 국가인권위원회.

이수정·서진환(2005). "배우자 살인으로 수감 중인 가정폭력피해 여성의 면책사유와 관련될 심리특성에 관한 연구".〈여성연구〉, 69호 93~138.

이용교·황옥경·김영지·김형욱·이중섭(2004).〈아동인권정책 기본계획 수

　　　립방안 보고서〉. 국가인권위원회.

이종걸(1994). "여성인권의 현주소". 민주주의법학연구회 정기심포지엄 자료.

이종복(2008). "노인과 인권". 평택대학교 다문화교육센터. 《사회복지와 인권》. 양서원. 143~154.

이종윤(2010). "한국의 다문화정책 관련법에 관한 일고찰". 〈다문화콘텐츠연구〉, 4권 9호, 163~185.

이창수·윤영철·김영옥(2005). "인권 관련 정부통계 현황에 대한 실태조사". 국가인권위원회.

임성택(2011). "사회복지 서비스 신청 소송경과와 과제". 《사회복지 서비스 신청권 현황과 과제 대토론회 자료집》.

임운택(2013). "이주노동자의 인권보호를 위한 이론적 논의와 국제적 실천의 시사점: 문화다양성과 인권의 관점에서". 〈산업노동연구원〉, 19권 2호, 33~66.

임채완·김홍매(2011). "한국의 국제노동력 송출 및 유입정책 분석". 〈한국동북아논총〉, 59호, 189~208.

임춘식·윤지용(2012). "노인의 노인인권 개념 인식과 침해 경험에 관한 연구". 〈노인복지연구〉, 56호, 275~298.

장복희(2005). "국제법상 여성의 지위와 인권". 〈법학연구〉, 15권 3호, 63~95.

전광석(1988). "국제노동기구의 사회보장 국제 기준". 〈강원법학〉, 10권, 347~411.

정경희(2010). "노인학대 현황과 정책과제". 〈보건·복지〉, 56호, 1~8.

정경희·이윤경·이소정·오영희·손창균·방효정·유삼현(2007). "2008년도 전국 노인생활실태 및 복지욕구조사 실시를 위한 기초연구". 한국보건사회연구원.

정도희·박동열(2011). "국내 이주민에 의한 잠재적 소요 예방을 위한 재한외국인 처우기본법 개선안". 〈경찰법연구〉, 9권 2호, 275~342.

정순둘·이선희(2011). "노인 삶의 만족도 변화: 전국노인생활실태 및 복지욕구조사: 3개년도(1994, 2004, 2008년) 결과비교". 〈한국노년학〉, 31권 4호, 1229~1246.

정원오 외(2005). 《노숙인 인권 상황 실태조사》. 국가인권위원회.

_____. 《노숙인 인권길라잡이》. 국가인권위원회.

정정숙(2001). "한국 여성인권운동 역사에 대한 기독교적 접근". 〈신학지남〉, 68권 1호, 45~62.

정진성 외(2011). 《인권으로 읽는 동아시아. 한국과 일본의 인권개선조건》. 서울대학교출판문화원.

정현주(2009). "경계를 가로지르는 결혼과 여성의 에이전시: 국제결혼이주연구에서 에이전시를 둘러싼 이론적 쟁점에 대한 비판적 고찰". 〈한국도시지리학회지〉, 12권 1호, 1109~1211.

조효제(2007). 《인권의 문법》. 후마니타스.

중앙정신보건사업단(2006). 〈2006년 중앙정신보건사업단 보고서〉.

차진아(2012). "사회적 약자의 인권에 관한 연구: 사회적 약자의 유형에 따른 인권보장의 구체화방향을 중심으로". 〈공법학연구제〉, 13권 2호, 194~226.

천선영(2004). "'다문화사회' 담론의 한계와 역설". 〈한·독사회과학논총〉, 14권 2호, 363~380.

최옥채(2007). "사회복지사 급여에 관한 미시사 연구". 〈한국사회복지학〉, 59권 4호, 63~81.

최 현(2008). 《인권》. 책세상.

통계청(2013a). 〈2013 고령자 통계〉.

_____(2013b). 〈2013년 사회조사보고서〉.

한건수·한경구(2011). "다문화주의를 넘어서 문화다양성과 국제이해교육으로". 〈국제이해교육연구〉, 6권 1호, 1~33.

한승주(2010). "외국인노동자의 권리에 관련한 정책갈등". 《한국행정학회 춘계학술발표논문집》, 1~24.

허준수(2013). "사회복지현장에서의 인권적용사례에 따른 유용성과 실천가능성: 사회복지현장의 인권적용 사례중심의 경험적 논의". 〈사회복지 교육과정에서의 인권교육 도입방안에 따른 학술토론회〉, 국가인권위원회.

홍선미(2006). "사회복지사의 전문적 기반". 김혜란·홍선미·공계순 공저. 《사회복지실천기술론》. 나남. 17~34.

홍선미 외(2008). "정신장애인 인권개선을 위한 각국의 사례연구와 선진모델 구축". 국가인권위원회.

국외 문헌

Arias, L. & Corso, P. (2005). Average cost per person victimized by an intimate partner of the opposite gender: a comparison of men and women. *Violence and Victims*, 20, 379~391.

Bauer, J. R. & Bell, D. A. (1999). *The East Asian Challenge for Human Rights*. Cambridge University Press.

Bianchi, S. M. (1999). Feminization and juvenilization of poverty: trends, relative risks, causes, and consequences. *Annual Review of Sociology*, 25, 307~333.

Braye, S. (2000). Participation and involvement in social care: an overview. In Kemshall, H. & R. Littlechild (eds.). *User involvement and participation in social care: research informing practice*, 9~28. London: Jessica Kingsley.

Brooks-Gunn, J. & Duncan, G. J. (1997). The effects of poverty on children. *The Future of Children/Children and Poverty*, 7(2), 55~71.

Centre for Human Rights (1994). *Human Rights and Social Work*. 이혜원 역 (2005). 《인권과 사회복지실천》. 학지사.

Deacon, B. (2013). *Global social policy in the making, the foundations of the social protection floor*. Policy Press.

Dean, H. (2007). Social policy and human rights: re-thinking the engagement. *Social Policy & Society*, 7(1), 1~12.

Dieck, M. (1984). Zur lebenssituation älterer frauen: problemfelder und sozialer handlungsbedarf. *Sozialer Fortschritt*, 7, 150~154.

Dutton, M. A., Hohnecker, L. C., Halle, P. M. & Burghardt, K. J. (1994). Traumatic responses among battered women who kill. *Journal of Traumatic Stress*, 7, 549~564.

Fredman, S. (2008). *Human Rights Transformed*. 조효제 역 (2009). 《인권의 대전환》. 교양인.

Galtung, J. (1994, 2004). *Human Rights in Another Key*. Polity Press.

Hare, I. (2004). Defining social work for the 21st century: the international federation of social worker's revised definition of social work. *International Social Work*, 47(3), 407~424.

Harris, A. (2003). *Law of the European Convention on Human Rights*. Butterworths.

Hodgkin, R. & Newell, P. (1998). *Implementation Handbook for the Convention on the Rights of the Child*. UNICEF.

Ife, J. (2001). *Human Rights and Social Work: Toward Rights Based Practice*. 김형식 · 여지형 역(2001). 《인권과 사회복지실천》. 인간과 복지.

_____(2006a). "인권과 사회복지 서비스". 《사회복지 분야 인권 관점 도입확산을 위한 워크숍 자료집》. 국가인권위원회.

_____(2006b). "Human rights and human services-opportunities and challenges". 국가인권위원회(편), 〈짐 아이프 초청 사회복지 분야 인권 관점 도입확산을 위한 워크숍〉, 23~43.

_____(2008). *Human Rights and Social Work: Toward Rights Based Practice* (rev. ed.). Cambridge University Press.

IFSW & IASSW(2004). Ethics in Social Work, Statement of Principles. General Meetings of the International Federation of Social Workers and the International Association of Schools of Social Work in Adelaide, Australia.

IFSW Manual(2002). Social Work and the Rights of the Child: A Professional Training Manual on the UN Convention.

ILO. (2010). World social security report 2010/11. Providing coverage in times of crisis and beyond.

Lindow, V. & Morris. J. (1995). Service user involvement: synthesis of findings and experience in the field of community care. A Report for the Joseph Rowntree Foundation.

Mahler, C. (2012). *Die Menschenrechte Älterer Stärken*. Deutsches Institut für Menschenrechte.

_____(2013). *Menschenrechte: Keine Frage des Alters?*. Deutsches Institut für Menschenrechte.

Means, R. & R. Lart, (1994). User empowerment, older people and UK reform of community care. In Challis, D. & Davies, B. (eds.). *Health and Community Care: UK and International Perspectives*. 33~

43. Gower.

Morris, J. (1992). Personal and political: a feminist perspective on researching physical disability. *Disability Handicap and Society*, 7(2), 157~166.

_____(1994). *The Shape of Things to Come? User-led Social Services* (Social Services Policy Forum Paper). National Institute for Social Work.

Narayan, D. et al. (2000). *Crying Out for Change: Voices of the Poor*. Oxford University Press for the World Bank.

NASW (2000). *Social Work Speaks: National Association of Social Workers Policy Statements, 2000~2003* (5th ed.). NASW Press.

Neville, A. (2010a). Values, rights and concepts of citizenship. in A. Neville (ed.). *Human Rights and Social Policy: A Comparative Analysis of Values and Citizenship in OECD Countries*, 1~19. Edward Elgar.

_____(2010b). On the margins? The influence of 'rights talk' on policy and practice. In A. Niville (ed.). *Human Rights and Social Policy: A Comparative Analysis of Values and Citizenship in OECD Countries*. 224~235. Edward Elgar.

OHCHR (2002). Human rights, poverty reduction and sustainable developments: health, food and water. *A Background Paper*, 1~16.

_____(2004). Human rights and poverty reduction: a conceptual framework.

_____(2006). Principles and guidelines for a human rights approach to poverty reduction strategies. 유엔인권고등판문관실 (2008). "인권에 입각한 빈곤퇴치 전략: 원칙 및 지침" (HR/PUB/06/12). 유엔인권고등판문관실 · 국가인권위원회.

_____(2008). Human rights, health and poverty reduction strategy (HR/PUB/08/05).

Oliver, M. (1992). Changing the social relations of research production?. *Disability Handicap and Society*, 7(2), 101~114.

Pierson, J. & Thomas, M. (2002). *Dictionary social work*. Harper Collins.

Reichert, E. (2007). Human rights: an examination of universalism and cultural relativism. *Journal of Comparative Social Welfare*, 22(1), 23~

36.

Riley, M. W. and Riley J. (1994). Age integration and the lives of older people. *Gerontologist*, *34*, 110~115.

Sainsbury, D. (2006). Immigrants' social rights in comparative perspective: welfare regimes, forms of immigration and immigration policy regimes. *Journal of European Social Policy*, *16*(3), 229~244.

Salize, H. J. & Dressing. H. (2004). Epidemiology of involuntary placement of mentally ill people across the European Union. *The British Journal of Psychiatry*, *184*, 163~168.

Skegg, A. M. (2005). Human rights and social work: a western imposition or empowerment to the people?. *International Social Work*, *48*(5), 667~672.

Spicker, P. (2007). Definitions of poverty: twelve clusters of meaning. In P. Spicker et al.. *Poverty: An International Glossary, CROP International Studies in Poverty Research*, 229~243. Zed Books.

Staub-Bernasconi, S. (2008). Menschenrechte in ihrer Relevanz für die Soziale Arbeit als Theorie und Praxis, Oder: Was haben Menschenrechte überhaupt in der Sozialen Arbeit zu suchen?. *Widersprüche. Zeitschrift für sozialistische Politik im Bildungs-, Gesundheits-, und Sozialbereich*, *Heft*, *107*, 9~32. Kleine Verlag.

Sweet, W. (2003). *Philosophical Theory and the Universal Declaration of Human Rights*. University of Ottawa Press.

Tews, H. P. (1993). Neue und alte Aspekte des Strukturwandels des Alters. In Naegele, G. & H. P. Tews(eds.). *Lebenslagen im Strukturwandel des Alters: Alternde Gesellschaft- Folgen für die Politik*, 15~42. Westdeutscher Verlag.

Treibel, A. (2011). *Migration in modernen Gesellschaften: Soziale Folgen von Einwanderung, Gastarbeit und Flucht, Weinheim und München*. Juventa Verlag.

UN(1982). Vienna International Plan of Action on Ageing, Resolution.

_____(1990). International Convention on the Protection of the Rights of All Migrant Workers and Members of Their Families.

_____(2002a). Madrid International Plan of Action on Ageing.

_____(2002b). United Nations Principles for Older Persons.

UNCHR, IFSW & IASSW(1994). Professional Traing Series No. 1, Human Rights and Social Work: A Manual for Schools of Social Work and the Social Work Profession, New York and Geneva.

UNICEF Innocenti Research Center(2005). Child poverty in rich countries. Report Card No. 6.

Vasak, K. (1977). Human rights: a thirty-year struggle: the sustained efforts to give force of law to the universal declaration of human rights. *UNESCO Courier, 30*(11), 29~30.

Witkin, S. L. (1998). Human rights and social work. *Social Work, 43*(3), 197~201.

Woodwiss. A. (1998). *Globalisation, Human Rights and Labour Law in Pacific Asia.* Cambridge University Press.

법률, 시행령, 시행규칙

노숙인 등의 복지 및 자립지원에 관한 법률·시행령·시행규칙.

다문화가족지원법(2008).

외국인 근로자의 고용 등에 관한 법률(2003).

재외동포의 출입국과 법적 지위에 관한 법률(1999).

재한외국인 처우기본법(2007).

출입국관리법(1963).

Homelessness Act 2002(영국).

Loi no. 2007-290 du 5 mars 2007 instituant le droit au logement opposable et portant diverses mesures en faveur de la cohésion sociale(프랑스).

McKinney-Vento Homeless Assistance Act(미국, 1987).

저자소개

배 화 옥 (이 책 5장, 9장, 12장 집필)
경희대학교 평화복지대학원 졸업. 미국 펜실베이니아대학교 사회복지학 박사.
한국보건사회연구원 주임연구원 재직. 현재 경상대학교 사회복지학과 교수.
저서로 《아동과 복지》, 《장애와 복지》, 논문으로 "아동학대 발생추이에 미치는 부부폭력의 영향에 대한 연구", "아동방임 재발유형과 관련요인", "Re-reporting to child protective services among initial neglect services" 등.

심 창 학 (이 책 1장, 2장, 11장 집필)
연세대학교 정치외교학과 학부 및 대학원 졸업. 파리 4대학 대학원 사회학 박사.
현재 경상대학교 사회복지학과 교수 및 경상대학교 인권·사회발전연구소 소장.
저서로 《프랑스 산재보험제도 연구》, 《사회보호 활성화 레짐과 복지국가의 재편》, 《화합사회를 위한 복지》(공저), 《비정규노동과 복지》(공저), 《문화, 환경, 탈물질주의 사회정책》(편저), 《사회적 기업을 말한다》(편저), 《사회정책과 새로운 패러다임》(편저), 《사회정책과 인권》(편저), 논문으로 "문화복지쟁점을 통해서 본 한국의 문화복지정책", "사회적 기업의 정체성 확인 및 영역 설정", "활성화와 사회보호" 등.

김 미 옥 (이 책 4장, 7장, 8장 집필)

이화여대 사회사업과 및 동 대학원 졸업. 이화여대 대학원 사회복지학 박사.

서부장애인종합복지관 임상복지과장, 이화여대 사회복지학과 대우전임강사 역임.

현재 전북대학교 사회복지학과 교수.

저서로 《장애인복지실천론》, 《사회복지실천론》(공저), 《장애와 사회복지》(공저), 《가족과 레질리언스》(공역), 논문으로 "Living arrangement, social connectedness, and life satisfaction among Korean older adults with physical disabilities: The results from the national survey on persons with disabilities", "사회복지사의 전문성과 이용자 옹호의 관계", "인권관점에 기초한 사회복지실천경험에 관한 질적 사례 연구" 등.

양 영 자 (이 책 3장, 6장, 10장 집필)

독일 오스나브뤽대학교 대학원 교육과학·문화학부 노인복지 전공 졸업(철학박사). 동 대학원 학술교원(Wissenschaftliche Mitarbeiterin), 한국노년학회 이사, 한국사회복지학회 편집위원, 한국사회복지질적연구학회 편집위원 역임.

현재 경남대학교 사회복지학과 교수, 독일 노동기술연구소 연구교수, 한국질적연구학회 편집위원장.

저서로 Prekarisierung Transnationaler Carearbeit: Ambivalente Anerkennung(공저), 《현대 복지국가의 사회복지교육》(공저), 논문으로 "내러티브-생애사 인터뷰 분석의 실제: 재독한인노동이주자 인터뷰를 중심으로", "이주여성의 생애사에 재현된 젠더의 구성과정: 재독한인여성의 생애사를 중심으로" 등.